MANUAL PARA PÁRROCOS

LUX MUNDI

104

JOSÉ SAN JOSÉ PRISCO

MANUAL PARA PÁRROCOS

DERECHO CANÓNICO Y ACCIÓN PASTORAL

SEGUNDA EDICIÓN

EDICIONES SÍGUEME
SALAMANCA
2024

C/ García Tejado, 23-27 - E-37007 Salamanca / España
Tlf.: (+34) 923 218 203 - ediciones@sigueme.es
www.sigueme.es

ISBN: 978-84-301-2198-4
Depósito legal: S. 76-2024
Impreso en España / Unión Europea
Imprenta Kadmos, Salamanca

CONTENIDO

PRESENTACIÓN

Con el comienzo del nuevo milenio, veía la luz *Derecho parroquial. Guía canónica y pastoral*, que seguía la estela en lengua castellana de los «derechos parroquiales» clásicos de Mons. Muñiz, del jesuita E. F. Regatillo, o de los profesores J. Manzanares, A. Mostaza y J. L. Santos, manuales que tanta difusión tuvieron en diferentes épocas entre los sacerdotes. La mayor novedad que aportaba nuestro *Derecho parroquial* era de carácter actualizador, pues había transcurrido más de un cuarto de siglo desde que fuera promulgado el Código de Derecho canónico y se hacía necesario completar el estudio doctrinal y las orientaciones pastorales concretas para su aplicación. La buena acogida dispensada al libro entre los párrocos, amén de servir como manual de estudio para la formación de los futuros sacerdotes y de no pocos laicos y agentes pastorales, ha sido el mejor pago.

Sin embargo, la rápida evolución de la sociedad en tantos aspectos que afectan directamente a la vida de la Iglesia, ha hecho necesario ir más allá de una simple actualización de esta obra si se quería ofrecer una respuesta rigurosa a los nuevos desafíos. No en vano, los cambios sociales, políticos, culturales y tecnológicos han influido de diversas formas en la vida y en la pastoral de la Iglesia, también en la configuración misma de las parroquias y del oficio parroquial. Retos como la diversidad cultural y la inmigración, las nuevas formas de vida y pensamiento, los cambios en las leyes y regulaciones que afectan a la capacidad de la Iglesia para llevar a cabo su misión pastoral, el uso de la tecnología en la evangelización, sin olvidar la pandemia de COVID-19, ha obligado a las instituciones religiosas, y especialmente a las parroquias, a ser creativas, a adaptarse para encontrar nuevas formas de mantener viva la práctica religiosa durante una época de incertidumbre y cambio. Algunas de esas prácticas vinieron para quedarse y representan un útil instrumento para no pocas iniciativas de evangelización a través de las redes sociales.

Finalmente, el camino sinodal iniciado por el papa Francisco está teniendo consecuencias directas en la vida de las comunidades parroquiales que hacen aún más necesaria la reflexión sobre la cooperación de agentes laicos y consagrados en la guía pastoral, sobre el modo de ejercer el servicio de autoridad y de promover la necesaria corresponsabilidad. Todo ello incita a evaluar algunas prácticas y métodos de evangelización con el fin de adaptarlos a las nuevas necesidades.

Con estas premisas, hemos intentado presentar en este *Manual para párrocos* los temas más importantes que preocupan a los pastores y que se centran en la importancia de la parroquia como estructura pastoral todavía necesaria. En este sentido, nos ocupamos ante todo del oficio del párroco y de su ejercicio ante las situaciones controvertidas más comunes que se dan en el día a día de la vida de sus parroquias.

Creo conveniente hacer en esta presentación algunas precisiones de índole práctico que pueden ayudar a la lectura y uso eficiente de este compendio. Seis grandes partes configuran nuestra obra: la primera, a modo de pórtico, se centra en la actualidad de la parroquia como estructura de atención pastoral. Se aborda brevemente la historia de la parroquia, su configuración canónica actual, su necesidad y utilidad hoy, su organización interna y su relación con otras estructuras de la Iglesia local.

La segunda se ocupa de la persona del párroco como pastor propio de la parroquia, su perfil y capacitación necesaria, el ámbito en el que debe ejercer su oficio y las consecuencias que tiene todo ello para el gobierno de la comunidad. la perspectiva que se sigue es la de comprender la autoridad como servicio, orientando los procesos de toma de decisiones desde las estructuras que ya existen o creando otras nuevas cuando sean necesarias para involucrar al mayor número posible de agentes en la pastoral parroquial.

La tercera parte se refiere específicamente a esa variedad de agentes (presbíteros, diáconos, laicos, consagrados) que están llamados a cooperar con el párroco en la pastoral parroquial, es decir, a compartir la misma y única misión desde la ministerialidad de la Iglesia.

Una vez puestas las bases teóricas, las siguientes partes abordan diversos temas referidos al anuncio de la Palabra (parte 4), la celebración de la liturgia y los sacramentos (parte 5), y la guía pastoral de la comunidad (parte 6).

Dada la extensión de la materia, hemos optado por seleccionar los asuntos que consideramos más interesantes para los párrocos, bien sea por su importancia en la vida de los fieles, bien por su dificultad a la hora de afrontarlos, intentando dar claves para una adecuada práctica pastoral que sea respetuosa con la norma canónica y, a la vez, responda a las necesidades.

El presente *Manual* ha sido pensado con el objetivo de ser una herramienta útil en el trabajo parroquial, un texto de consulta para el párroco, por ello se ha prestado menos atención a la explicación de los diferentes institutos jurídicos, aunque a veces sea necesario mencionarlos, y en su lugar, se ha enfocado en presentar las diversas opciones de aplicación pastoral de las normas.

No se espera del párroco que sea un experto en todas las áreas, sino que conozca los conceptos básicos para realizar su misión de manera adecuada. Si un problema excede su competencia es mejor que consulte (por ejemplo, al organismo responsable de la curia diocesana) o remita al fiel a un especialista, antes que tomar iniciativas de dudosa licitud o de nula utilidad práctica. En algunos casos, simplemente detectar la existencia de un problema y orientar al fiel para que busque ayuda especializada es el mejor servicio que el párroco puede proporcionar.

Al final de la obra se incluyen distintos anexos de carácter práctico para que los párrocos tengan modelos (actas, formularios, expedientes...) que pueden seguir en las distintas circunstancias que surgen. Cierra el volumen una selección bibliográfica actualizada para quienes deseen profundizar en las distintas cuestiones y un índice temático que facilita la localización de los temas.

Ojalá que esta nueva entrega ayude en la vida cotidiana de las parroquias y sirva para que el Pueblo de Dios ejerza sus derechos y cumpla con sus deberes en el seguimiento del Señor Jesús.

SIGLAS

AA Concilio Vaticano II, Decreto sobre el apostolado de los laicos *Apostolicam Actuositatem* (18-XI-1965).

AL Francisco, Exhortación postsinodal *Amoris Laetitia* (19-III-2016).

AM Francisco, Carta apostólica *Antiquum ministerium* con la que se instituye el ministerio de catequista (10-IV-2021).

ApS Congregación para los obispos, Directorio *Apostolorum successores* (22-II-2004).

ATF Juan Pablo II, motu proprio *Ad Tuendam Fidem* (18-V-1998).

BO Sagrada Congregación para el Culto Divino, *Ordo benedicendi oleum catechumenorum et infirmorum et conficiendi chrisma* (1971).

CCEO Código de los Cánones de las Iglesias Orientales (1990).

ChD Concilio Vaticano II, Decreto sobre el oficio pastoral de los obispos en la Iglesia *Christus Dominus* (28-X-1965).

ChE Congregación para el Culto Divino, Directorio para las celebraciones dominicales en ausencia de presbítero *Christi Ecclesia* (2-VI-1988).

ChL Juan Pablo II, Exhortación apostólica sobre la misión de los laicos en la Iglesia y en el mundo *Christifideles laici* (30-XII-1988).

Cat. Juan Pablo II, Catecismo de la Iglesia católica (11-X-1992).

CPP Congregación para el Clero, Instrucción La conversión pastoral de la comunidad parroquial al servicio de la misión evangelizadora de la Iglesia (8-VI-2020).

CPI Comisión Pontificia para la Interpretación de los textos legislativos.

CT Juan Pablo II, Exhortación apostólica sobre la catequesis en nuestro tiempo *Catechesi Tradendae* (16-X-1979).

CTI Comisión Teológica Internacional.

DC Pontificio Consejo para la Promoción de la Nueva Evangelización, Directorio para la catequesis (23-III-2020).

DCD Dicasterio para el Culto Divino y la Disciplina de los Sacramentos.

DCE Benedicto XVI, Encíclica *Deus caritas est* (25-XII-2005).

DCN Pablo VI, Constitución apostólica sobre el sacramento de la Confirmación *Divinae consortium naturae* (15-VI-1971).

DD Juan Pablo II, Carta apostólica sobre el sentido cristiano y religioso del domingo, el día del Señor *Dies Domini* (31-V-1998).

DE Pontificio Consejo para la Promoción de la Unidad de los Cristianos, Directorio sobre ecumenismo «La recherche de l'unité» (25-III-1993).

DEF Pontificio Consejo para la Promoción de la Unidad de los Cristianos, La dimensión ecuménica en la formación de quienes trabajan en el ministerio pastoral (1995).

DO Congregación para el Clero, Directorio para el ministerio y la vida de los diáconos permanentes *Diaconatus originem* (22-II-1998).

DPP Congregación para el Culto divino y la Disciplina de los Sacramentos, Directorio sobre la Piedad popular y la Liturgia (17-XII-2001).

EC Congregación para la Educación Católica, La escuela católica (19-III-1977).

ECT Congregación para la Educación Católica, La escuela católica en los umbrales del tercer milenio (28-XII-1997).

EDE Juan Pablo II, Encíclica sobre la eucaristía en su relación con la Iglesia *Ecclesia de Eucharistia* (17-IV-2003).

EDM Comisión Interdicasterial, Instrucción sobre la colaboración de los laicos en el ministerio de los sacerdotes *Ecclesiae de mysterio* (15-VIII-1997).

EG Francisco, Encíclica *Evangelii Gaudium* (24-XI-2013).

EI Penitenciaría Apostólica, Manual de Indulgencias *Enchiridion Indulgentiarum* (18-V-1986).

EIE Juan Pablo II, Exhortación Apostólica sobre Jesucristo vivo en su Iglesia y fuente de esperanza para Europa *Ecclesia in Europa* (28-VI-2003).

EM Sagrada Congregación de Ritos, Instrucción sobre el culto del misterio eucarístico *Eucharisticum mysterium* (25-IV-1967).

EV Juan Pablo II, Encíclica *Evangelium Vitae* (25-III-1995).

FD Juan Pablo II, Constitución Apostólica *Fidei Depositum* para la publicación del Catecismo de la Iglesia católica (11-X-1992).

FC Juan Pablo II, Exhortación *Familiaris Consortio* (22-XI-1981).

FT Francisco, Encíclica *Fratelli tutti* (3-X-2020).

GE Concilio Vaticano II, Declaración sobre la educación cristiana de la juventud *Gravisssimum Educationis* (28-X-1965).

IC Sagrada Congregación para la Disciplina de los Sacramentos, Instrucción para facilitar la recepción de la Comunión de diversas circunstancias *Immensae caritatis* (29-I-1973).

ID Sagrada Congregación de Sacramentos y Culto Divino, Instrucción sobre la veneración del misterio eucarístico *Inaestimabile donum* (3-IV-1980).

IGLH Sagrada Congregación de Sacramentos y Culto divino, Ordenación de la Liturgia de las Horas *Institutio generalis de Liturgia Horarum* (11-IV-1971).

IGMR Congregación para el Culto divino y la Disciplina de los Sacramentos, *Institutio Generalis Missale Romanum* (*editio tertia* 2002).

IM Concilio Vaticano II, Decreto sobre los medios de comunicación *Inter Mirifica* (4-XII-1963).

IND Pablo VI, Constitución apostólica sobre la revisión de las indulgencias *Indulgentiarum doctrina* (1-I-1967).

IO Sagrada Congregación de Ritos, Instrucción para la aplicación de la constitución sobre la Sagrada Liturgia *Inter Oecumenici* (26-IX-1964).

LG Concilio Vaticano II, Constitución *Lumen gentium* (21-XI-1964).

LI Sagrada Congregación para el Culto Divino, Instrucción para la aplicación de la constitución sobre la Sagrada Liturgia del Concilio Vaticano II *Liturgicae instaurationes* (5-IX-1970).

MD Juan Pablo II, Carta apostólica sobre algunos aspectos de la celebración del sacramento de la penitencia *Misericordia Dei* (7-IV-2002).

MRe Sagrada Congregación para los Religiosos - Sagrada Congregación de obispos, Criterios pastorales sobre relaciones entre obispos y religiosos en la Iglesia *Mutuae relationes* (23-IV-1978).

NSST Congregación para la Doctrina de la fe, Normas sobre los delitos reservados a la Congregación para la Doctrina de la fe, modificados por el *Rescriptum ex Audientia SS.mi* (11-X-2021).

MQ Pablo VI, Carta apostólica por la que se reforma en la Iglesia Latina la disciplina relativa a la primera tonsura, a las Órdenes Menores y al Subdiaconado *Ministeria quaedam* (15-VIII-1972).

OC Ritual de la Confirmación (22-VIII-71).

OE Concilio Vaticano II, Decreto *Orientalium Ecclesiarum* (21-XI-1964).

OI Ritual de la Unción de los enfermos (7-XII-1972).

OP Ritual de la Penitencia (23-XII-1973).

OT Concilio Vaticano II, Decreto *Optatam Totius* (28-X-1965).

PA Congregación para la Doctrina de la Fe, Instrucción *Pastoralis Actio* sobre el bautismo de los niños (20-X-1980).

PCEI Pontificio Consejo para la Pastoral de los Emigrantes e Itinerantes.

PCTL Pontificio Consejo para los Textos Legislativos.

PDV Juan Pablo II, Exhortación *Pastores dabo vobis* (25-III-1992).

PE Francisco, Constitución apostólica *Praedicate Evangelium* sobre la Curia romana y su servicio a la iglesia en el mundo (19-III-2022).

PEA Penitenciaría Apostólica.

PG Juan Pablo II, Exhortación sobre el obispo servidor del evangelio de Jesucristo para la esperanza del mundo *Pastores gregis* (16-X-2003).

PO Concilio Vaticano II, Decreto *Presbyterorum Ordinis* (7-XII-1965).

PP Congregación para el Clero, El presbítero, pastor y guía de la comunidad parroquial (18-X-2002).

RB Ritual de las Bendiciones (31-V-1984).

RBN Ritual del bautismo de niños (10-VI-1969).

RCFM Ritual del culto de la eucaristía y de la Comunión fuera de la misa (21-VI-1973).

RDIA Ritual de la Dedicación de Iglesias y Altares (29-V-1977).

RE	Ritual de exorcismos (22-XI-1988).
REP	Juan Pablo II, Exhortación *Reconciliatio et Poenitentia* (2-XII-1984).
RFIS	Congregación para el Clero, El don de la vocación presbiteral: *Ratio Fundamentalis Institutionis Sacerdotalis* (8-XII-2016).
RH	Juan Pablo II, Encíclica *Redemptor hominis* (4-III-1979).
RICA	Ritual de la Iniciación Cristiana de Adultos (1-VI-1974).
RM	Juan Pablo II, Encíclica *Redemptoris Missio* (7-XII-1990).
RS	Congregación para el Culto Divino y la Disciplina de los Sacramentos, Instrucción sobre algunas cosas que se deben observar o evitar acerca de la Santísima eucaristía *Redemptionis Sacramentum* (24-III-2004).
SC	Concilio Vaticano II, Constitución *Sacrosanctum Concilium* (4-XII-1963).
Sca	Benedicto XVI, Exhortación *Sacramentum Caritatis* (22-II-2007).
SCae	Pablo VI, Encíclica *Sacerdotalis Caelibatus* (24-VI-1967).
SCR	Sagrada Congregación de Ritos.
SD	Juan Pablo II, Carta apostólica *Salvifici doloris* (11-II-1984).
SpD	Francisco, Carta *Spiritus Domini* al Prefecto de la Congregación para la Doctrina de la Fe sobre el acceso de las mujeres a los ministerios del lectorado y del acolitado (10-I-2021).
Spae	Sagrada Congregación para la Doctrina de la Fe, Normas pastorales sobre la absolución sacramental general *Sacramentum Paenitentiae* (16-VI-1972).
SP	Benedicto XVI, Motu proprio sobre el uso de la liturgia anterior a la reforma de 1970 *Summorum Pontificum* (7-VII-2007).
SUI	Pablo VI, Constitución apostólica sobre el sacramento de la Unción de los enfermos *Sacram Unctionem infirmorum* (30-XI-1972).
SVMI	Comisión Teológica Internacional, *La sinodalidad en la vida y la misión de la Iglesia* (2-III-2018).
TC	Francisco, Carta apostólica *Traditionis Custodes* (16-VII-2021) sobre el uso de la Liturgia Romana anterior a la reforma de 1970.
TE	Congregación para el Clero, Directorio sobre el ministerio y la vida de los presbíteros *Tota Ecclesia* (31-I-1994).
UR	Concilio Vaticano II, Decreto *Unitatis Redintegratio* (21-XI-1964).
UUS	Juan Pablo II, Encíclica *Ut unum sit* (25-V-1995).
VE	Pontificio Consejo para la Promoción de la Unidad de los Cristianos, *El obispo y la unidad de los cristianos: Vademécum ecuménico* (4-XII-2020).

INTRODUCCIÓN
LA PARROQUIA, ESTRUCTURA BÁSICA DE ATENCIÓN PASTORAL

Es una realidad innegable que la sociedad humana está evolucionando vertiginosamente en sus modos y estructuras, afectando directamente a la vida de las parroquias. A nadie se le escapa el empobrecimiento demográfico que experimenta desde hace décadas el Occidente posindustrial; tampoco la crisis de sentido y de valores, que influye en la familia y la educación; y, por supuesto, la reducción en la práctica religiosa, la movilidad de las personas y el envejecimiento de las comunidades cristianas, por poner sólo algunos ejemplos.

Ante estas situaciones reales, ¿está la parroquia preparada para afrontar los retos de la evangelización? ¿Sigue siendo una estructura básica de atención pastoral o tiene que ser reemplazada? ¿Qué elementos se pueden rescatar? ¿Cómo hacer de la parroquia una estructura misionera y no sólo de conservación?

Intentaremos dar respuesta a estos y otros cuestionamientos en las siguientes páginas. Los cambios sociales y culturales de los últimos decenios no han de contemplarse como una amenaza que nos obligue a refugiarnos en los cuarteles de invierno, sino más bien como una oportunidad para la conversión y el cambio, una oportunidad para la creatividad.

La realidad social de la movilidad humana y la individualización del sentimiento religioso hace necesario repensar y valorar canónica y teológicamente el elemento territorial en la Iglesia, que va perdiendo peso. Por ello, muchas diócesis, que ya experimentan esta nueva situación, se afanan por reestructurar la cura pastoral de las comunidades parroquiales a través de experiencias nuevas y poniendo en práctica iniciativas basadas en los principios del camino sinodal bajo la guía de los pastores. Se busca lograr una síntesis armónica de carismas y vocaciones al servicio del anuncio del Evangelio, ya que responde mejor a las actuales exigencias de la evangelización (CPP 1).

1. ¿De dónde venimos? Un poco de historia

Para entender la importancia de la parroquia no podemos prescindir de su presencia en la historia, pues a través de ella la Iglesia, casi de forma única durante siglos, ha atendido las necesidades de los fieles y ha desarrollado su acción pastoral. La parroquia se ha convertido en lugar de convocación y de intercambio, que ha determinado los usos y costumbres de muchos grupos humanos.

La palabra «parroquia» procede del griego παροικία y del latín *paroecia/parochia*. Significa «vecindad», «residencia común». La parroquia es, por tanto, el grupo de los que «viven junto a» o «habitan en vecindad».

Según el sentido bíblico, la Iglesia es παροικία en cuanto comunidad de creyentes que se consideran extranjeros en este mundo (Ef 2, 19), de paso (1 Pe 1, 17), emigrantes (1 Pe 2, 11) o peregrinos (Heb 11, 13). El verbo παροικειν significa «habitar cerca de, junto a, al lado de», y también «estar provisoriamente, de paso, peregrinar». Muchos autores cristianos utilizan este verbo para dar la idea de una presencia pasajera de los cristianos en el mundo.

La parroquia posee una larga historia. En los escritos de san Pablo se puede entrever su germen, cuando el apóstol habla de la constitución de pequeñas comunidades como «iglesias domésticas», a las que denomina «casa» (Rom 16, 3- 5; 1 Cor 16, 19-20; Flp 4, 22). En estas «casas» se pueden reconocer las primeras «parroquias» (CPP 6).

En los siglos II-III, παροικία se utilizaba como sinónimo de «comunidad cristiana» o «Iglesia particular» e indicaba el territorio de un obispo donde los presbíteros ejercían colegialmente su ministerio junto a él, sin divisiones territoriales. Cada una de estas «comunidades» cristianas episcopales gozaba de autonomía, tanto en lo litúrgico como en lo disciplinar, aunque estaban unidas en virtud de la comunión eclesial.

Para una mejor atención a los fieles, que aumentaban exponencialmente en las ciudades del imperio, el papa Evaristo (hacia el año 100) asignó a los presbíteros de Roma los llamados *tituli*. Cada «título» remitía a una iglesia de la ciudad, asistida por uno o más presbíteros. Esa tradición fue continuada por el papa Urbano (230), que compró para la Iglesia de Roma veinticinco patenas de plata, muy probablemente destinadas a los veinticinco títulos. Asimismo, el papa Dionisio (259-268) erigió las iglesias de los cementerios extraurbanos con el nombre de *dioeceses* y se las encomendó a los presbíteros. Por su parte, el papa Marcelo (300) fue quien transformó en *dioeceses* los veinticinco títulos que entonces existían en Roma. En el lenguaje de la Iglesia se utilizan ya los términos «parroquia» y «diócesis», pero en sentido inverso al que manejamos hoy.

Con la paz constantiniana y la expansión del cristianismo a las zonas rurales a partir del siglo IV, se comienzan a crear centros misionales donde se atiende a los catecúmenos. Según prueba el canon 10 del Concilio de Antioquía (341), se encomendó a los denominados *corepíscopos*, generalmente un obispo o un presbítero con autoridad episcopal, que sirvieran a las comunidades rurales dependiente del obispo de la ciudad, y que lo hicieran con la colaboración de otros presbíteros. Estos centros terminaron por convertirse en parroquias, circunscripciones menores dependientes de la circunscripción mayor o diócesis, como empezarán a denominarse por aquel entonces.

A partir del siglo V se multiplican los centros de culto, tanto en el campo como en la ciudad, con el fin de facilitar a los fieles el acceso a la liturgia y a los sacramentos. Eran los centros pastorales del momento: constaban de una sala amplia para la convocación de la asamblea, un baptisterio, un almacén para las ayudas caritativas y una vivienda para el presbítero. En estos centros se celebraba la liturgia dominical, se impartía la catequesis, se acompañaba a los catecúmenos y se bautizaba; también se distribuían las ayudas a los pobres, se atendía a los enfermos y se enterraba a los muertos. Con el tiempo los salones para la asamblea se convertirán en templos parroquiales más amplios –basílicas en las ciudades–, para poder atender a las masas de nuevos conversos.

Con la reforma carolingia en el siglo VIII, se impone la estructura organizativa a la institución eclesiástica, dividiendo el imperio en diócesis y parroquias, y obligando a obispos y sacerdotes a tener una residencia local. Los párrocos eran los responsables de cuidar los bienes de la parroquia y de atender a los fieles en la administración de los sacramentos. Los fieles quedaban asignados a la parroquia del territorio en el que tuvieran el domicilio, donde tenían que cumplir con las obligaciones propias de la condición cristiana: precepto dominical y pascual, pago de los diezmos y primicias, bautismo de sus hijos, recepción de los sacramentos y funerales en tierra sagrada. Esta marcada tendencia de relacionar la parroquia con el territorio, vino a velar la noción original de parroquia como comunidad peregrina de fieles.

Durante la Edad Media surgen muchas parroquias nuevas, siempre con el consentimiento del obispo, limitadas territorialmente y bajo la protección de un santo titular como patrón. Los concilios de los siglos XII y XIII denunciaron diversos abusos generados por la práctica inadecuada del denominado «beneficio parroquial», que consistía en el derecho a percibir las rentas anejas por la dote del oficio, de modo que pasaban al peculio personal del párroco en lugar de utilizarlas para las actividades pastorales. Esto, unido a la escasa formación de los párrocos, provocó en los siglos sucesivos que la vida parroquial fuera decayendo y se generara una pérdida de su sentido más profundo y un escaso nivel de vida espiritual, situación que marcaba la urgente necesidad de revitalizar su identidad y misión.

Así, el Concilio de Trento ve necesario promover una reforma de las parroquias. Con el decreto *De reformatione* (sesión XIV de 1563) sanciona el estatuto jurídico de la parroquia, considerándola el órgano principal de la pastoral. Se insta entonces a los obispos a que en cada población se instaure una parroquia con su propio pastor, que estaba obligado a residir en el territorio; si la parroquia fuera grande, con el fin de atender adecuadamente a los fieles, podría dividirse en varias o asignar al párroco otros presbíteros ayudantes –coadjutores– con la misma obligación de residencia. Trento considera la parroquia como el medio más idóneo para la instrucción religiosa del pueblo y el lugar más adecuado para la celebración y el contacto personal con los bautizados. Al mismo tiempo, ordena la creación de seminarios en todo el mundo para una adecuada formación de los sacerdotes que se ocuparán de la pastoral en las parroquias.

El Código de Derecho canónico de 1917 define la parroquia como «una parte territorial de la diócesis con su iglesia propia y población determinada, asignadas a un rector especial como pastor propio de la misma para la necesaria atención de las almas» (vc. 216). Esta atención se desarrolla de acuerdo con la triple función: caritativa, catequética y sacramental. El concepto de parroquia, como vemos, es heredero directo de la doctrina tridentina: la parroquia es pueblo-pastor-iglesia-territorio, es el *populus fidelium* junto a su pastor, con una iglesia entendida como lugar de culto y de reunión, en una porción de la diócesis.

Aunque curiosamente el Concilio Vaticano II no dedicó ningún capítulo específico a la institución parroquial, la reforma eclesiológica y pastoral que llevó a cabo repercutió hondamente en la vida y constitución de la parroquia, que subrayó más el hecho de ser comunidad de fieles que institución jurídica territorial. Así, la parroquia es célula de la diócesis y familia eclesial (AA 10), representa a la Iglesia visible establecida por todo el orbe, con el propósito de que florezca el sentido comunitario parroquial (SC 42), es congregación local de fieles al cuidado de un presbítero (LG 28), comunidad de fieles bajo un pastor que hace las veces del obispo (SC 42), representa de alguna manera a la Iglesia visible extendida por todo el orbe (SC 42) y reduce a unidad todas las diversidades humanas que en ella se encuentran y las inserta en la universalidad de la Iglesia (AA 10b). Estos aspectos están muy bien recogidos en la legislación vigente, que asume la tradición doctrinal y canónica anterior subrayando más decididamente el carácter de la parroquia como *communitas christifidelium*, como veremos seguidamente.

2. La parroquia como medio de evangelización y misión

«La parroquia no es una estructura caduca; precisamente porque tiene una gran plasticidad, puede tomar formas muy diversas que requieren la docilidad y la creatividad misionera del pastor y de la comunidad. Aunque ciertamente no es la única institución evangelizadora, si es capaz de reformarse y adaptarse continuamente, seguirá siendo la misma Iglesia que vive entre las casas de sus hijos y de sus hijas. Esto supone que realmente esté en contacto con los hogares y con la vida del pueblo, y no se convierta en una prolija estructura separada de la gente o en un grupo de selectos que se miran a sí mismos» (EG 28).

En efecto, la parroquia está llamada a acoger los desafíos del tiempo presente adecuando su propio servicio a las exigencias de los fieles y de los cambios históricos. Es preciso un renovado dinamismo, que permita redescubrir la vocación de cada bautizado a ser discípulo de Jesús y misionero del Evangelio, a la luz de los documentos del Concilio Vaticano II y del magisterio, corresponsables todos, fieles y pastores, en la única misión de la Iglesia (CPP 11).

Hay que reconocer que si parte del Pueblo de Dios no experimenta su pertenencia a la Iglesia, también se debe a la existencia de unas estructuras y un clima poco acogedores en las parroquias, o a una actitud burocrática para dar respuesta a los problemas, simples o complejos, de la vida de la gente. En muchas partes hay un predominio de lo administrativo sobre lo pastoral, así como una sacramentalización sin otras formas de evangelización (EG 63).

La parroquia sigue siendo hoy el lugar donde son valorados y ejercidos la multiplicidad de ministerios y carismas en la construcción de la Iglesia particular. No es primariamente una estructura, un territorio, un templo, una organización, sino una comunidad de fieles que profesan la misma fe, celebra los sacramentos y se entrega al servicio de los más pobres. Es la familia de Dios, fraternidad de una sola alma, lugar de encuentro e integración de la diversidad; hace visible y sociológicamente perceptible el proyecto de Dios de invitar a todos los hombres a la alianza sellada en Cristo, sin excepción o exclusión alguna, pues «ofrece un modelo preclaro de apostolado comunitario al congregar en unidad todas las diversidades humanas que en ella se encuentran, insertándolas en la universalidad de la Iglesia» (AA 10).

La parroquia es la Iglesia localmente implantada en su catolicidad esencial; en ella hay lugar para todos y todos pueden encontrar su lugar, siempre desde el respeto a la vocación y espiritualidad de cada uno. Todos son bienvenidos y a nadie se le ponen condiciones previas. Con todo, es necesario adaptar la legislación vigente para provocar una verdadera conversión pastoral de la parroquia que la permita responder a los retos que se le plantean, racionalizando su presencia en relación a la población, flexibilizando los criterios de la territorialidad, fomentando la corresponsabilidad de los bautizados y promoviendo una pastoral de cercanía y cooperación entre las parroquias.

Las parroquias han de desarrollar hoy su misión en una sociedad en vías de descristianización, que se va apartando progresivamente de la visión cristiana de la vida y pugna por establecer un orden social sin Dios, sin referencias morales consistentes, dominado por el pragmatismo y el hedonismo, donde incluso muchos cristianos comprenden la religión como el cumplimiento de unas costumbres y deberes religiosos sin conexión con su existencia concreta. En esta situación, los fieles tienen una parte que cumplir en la formación de las parroquias, no sólo con una participación activa y responsable en la vida comunitaria y, por tanto, con su insustituible testimonio, sino también con el empuje y la acción misionera entre quienes todavía no creen o ya no viven la fe recibida en el bautismo (ChL 34).

En este contexto, la misión de la parroquia no puede reducirse a mantener la fe de los practicantes y acompañarlos en sus deberes cristianos, sino que ha de plantearse decididamente como evangelización «misionera». Hay que despertar entre los fieles esta conciencia de misión a través de la predicación, de la formación catequética, de la planificación pastoral. Resulta urgente una renovación misionera para que la parroquia vuelva a descubrir ese dinamismo y esa creatividad que impidan que se repliegue sobre sí misma y busque sólo el mantenimiento y la supervivencia; por ello debe implicar a todos los bautizados y promover una conversión pastoral en sentido misionero (AA 1-2; CPP 2).

Por haber recibido el mandato de evangelizar, la Iglesia está llamada a renovar sus fuerzas para mejor llevar el Evangelio a los que todavía no lo conocen. Este mandato de evangelizar no se limita a la conservación de la fe en la comunidad cristiana, sino que impele a una actividad misionera de la misma parroquia, que consiste en favorecer el encuentro con los hombres y mujeres de nuestro tiempo, testimoniando que también hoy es posible, bello, bueno y justo vivir la existencia humana conforme al Evangelio. La Iglesia ya no puede esperar pasivamente en el templo ni llevar a cabo una pastoral de mera conservación, sino que está urgida a desarrollar una pastoral decididamente misionera donde todos los miembros de la parroquia son protagonistas de la misión: el párroco en primer lugar, los sacerdotes, los diáconos, los religiosos y los laicos (EG 15 y 27).

Una evangelización misionera exige acompañar y sostener a creyentes débiles y desorientados, ayudar a los que se van alejando para reiniciar un camino de conversión que los conduzca de nuevo a la fe, dialogar con los no creyentes desde sus inquietudes y aspiraciones, y esforzarse por hacer presentes y operativos los valores del Reino en la sociedad. El primer paso es el testimonio de vida personal y grupal de los propios creyentes, un testimonio que, muchas veces a contracorriente o contrastando con la opinión de la mayoría, interrogue a los que contemplan; sin olvidar la propuesta de valores y una vida más solidaria y respetuosa con el hombre concreto (cc. 787-789; EN 21; EG 46).

La parroquia, en vez de centrarse sobre sí misma y sus problemas internos, debe estar volcada hacia fuera, leyendo y discerniendo los signos de los tiempos, atenta a lo que vive, piensa, goza y sufre la gente, haciendo una lectura creyente de la realidad (GS 1). Hay que acercar la parroquia a las personas y no esperar a que ellas vengan, haciéndose presente, a través de laicos debidamente formados, en la actividad ciudadana y social, penetrando en las instituciones del barrio o la zona a través de una red de cristianos comprometidos en informar, comunicar y enlazar con la parroquia.

Además, la comunidad parroquial ha de ser el lugar donde todos puedan encontrarse como en su casa, favoreciendo la acogida afable, desinteresada y cálida a todo el que se acerque, dejando siempre en segundo término los aspectos burocráticos o administrativos, usando un lenguaje más accesible y normal, valorando los pequeños compromisos de la gente, ofreciendo una pastoral más diversificada que tenga en cuenta las situaciones personales, los niveles de formación cristiana, la vinculación con la comunidad. No se puede simplemente ofrecer unos servicios pastorales iguales para todo el mundo, porque muchos quedarían excluidos, sino que habrá que adaptar la catequesis, la formación, la predicación o las mismas celebraciones al nivel de los participantes.

La parroquia ha de tener corazón abierto de madre que sale al encuentro de todos, priorizando la escucha y el acompañamiento. Seguramente el aspecto más urgente es el de salir al encuentro de los alejados, de quienes viven al margen del compromiso religioso, que fueron bautizados en su infancia, pero no han sido acompañados después, que podrían estar abiertos a iniciar un camino de búsqueda si encontrasen la ayuda precisa. En muchos casos tienen contactos ocasionales con la parroquia (al solicitar algún sacramento o asistir eventualmente a alguna celebración), contactos que pueden ser el medio para conectar con ellos e invitarles a iniciar procesos de carácter catecumenal. En otros casos habrá que pensar en promover encuentros donde puedan ser escuchados sus planteamientos y responder a sus inquietudes, a través de convocatorias de carácter más general como las misiones populares, cursillos, jornadas, seminarios…

Es evidente que un medio particularmente privilegiado son las celebraciones, aprovechando la demanda religiosa de la gente con motivo de la administración de sacramentos o de sacramentales en momentos claves en la vida; estas celebraciones, preparadas con esmero, extremando la acogida, potenciando los gestos y signos, cuidando el lenguaje, la homilía, la música y promoviendo la participación de los fieles tienen un gran valor testimonial y evangelizador para todos, especialmente para quienes tienen una fe débil, un compromiso religioso superficial o están alejados de la comunidad eclesial.

También el fomento de las manifestaciones de religiosidad popular, convenientemente orientadas y armonizadas con la celebración litúrgica (fiestas patronales, devociones locales, costumbres religiosas, procesiones, romerías, ermitas y santuarios marianos), puede contribuir al anuncio del Evangelio a los alejados. No es momento de extenderse aquí explicitando esta afirmación, puesto que se dedica a ello un amplio comentario en la parte quinta del libro.

Por último, el testimonio de servicio a los necesitados es lugar privilegiado de evangelización, mostrando al mundo, tanto de los creyentes como de los no creyentes, la fuerza del Amor. Sólo la unión con el Señor, la amistad e intimidad con Él dan consistencia y garantía de futuro al compromiso solidario y permiten que el trabajo en favor de los pobres tenga también un valor significativo y una clara dimensión evangelizadora y misionera, mostrando el rostro amoroso del Padre a los alejados y a los no creyentes y haciendo creíble el evangelio, pues sin una evangelización realizada a través de la caridad, el anuncio del evangelio corre el riesgo de no ser comprendido (DCE 50). En la última parte de este libro dedicamos un espacio amplio a todo ello.

3. La parroquia en la normativa de la Iglesia

El Código de Derecho canónico, siguiendo la doctrina del Concilio Vaticano II, define la parroquia como «una determinada comunidad de fieles, constituida de modo estable en la Iglesia particular, cuya cura pastoral, bajo la autoridad del obispo diocesano, se encomienda a un párroco como su pastor propio» (c. 515 § 1). El elemento fundamental y constitutivo de la parroquia es, pues, de carácter personal: «comunidad de fieles» (*communitas christifidelium*) convocada por la palabra de Dios y los sacramentos, en especial por el sacramento de la eucaristía; es una porción del nuevo Pueblo de Dios.

La parroquia tiene así un puesto preeminente sobre las demás comunidades de fieles dentro de la diócesis. El mismo Concilio no duda en afirmar que son «en cierto modo» Iglesia (SC 42), pues en ellas se da esa interacción dinámica entre los diferentes tipos de personas (vocaciones, edades, estados de vida) unidas bajo un mismo pastor. Es una comunidad de fieles, aunque no la única, y en ella están presentes los elementos esenciales de la Iglesia de Cristo: el anuncio de la Palabra de Dios, la celebración de la eucaristía y los demás sacramentos, la comunión del Espíritu Santo, el ministerio ordenado, la oración, el servicio de la caridad, etc. La parroquia es verdaderamente Iglesia: comunidad de fe, de celebración, de caridad y de presencia misionera en la sociedad y en el mundo (LG 28; SC 42; PO 5-6; AG 15).

La parroquia ha de posibilitar el encuentro personal con Jesucristo de una forma renovada y con intencionalidad «kerigmática». Está llamada a ser una comunidad de discípulos de Jesús en crecimiento continuado e integral; ha de fomentar el sentido comunitario desde la celebración y la oración en sus diferentes formas; tiene que promover la formación y los ministerios y/o servicios respondiendo a la vocación recibida de cada uno de los fieles.

En la medida en que cada uno, habiendo recibido su propia vocación la pone al servicio de la comunidad, se expresa la plena realización del ministerio de los pastores (tanto del párroco como de los sacerdotes que colaboran con él), al mismo tiempo que emerge la peculiaridad y complementariedad de los diversos carismas de los diáconos, las personas consagradas y los laicos. Todos juntos aprenden a vivir como discípulos del Señor en el interior de una red de relaciones fraternas en las que se experimenta la comunión en la diversidad de las vocaciones y generaciones, de carismas, ministerios y competencias, formando una comunidad que escucha y dialoga, que vive con solidez su misión y su servicio, en la armonía de la contribución específica de cada uno (CPP 28; SVMI 83).

Los párrocos están llamados a mantener viva esta dinámica, a fin de que cada bautizado se considere un protagonista activo de la evangelización. Para ello, tendrán que ejercer con sabiduría el arte del discernimiento, que permita que la vida parroquial crezca y madure con las iniciativas de los fieles, en el reconocimiento de las diferentes vocaciones y ministerios. El párroco es miembro y a la vez servidor del Pueblo de Dios que le ha sido confiado, y no puede ni debe reemplazarlo; ha de ser el primer promotor de la sinodalidad como modo de vivir y de actuar en la parroquia; de su compromiso dependerá en gran medida los frutos que se puedan obtener (cc. 212; 216; CPP 39).

Entendida así la parroquia, es necesario plantearse si realmente lo son muchas de nuestras comunidades, muy reducidas en miembros y muy envejecidas, donde no se percibe la diversidad generacional y vocacional ni hay lugar para el ejercicio de una pastoral integral, apenas la celebración dominical de la misa o algún funeral. Obviamente, los fieles tienen derecho a ser atendidos por su pastor (c. 213), por pequeña que sea la comunidad, pero eso no obliga a mantener estas comunidades jurídicamente como parroquias (con toda la multiplicación innecesaria de tareas administrativas que supone para el párroco) cuando no lo son en realidad; ni tampoco a mantener a toda costa servicios que no son demandados, o se tornan insostenibles por la creciente escasez de sacerdotes. No es posible seguir identificando templos con parroquias. Es un callejón sin salida.

Tampoco es fácil para un presbítero tener que centrar su ministerio exclusivamente en una realidad tan empobrecida. Conviene replantear la necesidad de concentrar esfuerzos agrupando o suprimiendo parroquias y creando unidades pastorales más amplias, que sean un mejor reflejo de lo que es una auténtica «comunidad de fieles», tanto por el bien de ellos mismos como del propio sacerdote.

Asimismo, conviene y urge crear verdaderos equipos sacerdotales que trabajen en espíritu de comunión en favor del Pueblo de Dios. Muchas crisis sacerdotales tienen su origen en situaciones de aislamiento y de falta de apoyo humano, sin olvidar la pobreza de perspectivas de futuro, lo que provoca en los sacerdotes sentimientos de fracaso y frustración a veces insuperables.

Finalmente, si bien la parroquia sigue siendo una institución eclesial insustituible, a la vez se muestra insuficiente para afrontar los retos que venimos señalando. Es insustituible porque a través de ella la inmensa mayoría de la gente entra en contacto con la Iglesia; es insuficiente porque, por sí sola, no logra realizar la misión evangelizadora plena, ya que esta se lleva a cabo sólo en comunión con la Iglesia particular, únicamente si se articula en el arciprestazgo y la zona pastoral, y se revitaliza y potencia con los movimientos apostólicos y las pequeñas comunidades. Lo analizaremos con detalle en otro lugar.

1. *La erección de la parroquia*

El obispo diocesano es quien constituye las parroquias. A él le corresponde exclusivamente erigir, suprimir o cambiarlas, pero no lo hará sin haber oído antes al Consejo presbiteral. Este requisito es del todo razonable, pues son los presbíteros quienes están trabajando día a día con las comunidades y pueden conocer mejor y de primera mano sus necesidades reales. El obispo, aunque no tenga ninguna obligación de seguir ese parecer, no debe apartarse de su dictamen, especialmente cuando es concorde, sin una razón que, a su juicio, sea más poderosa (cc. 127 § 2. 2; 515 § 2; CPP 46).

La parroquia legítimamente erigida tiene personalidad jurídica de propio derecho, representada en la figura del párroco (c. 515 § 3), el cual es, además, el administrador de los bienes de la parroquia, de modo que tiene la responsabilidad de cuidar de que se administren de acuerdo con la norma de los cc. 1281-1288. En el capítulo sexto abordamos en concreto lo relativo a la administración, fuente de no pocos conflictos.

Aunque el Código no trata expresamente el tema, es obligado decir algo sobre los modos en los que el obispo puede configurar las parroquias y las condiciones establecidas por el derecho:

1. Crear una parroquia *ex novo* estableciendo por decreto escrito los límites territoriales, o determinando el tipo de personas, en caso de que sea una parroquia personal.
2. Agrupar varias parroquias por «federación», de forma que las parroquias asociadas permanezcan distintas en su propia identidad, respetando sus elementos esenciales que no puede dispensar el obispo; por ejemplo, conservando sus libros, sello propio, economía separada... (c. 86; CPP 47). Es el caso típico de muchas de las actuales «unidades pastorales».
3. Agrupar varias parroquias «por incorporación», de modo que una o varias sean absorbidas por otra perdiendo su originaria individualidad y personalidad jurídica. En este caso el obispo deberá emitir un decreto específico para cada parroquia que quiera suprimir, en el que consten los motivos pertinentes (c. 120 § 1; CPP 48).
4. El tercer supuesto es la verdadera y propia fusión, que da vida a una nueva y única parroquia, con la consiguiente extinción de las parroquias preexistentes y de su personalidad jurídica, y la creación de una nueva (c. 121; CPP 48).
5. Finalmente, se pueden crear varias parroquias mediante la división de una comunidad parroquial grande (c. 122).

Para proceder a suprimir parroquias tienen que darse causas objetivas suficientes. No serían motivos legítimos, por ejemplo, la mera escasez de clero diocesano, la situación financiera general de la diócesis u otras condiciones presumiblemente reversibles a corto plazo (por ejemplo, un escaso número de fieles, la falta de autosuficiencia económica, la modificación del plan urbanístico del territorio) o con consideraciones generales, teóricas y «de principios» (CPP 48).

Cada decisión (sea de erección o de supresión) debe ser adoptada por decreto formal del obispo, redactado por escrito. No sería conforme a la normativa canónica emanar una disposición única, destinada a producir una reorganización de carácter general de toda la diócesis, una parte de ella o un conjunto de parroquias, implementada a través de un único acto normativo, decreto general o ley particular (c. 51; CPP 49).

El decreto de supresión debe indicar claramente las razones específicas que llevaron al obispo a adoptar la decisión y no basta una alusión genérica como «el bien de las almas». Y también tendrá que proveer el destino de sus bienes y garantizar que la iglesia de la parroquia suprimida continúe estando abierta a los fieles, si es necesario, o reducirla a usos profanos no indecorosos cuando no lo sea, o si el edificio no se encuentra en condiciones mínimas de ser utilizado para el culto divino ni hay posibilidad de repararlo, y después de haber consultado al consejo presbiteral (cc. 120-123; 500 § 2; c. 1222 § 2; CPP 50-51).

2. *Tipos de parroquias*

La parroquia es la realización más concreta y común de la Iglesia en un lugar, la imagen de la Iglesia universal en su visibilidad local, la comunidad de referencia para la mayoría de los cristianos. Por esto mismo ha de ser una plataforma suficientemente flexible para anunciar el amor de Dios a sus criaturas y como referente profético para la sociedad en la que se encuentra.

Habiendo dejado de ser, como en el pasado, el lugar primario de reunión y de sociabilidad, la parroquia está llamada a encontrar otras modalidades de cercanía y de proximidad respecto a las formas habituales de vida. Por eso, aunque existen ya por la legislación canónica formas variadas de configurar la parroquia según las necesidades pastorales y la situación del clero en cada lugar con el fin de propiciar una mejor atención de los fieles, también estas formas han de ser revisadas y adaptadas para que la parroquia no se haga autorreferencial y se esclerotice, proponiendo experiencias desprovistas de sabor evangélico y de impulso misionero, a menudo destinadas a pequeños grupos (CPP 14 y 17).

a) *La parroquia territorial*

Si partimos del principio de la territorialidad, la fórmula común y general sigue siendo la parroquia vinculada a un territorio, es decir, la que comprende a todos los fieles de un territorio concreto. El criterio de asignación es el domicilio (c. 107). Todavía hoy este carácter territorial de la parroquia, aunque con la flexibilidad debida, conserva su importancia, en tanto que favorece la visibilidad de la Iglesia, su carácter público y su continuidad a lo largo del tiempo (c. 518).

No obstante, esta configuración territorial está siendo cuestionada por la creciente movilidad de las personas y por la cultura digital, que han dilatado los ámbitos de la vida. Por una parte, la existencia de las personas se identifica cada vez menos con un contexto definido e inmutable, desenvolviéndose más bien en «una aldea global y plural»; por otra, la cultura digital ha modificado de modo irreversible la comprensión tanto del espacio como del lenguaje y los comportamientos personales, especialmente de las generaciones jóvenes (CPP 8).

El territorio ya no se puede seguir entendiendo únicamente como un espacio geográfico delimitado, sino como el ámbito donde cada uno desarrolla su vida, conformado fundamentalmente por las relaciones interpersonales; es el denominado «territorio existencial». La parroquia entonces debe superar una pastoral que mantiene el campo de acción exclusivamente dentro de sus límites territoriales, pues eso la recluiría a una inmovilidad inaceptable y en una repetitividad pastoral preocupante. Con todo, conviene precisar que, en el ámbito canónico, el principio territorial permanece plenamente vigente cuando así lo exige el derecho (CPP 16; cc. 102; 1015-1016; 1108, § 1).

b) *La parroquia personal*

Cuando las necesidades pastorales lo precisen o cuando los derechos fundamentales espirituales de los fieles no pueden ser garantizados a través de la parroquia territorial, el obispo puede constituir parroquias personales para responder a diversas necesidades. Estas parroquias personales tienen esencialmente las mismas competencias que las parroquias territoriales y cumplen los mismos deberes pastorales (c. 518).

La primera causa para la creación de una parroquia personal es la atención de católicos de rito no latino presentes en el territorio, una riqueza protegida por el Código, según las disposiciones del Concilio, pues todos los ritos son igual de valiosos dentro de la Iglesia (c. 214; SC 3-4; OE 2.3.5; GS 26; DH 2).

El fenómeno de la movilidad puede provocar que muchos católicos que vienen de las Iglesias orientales no dispongan de sus pastores ni de un lugar para vivir su condición católica oriental en territorio de rito latino. Son fieles católicos necesitados de una atención pastoral específica, y la Iglesia diocesana tiene la obligación de responder a ella (PCPEI, Instrucción *Erga migrantes caritas Christi* [3 de mayo de 2004] 24; UUS 60; EIE 32; PG 60-61.72).

Cuando la población de fieles católicos orientales constituya una comunidad estable, el obispo diocesano tendrá que discernir la conveniencia de erigir una parroquia para todos los fieles católicos orientales o una parroquia para fieles católicos de una determinada Iglesia *sui iuris*, si hubiera suficientes. La parroquia oriental, canónicamente erigida, tendrá su propio párroco, latino u oriental, nombrado por el obispo diocesano, quien podrá designar, además y si es posible, un templo de forma exclusiva.

En cuanto al párroco, cabe precisar lo siguiente: Si el párroco es un sacerdote de rito latino debidamente preparado para poder celebrar una liturgia no latina, el obispo diocesano deberá hacer la petición al Dicasterio para las Iglesias Orientales, único competente para conceder las oportunas licencias. Si el obispo juzga que conviene la presencia de un sacerdote católico oriental, deberá dirigir su petición al Sínodo de obispos de la Iglesia patriarcal o arzobispal mayor, o al Consejo de Jerarcas de la Iglesia metropolitana *sui iuris* de que se trate. El obispo le otorgará la *missio canonica* y podrá establecer un convenio regulador sobre materias de retribución económica y asistencia sanitaria, residencia y otras actuaciones u oficios.

Para facilitar la identificación de una parroquia oriental es conveniente que figure la inscripción «Parroquia católica oriental» (para todos los fieles católicos orientales) o «Parroquia católica de rito...» (para todos los fieles católicos orientales de una determinada Iglesia *sui iuris*) en el rótulo de entrada, membretes, sello y direcciones. Asimismo, es conveniente que se facilite información sobre las parroquias orientales más cercanas y su teléfono de contacto, si es posible. El despacho parroquial habrá de contar con los libros parroquiales habituales (bautismos, matrimonios y otros sacramentos, según la ley particular) para las necesarias inscripciones.

Si en una diócesis existieran varias parroquias para los fieles católicos orientales desprovistos de ordinario propio, el obispo diocesano puede, además, nombrar un vicario episcopal «por razón del rito».

Junto a estas parroquias de carácter personal-ritual, también el obispo puede erigir parroquias personales en razón de la lengua de los fieles (parroquia inglesa, francesa, alemana, africana, china...), según la condición social o profesional de los fieles (parroquia de pescadores, parroquia universitaria…), o por otra razón de carácter pastoral (la parroquia penitenciaria para los presos, la parroquia para la comunidad de sordos…), o incluso laboral (parroquias para los trabajadores de una gran empresa), como ya existen de hecho en diversos lugares.

El caso peculiar de las capellanías castrenses (así se denominan comúnmente las parroquias de los ordinariatos militares) consiente una doble pertenencia del fiel, que puede elegir la parroquia personal o la del domicilio donde reside, pues ambos párrocos tienen jurisdicción cumulativamente.

c) *La cuasiparroquia*

Se trata de una determinada comunidad de fieles dentro de la Iglesia particular, equiparada en derecho a la parroquia y encomendada, como pastor propio, a un sacerdote, pero que, por circunstancias peculiares, no ha sido aún erigida como parroquia (c. 516 § 1).

En la práctica no se diferencia de la parroquia, pues cumple sus mismas funciones. En efecto, se le aplica todo lo que la disciplina canónica dispone acerca de las parroquias, a no ser que, en el derecho universal o particular, en la costumbre o en el mismo decreto de erección dado por el ordinario, se establezca otra cosa con respecto al oficio del sacerdote encargado, la organización pastoral o los organismos parroquiales que se han de crear (AS 210).

La constitución de una cuasiparroquia no puede ser arbitraria, ya que es siempre una estructura de carácter provisional. Así pues, deben concurrir causas objetivas que impidan que esa comunidad de fieles sea erigida como parroquia. Además, conviene que se siga la norma establecida para las parroquias de oír al consejo presbiteral antes de proceder a su erección (c. 515 § 2).

Entre las causas más comunes se encuentran la carencia de medios materiales suficientes, una infraestructura adecuada para la atención pastoral de los fieles, los conflictos con las autoridades civiles que no autorizan su erección como parroquia o la atención a grupos humanos poco estables (como refugiados o emigrantes). En no pocos casos la cuasiparroquia es el resultado de la evolución natural en la atención pastoral de una comunidad que comenzó como templo o capilla sucursal de una parroquia y que está a la espera de reunir las condiciones necesarias para convertirse en parroquia.

d) *La parroquia de libre elección*

El fenómeno creciente de la movilidad humana ha hecho surgir en la reflexión canonística y pastoral el problema de lo que podríamos denominar «nomadismo parroquial», algo muy extendido en las grandes ciudades y que tiene como principal característica la elección libre de la parroquia en la que el fiel desea vivir su fe en detrimento del criterio general de la territorialidad.

Por norma general, los fieles suelen integrarse en su parroquia territorial, adaptándose a lo que en ella existe; sin embargo, pueden darse circunstancias muy particulares, cada vez más frecuentes, que justifican el hecho de que algunos fieles se inserten en la vida de una parroquia distinta a la propia por territorio. Las razones son múltiples, a veces preferencias de carácter espiritual como, por ejemplo, el estilo pastoral que se promueve, la afinidad con el carisma propio de un instituto religioso u otra institución que dirige la parroquia, la identificación con un movimiento eclesial presente en ella... Otras veces se trata de razones sobrevenidas: fieles que se trasladan a una nueva ciudad y buscan una comunidad parroquial con la que congenien, ya que no tienen ningún tipo de arraigo en el lugar al que han llegado; fieles que descontentos con la parroquia propia no se sienten parte de esa comunidad y buscan otra; fieles que, llevando una vida de fe activa en la parroquia, al cambiar a un domicilio cercano deciden continuar en su parroquia anterior...

Algunos han criticado que se permita en la práctica la elección de parroquia, pues se podría correr el riesgo de elitismo si solamente un cierto perfil de fieles asiste a una determinada parroquia. Por otro lado, resulta complicado combinar el hecho de la necesaria libertad del fiel para elegir su propio camino espiritual (c. 224) y la exigencia jurídica de pertenecer a una parroquia que es impuesta por el derecho. De autorizar esta práctica, se uniría en el mismo fiel una doble pertenencia: a la parroquia «de derecho» en base a los criterios que ofrece la legislación (domicilio o características personales), y la pertenencia «de hecho» a una parroquia que surge de la elección del fiel, que se siente vinculado existencialmente al lugar en el que vive su fe.

Es necesario dar una solución jurídica a este problema, pues en algunas circunstancias se podría poner en riesgo hasta la validez de algunos actos (por ejemplo, la autorización para los matrimonios). Y esta solución necesariamente canónica debe salvaguardar dos principios: facilitar que todos los fieles puedan ejercer sus derechos como bautizados allá donde los soliciten, y no dejar a ningún párroco sin la seguridad jurídica acerca de quiénes sean los destinatarios de la cura pastoral que le ha sido encomendada.

Para solucionar el problema, sería necesaria una normativa particular (dada por la conferencia episcopal o por el obispo diocesano) en la que se designe al párroco elegido (*ad quem*) como el «pastor propio» en la práctica, por medio del cual se le otorgan las licencias para los diferentes sacramentos y sacramentales, con el conocimiento y permiso del párroco territorial (*a quo*). El acto que haría efectiva esta nueva relación, sería el registro oficial en la parroquia de elección del fiel trasladado, una vez que se compruebe que existe una real implicación en la vida de la parroquia o haya esperanza fundada de que se dará una participación activa en adelante. Una copia actualizada de ese registro se enviará periódicamente a la cancillería de la diócesis. Evidentemente, el simple hecho de la participación en la celebración de la misa en una parroquia distinta a la propia no justifica tamaño esfuerzo.

En este caso, como en otros muchos, «el derecho sigue a la vida» (*ius sequitur vitam*), de modo que no hay que escatimar medios para que se cumpla la misma finalidad del derecho canónico, a saber: la salvación de las personas, pues es «ley suprema en la Iglesia» (c. 1752).

3. *Formas de encomienda pastoral de una parroquia*

El principio canónico tradicional «una parroquia, un párroco» es la forma común ordinaria y deseable de la provisión del oficio. Este párroco, que debe haber recibido el orden sagrado del presbiterado, es el pastor propio de la parroquia. A él se le confía y en ella ejerce la cura pastoral de la comunidad bajo la autoridad del obispo diocesano (cc. 519 y 521 § 1). Sus derechos y obligaciones los estudiaremos en el siguiente capítulo.

Ahora bien, partiendo de este principio, se pueden encomendar también de forma ordinaria una o varias parroquias a un solo sacerdote, o solidariamente a varios sacerdotes (*in solidum*); asimismo, pueden encomendarse a una persona jurídica (instituto, sociedad, prelatura, asociación) para que provea la cura pastoral con sus medios. De manera extraordinaria, es posible nombrar un administrador parroquial para que rija la parroquia interinamente, o pedirse la participación en la cura pastoral a fieles no sacerdotes, sean diáconos, consagrados o laicos, individualmente o en comunidad.

a) *Varias parroquias encomendadas a un párroco*

Lo ordinario es que el párroco tenga la cura pastoral de una sola parroquia, pero por escasez de sacerdotes u otras circunstancias, se puede confiar a un mismo párroco la atención de varias parroquias cercanas. Entre esas «otras circunstancias» se puede considerar lo reducido del territorio, la población de las parroquias interesadas o que limiten entre sí. El obispo diocesano debe valorar atentamente que, si se confían varias parroquias al mismo párroco, este pueda ejercer plena y concretamente el oficio de párroco como verdadero pastor de todas y cada una de ellas (c. 526 § 1; CPP 70).

b) *La parroquia encomendada a varios sacerdotes «in solidum»*

Es posible encomendar una o varias parroquias solidariamente a varios sacerdotes, al menos dos, para que realicen la cura pastoral en acción común (c. 517 § 1; CPP 76). En este modelo, los sacerdotes son corresponsables. Todos tienen los oficios propios de párroco y han de tomar colegialmente las decisiones del programa pastoral, aunque haya un moderador nombrado o confirmado por el obispo, que es quien responde de la parroquia ante él y la representa en los negocios jurídicos, por más que sea un *primum inter pares* (c. 532; CPP 76).

En cuanto al nombramiento, el obispo ha de proceder del mismo modo que para designar a un párroco. Sólo hay una diferencia en lo referente a la toma de posesión: el moderador la realiza como lo haría cualquier párroco, y los demás sacerdotes del equipo realizan simplemente la profesión de fe (cc. 542 § 3). Además, todos los sacerdotes que pertenecen al grupo están obligados a cumplir la ley de la residencia, determinarán de común acuerdo el orden según el cual uno de ellos habrá de celebrar la misa *pro populo* y no podrán cesar en su cargo sino con justa causa y según los modos establecidos por el Derecho para el caso de cualquier párroco (cc. 533, 534, 538, 1740-1752).

Sobre el funcionamiento del grupo de sacerdotes para cumplir la misión pastoral, cada uno, según la distribución establecida entre sí, tiene obligación de desempeñar los cargos y funciones del párroco. Por tanto, la facultad de asistir al matrimonio y el resto de facultades concedidas por el Derecho al párroco, les corresponden a todos ellos, si bien deben ejercerlas bajo la dirección del moderador. Se recomienda vivamente que elaboren un reglamento interno, para que cada presbítero pueda cumplir mejor las tareas y funciones que le competen (c. 543 y 528-530; CPP 77).

La parroquia o parroquias encomendadas *in solidum* no quedan vacantes por la cesación de uno de ellos o de su moderador, aunque en este último caso corresponde al obispo diocesano nombrar otro moderador; mientras tanto, desempeña dicha función el sacerdote más antiguo por su nombramiento en ese equipo (c. 544).

En cualquier caso, la modalidad *in solidum* es excepcional, lo deseable es siempre un párroco para cada parroquia; con todo, puede ser útil para promover la pastoral unitaria entre varias parroquias o para favorecer la corresponsabilidad o la vida en común de los presbíteros. A este respecto, el Concilio recomienda: «Ningún presbítero puede cumplir cabalmente su misión aislada o individualmente, sino tan sólo uniendo sus fuerzas con otros presbíteros, bajo la dirección de quienes están al frente de la Iglesia» (PO 7).

Existen, no obstante, dificultades evidentes, ya que es connatural a los fieles la identificación con el propio pastor y, en ocasiones, les produce confusión la presencia cambiante de varios presbíteros, aunque estén coordinados entre sí. Es evidente la riqueza de la paternidad espiritual del párroco, como un *paterfamilias* sacramental de la parroquia, con los consiguientes vínculos, que generan una gran fecundidad pastoral (PP 19).

Baste concluir señalando que si bien es cierto que esta configuración resulta totalmente congruente con la íntima fraternidad sacramental que se da entre los presbíteros por la ordenación, que les hace conformar un solo presbiterio (PO 8), no podemos dar por descontadas las condiciones humanas que se requieren para el trabajo mancomunado. Por eso, sólo se debería implantar allí donde existan estas condiciones insustituibles.

c) *La parroquia encomendada al cuidado de una persona jurídica*

A tenor de la legislación vigente, no puede ser párroco una persona jurídica; de hecho, se ha modificado la normativa que autorizaba las llamadas «iglesias capitulares», para que fueran al mismo tiempo colegiales y parroquiales, y se insta a separar las que se encuentren unidas y a elegir un párroco para la parroquia, que puede ser o no miembro del Cabildo (c. 510).

Sin embargo, sí es posible encomendar una parroquia a un instituto religioso clerical o a una sociedad de vida apostólica, incluso erigiendo la parroquia en una iglesia del instituto o sociedad, pero con la condición de que un presbítero sea el párroco y de que exista el consentimiento del superior competente, en consonancia con el derecho a la presentación de los sacerdotes que ejercerán la cura pastoral (cc. 520 § 1 y 682 § 1). Esta norma puede hacerse extensiva también a las prelaturas personales y a las asociaciones clericales de derecho pontificio con capacidad para incardinar, puesto que sus presbíteros tienen, al igual que los anteriores, una misión supradiocesana.

Hemos de subrayar que lo que se encomienda al Instituto no es el oficio de párroco, que debe ejercerlo personalmente un presbítero, sino la parroquia, es decir, la obligación de procurar que la cura pastoral de la parroquia esté bien atendida. Esta encomienda puede realizarse a perpetuidad o por un tiempo determinado; en ambos casos, se hará mediante un convenio escrito entre el obispo diocesano y el superior competente, en el que, entre otras cosas, se determinará expresa y detalladamente cuanto se refiera a la labor que debe ejercerse, a las personas que se dedicarán a ella y a la gestión económica. En este punto, es de gran relevancia que la parroquia esté erigida o no en un templo propiedad de la institución, pues necesariamente las condiciones económicas han de ser diversas (c. 520 § 2).

Estas parroquias, aunque por la dependencia institucional pueden desarrollar la actividad pastoral desde las peculiaridades propias del carisma, son parroquias plenamente diocesanas y no se sustraen a la pastoral común de la diócesis ni a la vigilancia del obispo, y deberán, como cualquier parroquia de la diócesis, seguir los planes pastorales aprobados, puesto que las actividades encomendadas por el obispo diocesano están bajo su autoridad y dirección (cc. 681 y 683).

d) *La parroquia encomendada a fieles cristianos no sacerdotes*

Por penuria de sacerdotes, el obispo diocesano puede encomendar una parroquia a un diácono, a una comunidad religiosa o a una persona o personas seglares como participación en la cura pastoral. Y ello por no ser posible nombrar un párroco o un administrador parroquial, que puedan asumirla a tiempo pleno. Cuando se da esta problemática pastoral, es preciso garantizar el sostenimiento de la vida cristiana y la continuidad de la misión evangelizadora. Decidir sobre ello no le corresponde al párroco, sino al obispo diocesano, el cual juzgará si se dan las condiciones y designará a las personas que desempeñarán esta misión (c. 517 § 2; CPP 87).

Es conveniente, por tanto, que el obispo verifique, con la máxima prudencia y previsión pastoral, la existencia de un auténtico estado de necesidad y, en consecuencia, establezca las condiciones de idoneidad de las personas llamadas a esta colaboración, definiendo las funciones que deben atribuirse a cada una de ellas, según las circunstancias de las respectivas comunidades parroquiales (PP 24).

Estas funciones pueden ser de tipo administrativo, de formación y animación espiritual. A modo de ejemplo, la predicación y la catequesis, la administración de sacramentos y sacramentales, el cuidado de los libros parroquiales, etc. Lógicamente no pueden desempeñar funciones que conlleven la plena *cura animarum*, puesto que esta requiere el carácter sacerdotal (EDM, Disposiciones prácticas, art. 6; 8). Se trata, pues, de una forma extraordinaria de encomienda de la cura pastoral que no debe confundirse con la cooperación activa ordinaria y con la asunción de responsabilidades por parte de los fieles en el ámbito parroquial. Lo veremos con más detalle cuando hablemos de los ministerios encomendados a los laicos.

Al tratarse de un verdadero oficio que lleva consigo la necesaria potestad administrativa, las personas que vayan a desempeñarlo deberán contar con una adecuada formación y las condiciones de idoneidad que determine el obispo. Evidentemente, estos requisitos son más fáciles de encontrar en el caso de que quien preste la colaboración sea un diácono, un religioso, una religiosa o una comunidad, masculina o femenina, puesto que en estos casos la formación básica suele estar garantizada; no obstante, si se trata de fieles laicos, parece lógico que sea la misma diócesis la que facilite esos medios de formación. A este respecto debemos añadir que, para desempeñar este oficio, los diáconos permanentes tienen siempre la precedencia sobre los fieles no ordenados. La razón es muy sencilla: ellos han tenido que recibir una formación teológica básica antes de ser ordenados y son, en virtud de la ordenación, ministros ordinarios de algunos sacramentos, como el bautismo o el matrimonio, y de sacramentales, como las bendiciones y las exequias (DO 41; CPP 90; PP 25).

Si al final fuera necesario recurrir a esta solución extraordinaria, se requiere preparar adecuadamente al Pueblo de Dios, teniendo cuidado de adoptarla sólo por el tiempo necesario, no de forma indefinida, dejando claro que se trata de «participación en el ejercicio de la cura pastoral» y no de dirigir, coordinar, moderar o gobernar la parroquia, que es competencia exclusiva de un sacerdote (CPP 89; ApS 215).

Por esto mismo, como la cura pastoral plena de la comunidad no se puede dar sin la presencia de un sacerdote que celebre la eucaristía y administre el perdón, el obispo deberá designar en todo caso a un sacerdote que, dotado de las potestades propias del párroco, dirija la actividad pastoral con los consiguientes deberes y derechos, aunque no tenga el oficio (c. 517 §2; Cat. 911; CPP 88). Es recomendable que, en el decreto con el que el obispo nombra al presbítero moderador, exponga, al menos brevemente, los motivos por los cuales se hizo necesaria la aplicación de esta forma extraordinaria y el modo concreto de ejercicio del ministerio del sacerdote encargado (CPP 93).

La excepcionalidad y provisionalidad de esta fórmula exige que, en el seno de estas comunidades parroquiales, se promueva al máximo la conciencia de la absoluta necesidad de vocaciones sacerdotales. «Sería un error fatal resignarse ante las dificultades actuales, y comportarse de hecho como si hubiera que prepararse para una Iglesia del futuro imaginada casi sin presbíteros. De este modo, las medidas adoptadas para solucionar las carencias actuales resultarían seriamente perjudiciales para la comunidad eclesial, a pesar de su buena voluntad» (Juan Pablo II, Alocución a los participantes en la Plenaria de la Congregación para el Clero del 23 noviembre 2001).

e) *La parroquia administrada interinamente*

Otra forma extraordinaria de encomendar una parroquia es nombrar un administrador parroquial cuando el párroco sufra algún tipo de incapacidad, enfermedad, cautiverio, destierro o deportación, o cualquier otra causa que le impida dirigir la comunidad parroquial. El obispo diocesano ha de proveer cuanto antes con un administrador parroquial, un sacerdote que le supla mientras dure la causa de la incapacidad (c. 539).

El administrador parroquial tiene los mismos deberes y derechos que el párroco, a no ser que el obispo establezca otra cosa. Ahora bien, como ejerce un cargo de suplencia, no le es lícito hacer nada que pueda perjudicar los derechos del párroco o causar daño a los bienes parroquiales. Al finalizar el encargo, deberá rendir cuentas al párroco de cómo ha desempeñado su oficio (c. 540).

Como puede pasar un tiempo hasta que se constituya el administrador parroquial, asume provisionalmente el régimen de la parroquia el vicario parroquial; si son varios, el más antiguo por su nombramiento. Cuando no haya vicarios, el párroco que determine el derecho particular. Él mismo habrá de informar inmediatamente al ordinario del lugar acerca de la vacante de la parroquia para que provea con un administrador cuanto antes. También se le prohíbe perjudicar los derechos del párroco o causar daño a los bienes parroquiales (c. 541).

Dado que se trata de un oficio esencialmente transitorio y que es ejercido mientras se espera el nombramiento del nuevo párroco, resulta ilegítimo que el obispo diocesano nombre un administrador parroquial y lo mantenga en ese encargo durante un período largo, superior a un año, o incluso de un modo estable. Evitar el nombramiento de párroco constituye una violación del principio de estabilidad del oficio parroquial que perjudica la misión del presbítero interesado, así como a la comunidad misma, la cual, ante la situación de incertidumbre sobre la presencia del pastor, no podrá programar actividades de evangelización a medio y largo plazo, y deberá limitarse a un cuidado pastoral de conservación (CPP 75).

4. *Parroquias «en red»*

El trabajo en red es un modo de actuar que supone tejer relaciones, promover aprendizajes, construir espacio común, abierto, diversificado, en el que se puedan ir sumando nuevas iniciativas, propuestas y empeños. Supone dar más énfasis al proceso de construcción de los espacios de diálogo, encuentro y acción común que a la estructura organizativa misma, siempre secundaria y en función de aquellos. Una estructura organizativa que, por otro lado, ya está inicialmente delineada en el Código, si bien precisa de una verdadera «conversión pastoral» de los agentes, en especial de los sacerdotes, a un estilo de comunión y de colaboración, de encuentro y de cercanía, de misericordia y de solicitud por el anuncio del Evangelio, directamente requeridos por el camino sinodal (CPP 2).

En el trabajo interparroquial resulta indispensable fijar metas comunes que surjan del plan pastoral de la diócesis y que se planteen como desafíos que lograr con el esfuerzo conjunto, metas que nunca podrían ser alcanzadas desde cada parroquia aislada. Pero no tendría sentido trabajar en red sólo «hacia dentro», para cultivar unas buenas relaciones entre los cercanos, sino en función de la misión «hacia fuera», de la evangelización, para que la parroquia sea reflejo de la Iglesia en estado permanente de misión, que de verdad esté en contacto con los hogares y con la vida del pueblo, y no se convierta en una prolija estructura separada de la gente o un grupo de selectos que se miran a sí mismos (EG 25, 27-28 y 33).

Este modo de caminar juntos pastoralmente nos enseña, sin duda, a respetar y enriquecernos con la diversidad, verdadero factor de fortalecimiento cuando no se imponen unas particularidades sobre otras. Por ello, es imprescindible el diálogo, la planificación y la especialización de tareas, para posibilitar la complementariedad de esfuerzos y capacidades de cara a una buena ejecutoria de animación y coordinación, con más reparto de responsabilidades. Sólo así el trabajo en red será más dinámico y más propio de todos los que participan.

Estas premisas nos ayudan a comprender mejor la misión del párroco, que ha sido llamado a liderar este proceso, como colaborador del obispo, no de forma individual, sino mano a mano con otros presbíteros de la diócesis, reconociendo y promoviendo la función propia que compete a cada uno de los fieles según su vocación y estado de vida, para que todos juntos vivan la comunión parroquial y se sientan miembros de la diócesis y de la Iglesia universal (c. 529 § 2; CPP 38).

Esta forma de actuar en red no es nueva, pero ha adquirido ahora un nuevo tono desde la reflexión sobre la sinodalidad, pues expresa muy bien lo que se ha venido entendiendo hasta ahora en las Iglesias de habla hispana como «pastoral de conjunto», en la que se involucra a todos los agentes para lograr una mayor eficacia evangelizadora. Delegaciones y secretariados de la curia, vicarías, arciprestazgos, unidades pastorales son algunas de las estructuras de coordinación que ya están básicamente delineadas en la normativa vigente, muchas con una larga trayectoria, aunque no siempre con los resultados esperados. El reto consiste en descubrir juntos un estilo propio de hacer pastoral entre las parroquias mediante la reflexión compartida y el intercambio de experiencias (EG 27).

a) *Los arciprestazgos*

Como estructura intermedia entre la diócesis y las parroquias, el arciprestazgo –también llamado vicaría foránea, decanato o prefectura– es el primer instrumento para trabajar en red, facilitando la asistencia pastoral conjunta de varias parroquias vecinas. En no pocos lugares, esta figura se ha terminado por identificar con las denominadas «unidades pastorales», de las que hablaremos seguidamente.

El fin principal del arciprestazgo es impulsar la unidad del presbiterio y de los agentes de pastoral de las parroquias circunvecinas, promoviendo y fortaleciendo una pastoral integral y orgánica de acuerdo al Plan pastoral de la diócesis, y brindando a todos, principalmente a los agentes, una visión supraparroquial, una fraterna unidad en el desempeño del ministerio, un lugar de formación y discernimiento eclesial, un apoyo y esfuerzo común que conduzca a una pastoral más profunda y eficaz bajo la acción del Espíritu Santo.

Asimismo, el arciprestazgo es signo y realización de la íntima unidad y colegialidad sacerdotal, el espacio donde aparece el testimonio de la unidad del ser y el quehacer de los presbíteros, exigido por la ordenación sacramental y por la misión común. Los sacerdotes que componen el arciprestazgo están llamados a integrar un verdadero equipo sacerdotal (PO 8).

Entre las tareas principales que se han de prestar desde el arciprestazgo destacan las de promover el desarrollo del Plan diocesano de pastoral y la ejecución de los acuerdos diocesanos y las directrices episcopales en cada una de las parroquias; impulsar la unificación de criterios entre los agentes pastorales, y muy especialmente entre los sacerdotes; fomentar la espiritualidad pastoral de los agentes, su formación continuada y la fraternidad y ayuda mutua entre ellos; apoyar a las parroquias en su proceso de renovación pastoral; buscar respuestas de conjunto para las situaciones y problemas más significativos que afectan a las parroquias del arciprestazgo, y aplicar los principios de complementariedad y subsidiaridad en actividades como la catequesis, la formación de agentes, la elaboración de subsidios pastorales, o la colaboración en actividades para los «tiempos fuertes», las fiestas patronales, etc.

Donde resulte útil pueden constituirse servicios pastorales comunes para las parroquias del arciprestazgo, animados por grupos de sacerdotes, religiosos y laicos, para lo que se recomienda crear en cada arciprestazgo un consejo pastoral arciprestal que, presidido por el arcipreste y formado por representantes de los consejos parroquiales, sacerdotes, religiosos y laicos, coordine la pastoral en el arciprestazgo, en sintonía con los planes pastorales de la diócesis (ChD 30).

En el momento de crear un arciprestazgo, el obispo debe tener en cuenta que las parroquias que van a componerlo han de poseer algunos criterios unificadores, como la homogeneidad de índole y costumbres de la población, las características comunes del sector geográfico (por ejemplo, un barrio urbano, una cuenca minera, un distrito), la cercanía geográfica e histórica de las parroquias, la facilidad de encuentros periódicos de los clérigos, etc., sin excluir las costumbres tradicionales (c. 374 § 2; ApS 217).

Es conveniente dar a los arciprestazgos un estatuto común, que el obispo aprobará después de haber escuchado al Consejo presbiteral, y en el que se establecerán la composición de cada arciprestazgo, la denominación del oficio de presidencia (arcipreste, decano, vicario foráneo), sus facultades, su forma de nombramiento, la duración del periodo del encargo, la celebración de reuniones (de párrocos y vicarios parroquiales, de los responsables de los distintos sectores pastorales, etc.), así como la pertinencia de que los arciprestes sean miembros del Consejo presbiteral y del Consejo pastoral de la diócesis (cc. 553; 554 § 2 y 555; ApS 217). En el Anexo 1 se ofrece un modelo de estatuto para el arciprestazgo, que puede servir de orientación en el momento de elaborar el propio.

Para que alguien pueda ser nombrado arcipreste tiene que ser sacerdote, residir en el arciprestazgo y tener cura de almas; haberse ganado la estima del clero y de los fieles por su prudencia y doctrina, piedad y celo apostólico; merecer la confianza del obispo y tener la suficiente capacidad de dirección y de trabajo en equipo. Ya no está ligado este oficio con ser párroco de una determinada parroquia. Conviene que el obispo tenga reuniones periódicas con sus arciprestes, para analizar los problemas de la diócesis y estar así debidamente informado de la situación de las parroquias (cc. 554-555 § 1 y 4; ApS 218).

Si el derecho particular o la costumbre legítima no prevén otra forma (por ejemplo, estableciendo un sistema electivo o mixto, o asignando el oficio a los titulares de algunas parroquias principales), el obispo elegirá directamente a los arciprestes considerando, no obstante, las preferencias de los sacerdotes del arciprestazgo. Habitualmente, el nombramiento será por un tiempo determinado, no menor a tres años. El mismo obispo puede remover a cualquier arcipreste cuando, según su prudente parecer, exista causa justa (cc. 553 § 2 y 554).

El ministerio supraparroquial del arcipreste tiene carácter pastoral, o sea, no sólo jurídico y administrativo o de vigilancia, sino el de una verdadera solicitud apostólica, como animador de la vida del presbiterio local y coordinador de la pastoral orgánica a nivel de arciprestazgo. Con todo, el arcipreste no es un «suprapárroco», ni tiene jurisdicción sobre los feligreses de sus compañeros de arciprestazgo; pero el obispo puede, cuando sea necesario, delegarle algunas facultades para que cumpla mejor su función y para favorecer aún más la actividad común entre las parroquias, teniendo en cuenta el contexto (CPP 53).

En concreto, son funciones encomendadas a él las de promover el plan diocesano de pastoral, tanto en el arciprestazgo como en las parroquias que lo integran; fomentar y coordinar la actividad pastoral común en el arciprestazgo; promover la integración de equipos eclesiales para los servicios necesarios del arciprestazgo; impulsar acciones conjuntas entre las parroquias del arciprestazgo, preparar y conducir responsablemente las reuniones periódicas del arciprestazgo, organizando la agenda de cada encuentro, dinamizando la sesión, promoviendo acuerdos y revisando su cumplimiento; visitar las parroquias de su arciprestazgo, e informar anualmente sobre la marcha del arciprestazgo (c. 555; ES 19; ChD 29; ApS 218).

En cuanto a los sacerdotes, las funciones que se le encomiendan son las de fomentar la espiritualidad sacerdotal y ser solícitos con aquellos que se hallen en circunstancias difíciles o se vean agobiados por problemas; cuidar que los clérigos del arciprestazgo vivan de modo conforme a su estado y cumplan diligentemente sus deberes; procurar que las funciones religiosas se celebren según las prescripciones de la sagrada liturgia; cuidar diligentemente del decoro y esplendor de los templos y de los objetos y ornamentos sagrados, sobre todo en la celebración eucarística y en la custodia del santísimo Sacramento; cuidar que se cumplimenten y guarden de forma adecuada los libros parroquiales, se administren con diligencia los bienes eclesiásticos y se conserve la casa parroquial con la debida diligencia; estar atento a las condiciones de salud y económicas de los sacerdotes del arciprestazgo; atender especialmente a los sacerdotes enfermos y ancianos, para que dispongan de lo necesario en el orden espiritual y material; cuidar de que se celebren dignamente los funerales de los que fallezcan y evitar que desaparezcan libros, objetos u otras pertenencias de la Iglesia; fomentar un ambiente de amistad y fraternidad sacerdotal por medio de las relaciones humanas, el servicio y la ayuda mutua, la hospitalidad, el diálogo y la caridad; y fomentar la unidad con el obispo, de quien el arcipreste es colaborador cercano y representante en el arciprestazgo (c. 555; ES 19; ChD 29; ApS218).

El Código establece además otras atribuciones del arcipreste: el obispo ha de escucharlo en el nombramiento de párrocos y de vicarios (cc. 524 y 547), invitarlo a participar en el sínodo diocesano (c. 463 § 1, 7.º), y a ser miembro del consejo presbiteral cuando así lo determinen sus estatutos.

b) *Las vicarías de zona*

Los mismos criterios que llevan a la constitución de los arciprestazgos pueden aconsejar, en diócesis de considerable extensión, la creación de agrupaciones de diverso tipo, bajo el nombre común de «vicaría de zona», «zona pastoral», «distrito» o «zona episcopal». Lo más común es que respondan a la agrupación de dos o más arciprestazgos y se designe para presidirla un vicario episcopal, con potestad ordinaria para su administración pastoral en nombre del obispo, además de las facultades especiales que decida confiarle (AS 219; ChD 27; c. 476; CPP 61).

La vicaría de zona, como el arciprestazgo, sirve para facilitar la labor pastoral común entre varias parroquias y para aprovechar mejor los recursos. Estas vicarías no anulan a las parroquias, sino que fortalecen la acción pastoral en comunión y coordinación, y posibilitan tareas que muy probablemente no se podrían realizar en cada parroquia por sí solas (como la formación de agentes pastorales, de ministros laicos o de catequistas, o la pastoral específica sectorial).

c) *Las unidades pastorales*

Otra forma de trabajo en red entre parroquias vecinas son las «unidades pastorales», «unidades parroquiales», «unidades de atención pastoral» u otras denominaciones semejantes. Las referencias en la legislación universal de esta nueva forma de organización diocesana son escasas, ni siquiera el Código las menciona expresamente, aunque podrían considerarse dentro de las «agrupaciones peculiares» cuando se habla de los arciprestazgos (c. 374 § 2), o de otras formas de proveer la cura pastoral parroquial, cuando no es posible erigir una parroquia o cuasiparroquia (c. 516 § 2).

Definición. Se entiende por «unidad pastoral» la unión operativa de varias parroquias vecinas que, manteniendo su identidad, actúan en una total y recíproca integración pastoral. Se trata de garantizar la mejor formación y el testimonio de vida en un centro de convergencia natural, dando así significado pleno a la presencia de uno o varios presbíteros, corresponsables de las parroquias que constituyen la unidad. Suelen ser resultado de la división en partes de un arciprestazgo. Han de ser promovidas, configuradas y reconocidas institucionalmente por el obispo como pastor propio de la diócesis. Al tratarse de un asunto de gran relevancia, el obispo deberá antes escuchar el parecer del consejo presbiteral (cc. 374 § 2 y 500 § 2; CPP 54-55).

En la mayoría de los casos, la creación de estas unidades pastorales ayudará a que las comunidades más pequeñas y empobrecidas en personas y recursos adquieran la condición de comunidades vivas, al interaccionar con otras comunidades vecinas. Pero lo más importante para la eficacia de esta estructura es la constitución de «equipos pastorales», sobre los que hablaremos seguidamente. De nada sirve crear una estructura si no cuenta de entrada con personas que asuman cordialmente el proyecto y estén dispuestas a trabajar en equipo, haciéndose corresponsables en la toma de decisiones y llevando adelante juntas la única misión pastoral en un contexto de sinodalidad (PG 44; ApS216; CPP 60).

Razones que aconsejan su creación. En principio, las razones han de ser objetivas. Se suele alegar razones de carácter sociológico, entre las que destacan la preocupante escasez del clero y el envejecimiento de los sacerdotes, la reducción del número de fieles que solicitan servicios eclesiales, la despoblación de las zonas rurales o la proliferación excesiva de templos parroquiales en el centro de las ciudades.

Aunque estas razones sociológicas son importantes, no son concluyentes si no van unidas a razones de carácter pastoral. Antes que una decisión administrativa, debe primar el visibilizar la sinodalidad, la corresponsabilidad en la atención pastoral de los fieles y la colaboración de los diversos carismas y ministerios. Supone el cambio de una concepción de parroquia como entidad autónoma y aislada, y del párroco como único agente pastoral, a la parroquia inserta en la pastoral orgánica de la diócesis, aplicando el principio de subsidiaridad y la incorporación de laicos y consagrados en la animación pastoral.

En todo caso, la constitución de unidades pastorales ha de realizarse de forma gradual para no generar tensiones inútiles o perniciosas que no permitan llevar a buen puerto el proyecto. Si se encuentran resistencias para su creación en algunas comunidades concretas, habrá de procederse con prudencia, ayudándolas a que comprendan que el cuidado pastoral de su comunidad no quedará reducido con el cambio, sino organizado de modo diferente y más eficaz, abriendo nuevos espacios para la corresponsabilidad de todos.

Tipología. La forma común de la unidad pastoral es la atención solidaria (*in solidum*) de una o varias parroquias por varios sacerdotes (c. 517 § 1), pero pueden constituirse de diversas formas, según la situación del lugar, de modo que los principios esenciales se apliquen con flexibilidad. Así, puede suceder que varias parroquias se encomienden a un solo párroco, con la colaboración de otros sacerdotes, consagrados y laicos (c. 526 § 1); o la coordinación de una actividad pastoral concreta (como la catequesis) en varias parroquias vecinas encomendada a un único presbítero (CPP 58). En todo caso, será necesario elaborar una normativa adecuada y precisa que determine la fisonomía de las unidades de atención pastoral, las competencias y atribuciones de los responsables, las formas de colaboración, las reuniones, la toma de decisiones, etc. (cf. un modelo orientativo en el Anexo 2).

En esta tarea hay que implicar a los propios sacerdotes, para que se adhieran de corazón al proyecto, de modo que no sea resultado de una elaboración impuesta desde arriba, sino que responda verdaderamente a la realidad. También debe darse el protagonismo que les corresponde a los laicos, por ser los agentes decisivos en la creación de las unidades pastorales, de quienes depende el ejercicio de muchos servicios y ministerios en la animación de la comunidad, tanto en el anuncio de la Palabra y en la celebración litúrgica, como en el ejercicio de la caridad y de la animación misionera.

Organización de las parroquias de la unidad. El punto más delicado consiste en determinar los límites de la colaboración entre las parroquias, pues ha de asegurarse una acción pastoral conjunta que garantice a la vez la necesaria actividad parroquial específica.

Algunas acciones conjuntas que promover son: la racionalización de las celebraciones litúrgicas (cuáles, cuántas, cuándo y dónde); la creación de un único consejo de pastoral para varias parroquias pequeñas; la organización de catequesis unificadas para preparar a los sacramentos; el cuidado de los adolescentes y jóvenes, sin privar a las parroquias de su presencia; la formación regulada de catequistas y agentes de pastoral; la coordinación de las pastorales especializadas (grupos de acción católica, cáritas, pastoral familiar…); la realización de misiones parroquiales e iniciativas socioculturales (voluntariados, peregrinaciones, procesiones, etc.) (CPP 60).

En lo relativo a las acciones que se han de garantizar en cada parroquia, cabe señalar: algunas celebraciones litúrgicas (la eucaristía dominical y las fiestas –ocasionalmente en días laborables–, la administración de la penitencia en fechas y horas establecidas, el bautismo, la primera comunión, el matrimonio y las exequias cuando las soliciten los fieles); la atención pastoral básica (visita a enfermos y ancianos, cuidado de los pobres y visita a las familias); o la apertura y custodia del templo parroquial para favorecer la presencia de los fieles, en oración privada o para devociones que pueden realizarse comunitariamente (rosario, viacrucis, novenas, hora santa…).

La identificación con la propia parroquia como seña de identidad de los fieles de nuestros pueblos puede convertir una decisión mal preparada en un problema. Así, en lugar de favorecer la evangelización al crear una unidad de atención pastoral, la decisión se convierte en causa de rechazo o alejamiento de la Iglesia de no pocos fieles. Sabemos que, a tenor de la legislación, es el obispo diocesano –y equiparados– quien puede erigir, suprimir o cambiar las parroquias, uniendo varias o dividiéndolas, pero sólo tras escuchar al consejo presbiteral (c. 515 § 2). Se ha de dar una causa justa y proveer siempre el destino de los bienes.

Es obvio que no tendría sentido suprimir una parroquia si cuenta con un número de fieles tal que garantice una suficiente vida comunitaria, disponga de una identidad territorial precisa, tenga posibilidad de crear los consejos parroquiales, esté dotada de estructuras materiales básicas, o cuente con la presencia de figuras ministeriales para la vida parroquial (catequistas, lectores, acólitos…). En tales casos las parroquias singulares que componen la unidad pastoral mantienen su autonomía jurídica. Ahora bien, cuando falten sustancialmente estos elementos, habrá que ponderar las circunstancias para determinar la supresión de esa parroquia y su anexión a otra que sí reúna las condiciones. Con todo, la valoración de estos aspectos es una tarea compleja que no se puede hacer con precipitación o por razones ideológicas.

El obispo diocesano determinará si conviene que cada una de las parroquias esté dotada del consejo pastoral parroquial o si es mejor que esa tarea sea confiada a un único consejo para todas las comunidades interesadas. En todo caso, las parroquias individuales integradas en la agrupación, mientras no hayan sido suprimidas, conservan su personalidad y capacidad jurídica, y deben mantener su propio consejo de asuntos económicos, así como sus libros, su contabilidad y hasta su sello. No es válido, a efectos jurídicos, un sello que represente a toda la unidad; este sello podrá utilizarse para cuestiones pastorales, pero no legales (CPP 59).

Organismos y personas. El párroco, como «moderador» de la unidad pastoral, es nombrado por el obispo diocesano entre los sacerdotes que desarrollan su actividad en la unidad, normalmente por un tiempo determinado, pero con posibilidad de renovación. Asimismo, es el representante de la unidad y responsable ante el obispo de su buen funcionamiento. Preside, convoca y dirige las reuniones del consejo de la unidad, y acompaña la puesta en marcha de las propuestas. Es el último responsable en la toma de decisiones, aunque las más importantes deberán ser debatidas en el seno de los consejos parroquiales y del equipo pastoral de la unidad.

En consideración a los sacerdotes que han ejercido el ministerio de modo meritorio y que cuentan con el reconocimiento de sus comunidades, así como por el bien de los mismos fieles vinculados a sus pastores, se requiere que el obispo no establezca con el mismo decreto de la creación de la unidad su paso al oficio de vicarios parroquiales o sean removidos del encargo (CPP 57).

El «equipo pastoral» está compuesto por los sacerdotes, los diáconos, los asistentes pastorales y los representantes de los consejos pastorales de cada una de las parroquias. Todos ellos son nombrados por el obispo. Podrían ser invitados también los representantes de asociaciones y movimientos eclesiales presentes en el territorio, de forma estable o circunstancial. Su función es definir las actividades pastorales, ponerlas en marcha y darles seguimiento, es decir, la planificación, organización y reflexión previa, y la aplicación práctica después. Deberá emplear también el tiempo necesario en cultivar la vida espiritual de sus miembros y el compartir fraterno.

d) *La relación con la diócesis*

El párroco, cooperador del obispo y miembro del presbiterio diocesano, debe animar a los fieles para que vivan la comunión parroquial y se sientan además miembros de la diócesis y de la Iglesia universal; asimismo debe animarlos a tomar parte en las iniciativas que miran a fomentar esa comunión y a consolidarla (c. 529 § 2).

La primera relación de la parroquia con la diócesis, aparte de la presencia de algunos fieles en el Consejo de pastoral diocesano (c. 536) o en el Sínodo diocesano (c. 460), es la que se ha de establecer con los distintos departamentos de la curia (cancillería, administración, vicarías, delegaciones, secretariados, archivo…), estructuras diocesanas que colaboran con el obispo en el gobierno de la diócesis y en la animación de la actividad pastoral (c. 469).

La ausencia de un estatuto marco que clarifique su naturaleza, competencias y funciones, dificulta que exista un modo de actuar común. Dado que la materia debe ser regulada para cada diócesis, se comprende que sea diversa la terminología empleada para denominar los departamentos de la curia a los que el obispo confía los distintos campos de la pastoral. Por regla general, la organización suele orientarse desde las cuatro dimensiones del proceso de evangelización: (1) el anuncio misionero, la predicación y la catequesis; (2) la vida de caridad, el servicio y la opción por los pobres; (3) la oración y la celebración litúrgica; (4) la conducción del Pueblo de Dios y el acompañamiento espiritual y pastoral. Estas dimensiones han de estar iluminadas por otras que no pueden considerarse independientemente de aquellas, sino que las orientan y fortalecen: la dimensión vocacional, misionera, ecuménica y de comunicación institucional.

Se trata de promover la pastoral diocesana a través de un especial conocimiento de la realidad, atendiendo a la formación de agentes de pastoral en su sector, poniendo los medios adecuados para cada caso (cursos, encuentros, asambleas, etc.), promoviendo, acompañando y coordinando las acciones de su sector pastoral, a todos los niveles y en todo el territorio de la diócesis, sirviendo de órgano consultor para las cuestiones planteadas desde las otras estructuras diocesanas respecto el área de su competencia y elaborando los programas de acción específicos de su sector, que serán integrados en el plan general diocesano de pastoral.

De este modo, las parroquias podrán encontrar en los departamentos de la curia un apoyo inestimable en la actividad pastoral, especialmente dirigido a la formación de sus agentes, la oferta de recursos y materiales y la asesoría especializada. No se trata, pues, de que desde la diócesis se requieran constantemente colaboraciones a la parroquia –aunque a veces deba ser así–, sino de que la diócesis ofrezca su ayuda subsidiaria allí donde la parroquia no puede llegar por no contar con recursos materiales o personales suficientes.

I

EL PÁRROCO
Y LOS AGENTES CORRESPONSABLES
EN LA MISIÓN DE LA IGLESIA

1
EL PÁRROCO, PASTOR PROPIO DE LA PARROQUIA

El párroco «es el pastor propio de la parroquia que se le confía, y ejerce la cura pastoral de la comunidad que le está encomendada bajo la autoridad del obispo diocesano, en cuyo ministerio de Cristo ha sido llamado a participar, para que en esa misma comunidad cumpla las funciones de enseñar, santificar y regir, con la cooperación también de otros presbíteros o diáconos, y con la ayuda de fieles laicos, conforme a la norma del derecho» (c. 519).

Sólo el obispo es «ordinario propio» en sentido pleno de la Iglesia particular, por haber recibido la plenitud del sacramento del orden y la *missio canonica* del oficio capital que ejerce como vicario de Cristo en favor del Pueblo de Dios. Es el obispo quien posee la potestad plena (legislativa, ejecutiva y judicial) que se requiere para el ejercicio de su función pastoral, exceptuadas aquellas causas que, por el derecho o por decreto del sumo pontífice, se reserven a la autoridad suprema o a otra autoridad eclesiástica (cc. 375 y 381).

«Como no le es posible al obispo, siempre y en todas partes, presidir personalmente en su Iglesia a toda la grey, debe necesariamente constituir comunidades de fieles, entre las que destacan las parroquias, ordenadas localmente bajo un pastor que hace las veces del obispo» (SC 42). Según esto, los párrocos, por el orden del presbiterado y por la *missio canonica* otorgada en el decreto de nombramiento, ejercen la función pastoral de modo personal y directo: son verdaderos pastores propios de la comunidad encomendada a su cuidado, aunque deban ejercer esa función pastoral en subordinación al obispo, como prolongación de su ministerio sobre toda la diócesis.

Así pues, la misión pastoral del párroco como pastor propio no se debe comprender desde la óptica estática de la potestad (el párroco no es un «ordinario» en sentido del c. 134), sino que más bien hay que entenderla desde la dinámica de los *tria munera* en la parroquia (enseñar, santificar y regir), ejercidos como servicio en favor de los fieles, y en cuyo desenvolvimiento están llamados a colaborar también los fieles, reflejando fielmente lo que el Concilio Vaticano II transmitió al situar al párroco en la perspectiva de la parroquia y no al revés: se da un párroco al pueblo y no un pueblo al párroco (ChD 30).

1. Perfil de idoneidad

Para que alguien pueda ser designado párroco válidamente debe haber recibido el orden sagrado del presbiterado; y para que lo sea lícitamente, debe destacar por su sana doctrina y probidad moral, estar dotado de celo por las almas y de otras virtudes, y tener las cualidades para la cura pastoral de la parroquia que se trata de proveer (c. 521). Para nombrar un párroco, siempre ha de ser tenido en consideración «el ambiente humano, las posibilidades y problemas de la parroquia que hay que proveer»; de modo que el sacerdote designado «pueda integrarse adecuadamente en el contexto específico de la parroquia» (ApS 212).

El Código no refiere concretamente cuáles sean esas «otras virtudes y cualidades», pero incluiría, además de la necesaria comunión eclesial (c. 149 § 1), el conjunto de condiciones y actitudes que le permitan cumplir con las obligaciones establecidas para los clérigos en general, y otras muy necesarias para el ministerio parroquial en concreto, y que deberían ser objeto de discernimiento previo al acceso a las órdenes, pues es el destino común del sacerdote diocesano.

El párroco, tal y como establece el derecho sobre los clérigos, ha de ser capaz de vivir los consejos evangélicos, según el estilo, finalidades y significado original que nacen de la identidad propia del presbítero diocesano (PDV 27):

- La obediencia especial al Romano Pontífice por la dimensión universal del presbiterado, así como al propio ordinario por la comunión jerárquica que nace del sacramento, por la promesa hecha en la ordenación y por la misma incardinación; obediencia activa que se ha de vivir como servicio y virtud, desempeñando fielmente la tarea encomendada (cc. 273-274; LG 28; ChD 15; PO 7 y 15).
- La castidad en el celibato, continencia perfecta y perpetua por el Reino de los cielos, que configura al presbítero con Cristo. Gracias al celibato podrá entregarse más libremente al servicio de Dios y de los hermanos, así como ser signo vivo del mundo futuro. Entre los medios que contribuyen a una mejor vivencia del celibato cabe destacar el valor de

la fraternidad sacerdotal, que hace que se superen más fácilmente las dificultades; la prudencia en el trato con las personas y en el uso de los medios de comunicación, y la renovación periódica del compromiso ministerial en la misa crismal (c. 277, 280, 666; LG 42; SCae 19).

- La pobreza, que tiene su expresión en la sencillez de vida, evitando cualquier apariencia de vanidad, viviendo el ministerio como servicio y no como negocio, ni usándolo para aumentar la hacienda propia. Esta austeridad se muestra en la modestia del tenor de vida, de la vivienda no suntuosa y en la generosidad hacia los más pobres. Y es preceptiva, aunque se cuente con bienes personales familiares o profesionales. Es más, la normativa establece que los bienes sobrantes procedentes del ministerio –aquellos que quedan después de cumplir con la congrua sustentación y de atender a las propias necesidades o de la familia– sean destinados a obras de caridad o devueltos a la misma Iglesia (c. 282 § 1-2; PO 17).

En cuanto a las cualidades necesarias para el fructuoso ejercicio del ministerio parroquial destacamos las siguientes:

- Un «liderazgo» peculiar, que consiste en esa actitud esencial de servicio al Pueblo de Dios, ajena a toda presunción y deseo de «tiranizar»; un servicio con buen espíritu, siendo siempre «modelo» de la grey del Señor; un tipo de liderazgo capaz de cambiar las expectativas, percepciones y motivaciones de los fieles y de impulsar la necesaria conversión pastoral; un liderazgo que promueve la cooperación y el trabajo en equipo, pero que al mismo tiempo considera a cada persona de forma individual, apreciando lo que aporta cada uno y creando relaciones de confianza. Este liderazgo se concreta en la «caridad pastoral» (intrínsecamente unida a la espiritualidad propia del pastor), que se asienta sobre la conciencia de que se ha recibido el sacramento del orden para ser administrador, no dueño, de los misterios del Señor en favor del Pueblo de Dios, colaborando en esta misión con otros presbíteros, reconociendo la vocación propia de los laicos y consagrados y fomentando su misión de verdaderos pastores preocupados por sus ovejas (cc. 275; PDV 21).
- Ciertas «habilidades comunicativas», para poder conectar de forma eficiente y favorecer las relaciones interpersonales. Sirvan, a modo de ejemplo, el contacto visual que genera confianza y seguridad; la capacidad de escuchar y dialogar; la disposición para debatir, negociar, argumentar y razonar; la capacidad de empatizar y ponerse en el lugar del otro, con paciencia y respetando los tiempos; la asertividad, expresando las propias emociones, sentimientos y pensamientos, respetando a los demás; la capacidad de asumir las propias responsabilidades y de comprometerse.

– La «resiliencia», que es la capacidad humana de asumir con flexibilidad situaciones límite y sobreponerse a ellas, aprendiendo y saliendo fortalecido. Esta cualidad es del todo necesaria en el momento presente, pues en el desempeño fiel de la misión pastoral el párroco se encuentra con no pocas dificultades, tanto externas (sociales y eclesiales) como de fatiga interior y física, no siempre compensada con los necesarios periodos de retiro espiritual y de justo descanso. De esas dificultades se derivan los desánimos que pueden llevar al aislamiento, a la depresión o a un activismo que termina por dispersar. Una respuesta prolongada a situaciones de estrés emocional deriva irremediablemente en fatiga crónica y en ineficacia, en la pérdida de la capacidad de disfrutar de la belleza propia del ministerio. Es el llamado síndrome de desgaste o *burnout*, que cada vez es más frecuente entre los sacerdotes. La resiliencia implica reestructurar los propios recursos psicológicos en función de las nuevas circunstancias y de las necesidades, siendo realistas, pero con una gran dosis de optimismo y buen humor, conscientes de que después de la tormenta llega la calma, movidos por la confianza en Dios que es quien ha iniciado la obra buena y Él mismo la llevará a término. De esta forma, los presbíteros podrán sobreponerse a las adversidades que les ha tocado vivir y, al mismo tiempo, utilizar esas situaciones para crecer y desarrollar al máximo su potencial.

Para cumplir adecuadamente esta misión, el párroco debe usar de los medios espirituales comunes a todos los sacerdotes: el alimento de la Palabra de Dios y de la eucaristía, celebrada diariamente como centro de la vida espiritual; la confesión frecuente, el rezo diario de la liturgia de las horas, la oración mental y la devoción a María; la participación en los retiros y en los ejercicios espirituales anuales, así como otros medios tanto comunes como particulares (cc. 276 § 2, 2.º; 904 y 1174; PO 13; Sca 80).

2. El cargo

1. *Nombramiento*

Teniendo constancia de la idoneidad, el obispo nombrará ordinariamente al párroco por libre colación, a no ser que alguien goce del derecho de presentación o de elección, como sería el caso de los institutos religiosos, sociedades de vida apostólica, prelaturas o asociaciones, como ya dijimos. El administrador diocesano, o quien rija interinamente la diócesis, podrá hacerlo sólo cuando haya transcurrido un año desde que la sede quedó vacante o impedida (cc. 521, 523 y 525).

Para cubrir la vacante de la parroquia, el obispo debe oír al arcipreste (vicario foráneo o decano) sobre la idoneidad de los posibles candidatos, y también puede pedir el parecer de otros presbíteros o laicos, y hacer las investigaciones que considere oportunas para garantizar la idoneidad del elegido. Sólo después, el obispo podrá proceder al nombramiento (c. 524).

Por regla general, el nombramiento de los párrocos debe ser por tiempo indefinido, con el fin de asegurar la estabilidad en el gobierno de la parroquia, posibilitar la consecución de proyectos pastorales sólidos y para que el párroco pueda establecer un vínculo efectivo y eficaz con la comunidad que le ha sido confiada. No obstante, se admite que las conferencias episcopales legislen al respecto. Habitualmente, las distintas conferencias episcopales consideran un tiempo mínimo de seis años para el ejercer el oficio de párroco, aunque la normativa vigente recomienda que, al menos, sean cinco (c. 522; CPP 689).

No está de más insistir de nuevo en que el oficio de párroco, por ser esencialmente pastoral, exige estabilidad, lo que no significa inamovilidad, como tampoco arbitrariedad en los cambios. En todo caso, los párrocos, incluso si son nombrados por un tiempo indeterminado, o antes de que expire el tiempo señalado, deben estar disponibles para ser eventualmente transferidos a otra parroquia o a otro oficio, «cuando el bien de las almas o la necesidad o la utilidad de la Iglesia lo requieren», porque el párroco está al servicio de la parroquia, y no al revés (c. 1748; CPP 69).

2. *Asunción del cargo*

El sacerdote designado adquiere las obligaciones y derechos de párroco al asumir públicamente el cargo por medio de la toma de posesión canónica. Otorgada por el ordinario de lugar o por un sacerdote delegado por este, se requiere para que el párroco pueda actuar válidamente y debe realizarse por lo común en el templo parroquial dentro de una ceremonia con la asistencia de fieles. Previamente, el elegido hará la «profesión de fe» según la fórmula establecida y el juramento de que cuidará de todos los bienes y su recta administración (ver Anexo 3). Esta toma de posesión puede ser dispensada por el ordinario atendiendo a legítimas costumbres, en cuyo caso será preciso hacer una comunicación pública a la parroquia (cc. 527; 833, 6.º; 1283, 1.º).

La entrada de un nuevo párroco en la parroquia es un acontecimiento de singular importancia para la comunidad, razón por la cual conviene celebrarlo el día y la hora más adecuados para que participe el mayor número de fieles en la eucaristía dominical, o bien del título de la iglesia, o bien del Espíritu Santo, según las normas litúrgicas. El obispo, o su delegado, debe presidir esta eucaristía, concelebrando el nuevo párroco y otros presbíteros de la misma parroquia o de la zona. Si el obispo está presente y, por alguna causa, no preside la eucaristía, conviene que presida al menos la Liturgia de la Palabra y que al final imparta la bendición al pueblo.

Allí donde existan, obsérvense las costumbres locales para recibir al nuevo párroco. Si no hubiere, pueden seguirse, en todo o en parte, los ritos que se detallan en el Ceremonial de obispos (ver Anexo 4). Es conveniente informar también a las autoridades civiles, por razones de cortesía y por facilitar el reconocimiento civil de los actos de representación (administración y otros) que debe realizar el párroco. En un acta realizada a tal efecto se consignarán estos datos (ver Anexo 5).

3. *Cese del oficio*

Una vez nombrado, el párroco desempeña las funciones que le han sido confiadas con todos sus derechos y obligaciones. Se contemplan varios supuestos de la cesación del párroco en su oficio, que se aplican también a los sacerdotes a quienes se ha confiado una parroquia solidariamente, al moderador de una parroquia en la que se le ha dado una participación en la cura pastoral, a un diácono, religioso o laico, y a los cuasipárrocos.

a) *La renuncia voluntaria y la jubilación*

La primera causa de cese del oficio parroquial es la renuncia aceptada por el obispo siempre que haya causa justa. No se trata, pues, de una renuncia automática, ya que es el obispo quien debe decidir sobre ella, ponderando todas las circunstancias. Sólo producirá efecto a partir del momento en que el ordinario se lo notifique por escrito al sacerdote (cc. 538 § 1 y 186):

– El caso más común es haber llegado a la edad de jubilación (75 años); es entonces cuando se le ruega al párroco que presente su renuncia. Más que como una verdadera obligación canónica, ha de considerarse un deber moral, si bien no hace que el párroco pierda automáticamente su oficio. La cesación del mismo ocurre sólo cuando el obispo comunique al párroco, por escrito, la aceptación de su renuncia (cc. 189 y 538 § 3). Por su parte, el obispo ha de considerar benévolamente la renuncia presentada por un párroco; y, para evitar una concepción funcionalista del ministerio ponderará con prudencia, antes de aceptarla, todas las circunstancias (razones de salud, escasez de sacerdotes, el bien de la comunidad parroquial...), y aceptará la renuncia en presencia de una causa justa y proporcionada; o si considera que las condiciones personales del sacerdote lo permiten y la oportunidad pastoral lo aconseja, puede dejarlo en el oficio de párroco, tal vez confiándole un ayudante y preparando la sucesión, o bien confiarle una parroquia más pequeña o menos exigente u otro encargo pastoral adecuado a sus posibilidades (ApS 212; CPP 72-74).

– Otra causa para solicitar la renuncia puede ser que el sacerdote se encuentre afectado por una enfermedad grave u otras formas persistentes de debilidad, física o psíquica, que le impidan acompañar adecuadamente a la comunidad. Con todo, nunca puede considerarse causa justa la comodidad, si aún reúne buenas condiciones para el trabajo pastoral, con el pretexto de disfrutar de la jubilación civil, puesto que eso sería entender el ministerio como un cargo funcionarial y no como una vocación de servicio a la Iglesia.

Cuando un sacerdote deja por motivos de edad o por enfermedad la dirección pastoral de la parroquia, el obispo debe hacerle presente tanto la gratitud de la Iglesia particular por los trabajos apostólicos realizados hasta entonces, como de su nueva condición en el presbiterio diocesano. Asimismo, debe mostrarle su cercanía fraterna, siendo padre y hermano que lo quiere, escucha, acoge, corrige, conforta, pide su colaboración y hace todo lo posible por su bienestar humano, espiritual, ministerial y económico. En el plano jurídico, ha de proveer a su conveniente sustentación y vivienda, teniendo en cuenta las normas establecidas por la conferencia episcopal (cc. 384 y 538 § 3; PG 47; PDV 77).

b) *El transcurso del tiempo del nombramiento*

La segunda causa del cese del oficio es que haya transcurrido el tiempo del nombramiento, según las prescripciones del derecho particular, una vez hubiera sido constituido párroco para un tiempo determinado de al menos cinco años (cc. 522 538 § 1; CPP 689).

Como la pérdida del oficio por transcurso del tiempo prefijado sólo produce efecto a partir del momento en que la autoridad competente lo notifica por escrito (c. 186), sería una buena práctica que en el decreto de nombramiento se haga referencia al plazo en el que deberá realizarse la notificación que hace efectiva la pérdida del oficio (por ejemplo, dos meses antes), para evitar que el párroco permanezca por tiempo indeterminado en una situación de prórroga tácita, que podría redundar en perjuicio de la atención pastoral; o que se indique en el mismo decreto expresamente que el nombramiento se renovará automáticamente, por ejemplo, por un periodo igual al anterior, siempre que el obispo no determine expresamente lo contrario.

c) *La remoción o destitución del cargo*

La tercera causa de la pérdida del oficio es la remoción cuando se verifica que el ejercicio ministerial del sacerdote resulta perjudicial o ineficaz para los fieles. A veces no es problema del sacerdote, sino que las circunstancias de la parroquia se vuelven tan duras que le resulta imposible seguir al frente de ella. Entonces el obispo debe iniciar un proceso canónico para destituir al párroco, proceso que en ningún caso puede ser arbitrario (los motivos de la destitución han de ser objetivamente importantes), ni debe deteriorar la imagen del sacerdote, ni privarle de sus derechos, apoyándose el obispo en asesores pastorales que le ayuden en el discernimiento (c. 1740).

Entre las principales causas para la remoción, pueden destacarse las que siguen (c. 1741):

- un modo de actuar que produzca grave detrimento o perturbación a la comunión eclesiástica;
- la impericia (ignorancia, falta de prudencia o de experiencia) o una enfermedad permanente mental o corporal, que hagan al párroco incapaz de desempeñar con normalidad sus funciones;
- la pérdida de la buena fama a los ojos de los feligreses honrados y prudentes o la aversión contra el párroco, si se prevé que no cesará en breve;
- la grave negligencia o transgresión de los deberes parroquiales, si persiste después de una amonestación;
- la mala administración de los bienes temporales con daño grave para la Iglesia, cuando no quepa otro remedio para este mal.

El proceso es el siguiente: después de realizar una instrucción previa para comprobar que se da alguna de estas causas señaladas, el obispo debe discutir el asunto con dos párrocos para recabar su parecer, entre los que hayan sido designados por el consejo presbiteral para este propósito.

Si después de esto el obispo decide que hay que proceder a la remoción, primero aconsejará al párroco que presente la renuncia en el plazo de quince días. Si el párroco acepta renunciar, aunque ponga algunas condiciones (por ejemplo, concernientes a vivienda, sustentación, ministerio futuro...), siempre que sean sensatas y pueda aceptarlas el obispo, entonces la parroquia queda vacante. Si, en cambio, el párroco no responde o rechaza la petición sin alegar motivos, el obispo ampliará el plazo para que renuncie o presente motivos; de no hacerlo, el obispo puede emitir el decreto de remoción. Si el párroco rechaza la petición, pero da motivos, el obispo debe revisar el expediente y completarlo si fuese necesario, asesorándose nuevamente de los dos párrocos; finalmente, deberá dar, por medio de un decreto, una resolución favorable o contraria a la remoción (cc. 1742-1752).

El párroco removido puede interponer un recurso contra la decisión del obispo en el plazo de diez días útiles, solicitando la revocación o enmienda de la remoción, recurso que se resuelve, siguiendo la vía jerárquica, ante el Dicasterio para el Clero. Contra la resolución del Dicasterio cabe un último recurso judicial ante la Signatura Apostólica (cc. 1732-1739; 1445 § 2; PE 115 § 2).

Una vez presentado el recurso, queda suspendida la titularidad del oficio: ni el párroco puede seguir actuando como tal, ni se puede poner otro en lugar suyo, con lo que el obispo deberá proveer por medio de un administrador parroquial. El párroco, además, deberá dejar la casa parroquial y entregar las pertenencias de la parroquia a quien se vaya a encargar de ella, aunque sea de manera provisoria (c. 1747 § 3).

Al tratarse de una destitución, se ha de procurar no provocar escándalo, tutelando la privacidad del sacerdote cuando se comuniquen las causas. Podría aliviar esta situación ofrecer otro encargo pastoral al sacerdote, aunque será ciertamente limitado, de tal modo que no pierda la estima entre sus compañeros de presbiterio ni tampoco entre los fieles.

En el caso de que el párroco sea religioso o de una sociedad de vida apostólica (y por extensión, de una prelatura o asociación), puede ser removido de su oficio según el parecer, tanto de la autoridad que se lo ha confiado, advirtiéndolo al superior correspondiente, como del superior, advirtiéndolo a quien encomendó el oficio, sin que se requiera el consentimiento del otro (c. 682 § 2).

d) *El traslado a otra parroquia o a otro oficio*

La cuarta causa es el traslado. Las razones que lo justifican son el bien de los fieles o la necesidad o utilidad de la Iglesia. El obispo puede asignar un nuevo destino al párroco para que ejerza su ministerio en otra parroquia o en un oficio diocesano no parroquial, vistas sus cualidades y en aras de la misión que se considera apropiada.

El proceso es sencillo: el obispo diocesano hará la propuesta por escrito al sacerdote y le aconsejará que la acepte por amor a Dios y a los fieles. Si el párroco decide oponerse al traslado, tendrá que exponer sus motivos; no obstante, si el obispo sigue creyendo conveniente el traslado, examinará el caso con los dos párrocos consejeros (ya citados en el caso de remoción); si no hay nada que justifique el cambio de proceder, se lo volverá a comunicar al párroco, exhortándole paternalmente. Si el párroco se niega, el obispo dará el decreto que motiva el traslado al sacerdote y, a partir de esa fecha, la parroquia quedará vacante. El párroco puede recurrir como en el caso de la remoción (cc. 1748-1749).

e) *La privación penal*

Por último, también se puede perder el oficio por privación penal a causa de un delito, impuesta judicial o administrativamente al término de un proceso o procedimiento criminal. Esta pena de dimisión legítima no lleva consigo la dispensa del celibato, que tiene un tratamiento específico (cc. 291y 1079 § 1).

Entre los delitos que pueden acarrear la privación del oficio de párroco figuran: contumacia o gravedad del escándalo en apostasía, herejía o cisma (c. 1364); enseñar una doctrina condenada por el Romano Pontífice o por un concilio ecuménico; rechazar pertinazmente la doctrina definitiva (c. 1365); desobedecer a la Santa Sede, al ordinario o superior (c. 1371); abusar de la potestad eclesiástica, del oficio o del cargo (c. 1378); cometer sacrilegio contra las especies consagradas (c. 1382); administrar de modo gravemente negligente los bienes eclesiásticos (c. 1376); solicitar en confesión (c. 1385); atentar matrimonio –aun civil–, con el escándalo subsecuente (c. 1394); vivir en concubinato (c. 1395 § 1); cometer un delito sexual público (c. 1395 § 2), o hacerlo con violencia, amenazas o abuso de autoridad (c. 1395 § 3); incumplir la obligación de residencia (c. 1396); cometer homicidio, rapto, mutilación o herida grave o procurar el aborto (c. 1397); y abusar contra un menor de dieciocho años o persona vulnerable; inducirle a la pornografía; adquirir, conservar, exhibir o divulgar pornografía de menores o vulnerables (c. 1398).

3. Los derechos

El párroco tiene los derechos comunes a todos los clérigos. En concreto, se pueden destacar los siguientes:

– Derecho a una justa remuneración, con independencia de que posea o no bienes familiares, de modo que le permita cubrir sus necesidades, retribuir a las personas por el servicio que prestan o ayudar a la Iglesia en sus necesidades (cc. 281 § 1). Esta responsabilidad recae primariamente sobre los fieles de la parroquia, pero no siempre es posible cubrir esas necesidades con los ingresos que en ella se generan (cc. 222 § 1; 531), por lo que se manda constituir en cada diócesis un «fondo de sustentación del clero», según determine cada conferencia episcopal, para favorecer la unidad económica diocesana, la solidaridad económica de las distintas personas jurídicas eclesiásticas y una equitativa igualdad en la remuneración de los clérigos (c. 1274 § 1). En todo caso, corresponde al obispo velar por una justa y similar retribución de los sacerdotes que realizan tareas similares, teniendo en cuenta la naturaleza del oficio y las circunstancias de lugar y tiempo. No se trata de imponer un igualitarismo ramplón, pero tampoco de permitir diferencias hirientes e injustas, sobre todo cuando el párroco realiza, además, otras tareas bien remuneradas o trabajos civiles (cc. 281 § 1; 1261 § 2; PO 17. 20-21).

– Derecho a una previsión social para proteger a la persona en la enfermedad, la invalidez o la ancianidad, aplicando el principio de subsidiariedad. Si hay un sistema ya establecido por el Estado al que la Iglesia pueda sumarse, podrá ser una buena opción; en caso contrario, el obispo habrá de crear un fondo diocesano propio (cc. 281 § 2; 1274 § 2).

– Derecho a vacaciones anuales similares a las que tiene cualquier trabajador, es decir, entre dos semanas y un mes cada año, y un día de la semana. No se computan como vacaciones los días dedicados a los ejercicios espirituales. Es lógico que durante este periodo se prevean las sustituciones necesarias para que no queden desatendidas las comunidades, organizando un plan para suplencias, de modo que quede protegido el derecho de los fieles a recibir atención pastoral (c. 283 § 2; PO 20).

– Derecho de asociación, siempre que los fines sean congruentes con el estado clerical, quedando, en consecuencia, prohibidas aquellas asociaciones «cuya naturaleza, finalidad y métodos de acción constituyan un impedimento para la comunión jerárquica de la Iglesia y causen daño a la identidad sacerdotal y al cumplimiento de los deberes que los sacer-

> dotes, en nombre de Dios, realizan en favor del servicio del Pueblo de Dios», como podrían ser las asociaciones con fines políticos –aunque en apariencia quieran favorecer ideales humanitarios de paz o progreso social–, sindicales –reducirían el ministerio a una simple profesión– o esotéricas –como la masonería– (cc. 278 y 299; PO 8; DDF, Hoja de audiencia sobre la adhesión a la masonería [13 noviembre 2023] a).

En ocasiones puede ser muy recomendable disfrutar de un año sabático, medio extraordinario que ayuda a evitar el peligro de la rutina, a superar el cansancio físico o psicológico ocasionado por el ejercicio prolongado del ministerio. Este tiempo especial de ningún modo puede ser comprendido como un simple tiempo de vacaciones: ha de tener un verdadero valor formativo, promoviendo el estudio o actualización en las ciencias sagradas, sin olvidar, al mismo tiempo, el fin de fortalecimiento espiritual y apostólico. La diócesis o la conferencia episcopal pueden disponer de un centro o casa del clero destinado a este fin (TE 83-84).

4. Las obligaciones

El párroco, como pastor propio de la comunidad, está llamado a desempeñar, en favor de los fieles que se le han encomendado, la triple función de enseñar, santificar y regir. En los capítulos siguientes se desarrollarán con amplitud temas de mayor relevancia de cada uno de estos *tria munera*, pero adelantamos aquí su contenido esencial:

Anuncio de la Palabra de Dios y predicación de la doctrina católica (*munus docendi*). Destacan la homilía y la instrucción catequética, la promoción de iniciativas que difundan el espíritu evangélico en cada ámbito de la vida humana, la formación católica de los niños y de los jóvenes, y el empeño en que el mensaje del Evangelio llegue a los alejados y a los no creyentes. En la realización de estas tareas, el párroco puede auxiliarse de otros sacerdotes, religiosos y fieles laicos con las debidas disposiciones. Lo importante es que se asegure, en el seno de la parroquia y bajo su dirección, la adecuada transmisión de la fe conforme a la recta doctrina y a la disciplina eclesial, adaptándola a las circunstancias (c. 528 § 1; PP 20).

Celebración de la liturgia y administración de los sacramentos (*munus sanctificandi*). Para promover la santidad de los fieles, el párroco debe, en primer lugar, tener un cuidado exquisito en la preparación y celebración de la eucaristía, centro de la vida de la comunidad parroquial. Asimismo, ha de estar disponible para administrar el sacramento de la penitencia o de la unción de los enfermos, la celebración de las exequias, la preparación de los niños y jóvenes para la primera confesión y comunión o la confirmación; debe cuidar, por otra parte, el acompañamiento de las parejas que desean contraer matrimonio; y, en especial, ha de invitar a la vida de oración y a las obras de misericordia (cc. 528 § 2 y 530; PP 21).

El oficio de apacentar (*munus regendi*). Incluye las exigencias de mayor contenido personal en la relación entre el párroco y los fieles: conocer y relacionarse con los fieles que se le encomiendan, reconocer sus derechos e invitarles a cooperar en la misión de la Iglesia, junto con el obispo y con otros presbíteros, para que se ponga de manifiesto no sólo una comunión parroquial, sino también la comunión jerárquica y la fraternidad presbiteral. Para hacer eficaz esto, el párroco deberá residir cerca de los fieles, acompañarlos pastoralmente, mostrando especial solicitud por los más necesitados, administrar rectamente los bienes de la parroquia y cuidar los libros parroquiales, documentos y archivos (cc. 529, 532-533, 535).

El desarrollo adecuado de esta triple función no es posible sin la necesaria formación permanente, que halla su razón de ser y fundamento en el dinamismo del sacramento del orden. Es la caridad pastoral la que exige una constante puesta al día del sacerdote para no dispersarse en múltiples actividades pastorales y poder dar una respuesta evangelizadora ante los rápidos cambios de las condiciones sociales y culturales. Compete al obispo hacer una propuesta estructurada de formación permanente; además, por ser un derecho del sacerdote, es deber suyo reclamársela (PDV 3 y 70; TE 79-80).

Esta formación, que ha de abarcar las dimensiones humana, intelectual, espiritual y pastoral, se puede adquirir aprovechando los medios ordinarios que se ofrecen en las diócesis: asistiendo a reuniones teológicas o conferencias, participando en sesiones de oración, retiros y ejercicios espirituales, compartiendo con otros presbíteros en las reuniones diocesanas o arciprestales, organizando encuentros de convivencia por ámbitos de misión o por edades; incluso estudiando otras ciencias, sobre todo aquellas que están en conexión con las sagradas, que pueden ayudar en el ejercicio del ministerio pastoral (c. 279; PDV 72).

Asimismo, para el adecuado desempeño de estas funciones, el párroco tiene una obligación particularmente importante de residencia exigida por el mismo oficio (cc. 283 § 1 y 533). En el caso del párroco, la obligación se agrava especialmente por tratarse de un oficio con «cura de almas». No se trata del cumplimiento meramente material, sino de garantizar la presencia del pastor en medio de sus fieles. Dada su importancia, dicha obligación está protegida por una norma penal, pudiendo llegar incluso a la privación del oficio (c. 1396).

Por otra parte, al ser una obligación personal, se ha de cumplir viviendo en la casa parroquial, cerca de la iglesia o, al menos, dentro de los límites de la parroquia, para así facilitar que los fieles acudan con libertad cuando precisen de los servicios de su pastor. Obviamente, cuando el párroco tiene asignadas varias parroquias, cumple la obligación viviendo en una de ellas. Donde no hay tradición o costumbre de casa parroquial, o cuando esta no está disponible, el sacerdote puede vivir con su familia de origen. Será una aportación positiva en el sentido de garantizarle un ambiente doméstico sereno y estable, siempre que se evite una relación de dependencia y menor disponibilidad para el ministerio, o suponga una alternativa excluyente de la relación con otros presbíteros o con la comunidad (CPP 65).

La obligación de residencia contempla, en todo caso, la posibilidad de ausencias cuando existe una causa legítima, como los periodos de vacaciones, la asistencia a ejercicios espirituales, el cuidado de la salud, el cuidado de algún familiar, etc., pero siempre que la cura pastoral no quede descuidada. Para ausencias de más de una semana, la disciplina obliga a informar al ordinario del lugar. Lo normal será que entre los sacerdotes de la zona se ayuden mutuamente para cubrir las ausencias; pero también la diócesis debería facilitarlo.

Aunque no se prescriba como una obligación para el clero secular, la vida común es muy recomendable por valores como el espíritu de comunión, la oración y la acción pastoral común, el testimonio efectivo de fraternidad sacramental y la acción evangelizadora más eficaz; además, ayuda a fortalecer la propia identidad sacerdotal, protege de la tentación del individualismo y sirve para evitar crisis no poco frecuentes derivadas de la soledad o el aislamiento (c. 280; CPP 63-64).

El ideal es que el párroco (o el director del equipo *in solidum*) esté disponible para favorecer la vida en común en la casa parroquial con su equipo, sus vicarios u otros presbíteros colaboradores. No ha de limitarse a una mera formalidad, viviendo sin preocuparse de los otros, sino que ha de salvaguardar la comunión en la oración, en los proyectos compartidos y en la cooperación pastoral, incluso en la amistad recíproca. Por su parte, para construir esta comunión sacerdotal, los vicarios han de reconocer y respetar la autoridad del párroco (cc. 550 § 1-2 y 545 § 1; TE 29).

La condición pública y representativa de los sacerdotes, y muy especialmente del párroco como cabeza de la comunidad parroquial, justifica la norma que le pide abstenerse de todas las actividades y oficios que, por indecorosos, no son congruentes con su estado; y evitar aquellos otros que, aun siendo dignos y buenos, son extraños al ministerio, teniendo siempre en cuenta el derecho particular y las costumbres propias de cada lugar, pues a veces se dan notables diferencias entre unos sitios y otros; en palabras del apóstol Pablo: «No todo lo que es lícito resulta conveniente» (1 Cor 6, 12; c. 285 § 1-2).

Sí se prohíbe directamente la participación en cargos públicos dependientes del poder civil, la militancia activa en política o la dirección sindical, ya que el párroco ha de ser signo de unidad y comunión en medio de su pueblo, por lo que es del todo conveniente que se mantengan al margen de cualquier confrontación ideológica o política. Existe, no obstante, una excepción: cuando se dé una circunstancia singular en la que sólo a través de él se pudieran defender los derechos de la Iglesia, los derechos humanos, promover la dignidad de las personas o el bien común, siempre contando con la autorización previa del ordinario propio y del ordinario del lugar donde va a realizar esta función. Para otros cargos y oficios civiles públicos extraños al estado clerical, se recomienda que se haga uso de las exenciones que puedan existir en el territorio (c. 285 § 3 y 287 § 2; 289 § 2; TE 23; GS 79; RH 71).

Asimismo, están prohibidos aquellos oficios que conlleven la administración de bienes materiales o la obligación de rendir cuentas –como ejercer de tesoreros o administradores de bienes que pertenecen a laicos, salir fiadores por otros o suscribir obligaciones–, así como la negociación industrial y el comercio. En todos los casos no se trata de una prohibición absoluta, pues el ordinario puede autorizar algún tipo de negocio siempre que sea sin intención de lucro, con finalidad pastoral, por caridad, por pertenecer a la familia o para el sustento del clérigo. No obstante, sí le está permitido invertir el patrimonio personal en sociedades honestas para que rinda intereses o ser accionista de empresas comerciales o industriales (cc. 285 § 4 y 286).

En el Código no hay referencia alguna a la posibilidad de que el sacerdote realice algún trabajo civil, que incluso podría ser necesario cuando del ministerio no obtuviera lo necesario para su sustento. Sin embargo, el ministerio parroquial nunca puede quedar como algo secundario o sobreañadido al trabajo civil, ya que por sí mismo justifica la plena dedicación. Sería conveniente, en consecuencia, elegir un trabajo que guardase alguna relación con la misión pastoral en la parroquia, de modo que sirva como instrumento de evangelización y no sólo como un medio de sustentación. En todo caso es evidente que no depende de la sola iniciativa del sacerdote, sino que deberá contar con la licencia del ordinario, ya que puede influir en el desempeño del oficio parroquial encomendado.

2
LOS AGENTES DE PASTORAL, CORRESPONSABLES EN LA MISIÓN

La parroquia es una institución de primer orden para hacer realidad el camino sinodal. Se organiza en torno a los agentes pastorales –sacerdotes, diáconos, religiosos y laicos–, que desempeñan en ella su tarea, y gracias a los órganos coordinadores representativos donde están presentes. De este modo se genera un proceso dinámico de comunión y participación que permite el intercambio de experiencias en los distintos ámbitos de la vida parroquial y la edificación de la comunidad cristiana en una misión única y compartida (c. 519).

Como afirma el Concilio Vaticano II, el sacerdocio común de los fieles y el sacerdocio ministerial se ordenan el uno para el otro, aunque cada cual participa de forma peculiar del sacerdocio de Cristo. Por esto mismo, no se podría comprender la vida de la parroquia si no es desde la comunión orgánica entre el sacerdocio común y el sacerdocio ministerial, y, por tanto, de colaboración fraterna y dinámica entre pastores y fieles, en el más absoluto respeto de los derechos, deberes y funciones ajenos, donde cada uno tiene sus propias competencias y su propia responsabilidad para ponerse al servicio de los demás (LG 10; PP 18; CPP 28).

Si no se cultiva una praxis eclesial que exprese la sinodalidad de manera concreta, promoviendo la implicación real de todos y cada uno, la comunión y la misión corren el riesgo de ser una mera abstracción. La corresponsabilidad es una exigencia de la fe bautismal, por la que todos están llamados a participar en la vida y misión de la Iglesia. Sobre esta base, es necesario renovar las estructuras parroquiales en clave misionera. Aquí se justifica la ansiada «conversión pastoral», que debe afectar al anuncio de la Palabra de Dios, la vida sacramental y el testimonio de la caridad (CPP 20).

Todo ello exige superar tanto una concepción de la parroquia cerrada sobre sí misma y de mero mantenimiento, como una clericalización de la atención pastoral, pues la comunidad es el sujeto responsable de la misión, ya que la Iglesia no se identifica sólo con la jerarquía, sino que se constituye como el Pueblo de Dios. Será tarea de los pastores mantener viva esta dinámica, para que cada bautizado se considere un protagonista activo de la evangelización (CPP 38-39).

En efecto, es necesario que el párroco promueva la corresponsabilidad de los diferentes agentes, la participación activa de todos dentro de la comunidad parroquial, en la misión evangelizadora y en el servicio a los fieles. La corresponsabilidad implica una distribución equitativa de tareas y una toma de decisiones compartida bajo el liderazgo del párroco. Esta forma de trabajar juntos busca fortalecer la vida cristiana y fomentar el crecimiento espiritual de los creyentes.

Promover la corresponsabilidad en la parroquia es esencial para crear una comunidad viva y dinámica, donde todos se sientan involucrados y parte activa del cuerpo de Cristo. Al fomentar la colaboración y el compromiso de los agentes, la parroquia puede responder mejor a las necesidades de los fieles y ser fuente de apoyo espiritual y material para la comunidad local. Nos detenemos a continuación en cada grupo de agentes y colaboradores parroquiales.

1. Los presbíteros

Cuando sea necesario u oportuno para el buen desempeño de la cura pastoral de una parroquia, además del párroco, puede haber uno o varios vicarios parroquiales, sacerdotes que, bajo su autoridad, le ayuden en el desempeño del ministerio pastoral en la parroquia o en una determinada parte de ella o con un grupo concreto, o bien se los destine a un ministerio específico que haya de realizarse a la vez en varias parroquias (cc. 545-546).

El obispo nombra libremente al vicario parroquial, después de oír, si lo juzga oportuno, al párroco o a los párrocos de las parroquias a las que es destinado, y también al arcipreste, salvo el caso de los religiosos, de los miembros de una prelatura personal o de una asociación clerical internacional, donde debe haber previa presentación o al menos asentimiento del superior competente. Del mismo modo, con causa justa, el vicario parroquial puede ser removido de su oficio por el obispo o por el administrador diocesano (cc. 547 y 552).

El párroco siempre será el primer responsable de la acción pastoral de la parroquia, aunque comparta la misma solicitud con los vicarios parroquiales, con quienes forma el equipo sacerdotal de la parroquia, apoyándose mutuamente y ocupándose de la parroquia en unidad de objetivos y esfuerzos, con una buena comunicación. Por ello, todo lo que se ha afirmado anteriormente relativo al párroco, sus derechos y obligaciones –excepto la aplicación de la misa por el pueblo– afecta, por analogía, también a los vicarios, quienes además deberán suplir al párroco conforme al derecho (cc. 548-549; PP 18).

Si la relación entre el párroco y sus vicarios se plantea así, constituirá una notable ayuda para superar las dificultades y pruebas en el ejercicio del ministerio sagrado, pues todo presbítero necesita no sólo el auxilio ministerial de sus propios hermanos, sino también necesita de ellos en cuanto hermanos (PP 30).

Además de los vicarios, el párroco puede contar con la presencia de otros presbíteros que colaboran, según sus posibilidades, en la parroquia, aunque no exista para ellos una regulación específica en el Código. Es el caso de los comúnmente denominados «adjuntos», «asistentes» o «auxiliares» que desempeñarán las funciones que establezca el nombramiento dado por el obispo o las que el párroco les encomiende. Su presencia alivia la carga de trabajo del párroco y asegura que las necesidades pastorales de la comunidad sean atendidas de manera adecuada. Sus funciones pueden variar según las necesidades de la parroquia y las indicaciones del obispo, pero entre las más comunes se incluirían: la celebración de la misa, las confesiones, la administración de otros sacramentos (como el bautismo o el matrimonio), la visita a enfermos y ancianos, la guía de grupos de oración, el acompañamiento pastoral o la dirección espiritual.

2. Los diáconos

Los diáconos reciben la imposición de manos no en orden al sacerdocio, sino en orden al ministerio y, en comunión con el obispo y su presbiterio, sirven al Pueblo de Dios en el ministerio de la Palabra, la liturgia y la caridad. El diácono es el custodio del servicio en la Iglesia (LG 29; CPP 80).

Entre los oficios que le son propios están la administración solemne del bautismo, conservar y distribuir la eucaristía, asistir en nombre de la Iglesia y bendecir los matrimonios, llevar el viático a los moribundos, leer la Sagrada Escritura a los fieles, instruir y exhortar al pueblo con la predicación, presidir el culto y oración de los fieles, administrar los sacramentales, presidir exequias, atender los oficios de caridad e incluso administrar los bienes de la parroquia (cc. 757; 764; 767; 835 § 3; 861; 910; 943; 1108; 1111; 1169; DO 22; CPP 79-82).

Para evitar equívocos, el obispo, en el decreto en que confiere el oficio, deberá atribuir al diácono las tareas correspondientes a sus capacidades personales, a su estado de vida, formación y edad; definirá el ámbito territorial –si es parroquial o supraparroquial– o las personas y grupos a las que dirigirá su servicio apostólico; especificará si su oficio es a tiempo pleno o parcial y en qué sector de la pastoral y bajo la autoridad de quién desempeñará su oficio. Es de grandísima importancia que los diáconos puedan desarrollar, según sus posibilidades, el ministerio propio en plenitud, y no sean relegados a ocupaciones marginales, a funciones de suplencia o a tareas que pueden ser ordinariamente hechas por laicos (DO 8 y 40-41; cc. 517 § 1 y 519).

Un caso especial es el de los diáconos «transitorios», candidatos al sacerdocio, enviados a prestar servicio pastoral en la parroquia, a quienes se les ha de otorgar una especial acogida y acompañamiento. El párroco, de acuerdo con los formadores del seminario, será para ellos guía y maestro, consciente de que, de su testimonio de coherencia con la propia identidad, de su generosidad misionera en el servicio y de su amor a la parroquia, podrá depender la donación sincera y total a Cristo por parte del candidato al sacerdocio (PP 25).

Los diáconos casados que se dedican plenamente al ministerio eclesiástico merecen una retribución con la que puedan sostenerse a sí mismos y a su familia, a menos que, por ejercer o haber ejercido una profesión civil, ya estén recibiendo una remuneración. Corresponde al derecho particular reglamentar estos y otros aspectos como, por ejemplo, que las parroquias que se benefician del ministerio de un diácono tengan la obligación de reembolsar algunos de los gastos ocasionados en el desempeño del ministerio (c. 281 § 3; DO 20).

3. Los laicos

Con el equipo sacerdotal colaboran también estrechamente los laicos, llamados a asumir, desde su propia vocación, una importante responsabilidad en múltiples campos de la acción pastoral. Está en manos del párroco reconocer su importancia para la misión evangelizadora de la Iglesia, integrarlos en la guía de la comunidad parroquial, acompañarlos y sostenerlos.

1. *Vocación y ministerios propiamente laicales*

Lo peculiar de esta vocación es la «secularidad»: los laicos están llamados a vivir su fe en la vida cotidiana, inmersos en las realidades temporales, fuera del ámbito estrictamente religioso. Por esta misión insustituible *ad extra*, los laicos trabajan por la transformación del mundo desde las condiciones ordinarias de la vida, pero muy especialmente en esas circunstancias en las que sólo a través de ellos pueden los hombres prestar oído al Evangelio y conocer a Jesucristo: el mundo de la profesión específica, la cultura, la economía, las artes, la política, las relaciones sociales, etc. (LG 31-36; GS 43; AA 3-4 y 7; ChL 15; cc. 224-225; Cat. 898-900).

En concreto, la normativa de la Iglesia menciona la vida matrimonial y familiar, por ser el estado más común entre los laicos, escuela del más rico humanismo, fundamento de la sociedad; un valor, el familiar, que es necesario defender frente a otras propuestas ideológicas que desdibujan el rostro verdadero de la familia natural, según ha sido creada por Dios. A esto responde que el acompañamiento y la atención a las familias se ha de considerar un objetivo prioritario en la misión parroquial (c. 226; GE 1-2; LG 11.31.35; GS 47.52; AA 11).

La vocación de los laicos en el mundo secular implica que deben ser sal y luz en la sociedad, contribuyendo a la construcción de un mundo más justo, compasivo y solidario. En el ejercicio de esta misión, los laicos han de gozar de plena autonomía, pero orientada e iluminada por la doctrina de la Iglesia. Para que puedan vivir según esta doctrina, proclamarla o defenderla cuando sea necesario, tienen el deber y el derecho de conocerla (c. 227).

Este derecho de los laicos a conocer la doctrina se convierte en un deber de los pastores de proporcionar los medios que sean convenientes para acercarles dicha formación. La parroquia, los grupos de Acción católica y otras asociaciones y movimientos están llamados a desempeñar esta importante tarea. Además, los mismos laicos pueden desear una preparación mayor y realizar estudios superiores para obtener grados académicos en universidades o facultades eclesiásticas o institutos de ciencias religiosas (c. 229).

Pero también los laicos están llamados a una participación activa en la vida de la Iglesia *ad intra*, desempeñando diversos ministerios y funciones dentro de ella, para contribuir al crecimiento y fortalecimiento de la comunidad cristiana y su evangelización. Muchos de estos ministerios y funciones, encuadrados en los *tria munera*, encuentran su expresión común en la vida de la parroquia, y están ya contemplados en el derecho, lo que no obsta para que se creen nuevos ministerios según las necesidades de cada comunidad:

- En la *función profética*, por medio de la enseñanza religiosa, la predicación y la catequesis, la animación misionera o los medios de comunicación social, especialmente a través de las redes sociales, que se están convirtiendo en un instrumento pastoral de primer orden (cc. 759 § 1; 774 § 2; 784; 851; Cat. 785; 904-907; 942).
- En la *función de gobierno*, participando en los sínodos diocesanos, en las asambleas diocesanas y parroquiales, en los consejos de pastoral y de asuntos económicos, como cooperadores pastorales y en la coordinación y animación de los diversos grupos en la parroquia (cc. 463 § 3; 536-537; Cat. 908-913; 943; CPP 96).
- En la *función santificadora*, ejerciendo los ministerios instituidos de lector, acólito y catequista, o aquellos temporales o los de suplencia (c. 230; Cat. 901-903; 941).

El párroco debe promover la vocación de los laicos confiándoles tareas y responsabilidades, dejándoles libertad y espacio para actuar, incluyéndoles activamente en los procesos de toma de decisiones, valorando todos los carismas y considerando atentamente, con amor de padre, sus peticiones y deseos. Esto favorece la asunción del trabajo parroquial que les corresponda y expresa su corresponsabilidad en la evangelización, superando el ser meros espectadores; e incluso les dará ánimo para asumir nuevas iniciativas (LG 37; c. 529 § 2; PO 9; TE 30; PDV 15 y 74; ChL 23, CPP 86).

Para que puedan ser llamados a esta misión, es necesario que los laicos sean personas de vida cristiana íntegra, vinculados a la comunidad parroquial y con una formación básica para la tarea que se les encomienda. Por eso han de ser objeto preferente de la atención pastoral del párroco y de los vicarios, los cuales deben facilitarles dicha formación para que puedan desempeñar bien su función y ejercerla de forma generosa, consciente y eficaz, de modo que no resulte estéril o contraproducente (cc. 227; 231 § 1 y 275 § 2; GS 36.43; LG 35-37; AG 26; DH 14; AA 7d y 24; PO 9).

También los laicos prestan muchas veces servicios a la Iglesia no estrictamente ministeriales, pero muy necesarios, colaborando de manera voluntaria o siendo empleados con contrato. En este segundo caso habrá de procederse conforme a la ley civil, fijando una justa remuneración, periodo de vacaciones, previsión de vejez o invalidez y asistencia sanitaria, de modo que puedan proveer adecuadamente a sus necesidades y a las de su familia (c. 231 § 2).

2. *Ministerios instituidos de lector, acólito y catequista*

La Iglesia ha determinado hasta el momento tres ministerios instituidos: lector, acólito y catequista, que tienen como fundamento la condición común bautismal y que, por tanto, pueden ser confiados a todos los fieles idóneos, sean de sexo masculino o femenino. Se trata de servicios estables que se prestan a la Iglesia local según las necesidades pastorales, y que se confieren de manera ritual según los libros litúrgicos aprobados por la Santa Sede. Estos ministerios poseen un fuerte valor vocacional, que requiere el debido discernimiento por parte del obispo (o del sacerdote en quien delegue esta función), por ser quien admite e instituye a los candidatos. Compete también al obispo cesar de sus funciones a las personas que han recibido un ministerio instituido y han incurrido en comportamientos contrarios al magisterio o a la disciplina de la Iglesia (c. 230 § 1; SD; AM 5 y 8).

Por ser ministerios reconocidos públicamente e instituidos por la Iglesia, se ponen a disposición de la comunidad y su misión de forma estable (no es posible reiterarlos una vez recibidos, como «sacramental permanente»); sin embargo, como no necesariamente se van a ejercer a tiempo completo, permanece vigente la norma que señala que su colación, en principio, no da derecho a ser sustentado o remunerado por la Iglesia (c. 230 § 1; MQ XII).

El hecho de que haya una encomienda oficial expresada por un rito litúrgico, posibilita la exigencia de ciertas cualidades de idoneidad:

- Edad conveniente. No se establece ninguna en concreto; pero, en paralelo con otros oficios, parece que no debería ser antes de los 25 años (que es la edad exigida, por ejemplo, para acceder al ministerio diaconal célibe) ni después de los 60 (edad en la que ya no obligan algunas normas canónicas).
- Dotes humanas. Entre las que destacan, entre otras, el equilibrio psíquico y emocional, la responsabilidad, la capacidad para el trabajo en común o la disponibilidad.
- Dotes espirituales. Son convenientes, y hasta necesarias, la participación en los sacramentos, el espíritu de oración, la buena fama, la colaboración activa en la comunidad eclesial o la adhesión al magisterio.
- Haber completado la Iniciación cristiana.

– Experiencia previa en el ámbito pastoral del ministerio que se va a ejercer, sea este la proclamación de la Palabra, o el servicio del altar, o la acción catequética.
– Formación específica para ejercer ese ministerio. Es muy conveniente tener un conocimiento, al menos básico, de la Sagrada Escritura, de los elementos teológicos y del derecho canónico.

Conviene recordar, en fin, que no todas las personas que ya realizan habitualmente estas funciones de lectores, acólitos o catequistas en la parroquia son candidatos a la institución ritual, pues ello no siempre es necesario, sea porque no reúnen alguna de las condiciones de idoneidad, sea porque el sentido de la institución es otorgar una responsabilidad mayor que exige también una mayor capacitación: la de formar, organizar y coordinar al grupo de los ministros que ejercen estos servicios en la parroquia (lectores, acólitos, monaguillos, ministros extraordinarios de la comunión), la formación y guía de otros catequistas o la coordinación de la actividad catequética.

3. *Ministerios de suplencia*

Los laicos también pueden ejercer los denominados «ministerios de suplencia», cuando exista una verdadera necesidad y una real escasez de clero (c. 230 § 3). Dichos ministerios son: la presidencia de la liturgia de la Palabra, de las exequias (OE 19.2), la administración del bautismo (c. 861 § 2), el ministerio extraordinario de la comunión (c. 910), la asistencia a los matrimonios por delegación extraordinaria (c. 1112), la celebración de sacramentales (c. 1168), la presidencia del culto eucarístico fuera de la misa (c. 943), las asambleas dominicales en espera de presbítero (c. 1248 § 2), o la asistencia a una parroquia, como ya se indicó (c. 230 § 3; CPP 98).

El ejercicio de estos ministerios en sustitución de los sacerdotes, aunque en ocasiones sea muy oportuno y provechoso, no hace que los laicos identifiquen mejor su vocación; de hecho, si no se orienta adecuadamente, puede llevar a una clericalización de los laicos. Conviene recordar que «el ejercicio de estas tareas no hace del fiel laico un pastor: no es la tarea la que constituye un ministro, sino la ordenación sacramental. [...] La función que se ejerce en calidad de suplente, adquiere su legitimación, inmediata y formalmente, de la delegación oficial dada por los pastores, y en su concreta actuación es dirigida por la autoridad eclesiástica» (ChL 23).

No está de más recordar que el sacerdocio ministerial es necesario para la existencia misma de la comunidad como Iglesia y, por tanto, absolutamente insustituible. En consecuencia, para que una colaboración de los laicos pueda inserirse armónicamente en la pastoral ministerial, es preciso que el párroco promueva una atenta y leal aplicación de las disposiciones vigentes, no alargando, abusivamente, los límites de excepcionalidad a aquellos casos que no pueden ser juzgados como excepcionales (EDM 3 y 4).

«Estos ministerios de mera suplencia no deben ser ocasión de una deformación del mismo ministerio de los sacerdotes, de modo que estos descuiden la celebración de la santa misa por el pueblo que les ha sido confiado, la personal solicitud hacia los enfermos, el cuidado del bautismo de los niños, la asistencia a los matrimonios o la celebración de las exequias cristianas, que ante todo conciernen a los sacerdotes, ayudados por los diáconos. Así pues, no suceda que los sacerdotes, en las parroquias, cambien indiferentemente con diáconos o laicos las tareas pastorales, confundiendo de esta forma lo específico de cada uno» (RS 152).

Parece lógico, por último, que quienes hayan recibido los ministerios instituidos estén mejor capacitados para desempeñar algunos de los ministerios de suplencia, así como para ejercerlos con una dedicación superior (por ejemplo, encargándose de las celebraciones dominicales a la espera de presbítero en varias localidades los fines de semana). Puede pensarse, pues, en algún tipo de remuneración, sobre todo cuando colaboren en la coordinación pastoral de una parroquia por escasez de sacerdotes (c. 517 § 2).

4. Los consagrados

La vida consagrada consiste en el seguimiento de Cristo mediante la profesión pública de los consejos evangélicos de castidad, pobreza y obediencia, con una entrega total a Dios, quedando consagrados a su servicio por nuevo y especial título. Se trata de un modo especial de participar de la naturaleza sacramental del Pueblo de Dios, ya que la consagración de quienes profesan los votos religiosos tiene como primer objetivo testimoniar ante el mundo el misterio insondable de Cristo en sus diversas manifestaciones (LG 43-46; cc. 573-577).

Por esto mismo, la contribución que los consagrados pueden hacer a la misión evangelizadora de la comunidad parroquial deriva principalmente de su «ser», es decir, del testimonio de un seguimiento radical de Cristo, mediante la profesión de los consejos evangélicos, y sólo secundariamente de su «hacer», o sea, de las acciones realizadas conforme al carisma de cada instituto (CPP 84).

Los institutos de vida consagrada –religiosos o seculares– y las sociedades de vida apostólica –por analogía con estos– han nacido en favor de la Iglesia y para ella, y tienen la obligación de enriquecerla con sus carismas específicos, en conformidad con su espíritu peculiar y su misión propia, renovando la conciencia eclesial y cooperando a la edificación del Cuerpo de Cristo. Todos, aun siendo de derecho pontificio, deben sentirse verdaderamente miembros de la familia diocesana e insertarse en ella (PC 1-2; 7-10; 14; LG 45; ChD 3; cc. 574; 681-682).

Un modo concreto es la encomienda de la cura pastoral de una parroquia a un instituto en las condiciones que ya hemos señalado más arriba; o el nombramiento de un consagrado como párroco o como vicario parroquial, con el consentimiento de su superior. No puede olvidarse, por otra parte, la presencia de los consagrados en la vida de las parroquias cuando colaboran con los párrocos en la acción pastoral.

Para ello es necesario fomentar el espíritu fraterno y los vínculos de cooperación entre clero diocesano y las distintas comunidades religiosas, favorecer la confianza recíproca, la solidaridad apostólica y la concordia fraterna, lo cual estimulará a cada uno para que preste de buen grado los servicios que pueda, incrementando el deseo de cooperación en las tareas comunes (MRe 37; c. 680).

Está en manos del párroco y de sus sacerdotes colaboradores prestar una particular atención a las relaciones con los consagrados, mostrándoles su aprecio sincero y su operativo espíritu de colaboración apostólica, respetando y promoviendo los carismas específicos, esforzándose en la atención de aquellas comunidades que se encuentren necesitadas de su asistencia pastoral –como sería el caso de las comunidades de religiosas contemplativas, o de las que están al frente de las escuelas católicas u hospitales dentro del territorio de la parroquia– e integrando a los consagrados en las diferentes tareas parroquiales, sin perturbar el régimen de vida propio de cada instituto, puesto que ningún compromiso apostólico debe ser ocasión de apartarse de la propia vocación (TE 31; MRe 46).

5. Los movimientos y comunidades, asociaciones y cofradías

«Las demás instituciones eclesiales, comunidades de base y pequeñas comunidades, movimientos y otras formas de asociación, son una riqueza de la Iglesia que el Espíritu suscita para evangelizar todos los ambientes y sectores. Muchas veces aportan un nuevo fervor evangelizador y una capacidad de diálogo con el mundo que renuevan a la Iglesia. Pero es muy sano que no pierdan el contacto con esa realidad tan rica de la parroquia del lugar, y que se integren gustosamente en la pastoral orgánica de la Iglesia particular. Esta integración evitará que se queden sólo con una parte del Evangelio y de la Iglesia, o que se conviertan en nómadas sin raíces» (EG 29).

La parroquia ha de ser entendida como «comunidad de comunidades», donde los diversos grupos, movimientos y asociaciones comparten, desde sus peculiaridades propias, los bienes comunes de la comunidad parroquial. El párroco ha de tener en gran estima la presencia de estas nuevas realidades eclesiales por la contribución específica que, en comunión con otras y nunca de manera aislada, pueden ofrecer a la vida de la parroquia, aunque sin perder de vista que muchas de ellas tienen un carácter supra-parroquial. Dos criterios básicos para afrontar esta relación: no apagar los carismas y buscar, en todo, la unidad (EIE 16; EG 28).

Estos movimientos y comunidades, signos de la riqueza carismática de la Iglesia, pueden contribuir de una forma muy positiva a la pastoral de la parroquia en varios aspectos: la presencia de cristianos conscientes de su propia identidad bautismal, de su vocación y misión en la Iglesia y en el mundo, frente a un extendido «cristianismo de nombre»; la vivencia comunitaria de la fe, que consiste en compartir las experiencias y en apoyarse mutuamente frente al individualismo y la soledad que prima en la esfera secular; el impulso misionero, de manera especial en favor de los alejados; la relación con la sociedad, y el diálogo con los ambientes y las culturas (RM 72; EG 29).

Junto a los nuevos movimientos no es infrecuente encontrar asociaciones de diversa índole en la diócesis y en la misma comunidad parroquial. Las más frecuentes son las hermandades o cofradías, pero también hay presencia de otras muy conocidas como la Acción Católica, Cáritas o Manos Unidas. Aunque el objetivo principal de todas las asociaciones es común –buscar una vida más perfecta en unión con otros–, los fines particulares de cada una son múltiples:

promover el culto y la doctrina cristiana, llevar a cabo obras diversas de apostolado en el campo de la evangelización, el culto y de la caridad, animar el orden temporal, etc. (c. 298).

Uno de los fenómenos asociativos más extendidos es el de las hermandades y cofradías, que tienen un valor significativo en muchas comunidades parroquiales. Al participar activamente en el culto público, pueden contribuir a fortalecer la fe de sus miembros y, en general, de la comunidad parroquial. Las procesiones y celebraciones religiosas son manifestaciones visibles de esta dimensión espiritual, donde se perpetúa la veneración y el culto asociados a una imagen. Además, esto incluye la organización de novenarios, quinarios, triduos, vigilias y otras prácticas devocionales significativas para el fomento de la religiosidad popular.

Por otra parte, desde estos grupos se promueve la solidaridad y el apoyo mutuo entre sus miembros, creando un vínculo fuerte de comunidad y extendiendo esta solidaridad a acciones caritativas y otros servicios más allá de los propios miembros. No cabe duda de que desempeñan un papel importante en la vida de muchas personas –de las cuales gran parte son jóvenes– y, en consecuencia, no pueden ser menospreciadas o relegadas. Convendría no contemplarlas como un problema, sino más bien como una oportunidad para evangelizar.

Sí es importante recordar que el párroco, aunque pertenezca a uno de estos grupos, no debe permitir que su movimiento o asociación monopolice las actividades de la parroquia; muy al contrario, como agente de comunión que es, ha de esforzarse por conducir a los miembros de los diversos grupos a apoyar con gusto las iniciativas de la parroquia según el proyecto pastoral diocesano, sin caer en protagonismos estériles, y cuidando para que nadie sea discriminado (c. 529 § 2; TE 30).

Asociaciones, comunidades y movimientos están, en definitiva, llamados a integrarse, según sus posibilidades y su propia identidad, en el proyecto pastoral de la parroquia, colaborando positivamente con ella, respetando las instancias y las estructuras parroquiales y procurando no desplazar otras iniciativas.

Es cierto que la relación entre los diversos grupos y la parroquia no será siempre fácil. Por ello, junto a la gratitud por el don del Espíritu que las asociaciones son para la Iglesia, el párroco y los agentes de pastoral habrán que ejercitar la paciencia y el espíritu de aceptación frente a los sufrimientos y dificultades que puedan sobrevenir.

6. La coordinación de los agentes pastorales

Puesto que la propia parroquia está llamada a vivir un verdadero espíritu de colaboración y de comunión entre los diversos grupos y personas, las diversas comunidades no pueden caminar en paralelo, sino que deben unirse en un empeño común, creando cauces fluidos de comunicación, promoviendo el conocimiento mutuo y el intercambio de recursos. Para todo ello, la legislación prevé diversas estructuras de carácter sinodal creadas, bajo la autoridad del párroco, para coordinar a los diferentes agentes pastorales, promover una acción evangelizadora más eficaz y expresar la comunión eclesial.

1. *El consejo de pastoral*

El derecho prevé la posibilidad de constituir un consejo de pastoral parroquial, cuya finalidad básica es proveer, en un cauce institucional, la ordenada colaboración de las diferentes categorías de fieles (laicos, diáconos, consagrados) en la actividad pastoral, ayudando al párroco, que lo preside, mediante su consejo. Lejos de ser un simple cuerpo burocrático, significa y realiza la centralidad del Pueblo de Dios como sujeto y protagonista activo de la misión evangelizadora, y puede revitalizar el impulso misionero dirigido hacia los no creyentes y hacia los creyentes que han abandonado o limitado la práctica de la vida cristiana (c. 536; EDM, «Disposiciones prácticas», art. 5; ChL 27; CPP 110).

Parece claro que, aunque no sea obligatorio por ley universal (sí lo puede ser por decreto del obispo), un párroco no puede guiar la parroquia sin el consejo pastoral, y debería modificarse la norma canónica que actualmente sólo «sugiere» la constitución del consejo pastoral parroquial para hacerla obligatoria (Francisco, *Discurso durante el encuentro en Asís con el clero, personas consagradas y miembros de consejos pastorales* [4 de octubre de 2013]; SVMI 84).

Presidido por el párroco, el consejo pastoral es la principal forma de colaboración y diálogo, de participación, discernimiento pastoral y corresponsabilidad de los fieles en la vida parroquial. Y aunque no tiene competencia en lo referente a la fe o la moral, puede prestar una ayuda muy útil con propuestas y sugerencias sobre cómo orientar, coordinar, animar y revisar las diferentes iniciativas apostólicas, catequéticas, caritativas y misioneras de la parroquia (SCC, Carta circular *Omnes christifideles* [25 de enero de 1973] nn. 4 y 9; ChL 25).

Aunque sólo tenga voto consultivo, en el sentido de que sus propuestas deben ser acogidas por el párroco para llegar a ser operativas (*decision taking*), este debe considerar atentamente sus indicaciones, en especial si se expresa por unanimidad, en un proceso de común discernimiento (*decision making*).

Es necesario evitar dos extremos: que el párroco se limite a presentar al consejo decisiones ya tomadas, o sin la debida información previa, o que rara vez lo convoque como mera formalidad; o que el párroco se convierta en uno de sus miembros, privado de hecho de su papel de pastor y guía de la comunidad (c. 127 § 2, 2.º; CPP 113).

En concreto, entre las tareas asignadas al consejo de pastoral parroquial, destacan las siguientes:

– Señalar al párroco las necesidades de los fieles y manifestarle su opinión sobre lo relativo al bien pastoral de la Iglesia (cc. 212 § 2 y 3).
– Ayudar al párroco a conocer mejor la realidad social de la parroquia y aconsejarle acerca de los objetivos a corto, medio y largo plazo.
– Programar y revisar la actividad pastoral en coordinación con el plan diocesano de pastoral y las demás programaciones diocesanas.
– Aconsejar al párroco en la elección de las personas que van a cooperar con él en la animación de las diversas áreas pastorales, en la realización de servicios y ministerios.

A fin de que el consejo de pastoral funcione mejor, conviene que cuente con los pertinentes estatutos dados por el obispo diocesano, en los que se definen sus criterios de composición, las modalidades de elección de sus miembros, los objetivos y el modo de funcionamiento (cf. un modelo en el Anexo 6). En todo caso, para no desnaturalizar la índole de este consejo, es bueno evitar definirlo como un «equipo», término que no expresa adecuadamente la relación eclesial y canónica entre el párroco y los fieles en general (CPP 111).

En cuanto a sus miembros, es lógico que lo compongan principalmente quienes ejercen responsabilidades en la vida pastoral de la parroquia o estén comprometidos en ella, a fin de evitar que las reuniones se conviertan en un intercambio de ideas abstractas ajenas a la vida real de la comunidad, de sus posibilidades y límites (CPP 114).

No obstante, la flexibilidad de la norma permite que, por ejemplo, en el caso de varias parroquias confiadas a un solo párroco, o en presencia de unidades pastorales se constituya un solo consejo pastoral para todas con representantes de cada una de ellas. Además, conviene establecer una cierta coordinación entre el consejo de pastoral diocesano y el parroquial, por ejemplo, teniendo representantes del consejo parroquial en el diocesano (CPP 108).

2. *El consejo de asuntos económicos*

El consejo de asuntos económicos, cuya constitución es obligatoria, se rige por las normas dadas en el libro V del Código, más las que dicte el obispo. Se trata de un órgano consultivo presidido por el párroco y compuesto por al menos tres fieles, mínimo necesario para que pueda considerarse «colegiado». El párroco no está incluido entre los miembros del consejo, pues lo preside (c. 537; CPP 102).

Sus miembros no tienen que pertenecer necesariamente a la parroquia, pero sí deben gozar de probada buena fama y ser expertos en asuntos económicos y jurídicos, de modo que puedan prestar un servicio eficaz y competente. Nada impide que una misma persona sea miembro de varios consejos parroquiales, o que se constituya un solo consejo para varias parroquias de constitución particularmente modesta, o que formen parte de una unidad pastoral (CPP 103-105).

Su competencia se extiende a todos los bienes de la parroquia, y su función no debe limitarse a controlar los ingresos y gastos, sino que ha de extenderse también a buscar fuentes de financiación y a estudiar una distribución de los bienes conforme con las necesidades pastorales y con la prioridad ineludible de la atención a los necesitados. Para su adecuado funcionamiento es preciso que cuente con unos estatutos propios (en el Anexo 7 se propone un modelo).

Dado que los bienes son de la parroquia y no del párroco, si bien este es su administrador, el consejo de asuntos económicos puede jugar un papel relevante para promover la cultura de la corresponsabilidad y la transparencia administrativa, entendida no sólo como presentación de los datos, sino principalmente como información a la comunidad y oportunidad para involucrarla en la formación. Se trata de un *modus agendi* imprescindible para la credibilidad de la Iglesia, sobre todo donde esta posee bienes significativos (CPP 106).

Tanto el consejo pastoral como el consejo de asuntos económicos pertenecen al ámbito de las relaciones de mutuo servicio entre el párroco y sus fieles y, por consiguiente, no pueden sustituir al párroco en la dirección de la parroquia, en la representación legal o en la administración de los bienes (PP 26; cc. 532 y 1279 § 1).

3. *La asamblea parroquial*

Aun valorando muy positivamente el establecimiento en la parroquia de estos dos consejos que acabamos de referir, la participación de los fieles en ellos siempre es muy reducida, por tratarse de grupos minoritarios en relación al conjunto de la parroquia. Parece, pues, necesario instrumentar algún medio más que represente a todos los fieles y les permita manifestar sus opiniones sobre la marcha de la parroquia. Se trata de posibilitar un ámbito para el diálogo y el discernimiento, para reflexionar juntos sobre la vida y la misión de la comunidad parroquial, y buscar entre todos las respuestas pastorales más adecuadas a las necesidades que se van presentando.

Este medio puede ser la denominada «asamblea parroquial». Presidida por el párroco, reúne a todos los agentes de pastoral de la parroquia –sacerdotes, diáconos, consagrados y laicos– junto con otros fieles que deseen participar, y donde se revisan todas las tareas de la comunidad, se analizan las necesidades y exigencias evangelizadoras, y se programa la acción pastoral para un periodo de tiempo.

El momento de la preparación de la asamblea es muy importante, pues de él dependen en gran medida los resultados que se van a obtener. Por esto mismo es preciso sensibilizar adecuadamente a todos los parroquianos, a fin de que se sienta como una verdadera necesidad, no imponiendo ni improvisando, invitando a todos a la participación y solicitando de ellos sugerencias sobre la metodología que se va a emplear y el desarrollo de las sucesivas sesiones.

Para facilitar la tarea organizativa es conveniente que en esta preparación se cree una comisión responsable que acompañará todo el proceso, desde el momento de la sensibilización de la comunidad, hasta el desarrollo concreto de las sesiones, el seguimiento de la puesta en práctica de las conclusiones o la preparación de la siguiente asamblea, buscando los apoyos que se precisan en cada momento, sean doctrinales, técnicos o económicos.

El resultado de la asamblea es siempre la toma de unos acuerdos generales que habrán de ser luego concretados en cada grupo parroquial, para impulsar aquellas tareas que hayan sido consideradas prioritarias, algunas de las cuales seguramente ya se estarían realizando, otras habrán de ser implantadas a partir de entonces. En cualquier caso, es indispensable que se promueva la distribución participativa de las tareas, de modo que se implique el mayor número de personas, estableciendo los equipos de trabajo necesarios para llevar a buen término las conclusiones de la asamblea.

II

LAS FUNCIONES MINISTERIALES EN LA IGLESIA

3
ANUNCIAR LA PALABRA

Este ministerio esencial en la Iglesia tiene por objeto anunciar fielmente el misterio de Cristo en su integridad, sin omitir nada, por incómodo que ello pueda ser. Sus fuentes son la Sagrada Escritura, la liturgia, la tradición, el magisterio y la vida de la Iglesia, en la que los santos con su ejemplo y los doctores con sus enseñanzas, ocupan un lugar destacado.

Cualquier medio puede resultar útil para el ejercicio del ministerio de la Palabra, incluidos los medios de comunicación social y las redes sociales. Sin embargo, ocupan un lugar privilegiado la predicación y la catequesis, porque continúan la práctica misma de los apóstoles y propician una relación de cercanía personal entre los distintos actores (cc. 760-761; SC 35, 2; AG 26; DV 24; ChD 14; EN 32.42.62.65; CT 30).

En cuanto a los lugares, la parroquia es un ámbito privilegiado para la transmisión del mensaje a los hombres y mujeres de nuestro tiempo, necesitados de conocer la verdad de Jesucristo. En la parroquia, la proclamación de la Palabra de Dios y su enseñanza mira tanto *ad intra*, en lo que se refiere a la formación de la conciencia de los fieles, como *ad extra*, en la necesaria relación que la Iglesia ha de establecer con el mundo, al que propone la verdad del Evangelio frente a las actuales ideologías materialistas, relativistas y hedonistas (c. 748 § 1; DV 3-6; DH 1; AG 7; EG 46 y 64).

Esta misión profética se concreta de manera especial en el compromiso real por los más vulnerables y los excluidos, porque la dignidad de la persona humana y el bien común están siempre por encima de una falsa paz social. De hecho, la competencia de la Iglesia no se reduce al estricto ámbito de la fe, sino que se abre a todos los temas que afectan al hombre, a su salvación o a sus derechos fundamentales, ofreciendo un juicio orientativo, trabajando incansablemente por la promoción humana de los más desfavorecidos y proponiendo criterios morales que, si bien pueden no entenderse ni aceptarse, forman parte de la misión encomendada por Cristo (c. 747 § 2; GS 42; EN 31-38; EG 218).

1. El contenido

Los párrocos, cuando ejercen el ministerio de la Palabra, han de proponer a los fieles las verdades reveladas que están contenidas en el depósito de la fe y, por tanto, irreformables (como los dogmas cristológicos y marianos, o la grave inmoralidad del aborto); pero también las que han sido propuestas por el magisterio como definitivas, aunque no sean directamente reveladas (como la doctrina del sacerdocio ministerial reservado sólo a los varones, la maldad intrínseca de la eutanasia o la canonización de los santos). De este modo, los fieles podrán adherirse plenamente a Dios y estarán capacitados para dar una respuesta de fe; así, consintiendo y cooperando, evitarán cualquier doctrina contraria que les proteja del riesgo de caer en la herejía, la apostasía, o el cisma (c. 750 y 751; DV 8, 1-2; 10, 1; ATF 2-3; EV 57 y 65).

También los párrocos han de orientar a los fieles para que respondan al magisterio ordinario no infalible con un asentimiento religioso, el cual lleva consigo un obsequio de la inteligencia y de la voluntad por la confianza en la asistencia del Espíritu Santo a los pastores. Lo mismo que es una injuria a Dios creer que una verdad es de fe sin serlo o considerar una doctrina como opinable cuando en realidad es de fe, también lo es afirmar que no es preciso obedecer al magisterio no infalible porque puede cambiar. La posición contraria a una de estas doctrinas debe ser considerada como errónea o al menos imprudente. Por tanto, los párrocos han de ser los primeros en dar ejemplo del obsequio al magisterio de los pastores (cc. 749 § 3 y 752; LG 25; HV 28; ATF 2).

Los párrocos, en fin, han de recordar a los fieles la obligación que tienen de observar las leyes (constituciones y decretos) promulgados por el Romano Pontífice, la conferencia episcopal o el obispo propio, pues aunque sean disciplinares requieren la docilidad en la caridad. El carácter obligatorio de estas leyes positivas promulgadas por la autoridad eclesiástica busca garantizar a los fieles el mínimo indispensable en el espíritu de oración, en el esfuerzo moral y en el crecimiento del amor de Dios y del prójimo (c. 754; Cath 2037 y 2041).

2. Agentes y destinatarios

1. *Los agentes*

Como la Palabra de Dios es el fundamento de toda labor pastoral, los párrocos –así como los ministros– deben tener en gran estima la predicación. Afirmar esto supone, por una parte, estar disponible, como corresponde a las exigencias propias del oficio; y, por otra, prepararse sobre lo que se va a predicar; y ello, no sólo por la veneración que nos merece la Palabra misma, sino también por el respeto debido a los fieles (c. 762; PO 4).

La norma señala que los obispos tienen derecho a predicar en todas partes, dentro y fuera de su diócesis, incluso en las iglesias y oratorios de los Institutos religiosos, y *a fortiori*, de los institutos seculares, sociedades de vida apostólica y prelaturas personales, a no ser que en algún caso particular se opusiese expresamente el obispo del lugar. Pero el párroco no puede oponerse a que un obispo predique en su parroquia (c. 763).

Los presbíteros y diáconos tienen la facultad de predicar en todas partes, aunque necesiten el consentimiento, al menos presunto, del rector del templo. Así, si se trata de predicar en la parroquia, deberán contar con el permiso (al menos presunto) del párroco; si en un hospital o cárcel, con el del capellán; si en una catedral, con el del cabildo; si en una iglesia u oratorio de religiosos, con el del superior competente, a tenor de las constituciones. El ordinario propio del clérigo, o el del lugar donde se encuentre, puede restringir o quitar esta facultad. Si al párroco le consta que a un clérigo se le ha retirado la facultad de predicar, no debe permitir que lo haga en su parroquia (c. 764-765).

También los fieles laicos pueden ser llamados a cooperar con el testimonio de su palabra y el ejemplo para que la fuerza del Evangelio brille en su vida diaria, familiar y social; así difundirán la Palabra de Dios en medio de las realidades temporales. Esta capacidad deriva del sacerdocio común de los fieles, al cual han sido incorporados por el bautismo, fortalecidos por la confirmación y alimentados con la eucaristía (cc. 211 y 225; 759; 766; AG 17; ChL 33-35).

Pero para que puedan ser admitidos a predicar en una iglesia u oratorio, como sería el caso del templo parroquial, habrán de darse algunas condiciones:

- que haya verdadera necesidad, debido a la escasez de clero o donde se vea impedida la libertad de la Iglesia, incapacidad del pastor…;

- que lo sugiera la utilidad en casos particulares, no por regla general (como en las misiones populares o en algún día especial, o por la singular competencia del laico en cierto tema o por la influencia que pueda ejercer), y siguiendo las normas dadas por la conferencia episcopal.
- que sean laicos que destaquen por su vida cristiana, estén bien preparados y cuenten con el debido envío de la jerarquía.

En todo caso, la invitación la puede hacer el mismo párroco. No obstante, conviene aclarar que la invitación a participar del ministerio de la predicación en un lugar sagrado no es un derecho del fiel, sino un acto de la autoridad; por ello, los fieles no pueden exigir participar de esta función. Y, en todo caso, queda excluida la homilía.

La normativa canónica manda al obispo integrar también en la predicación a los miembros de los institutos de vida consagrada que, en virtud de su consagración a Dios, anuncian el Evangelio de modo peculiar por medio del testimonio de su vida. Por sí misma, su presencia en la comunidad diocesana es un modo particular de evangelización, ya que manifiesta la diversidad de carismas y el enriquecimiento que ella supone para la parroquia (cc. 573 § 1; 758-673; ChD 35).

2. *Los destinatarios*

El grupo principal al que debe dirigirse el párroco es el que tiene encomendado a su cura pastoral ordinaria, es decir, los bautizados que, viviendo en el ámbito de la parroquia, participan habitualmente de la vida de la comunidad, bien sea integrando los distintos organismos parroquiales, o en los grupos y asociaciones, o también los que asisten a las celebraciones o solicitan servicios pastorales.

Asimismo, habrá de dirigirse a todos aquellos que «por su condición de vida, no gocen suficientemente de la cura pastoral común y ordinaria, o carezcan totalmente de ella». Este segundo grupo está constituido por una variedad mucho más amplia, que abarca la cura pastoral extraordinaria a los católicos que se encuentren en situaciones especiales, a los cristianos no católicos, los alejados de la Iglesia e incluso los no creyentes (c. 771).

Entre los fieles católicos en situaciones especiales podemos incluir a los transeúntes, nómadas o peregrinos; a los que perteneciendo a un determinado grupo eclesial, viven dentro de la parroquia; o a los católicos de algún rito oriental. Pero también a quienes tienen «especiales condiciones de vida», como los trabajadores nocturnos, los emigrantes, los trabajadores del mar o los pilotos aéreos. El cuidado pastoral de estos fieles se da generalmente de manera esporádica y ocasional, lo cual demanda una atención pastoral rápida y eficaz. Para ello se pueden organizar en la parroquia ejercicios espirituales, retiros, conferencias u otras formas de predicación adaptadas a estas necesidades, observando siempre las prescripciones dadas por el obispo diocesano. Cuando se trata de anunciar el mensaje con la ayuda de la radio y la televisión, habrán de seguirse además las normas de la conferencia episcopal (cc. 770-772).

El anuncio debe alcanzar también a aquellas personas que han recibido el bautismo en alguna de las iglesias o comunidades cristianas no católicas y que viven dentro de la jurisdicción parroquial. La predicación, en estos casos, no puede asumir un estilo proselitista ni apologético, sino que debe centrarse en el anuncio de la Palabra de Dios en sí misma, para no dañar ni escandalizar su fe, especialmente cuando piden participar en alguna celebración o recibir algún sacramento –siguiendo siempre las normas de la comunicación en lo sagrado–, o cuando participan en celebraciones litúrgicas parroquiales acompañando a parroquianos, ejerciendo como testigos en sus celebraciones o en otras circunstancias especiales.

Este modo de proceder está enmarcado en el «diálogo ecuménico». El ecumenismo, que nace del mandato de Cristo («que todos sean uno»), es tarea que atañe tanto a los fieles como a los pastores, cada uno según su propia capacidad. Por ello debe estar presente de un modo u otro en la pastoral de la parroquia, pero siguiendo siempre escrupulosamente las normas de la Iglesia para no inducir a los fieles al indiferentismo o a la confusión, dado que la dirección del ecumenismo no depende del párroco, sino directamente del papa. Esto exige del párroco una esmerada formación y una cuidadosa atención a los contenidos y a las formas de predicación, sobre todo de la homilía, así como de la catequesis (c. 755; UR 1, 4 y 5; DE 55 y 67; VE 1-3).

El anuncio de la Palabra a los no creyentes, a los que no practican por la debilidad de su fe o a los alejados es una tarea especialmente delicada, pues sin renunciar al principio de que la Iglesia es el camino ordinario de salvación y que sólo ella posee la plenitud de los medios salvíficos, y el hecho de que la verdadera evangelización tiene que mover a la conversión a Cristo, habrá que considerar con prudencia las opiniones tanto de los alejados como de los que tienen otras creencias o simplemente no creen, ya que, aunque no coincidan sus opiniones con nuestra fe, merecen todo el respeto. El párroco está llamado a promover un diálogo honesto con las personas de otras religiones para encontrar un terreno común y buscar soluciones a problemas que afectan a todos, creando un ambiente de «fraternidad y amistad social» (FT 271).

Este anuncio puede realizarse organizando, dentro de los planes pastorales de la parroquia, campañas y jornadas de diálogo ecuménico o interreligioso, días señalados de evangelización o de misiones parroquiales. En algunos sitios se han creado en las instalaciones de la parroquia, centros de irradiación de la cultura cristiana, a través de exposiciones, conferencias, conciertos y un sinfín de actividades según inspira la creatividad y las circunstancias particulares. Estas acciones, abiertas a los parroquianos y a todo aquel que quiera participar, son una forma de que los creyentes asuman el compromiso misionero que han recibido por el bautismo y una manera de potenciar en la comunidad parroquial la conciencia de que no puede conformarse con lo que ya tiene.

3. Acciones privilegiadas: la homilía y la catequesis

1. *La homilía*

Una forma privilegiada de anunciar la Palabra de Dios es la homilía. Esta acción específica, exclusiva del sacerdote y el diácono, se circunscribe a la predicación realizada dentro de la liturgia, y de forma destacada, en el contexto de la asamblea eucarística. Es una proclamación oficial de la Palabra de Dios y no una manifestación de testimonios, por lo que queda excluida la homilía dirigida por laicos, las glosas de otros participantes a la homilía pronunciada por el sacerdote o la homilía participada. Ni siquiera el obispo diocesano puede dispensar de esta prescripción al ministro celebrante (PCTL, *Responsio ad c.* 767, § 1 [20 de junio de 1987]; SC 52).

La homilía la tendrá, normalmente, el mismo sacerdote que preside; este se la podrá encomendar a un sacerdote concelebrante, o a veces, según las circunstancias, también al diácono. En casos particulares y por justa causa, puede hacer la homilía un obispo o un presbítero que está presente en la celebración, aunque no concelebre. Queda, por lo tanto, abrogada cualquier norma precedente que admitiera a los fieles no ordenados poder hacer la homilía en la celebración eucarística (como era el caso de las misas con niños).

Esta prohibición también afecta a los alumnos de seminarios y a los estudiantes de teología, a los que han recibido la tarea de «asistentes pastorales» y a cualquier otro tipo de grupo, hermandad, comunidad o asociación de laicos (RS 64-66).

Esto no excluye que, una vez pronunciada la homilía por el sacerdote, los laicos, por su especial cualificación o preparación, o por circunstancias muy particulares que lo aconsejen, puedan dar su testimonio o instrucciones sobre algún tema, trasladándolos al final de la celebración, en el tiempo destinado a los avisos, después de que el sacerdote pronuncie la oración después de la comunión, si bien no debe convertirse en una costumbre. Por otra parte, es preciso evitar que estas instrucciones y testimonios se parezcan a la homilía; por ello está prohibido sustituir la homilía porque alguien intervendrá en la celebración. Fuera del caso de la misa, como sería la predicación dentro de las denominadas «celebraciones dominicales a la espera de presbítero» o en otras «paraliturgias», no existe dificultad en que sean laicos quienes tomen la palabra (RS 74).

Al ser la homilía explicación del texto sagrado, de ordinario se ha de centrar en algún aspecto de la Sagrada Escritura proclamada, y muy especialmente del Evangelio, para acercar su contenido a la asamblea. Puede, no obstante, basarse en alguna parte del ordinario o del propio de la misa, armonizándola con los tiempos litúrgicos, aunque sin descuidar nunca la Palabra de Dios proclamada.

Por formar parte de la liturgia de la Palabra, la homilía ha de invitar a escuchar a Dios en el aquí y ahora de la comunidad. Y por ser una forma concreta y tener lugar dentro del «ámbito materno-eclesial en el que se desarrolla el diálogo del Señor con su pueblo, debe favorecerse y cultivarse mediante la cercanía cordial del predicador, la calidez de su tono de voz, la mansedumbre del estilo de sus frases, la alegría de sus gestos» (EG 140).

Sobre todo, se debe cuidar que la homilía se fundamente estrictamente en los misterios de la salvación, exponiendo a lo largo del año litúrgico los misterios de la fe y las normas de la vida cristiana. Es claro que todas las interpretaciones de la Sagrada Escritura deben conducir a Cristo, como eje central de la economía de la salvación, pero esto se debe realizar examinándola desde el contexto preciso de la celebración litúrgica (c. 767 § 1; SC 35; OGMR 33; RS 67; EG 146).

Ha de presentar lo que se ha de creer y hacer, es decir, el magisterio de la Iglesia sobre los puntos más importantes de la doctrina, sin excluir los asuntos profanos como la dignidad y libertad de las personas; la unidad, estabilidad y deberes de la familia; las obligaciones para con la sociedad... iluminando desde Cristo los acontecimientos de la vida, pero sin vaciar el sentido auténtico y genuino de la palabra de Dios, por ejemplo, tratando solamente de política o de temas profanos, o tomando como referencia ideas que provienen de movimientos pseudo-religiosos actuales. En cualquier caso, ha de cuidarse siempre el estilo y el tono de la predicación (c. 768; ChD 12; RS 67).

Dado el tiempo limitado que corresponde a la homilía, lo más recomendable es seleccionar un único tema que se desprenda del texto sagrado y profundizarlo bien en lugar de abordar varios temas más superficialmente. No suele ser práctico el ejercicio de querer concordar todos los textos de la liturgia, lo que a veces lleva a interpretaciones demasiado forzadas. Evidentemente, la preparación de la homilía exige un tiempo suficiente para hacer una verdadera *lectio* del texto, en un clima orante, para descubrir su sentido original, meditando personalmente el texto. «La preparación de la predicación es una tarea tan importante que conviene dedicarle un tiempo prolongado de estudio, oración, reflexión y creatividad pastoral» (EG 145; 152-153).

El esquema básico para elaborar una homilía se compone de las siguientes partes:

– Introducción o exordio. Se trata de la antesala de la homilía y tiene como propósito conducir al oyente en el tema que se va a exponer. Tiene como función estimular el interés y la atención de los oyentes, para que la homilía sea bien acogida. Puede ser de utilidad partir de un hecho de realidad, una experiencia personal, noticias de actualidad, una historia real o ficticia, etc., relacionadas con el tema.
– Cuerpo o exposición. Constituye la parte central de la homilía y suele dividirse en varias secciones, en las que se desarrollan aspectos específicos del único tema, formando una unidad. Hay que huir del recurso fácil al discurso moralizante del «deber ser», pues eso sólo es un aspecto de la homilía. Un esquema útil sería responder a las preguntas: ¿Qué dice el texto para la fe? ¿Cómo me habla de Dios? ¿A qué esperanza me mueve? ¿Qué compromiso en la caridad me pide?
– Conclusión. Muchos predicadores acostumbran a terminar su homilía con una recapitulación de los principales aspectos que se han desarrollado; eso está bien, pero no debe tomarse como una regla fija. La conclusión debe ser corta, es el punto culminante de la homilía, donde el corazón de cada oyente debería ser conmovido por la llamada, la exhortación o la apelación. En todo caso, hay que dejar que el Espíritu Santo haga la obra en los presentes.

No conviene olvidar que una cosa es escribir una homilía y otra muy diferente es pronunciarla ante la asamblea. De hecho, una homilía con un buen contenido, que fue correctamente preparado siguiendo las reglas homiléticas, no es garantía de eficacia ni de acogida por parte de los fieles. En la exposición oral es precisamente donde se pone en juego la habilidad del predicador, su elocuencia, facilidad de expresión, emotividad, etc., dones que no siempre se tienen naturalmente, pero que pueden ser cultivados y desarrollados aprendiendo las técnicas de la oratoria.

El predicador ha de tener presente que no es un actor, orador político, ni conferenciante, sino un servidor de la Palabra; en consecuencia, debe guiar al oyente a Cristo y no hacia sí mismo o hacia otros (2 Cor 4, 5; 1 Cor 1, 11-13). Ha de presentar el Evangelio con amor, claridad, sencillez y naturalidad –lo teatral y afectado puede resultar repelente–, nunca como si fuera una imposición o con autoritarismo, y en tono siempre positivo; tampoco ridiculizará, ni condenará, ni maltratará a los oyentes. Debe enseñar la doctrina propuesta por el magisterio y no suposiciones o teorías especulativas.

En fin, se acomodará al auditorio sin rebasar sus capacidades, adaptando el lenguaje, tantas veces extraño e incomprensible para los fieles. No se trata de buscar el lucimiento o causar admiración, sino presentar sencillamente la Palabra de Dios, excluyendo la elocuencia hueca y ambiciosa. A la vez, ha de adaptarse a las necesidades de los tiempos, de la cultura, dando respuesta a las preguntas fundamentales del hombre contemporáneo (c. 769; EG 159).

La sencillez y la claridad son dos cosas diferentes. El lenguaje puede ser muy sencillo, pero la homilía puede ser poco clara, incomprensible por el desorden, por la falta de lógica o porque trata varios temas al mismo tiempo. En este sentido, otra tarea necesaria será procurar que la predicación tenga unidad temática, un orden claro y una conexión entre las frases, de manera que las personas puedan seguir fácilmente al predicador y captar la lógica de lo que les dice (EG 158).

La brevedad es siempre deseable. Y puesto que sabemos que el discurso prolijo dificulta la comprensión, la homilía no debería superar los doce minutos, tiempo suficiente para transmitir algo valioso. Existen muchos motivos para aconsejar esto: el mecanismo de concentración del ser humano va perdiendo efectividad en actividades intelectuales prolongadas; además, el discurso largo provoca intranquilidad notable, especialmente en los más pequeños; por otra parte, el mensaje se asimila mejor cuando las dosis son moderadas. Conviene recordar que si la homilía se prolonga demasiado, afecta al conjunto de la celebración litúrgica; en concreto, a la armonía entre sus partes y al ritmo (EG 138).

Es preferible, pues, que los oyentes queden con ganas de escuchar más otro día, a que se empachen de palabras e ideas, sin poderlas digerir ni aprovechar, o a que queden indispuestos para asistir a otra homilía del mismo predicador. De todos modos, puesto que la brevedad no es el valor supremo, no debemos sacrificar lo importante para ser breves, aunque no deja de ser cierto aquello de que «lo bueno, si breve, dos veces bueno».

Si el predicador se ayuda de aparatos técnicos –como los micrófonos–, debe preocuparse antes de que funcionen perfectamente.

La homilía ha de tenerse en todas las misas de domingos y fiestas de precepto, y no se ha de omitir si no es por causa grave cuando participa el pueblo. En los tiempos litúrgicos fuertes (Adviento, Cuaresma y Pascua), en los actos festivos (bodas y bautizos) y en los luctuosos (funerales) también se recomienda vivamente. En todos estos casos, los rituales ofrecen pistas sobre las ideas fundamentales para la homilía. Corresponde al párroco cuidar de que se cumplan fielmente todas estas prescripciones (c. 767 § 2-4; SC 52; OGMR 42).

El mismo obispo ha de vigilar con atención la homilía, incluso difundiendo entre los ministros sagrados normas, orientaciones y ayudas, y promoviendo a este fin reuniones y otras iniciativas, con el fin de que tengan ocasión frecuente de reflexionar con mayor atención sobre el carácter de la homilía y también con el fin de que encuentren ayuda para su preparación (RS 68).

2. *La catequesis*

Para la Iglesia, la catequesis es uno de los medios específico y principales de evangelización; de hecho, es ámbito privilegiado para enseñar de modo sistemático la doctrina cristiana y profundizar en la experiencia de fe personal y comunitaria.

Tiene como finalidad hacer que resuene continuamente en el corazón de cada persona el anuncio del Evangelio para que su vida sea transformada. Constituye un derecho y un deber de la Iglesia, que se deriva del derecho y el deber de evangelizar, por eso urge con fuerza a los pastores para que cuiden de ella.

Se trata, además, de una acción esencialmente eclesial, donde el verdadero sujeto es la Iglesia que, en cuanto continuadora de la misión de Jesucristo Maestro y animada por el Espíritu Santo, ha sido enviada para ser maestra y madre que transmite y educa en la fe (cc. 773 y 748; LG 64; EN 44; CT 14; DC 55).

a) *Fuente y fines*

El Código establece dos fines fundamentales de la catequesis. El primero o inmediato es la comprensión de la doctrina, o sea, la instrucción; el segundo o mediato es vivificar la fe para que sea explícita y operante en la vida.

En sentido pleno podemos afirmar que la catequesis es una iniciación cristiana integral y, por tanto, ha de estar abierta a todas las dimensiones de la vida cristiana. En efecto, no se trata simplemente de una iniciación en la doctrina, sino también en la vida, en la celebración y en la misión de la Iglesia. Explícitamente ha de ser, además, anuncio del kerigma, celebración mistagógica de la fe, camino de encuentro con la belleza del misterio trinitario de Dios y propuesta moral, que invita a crecer en fidelidad al estilo de vida evangélico. Busca promover un encuentro personal con Jesucristo, para adherirse a él libremente mediante la fe. Llegar a tomar esta opción será lo prioritario en la catequesis, por encima del aprendizaje de más o menos contenidos (c. 788 § 2; ChD 14; GE 4; CT 21-22; EG 167-168; DC 1; 57-65; 75-78).

La fuente fundamental de la catequesis ha de ser la Palabra de Dios transmitida en la tradición de la Iglesia. Escritura y tradición constituyen el único depósito sagrado que ha de ser comprendido bajo la guía del magisterio y enriquecido por la investigación teológica. Por esto mismo, se recomienda que la catequesis sea una exposición orgánica y sistemática del mensaje evangélico, razón por la cual:

- no debe improvisarse;
- ha de estructurarse y orientarse según su propia finalidad;
- no puede presentar cuestiones disputadas en teología;
- ha de ser completa y profundizar en el mensaje cristiano apoyándose en las certezas de la fe y los valores evangélicos más fundamentales (cc. 749-755; CT 21 y 27; DV 9-10; DC 90-94).

Asimismo, han de considerarse como fuentes esenciales de la catequesis: la liturgia, culmen y fuente de la vida cristiana (liturgia y catequesis son inseparables y se alimentan mutuamente); el ejemplo de María y el testimonio de los santos y de los mártires; la reflexión teológica, por ser búsqueda creyente de la inteligencia de la fe; la cultura cristiana, soporte y vehículo para el anuncio del Evangelio; y la contemplación de la belleza, o *via pulchritudinis*, sendero que nos acerca a Dios (DC 95-109).

La catequesis así entendida debe cultivar juntamente varias dimensiones esenciales:

- el conocimiento de la fe, a fin de alcanzar una comprensión cada vez mayor del mensaje cristiano;
- la educación litúrgica, con la cual se prepara a los fieles para su participación plena, consciente y activa en la celebración de la Iglesia;
- la formación moral, que suscita y profundiza las actitudes de conversión y transformación interior para llevar un estilo de vida marcado por los valores evangélicos y por el ejercicio práctico de la misericordia;
- la iniciación en el apostolado, que educa a los cristianos a comprometerse en favor de la sociedad y a cooperar en los diferentes servicios eclesiales, además de vivir la misión a la que están llamados por el bautismo;
- la vida de oración, porque sin avanzar en la contemplación no se puede ser cristiano en el mundo actual;
- la educación para la vida comunitaria, promoviendo la solicitud por los más pequeños, la corrección fraterna, el perdón mutuo (GE 4; DC 2; 50-54; 79-89).

En fin, el verdadero reto de una auténtica catequesis consiste en mantener íntegros los contenidos de la fe inculturándolos en la realidad histórica y cotidiana de los destinatarios, sin mutilarlos o falsificarlos (Cat. 24; DC 42-44).

b) *Medios*

La acción catequética puede llevarse a cabo por diversos medios, pero resulta obligado comenzar destacando el *Catecismo de la Iglesia católica*, publicado en 1992 y nacido de la propuesta de los padres sinodales en la sesión extraordinaria del Sínodo de 1985. Junto al Catecismo se encuentra su *Compendio*, publicado en 2005. En ambos textos encontramos un excelente resumen de la doctrina católica, una exposición orgánica y sintética de los contenidos fundamentales referidos tanto a la fe como a la moral, a la luz del Concilio Vaticano II y del conjunto de la tradición de la Iglesia. Son la referencia obligada para elaborar los catecismos locales. No está de más recordar que sus primeros destinatarios son los responsables de la catequesis: los obispos, en cuanto doctores de la fe y pastores de la Iglesia; los encargados por el obispo para redactar los catecismos particulares, los sacerdotes y los catequistas. También son un adecuado instrumento de consulta y formación, pero no están diseñado para impartir las catequesis (CT 46-50; FD 11-17; DC 182-193).

Junto al Catecismo se encuentra el *Directorio para la catequesis* de 2020. Es la referencia metodológica para la transmisión del mensaje evangélico y para el conjunto del acto de catequizar; debe ser conocido y usado por los párrocos, tanto para su formación como para orientar la formación de sus catequistas.

El Directorio tiene tres partes fundamentales. La primera, titulada «La catequesis en la Misión Evangelizadora de la Iglesia», plantea los cimientos del camino integral de la fe. La Revelación y su transmisión en la Iglesia abren la reflexión sobre la dinámica de la evangelización en el mundo contemporáneo y el desafío de la conversión misionera que corresponde a la catequesis. En esta primera parte es importante señalar el capítulo sobre la formación, donde aparecen valiosas indicaciones para la renovación de la catequesis.

La segunda parte, «El proceso de la catequesis», se ocupa específicamente de la dinámica catequética. Parte de la pedagogía de Dios en la historia de la salvación, que inspira la pedagogía de la Iglesia y la catequesis como acción educativa; sigue con los criterios teológicos para el anuncio del mensaje evangélico adaptados a las necesidades de la cultura actual; la relevancia del *Catecismo de la Iglesia católica*; algunas cuestiones sobre el método y el lenguaje de la catequesis; y concluye con la catequesis y los diversos destinatarios.

La tercera parte, «La catequesis en las Iglesias particulares», muestra cómo el ministerio de la Palabra toma cuerpo en las Iglesias particulares, en todas sus instancias, para hacer presente la tarea de anunciar el Evangelio en los diversos contextos geográficos, religiosos, culturales y digitales.

El Directorio concluye con la presentación de los organismos que, en niveles diversos, se hallan al servicio de la catequesis.

Catecismo y Directorio son el cimiento seguro para la elaboración de los catecismos locales. Cada obispo es responsable en su Iglesia local de que se disponga de instrumentos adecuados para la catequesis, determinando los catecismos que han de utilizarse en las parroquias e incluso elaborando un catecismo propio si fuera oportuno. A la conferencia episcopal le corresponde la edición de un catecismo de ámbito nacional, previa aprobación de la Sede Apostólica. Estos catecismos locales han de responder a las exigencias que dimanan del contexto cultural donde es presentado el Evangelio, y ha de tener en cuenta las aspiraciones, interrogantes y problemas que conforman la sociedad (cc. 775; 827 § 1); FD 24; DC 9, 394, 401-405).

En las catequesis parroquiales se han de utilizar los catecismos aprobados por el obispo para su diócesis, que no pueden ser sustituidos por otros según el criterio del párroco; sí puede utilizarse como subsidio complementario cualquier catecismo que esté debidamente aprobado. «El carácter oficial de estos catecismos establece una distinción cualitativa con respecto a otros instrumentos útiles en la pedagogía de la catequesis, como los textos de enseñanza, los catecismos no oficiales o las guías para catequistas» (DC 402).

c) *Destinatarios*

La fe no es un proceso lineal, sino que participa en el desarrollo de la persona. Este desarrollo influye, a su vez, en el camino de la fe. No se puede olvidar que cada etapa de la vida está abierta a desafíos específicos y debe enfrentarse a la dinámica siempre nueva de la vocación cristiana. Por eso es necesario ofrecer caminos de catequesis que se diversifiquen según las distintas necesidades, edades y estados de vida de las personas (DC 224-225).

Remitimos a lo que el *Directorio para la catequesis* desarrolla ampliamente cuando ofrece indicaciones prácticas para orientar la catequesis parroquial: catequesis y familia (nn. 226-235), catequesis con niños y con adolescentes (nn. 235-243), catequesis en la realidad juvenil (nn. 244-256), catequesis con adultos (nn. 257-265), catequesis con ancianos (nn. 266-268), catequesis de personas con discapacidad (nn. 269-272), catequesis con migrantes (nn. 273-276), catequesis con emigrantes (nn. 277-278), y catequesis con personas en situación de vulnerabilidad o de exclusión social (279-282).

d) *Responsables*

El primer catequista es la comunidad eclesial, ya que la Iglesia en cuanto tal es el sujeto que catequiza. Con sus dones y carismas, todos los fieles participan de esta responsabilidad; pero cada uno según su modo propio. El apoyo y testimonio de la comunidad eclesial es condición esencial de una catequesis significativa, ya que todo proceso catequético debe suponer, para quien lo realiza, una verdadera experiencia de Iglesia (c. 774§ 1; CT 16; Cat. 863; EN 59; DC 110-111).

El primer responsable de la catequesis en la Iglesia particular es el obispo. Su preocupación por la actividad catequética le llevará a asumir «la alta dirección de la catequesis», lo que implica asegurar en su diócesis la prioridad efectiva de una catequesis activa y eficaz, promoviendo la participación de los fieles, estableciendo normas, coordinando y asegurando los medios adecuados y los textos e instrumentos necesarios; también debe cuidar de que los catequistas adquieran una formación adecuada y de establecer un proyecto global de catequesis, que sea articulado y coherente, que responda a las verdaderas necesidades y que esté en relación con los planes pastorales diocesanos y con los planes de la conferencia episcopal (cc. 775§ 1 y 780; Cat. 874-896; DV 8; ChD 14; CT 63; DC 114).

Los presbíteros tienen también una función propia en la tarea catequizadora, función que brota del sacramento del orden, el cual les constituye en educadores de la fe de los fieles.

El párroco, por su parte, es el primer catequista de la comunidad parroquial, y entre sus tareas propias se encuentran las siguientes:

- dedicarse con competencia y generosidad a la catequesis de las personas confiadas a su cuidado pastoral, aprovechando todas las oportunidades que ofrece la vida parroquial y el entorno sociocultural para anunciar el Evangelio;
- cuidar el vínculo entre la catequesis, la liturgia y la caridad, dando importancia al domingo como día del Señor y de la comunidad cristiana;
- suscitar en la comunidad el sentido de responsabilidad hacia la catequesis y discernir las vocaciones específicas para este ministerio, agradeciendo, animando y valorando el servicio que prestan los catequistas;
- proveer a la organización de la catequesis por edades y teniendo en cuenta las necesidades especiales de algunos catequizandos; ha de cuidar de que la catequesis esté integrada en el proyecto pastoral de la comunidad.
- asegurar el vínculo entre la catequesis parroquial y el programa pastoral diocesano, evitando cualquier forma de subjetivismo en el ejercicio del sagrado ministerio;
- como catequista de los catequistas, preocuparse por su formación con esmero y acompañarlos en la maduración de su fe; asimismo, favorecer que sean, en cuanto grupo, ejemplo de comunión y corresponsabilidad en la parroquia (cc. 773-777; PO 12; CT 64; CF 40-42; DC 115-116).

Por lo que respecta a los catequistas, hay que señalar que se trata de cristianos que han recibido una llamada particular de Dios y la han acogido en la fe. Su vocación específica se concreta en el servicio de transmitir la fe e iniciar en la vida cristiana, convirtiéndose en testigos y custodios de la memoria de Dios, en maestros y mistagogos, en acompañantes y educadores de la fe (DC 112-113).

Como la catequesis es un servicio público de la Iglesia dotado de carácter oficial y no una acción que pueda realizarse en la comunidad a título privado o por iniciativa puramente personal, el catequista actúa en nombre de la Iglesia por la misión que ella le ha encomendado. Los catequistas reciben del obispo, «primer responsable de la catequesis y catequista por excelencia», la misión oficial o el encargo para ejercer su tarea eclesial y evangelizadora (cc. 386 § 1 y 761; CT 63).

Por esta razón, se ve necesario que los catequistas reúnan unas mínimas condiciones de idoneidad, a saber: sean personas de buen criterio, mayores de 18 años, confirmados, cuyo testimonio de vida sea coherente con lo que enseñan, que participan habitualmente en la eucaristía dominical, que hayan realizado los cursos que se requieran para su formación inicial y que estén dispuestos seguir formándose de forma continuada.

Por ser el servicio catequético un auténtico «ministerio de la Palabra», conviene que tenga su visualización ante la comunidad y un reconocimiento público, que se concreta mediante el acto del envío (según aparece en el Bendicional); no es, por tanto, un servicio que parte de un reconocimiento propio, que puede ser pura apariencia, sino que lleva consigo unas exigencias y unos derechos por ser un envío público que responsabiliza ante la comunidad (c. 230; GS 22; DV 4; EN 14; CT 5, 7, 16, 72; RB 377-381).

La catequesis atendida por los diáconos es particularmente valiosa en los ámbitos de la familia y la caridad. Su acción puede desarrollarse entre los presos, los enfermos, los ancianos, los jóvenes con problemas, los inmigrantes, etc. Además, los diáconos permanentes casados pueden, con la ayuda de sus esposas y posiblemente de sus hijos, comprometerse en las catequesis prematrimoniales y de las familias, y en el acompañamiento de aquellas situaciones que requieran especial atención y delicadeza (DC 117-118).

La aportación peculiar de los consagrados brota del testimonio público de su consagración, que los convierte en signo de la realidad del Reino. Salvaguardando el carácter propio de la catequesis, los carismas de las diversas comunidades religiosas enriquecen una tarea común con unos acentos propios, a menudo de gran hondura religiosa, social y pedagógica. Se recomienda al párroco que los incorpore a la catequesis parroquial, pero también se encomienda a los superiores que en sus templos, escuelas y otras obras se imparta diligentemente la formación catequética según los planes diocesanos y sin entrar en competencia con la parroquia (c. 778; CT 65; DC 119-120).

La acción catequética de los laicos tiene también un carácter peculiar debido a su particular condición en la Iglesia. Los laicos ejercen la catequesis desde su inserción en el mundo, aportando a la transmisión del Evangelio una sensibilidad y unas connotaciones específicas. Al vivir la misma forma de vida y en los mismos ambientes que aquellos a quienes catequizan, los catequistas laicos poseen una especial sensibilidad para encarnar el Evangelio en la vida concreta. Los catecúmenos y catequizandos pueden encontrar en ellos un modelo cristiano cercano, de referencia (c. 776; LG 31; CT 66; DC 121-123).

Los padres son también sujetos activos de la catequesis en cuanto primeros educadores de la fe de sus hijos. En el despertar religioso del niño, el testimonio de vida cristiana ofrecido por los padres en el seno de la familia, tiene un carácter insustituible. En el sacramento del matrimonio, los padres reciben la gracia y la responsabilidad de la educación cristiana de sus hijos, a los que transmiten la fe y los valores humanos y religiosos. Esta acción educativa, que tiene en el testimonio su eficacia mayor, es un verdadero ministerio en favor del Evangelio, hasta el punto de que la misma vida de familia se hace itinerario de fe y escuela de existencia cristiana. La parroquia, con su pastoral familiar, apoya a los padres para que puedan cumplir su misión educadora y evangelizadora. El mayor desafío es que los padres superen la mentalidad común de «delegación», dejando en manos de los catequistas la educación en la fe. El párroco debe programar una acción pastoral adecuada para que los padres puedan cumplir con su misión educativa (c. 774§2; CT 68; AL 85 y 200; DC 124).

Con los padres, colaboran los padrinos y las madrinas, y también los abuelos. Los primeros, mostrando al ahijado cómo se vive en cristiano, ayudándole en las dudas, dándole testimonio y velando por el incremento de su vida bautismal. En cuanto a los abuelos, su contribución «en la catequesis es importante, tanto por el tiempo que pueden dedicar como por su capacidad de animar a las generaciones más jóvenes con su cariño» (RICA 43; DC 125-126).

e) *El ministerio instituido de catequista*

Mención aparte merece el «ministerio instituido de catequista». Este ministerio forma parte de los ministerios laicales y, en consecuencia, se aplica a él todo lo que corresponde a los demás. Conviene, no obstante, realizar algunas precisiones.

La primera es que resulta evidente que con el perfil de idoneidad que allí se indicaba, no todos los que hoy son catequistas podrán acceder al ministerio instituido por diferentes razones, lo que no quiere decir que no puedan seguir colaborando con la catequesis como lo venían haciendo hasta ahora.

La segunda es que la institución ritual otorga al catequista, oficialmente, la *missio canonica* para ejercer con todas las garantías el servicio catequético, el cual no puede circunscribirse a la tradicional función de preparar e impartir la catequesis, sino que se extiende a otras funciones de coordinación o gestión de la pastoral catequética. Y porque «posee un fuerte valor vocacional» e institucional, «requiere el debido discernimiento por parte del obispo, que se evidencia con el rito de institución» (AM 8).

Entendido el ministerio de forma integral y mirando hacia el futuro, es evidente que la misión del catequista instituido no tiene por qué estar reducida al ámbito de la parroquia, sino que se amplía a la zona pastoral, al arciprestazgo e incluso a todo el territorio diocesano, asumiendo tareas que en la actualidad están dirigidas por el delegado o director del secretariado diocesano de catequesis, pero que podrían ser compartidas. En concreto:

- Funciones de coordinación, planificación y programación de la actividad catequética, diseñando proyectos, elaborando materiales, etc.
- Funciones de formación, siendo un formador de formadores (por ejemplo, en escuelas de catequistas o cualquier tipo de formación que se promueva para los catequistas) y hasta ofreciendo acompañamiento a los mismos catequistas.
- Funciones de seguimiento de los procesos de implantación, de promoción o consolidación de los proyectos pastorales de catequesis en las distintas comunidades cristianas, especialmente en las parroquias.

El párroco juega un papel determinante en la presentación de posibles candidatos para acceder a este ministerio, discerniendo en primera instancia sobre la idoneidad de los candidatos según las normas dadas por el obispo diocesano y la conferencia episcopal.

Parece oportuno señalar que no es incompatible ser consagrado con recibir el ministerio instituido de catequista, siempre que se responda al carisma propio de la institución y no dificulte al consagrado el cumplimiento de las obligaciones que le son propias, y obviamente contando con el permiso del superior competente.

f) *La formación del catequista*

Resulta evidente la necesidad de capacitar a los catequistas, porque la calidad de las propuestas pastorales está estrechamente ligada a las personas que las ponen en práctica. El párroco debe proporcionarles una formación orgánica y sistemática, dentro del marco del plan de pastoral general de la diócesis y de la conferencia episcopal, que sea integral y que forme al catequista en todas sus dimensiones: en el ser (madurez humana, cristiana y conciencia misionera), en el saber (formación bíblico-teológica, conocimiento del ser humano y del contexto social), en el hacer (formación pedagógica y metodológica), en el estar con (formación para el acompañamiento); y una formación que tenga presente a los destinatarios: por edades, por situaciones especiales, por mentalidades o por ambientes (c. 780; DC 136-150).

En la formación de los catequistas es preciso tener en cuenta ciertos criterios: que se forme al catequista en una formación cristiana integral y en la espiritualidad del discípulo misionero; que se le capacite en el arte del acompañamiento personal; que se le disponga para dejarse alcanzar por la gracia (*docibilitas*), por la vida y por las personas con actitud serena y positiva hacia la realidad, para aprender a aprender; por último, la autoformación es lo que le permitirá construir un método de formación para sí mismo y para realizar el servicio eclesial que se le ha encomendado (DC 135).

Los cauces formativos pueden ser diversos: cursos, jornadas, seminarios, talleres, escuelas de catequistas, centros superiores o centros especializados en catequética. Por tanto, se ha de tener presente el cauce formativo, así como el nivel de los contenidos que se impartan, sin olvidar el tipo de catequista al que se dirige. En la organización diocesana se hallan, por lo general, tres niveles: parroquial, arciprestal y diocesano. Conviene aprovechar esta estructuración para desarrollar y trabajar la formación, crear cauces adecuados para ella y establecer modalidades formativas diferentes para llegar a todas las comunidades, evitando centralizar la formación y acompañando a los catequistas (c. 779; GS 62; DC 154-156).

g) *Algunas catequesis en particular*

Se abordan en este último apartado algunos ámbitos catequéticos particulares, dada su importancia en la pastoral de la parroquia por afectar directamente a la recepción de los sacramentos y que no se tratan específicamente en el *Directorio para la catequesis*.

1. *La catequesis de preparación para el bautismo*. En cada parroquia donde se celebra el bautismo de niños deberán formarse grupos para la preparación de padres y padrinos. Sin embargo, no se puede pretender hacer una catequesis completa con ocasión del bautismo, sino que más bien debe ser una llamada que despierte en los participantes el deseo de conocer a Dios, la conversión a Jesucristo y el compromiso de incorporarse a la vida de la parroquia según las posibilidades de cada uno. Debe incluir, además, algunos momentos fuertes de oración en común y una preparación inmediata al rito del bautismo, insistiendo en que sea más vivencial que instructiva, propiciando el diálogo e intercambio de experiencias (c. 851, 2.º).

Lo ideal es formar grupos según el grado de preparación cristiana que presenten los padres. Hay padres que están integrados activa y habitualmente en la vida eclesial –porque participan en la «catequesis familiar», son catequistas, agentes pastorales o miembros activos de las comunidades, integran asociaciones o movimientos con su propia formación permanente–, los cuales no necesitan más que una preparación inmediata al sacramento, es decir, el último encuentro de padres y padrinos con el ministro que prepara el rito del bautismo, y otra bien distinta es la de aquellos que no tienen esa vinculación activa dentro de la Iglesia.

También está el caso de los padres que ya se han preparado para el bautismo de un hijo mayor; a estos no se les debería obligar a repetir la misma catequesis, sino que lo más conveniente es invitarlos a una preparación diferente, que busque por encima de todo ahondar en su fe y compromiso eclesial según su vocación propia.

El número de encuentros catequísticos previos al bautismo, su duración o el día de la semana más propicio para tenerlos varía de unos sitios a otros; incluso en algunos lugares son sustituidos por una jornada completa de convivencia o un retiro de fin de semana, acomodándose así a las necesidades de las familias. Lo importante es que el medio resulte eficaz y cumpla el objetivo, siguiendo, en cualquier caso, las directrices diocesanas.

Sería deseable que pudiera continuarse la formación de los padres después del bautismo, invitándolos a la catequesis de adultos cuando a alguno le falte recibir algún sacramento de iniciación y a participar en la misa dominical de manera frecuente; otros pueden ser animados a incorporarse a alguna comunidad o movimiento de la parroquia, a participar en actividades solidarias, etc. Puede resultar muy útil llevar un registro de los padres que han bautizado a sus hijos para visitarlos o enviarles alguna invitación a participar en algunas actividades de la parroquia.

2. *La catequesis familiar*. En algunas diócesis, la catequesis de primera comunión de los niños se realiza a través del método de «catequesis familiar», que apunta a la evangelización de la familia entera. La razón justificativa es que son los padres de familia quienes están llamados a ser los primeros educadores de la fe de sus hijos, de modo que han de participar de una manera directa y activa en la catequesis (c. 914).

Los padres y sus hijos (que hayan alcanzado el uso de razón) son invitados a integrarse en un proceso sistemático y prolongado de iniciación a la fe (de entre dos y tres años), en el que se ofrece la instrucción doctrinal, se realiza una experiencia de comunidad y se celebra la fe. Lo ideal es que participe la pareja en la catequesis familiar, pero sin rechazar al niño cuyo padre o madre no sea católico o no practique, siempre y cuando el otro cónyuge católico practicante se comprometa en el proceso de formación e instrucción. Cuando el sistema ha sido implantado en la diócesis, también debe seguirse en los colegios católicos y en otros ámbitos semejantes.

Los padres forman un grupo bajo la responsabilidad, cuando es posible, de un matrimonio catequista, perteneciente a la comunidad parroquial o escolar correspondiente. Los niños, además de ser catequizados por sus padres, se reúnen periódicamente bajo la guía de un catequista de la comunidad, quien les ayudan a vivir la experiencia de comunidad eclesial y de celebración de la fe a su nivel de niños, además de reforzarlos en la doctrina cristiana.

Cuando la familia ya ha participado una vez en la catequesis familiar y quiere preparar a otro hijo, puede volver a repetir la formación si lo desea, pero no es necesario. Basta con que acudan a las reuniones con los padres, asistan a las celebraciones establecidas y hagan todas las semanas la catequesis con sus hijos, los cuales participarán regularmente con su grupo.

La organización y desarrollo de la catequesis familiar es tarea, en primer lugar, de la parroquia, bajo la responsabilidad del párroco y del equipo de catequistas. Pero puede realizarse también desde la escuela católica. En este caso, es recomendable favorecer la mutua información y colaboración pastoral entre la escuela católica y la parroquia a la que aquella pertenece territorialmente.

3. *La catequesis previa a la primera confesión.* Aquellos que han llegado al uso de razón, junto a la catequesis de preparación para la primera comunión, deben recibir también la catequesis de preparación para la primera confesión. No parece lo más conveniente retrasarlo hasta el momento previamente inmediato al día de la primera comunión; muy al contrario, es recomendable que el sacramento de la penitencia se celebre con más antelación, por ejemplo, al término del primer año de catequesis, y que se reitere algunas veces a lo largo del segundo año, a fin de destacar el valor de la confesión y la importancia de acudir frecuentemente a ella (c. 914).

Para ir cultivando en los niños este espíritu penitencial, se pueden realizar a lo largo del periodo catequético algunas celebraciones penitenciales.

Llegado el momento de la primera confesión, nunca debe darse una absolución colectiva bajo el pretexto de que los niños son muchos o que su acusación es de poca importancia, sino que hay que atender a cada niño con una buena acogida, evitando las aglomeraciones, que no favorezcan un clima de recogimiento. Para ello habrán de preverse con tiempo tanto el modo como los medios para el momento celebrativo.

El presbítero que recibe la confesión del niño, sobre todo cuando acude las primeras veces, debe acogerlo con el afecto propio de quien representa la paternidad de Dios, evitando interpretar su confesión según los esquemas morales propios de la vida adulta y facilitándole una experiencia de alegría por el perdón de Dios.

4. *La catequesis después de la primera comunión.* Debe procurarse, aunque entrañe dificultades, que los niños que ya han tomado la primera comunión continúen en grupos de preadolescentes y adolescentes, profundizando el sacramento, realizando actividades apostólicas y misioneras y favoreciendo el descubrimiento de su propia vocación, de modo que no se pierda la vinculación con el sacramento de la confirmación, que les permitirá completar la ini-

ciación cristiana. Se trata de una etapa muy importante, ya que en ella se reelabora la imagen de Dios recibida en la infancia. La participación activa en diferentes iniciativas de la parroquia, y no sólo la asistencia pasiva a reuniones de formación, contribuirá de forma notable a la estabilidad del grupo (DC 246-247).

Todo esto, sin olvidar que la eucaristía dominical es el gran momento de encuentro y de vinculación de los niños con la comunidad eclesial. Por esto mismo, siendo la eucaristía el centro de la vida de la Iglesia, todos los esfuerzos que se hagan por una más digna y fructuosa celebración eucarística, con la participación de los más jóvenes, serán siempre fuente de fecundidad apostólica.

5. *La catequesis de confirmación.* La parroquia es responsable en la preparación de los niños y adolescentes para recibir la confirmación, bien dentro del proceso de iniciación cristiana en aquellos lugares donde se conserva el orden tradicional de administración de los sacramentos (bautismo-confirmación-eucaristía), bien en los grupos de pastoral juvenil o a través de grupos de catequesis especialmente organizados con esta finalidad cuando se ha optado por retrasar su administración a la edad de la adolescencia. Pero también se puede preparar a la confirmación en los colegios católicos, en cuyo caso el director del centro es el responsable último; y en los movimientos apostólicos y comunidades que están aprobados por la Iglesia, pero sólo para los jóvenes que participan activamente en ellos, no a los simpatizantes. En ambos casos habrá que atenerse a lo que establezca la normativa diocesana (c. 890).

Cuando se trata de adolescentes, los catequistas cuidarán, sin prejuicios y con sincera pasión educativa, el desarrollo del espacio interior para captar y acoger la búsqueda de la libertad de los adolescentes, comenzando a canalizarla hacia un proyecto de vida abierto y libre. Por esto mismo, el párroco ha de seleccionar cuidadosamente a los catequistas, prevaleciendo los adultos debidamente preparados y con un testimonio de vida cristiano, que puedan desempeñar esta delicada tarea (DC 248-249).

Los catequistas de confirmación deberán tener facilidad de diálogo con los confirmandos, suficiente conocimiento del proceso de formación en la fe, cierta cualificación pedagógica, capacidad para dar una imagen atractiva de lo que significa ser cristiano, así como haber adquirido la preparación previa exigida y acreditar su compromiso con la formación continuada. En fin, es necesario evitar que estos catequistas sean de edad cercana a los confirmandos y que, a pesar de sus deseos de colaborar, carezcan de la debida preparación o de autoridad para dirigir el grupo.

4. Otras acciones del anuncio de la Palabra

1. *Las misiones populares*

Actualmente, la legislación canónica indica que los párrocos deben organizar formas de predicación en ciertas épocas del año, bien sean ejercicios espirituales, misiones u otras acciones, a fin de que los fieles conozcan el mensaje de la Palabra de Dios. Estas iniciativas extraordinarias deben estar siempre bajo las prescripciones del obispo y pueden estar dirigidas a creyentes, siguiendo la idea de la nueva evangelización, o a no creyentes, tomando así la perspectiva de predicaciones misionales (c. 770).

En concreto, las misiones populares pretenden, ante todo, estimular a los practicantes, provocar en los fieles de la parroquia un encuentro fuerte con los demás cristianos y con la Palabra de Dios para salir fortalecidos y renovados en su vida de fe; pero sirven también para animar a que otros miembros de la comunidad descubran cómo pueden involucrase y sumarse al proyecto evangelizador de la parroquia, para acercar a los alejados o salir al encuentro de los que se han apartado de la práctica religiosa.

Es la comunidad parroquial entera, y no sólo los misioneros, la que se pone en estado de misión; ella es la auténtica protagonista de todas las acciones. Los misioneros son colaboradores especializados de la comunidad y anuncian el núcleo básico de la fe, el kerigma. Supone el envío de los obispos y párrocos respectivos, como también la participación de todos los miembros activos de la comunidad para asegurar la continuidad y consolidación de la misión. La metodología suele ser muy participativa y festiva, favoreciendo el diálogo entre los participantes y la celebración simbólica. El resultado depende, entre otras cosas, del compromiso del sacerdote, de la participación de los laicos más comprometidos y de la intensidad de la fase preparatoria.

La misión actual tiene una preocupación básica: establecer una conexión con la pastoral ordinaria, potenciando los proyectos pastorales donde existen o tratando de suscitarlos. No puede quedarse, pues, en un acto puntual, aislado y extraordinario de pastoral evangelizadora, sino que debe insertarse en el proyecto pastoral parroquial. Generalmente consta de tres etapas bien definidas:

– *La preparación de la misión.* Se prolonga durante varios meses para sensibilizar y hacer que tomen conciencia todos los agentes que van a participar activamente.
– *La misión propiamente dicha.* Es el tiempo fuerte de evangelización y suele durar dos o tres semanas, en las que se realizan las asambleas familiares cristianas –lectura y estudio de la Palabra de Dios en las casas–, los pregones misioneros y las predicaciones especiales en encuentros por grupos de edades o intereses (niños, jóvenes, ancianos, matrimonios...). Según las posibilidades de cada lugar, se celebran actos marianos, víacrucis por las calles, celebración comunitaria de la penitencia y de la unción, etc.
– *La continuación de la misión o post-misión.* Es el tiempo dedicado a orientar y consolidar los frutos de la misión, así como a acompañar a la comunidad en esta nueva etapa. El acompañamiento de los diferentes grupos que hayan surgido de la misión lo hará después el párroco, formando a sus monitores laicos, convocando periódicamente a todos los grupos para celebraciones conjuntas o actividades comunes.

La experiencia suele dar resultados positivos, ya que se llega a un mejor conocimiento de la parroquia o del ámbito donde se realiza la misión, fortalece el ánimo y la ilusión de los sacerdotes, hace surgir grupos de diálogo y reflexión que a menudo dan paso a grupos de catequesis de adultos, aviva la participación eclesial y el compromiso de los laicos, favorece la comunicación y el encuentro entre vecinos y potencia la pastoral de conjunto a nivel parroquial y arciprestal.

Algunas instituciones religiosas con gran experiencia en este campo, como el «Equipo misionero pasionista de evangelización popular», el Cesplam (Centro de estudios y planificación Misionera del Equipo misionero de los Redentoristas), los sacerdotes de la Congregación de la Misión (PP. Paúles) con sus «Misiones populares vicencianas renovadas», los Misioneros Claretianos y los Misioneros Oblatos de María Inmaculada cuentan con equipos especializados que se dedican específicamente a ofrecer este servicio a las diócesis y las parroquias.

2. *La relación con las escuelas católicas*

Tanto la parroquia como la escuela católica están interesadas en la formación integral de la persona, fundamento de una sólida evangelización, y realizan tareas complementarias que contribuyen a ella, cada una desde sus propias competencias. Es sabido que, en su inicio, las escuelas surgieron en torno a las iglesias catedrales y parroquiales, e incluso hay diócesis que disponen de escuelas parroquiales primarias para evangelizar y a las que ha de ayudar la comunidad eclesial en su conjunto (CEC, Dimensión religiosa de la educación en la escuela católica [7 de abril de 1988], 41 y 44).

Por su parte, la escuela católica es lugar de experiencia eclesial, de la que la comunidad cristiana parroquial es la matriz. En este sentido, únicamente cumple con su vocación y cometido cuando se sitúa dentro de una pastoral orgánica de la comunidad cristiana, coordinada con las otras obras de apostolado bajo la dirección del obispo diocesano, «de suerte que todas las empresas e instituciones sean reducidas a acción concorde, por la que resplandezca al mismo tiempo más claramente la unidad de la diócesis. Esto parece indispensable para la escuela católica, ya que se beneficia de la cooperación apostólica de uno y otro clero, de religiosos y laicos» (EC 72; ChD 17; AA 23).

A pesar de que estos principios son claros, en ciertos casos la escuela católica no es sentida como parte integrante de la realidad pastoral o vive al margen de la comunidad parroquial, aunque se encuentre en sus límites territoriales. Los vínculos entre la escuela católica y las parroquias son, a menudo, escasos, salvo cuando son escuelas parroquiales o cuando ambas estructuras pertenecen a una misma institución religiosa. Aun así, los párrocos suelen mirar con recelo que los colegios asuman tareas que les parecen exclusivas de las parroquias, tales como la catequesis, ciertas celebraciones sacramentales o la misma pastoral juvenil, siendo que estas actividades pueden desarrollarse dentro del ámbito escolar; no obstante, han de ser propuestas como voluntarias y coordinadas con la parroquia, a fin de canalizar la futura inserción parroquial de los alumnos, que, a su vez, puedan recibir los auxilios espirituales que el colegio muchas veces no puede ofrecerles (EC 51).

Es urgente, por tanto, promover una nueva sensibilidad en las comunidades parroquiales y diocesanas para que se sientan llamadas en primera persona, a responsabilizarse de la educación y de la escuela; pero, a la vez, es necesario promover una nueva sensibilidad en las escuelas para que se integren adecuadamente en la pastoral diocesana y trabajen en armonía con las parroquias en las que están insertas territorialmente. Por otra parte, es muy necesaria una acción coordinada de la comunidad educativa con la familia y la parroquia, porque, de lo contrario, la educación cristiana se fragmenta y encuentra serias dificultades para llevar a cabo el proyecto educativo (ECT 12). De hecho, el proyecto educativo de la escuela católica no puede cerrarse sobre sí mismo, sino que debe estar abierto a la vida y a los problemas de la Iglesia local y universal, atento al magisterio eclesiástico y dispuesto a la colaboración. Más aún, a los alumnos católicos se les tiene que ayudar a insertarse en la comunidad parroquial y diocesana, a incorporarse a las asociaciones y movimientos juveniles y a colaborar en iniciativas locales.

Por su parte, los maestros católicos, en su relación con la Iglesia local y parroquial, y con el entorno humano en que la escuela está enclavada, están llamados a desarrollar un trabajo de animación espiritual, que puede abarcar diferentes formas de evangelización, y contribuir con su actitud a la debida inserción de la escuela católica en la pastoral de conjunto de la Iglesia local y en los campos convergentes de la pastoral parroquial.

3. *La cooperación misionera*

La Iglesia es, por naturaleza, peregrinante y misionera. El anuncio del Evangelio es un deber esencial de todo el Pueblo de Dios. La acción misional, en sentido técnico estricto, tiene como finalidad que se implante la Iglesia en los pueblos o grupos donde todavía no se haya enraizado, por medio de la predicación y del envío de predicadores. Se tiene por implantada la Iglesia cuando disfruta de determinada estabilidad y firmeza, dotada de sacerdotes nativos, religiosos y laicos, bajo la guía del obispo propio (cc. 781 y 786; LG 17 y 59a, AG 1a, 5.ª, 6 y 35).

El primer responsable es el Romano Pontífice y con él el Colegio episcopal: ambos son quienes llevan la suprema dirección y coordinación de la acción misionera de la Iglesia. El órgano de la Santa Sede que realiza esta función es el Dicasterio para la Evangelización, en la sección para la primera evangelización y las nuevas Iglesias particulares. No obstante, también cada uno de los obispos, en su propia diócesis, ha de mostrar una peculiar solicitud por la actividad misionera de la Iglesia (c. 782; LG 22-23; ChD 6; AG 6 y 38; PE 61-68).

Por esta razón, se insta a los obispos a que cooperen con las misiones, promoviendo en la propia diócesis las vocaciones misioneras y las campañas de oración, y también dedicando un sacerdote para promover las obras misionales pontificias (cc. 791 y 271 § 2; AG 8).

Ninguna institución de la Iglesia está exenta del compromiso misionero. Tampoco la parroquia. Algunas iniciativas que se pueden emprender son las siguientes:

- La obligada colaboración con las Obras Misionales Pontificias (DOMUND, Obra de san Pedro apóstol para el clero nativo, la Infancia misionera y la Unión misional del clero), creando un grupo de fieles animadores misioneros de la parroquia, colaborando en sus campañas, difundiendo y utilizando los materiales, enviando las colectas, etc.
- Patrocinar alguna acción misionera con el aporte de recursos materiales y humanos. Comprometerse con la misión en el extranjero, lejos de empobrecer a la parroquia, le dará una nueva fuerza.
- Atender adecuadamente a los inmigrantes procedentes de países de misión, como muestra de fraternidad con las Iglesias hermanas necesitadas, aun con los no cristianos y no sólo en sentido material, promoviendo, donde sea posible, centros de acogida, hogares, oficinas de orientación, y diseñando actividades de carácter pastoral pensadas especialmente para ellos (c. 792; AG 38).

4. *Los medios de comunicación*

Los medios de comunicación social juegan un papel fundamental en la formación del contexto cultural, redefiniendo las coordenadas humanas básicas y yendo más allá de las finalidades propias de la comunicación. Las nuevas tecnologías no sólo han cambiado el modo de comunicarnos, sino que están realizando una vasta transformación cultural que afecta inevitablemente a la experiencia de la fe. Corresponde a los pastores instruir a los fieles, de modo que, sirviéndose de los medios, atiendan a su propia perfección y salvación, así como a la de toda la humanidad (DC 47; IM 1-3; EN 45; RM 37).

En muchas diócesis es común editar y distribuir en las parroquias un boletín diocesano de noticias; no son pocas las parroquias, movimientos y asociaciones católicas que editan periódicamente también su propia hoja informativa; hay emisoras de radio y de televisión dependientes de la Iglesia católica; algunas diócesis y parroquias tienen programas locales de carácter socio-religioso en cadenas comerciales de radio y televisión; no pocas cuentan con un espacio propio en la web parroquial o usan habitualmente las redes sociales para comunicarse con sus fieles…

El mismo Código recomienda usar adecuadamente los medios de comunicación social en favor de la misión, pero también enseñar a los fieles a usarlos adecuadamente. Por otra parte, los cristianos que trabajan en la sociedad de la información deben, como sucede en cualquier otra profesión temporal, imbuir los medios del espíritu cristiano para que contribuyan a la evangelización y el bien de la sociedad (c. 822; IM 13).

a) *Los libros*

Los libros siguen siendo un medio privilegiado de comunicación al alcance de todos. Se considera libro –desde el punto de vista canónico– cualquier escrito que tenga como fin ser divulgado para el conocimiento de la gente, lo que incluye también los folletos, muchas veces de mayor incidencia en los fieles que los propios libros, por su menor coste y rápida lectura.

El hecho de que un libro haya recibido la licencia oportuna del ordinario es garantía de que lo que contiene no es contrario a la fe y de que puede ser utilizado sin dificultad en la pastoral, recomendado a los fieles, expuesto en las iglesias o vendido en las librerías católicas (cc. 823-830).

Por contra, se prohíbe exponer, vender y obsequiar libros en iglesias u oratorios que no tengan la licencia o la aprobación de la autoridad eclesiástica, ya que podrían ser considerados seguros doctrinalmente por ser ofrecidos en un lugar sagrado, sin que lo sean en realidad (c. 827 §4). Esta norma afecta a algunos libros en concreto que se usan o se pueden ofrecer desde la parroquia:

- Los libros de la Sagrada Escritura deben estar aprobados por la Santa Sede o por la conferencia episcopal y acompañados de notas de los traductores (c. 825).
- Los libros litúrgicos oficiales son los aprobados por la Santa Sede y sólo estos pueden ser usados en las celebraciones litúrgicas. Esta norma afecta a los leccionarios, que no deben ser nunca reemplazados por una edición de la biblia o sustituidos por una fotocopia (c. 826 § 1-2).
- Los catecismos, libros religiosos, oracionales, devocionarios –como triduos y novenas– de uso privado y cantorales deben llevar la licencia del ordinario del lugar, lo mismo que las estampas que contengan oraciones (c. 826 § 3 y 827).

b) *El mundo digital*

La digitalización constituye en nuestros días un proceso imparable que también está afectando a la vida pastoral. En muchas parroquias se transmite la misa en directo a través de las redes sociales con el fin de que los fieles que no pueden acercarse al templo no pierdan el contacto con su comunidad, aunque sea de modo virtual. También se han llevado a cabo numerosas iniciativas evangelizadoras y de formación a través de internet y usando las redes sociales, medios muy accesibles, sencillos y baratos.

La Iglesia necesita comprender el mundo digital si quiere comunicarse eficazmente, de manera especial con los jóvenes, que están sumergidos en la experiencia de esta nueva tecnología. Los medios digitales sirven asimismo para orientar a los fieles de una forma directa, inmediata, interactiva y participativa.

No hay gran problema en aceptar estos medios como complemento en la formación de los fieles (por ejemplo, como instrumentos para la catequesis o la formación permanente), para la comunicación entre los agentes pastorales y los pastores, ni tampoco para promover la participación en celebraciones no sacramentales (como puede ser una vigilia de oración, una liturgia de la Palabra, un viacrucis o un rosario, el rezo de la liturgia de las horas o la *lectio divina*).

En todos estos casos, el uso de las redes sociales y la participación virtual sincrónica o asincrónica es posible, y de hecho hay iniciativas muy interesantes ya consolidadas que han alcanzado a amplios sectores de fieles, especialmente a los más jóvenes. Y aunque la realidad virtual no puede sustituir a la comunidad real e interpersonal, puede complementarla, atrayendo a las personas hacia una experiencia más plena de la vida de fe y enriqueciendo la vida religiosa de los usuarios.

Asimismo, proporciona a la Iglesia medios para comunicarse con grupos particulares –jóvenes y adultos, ancianos y discapacitados, personas que viven en zonas remotas, miembros de otras comunidades religiosas– a los que de otra forma difícilmente podría llegar. A los grupos eclesiales que aún no han dado este paso, la Iglesia los anima a considerar la posibilidad de hacerlo cuanto antes (PCCS, La Iglesia e internet [22 de febrero de 2002], 5).

Con todo, la red pone al alcance de niños y jóvenes una inmensa capacidad de hacer el bien o el mal: puede enriquecer su vida o arrastrarlos al consumismo, a la pornografía, a fantasías violentas y a un aislamiento patológico. Los pastores están llamados a orientar a los padres y a los mismos niños, adolescentes y jóvenes en el uso correcto de internet y de las redes sociales, incluso animándolos a ir contra corriente, a ejercer la contracultura en favor de lo verdadero y bueno.

Otro peligro real es que la participación a través de medios virtuales (como también de la radio y la televisión) puede desdibujar el verdadero significado de la celebración litúrgica en cuanto a la misma realidad de la fe, que corre el peligro de terminar convirtiéndose en una actividad privada y a la carta; y también en cuanto a la dimensión comunitaria, pues existe la posibilidad de elegir entre varias celebraciones, de muchos lugares del mundo, lo que poco a poco puede sustituir el sentido de pertenencia a una comunidad parroquial concreta por la pertenencia a una comunidad virtual.

La parroquia debe promover iniciativas para dar a conocer los sitios de internet y las redes sociales donde los fieles puedan encontrar reflejo a sus inquietudes religiosas, informarles sobre las iniciativas católicas y animarlos a que las visiten. Un modo concreto de hacerlo en la práctica es contar con el conocimiento de los jóvenes de la parroquia; de esta forma se puede aprovechar su capacidad de compromiso e ilusión para hacer una presencia viva de la Iglesia en el mundo digital.

No podemos olvidar, finalmente, que los canales más usados para comunicarse entre los jóvenes son las redes sociales, por lo que es conveniente que los catequistas y agentes de pastoral juvenil los manejen y usen como una herramienta más de cercanía, información y acompañamiento de los niños, adolescentes y jóvenes.

4
CELEBRAR LOS MISTERIOS

El primer y supremo agente de la liturgia cristiana no es el ser humano, sino Dios a través de Cristo; por él, Dios actúa en el tiempo y otorga continuamente la salvación mediante los signos instituidos por Cristo mismo y que ha entregado a la Iglesia, la cual está llamada a ser sacramento universal de salvación para los hombres; misión que continúa, sin sustituir, la obra de Cristo (SC 5-6).

Es obligación de los pastores, y en concreto del párroco en cuanto responsable de toda la acción litúrgica en la parroquia, velar para que las acciones litúrgicas, principalmente las sacramentales, sean coherentes con la fe de la Iglesia y respondan a la institución de Cristo y no a invenciones humanas, cuidando de la preparación necesaria.

Asimismo, los pastores están llamados a promover la participación fructuosa de los fieles, poniendo freno a todas las arbitrariedades y desviaciones que puedan surgir, así como evitando tanto la rutina como el inmovilismo, siempre empobrecedores, y buscando la adaptación a las necesidades reales de los fieles (cf. LG 37a; SC 14.19.28; cc. 213; 837; 840; 843 §2; 915 y 1007).

Para lograr estos objetivos, se han de tener en cuenta algunos principios orientadores que están en el trasfondo de la legislación sobre materia litúrgica. Los que presentamos aquí, sin ser exhaustivos, ofrecen claves para entender cómo se ha de celebrar en la Iglesia.

1. La liturgia desde la perspectiva canónica

1. *Culto público*

La Iglesia cumple su función de santificar «de un modo peculiar» a través de la liturgia, donde se expresa la intensidad y cualidad de los signos. Destaca entre todos ellos la eucaristía, por ser fuente y culmen de la vida y de la misión de la Iglesia, si bien los demás sacramentos son también medios privilegiados de santificación (c. 834 § 1).

Lo anterior no excluye otros medios de santificación como, por ejemplo, los ejercicios de piedad, penitencia y caridad, acciones extralitúrgicas que llevan a un mejor cultivo de la vida espiritual y que la Iglesia recomienda vivamente porque no perjudican al espíritu litúrgico (SC 13; c. 839).

Las celebraciones litúrgicas son culto público, porque un ministro legítimamente designado (que no tiene por qué ser necesariamente un clérigo) las realiza en nombre de la Iglesia y siguiendo los libros litúrgicos. La razón de ser de esta última condición es garantizar a los fieles el derecho que tienen a recibir lo que la Iglesia les ofrece y, a la vez, darles un criterio práctico para que fácilmente sepan dónde se celebra en nombre de la Iglesia y dónde no (cc. 213; 834 § 2).

Las acciones litúrgicas son, pues, celebraciones de la Iglesia misma, no celebraciones privadas. Por eso, aunque se tolera la celebración individual y cuasi privada, la legislación subraya la preferencia de la acción litúrgica con la participación de fieles, que vale ante todo para la celebración de la eucaristía y el resto de los sacramentos, en tanto que su propia naturaleza reclama celebrarlos con la presencia de la comunidad (cc. 837; 906; SC 26 y 27).

De estos principios se derivan tres importantes consecuencias: primera, que la liturgia no puede ser manipulada por el ministro, ya que no es de su propiedad, sino que él tan sólo administra este bien y, por tanto, se le exige fidelidad; segunda, que no se pueden despreciar sin más los ejercicios piadosos del pueblo cristiano por ser de índole privada (rosario, viacrucis, ángelus, triduos, novenas...), puesto que también son medios de santificación para mucha gente sencilla; tercera, que no se puede hacer de la liturgia algo meramente privado y devocional, sino que ha de estar orientada al servicio del Pueblo de Dios.

2. *La participación de todos*

En la liturgia cada uno de los fieles está llamado a desempeñar un papel distinto y verdaderamente activo, según la diversidad de orden y ministerio, porque toda la comunidad es sujeto del culto (c. 835).

Como primer agente está el obispo, «moderador, promotor y custodio» de la vida litúrgica en su Iglesia. Con él, y bajo su autoridad, se hallan los presbíteros consagrados a la celebración del culto y a la santificación del pueblo; y los diáconos, según la función ministerial propia (LG 26, 28-29; SC 22, 26, 41-42; PO 5).

Los demás fieles, en virtud del sacerdocio común, son agentes de la acción litúrgica cuando participan en las celebraciones con su presencia activa, su atención, sus respuestas y cantos, así como a través de los diversos oficios y ministerios laicales (de los que ya hablamos en el capítulo tercero). La participación «plena, consciente, activa y fructuosa» de la que habla el Concilio se confunde con frecuencia con un activismo exagerado o con una inflación de ministerios, hasta el punto de llegar a pensar que no se participa si uno no «hace algo», incluso cuando puede no ser necesario ni oportuno (cc. 204, 230, 836; LG 10-11; SC 14, 28, 30, 114).

Es función propia del párroco velar por la participación de todos los agentes en las distintas celebraciones, dando a cada uno el papel que le corresponde, pero sin olvidar el sentido del misterio, el cual debe ser puesto de manifiesto no sólo por el modo de actuar, hablar o proclamar, sino también por el silencio necesario para una interiorización eficaz de lo que se está celebrando.

3. *La necesidad de la fe*

En la celebración litúrgica se expresa la fe (*lex orandi, lex credendi*) y se robustece. Por esto mismo es preciso considerar pastoralmente las disposiciones de quienes se acercan a recibir los sacramentos. Sólo suponiendo la fe en los participantes, adquieren verdadero sentido y dan su fruto las acciones litúrgicas (c. 836; SC 9, 59).

La función de los párrocos en este punto es de gran importancia. En primer lugar, son los responsables de la preparación de los fieles a los sacramentos, lo que exige una previa evangelización y una adecuada formación catequética. En segundo lugar, tienen la encomienda de cuidar con esmero el ministerio de la Palabra, especialmente dentro de la celebración sacramental, sin descuidar la predicación, pues en ella tiene una dimensión catequética extraordinaria y que de ningún modo se debe improvisar.

4. *Obediencia y creatividad en las celebraciones*

Todos los ministros deben obediencia a las normas litúrgicas. Los párrocos no pueden dar normas al margen de lo que la Iglesia establece, por lo que es rechazable una creatividad que no obedece la normativa vigente; sin embargo, también es reprobable la inercia que impide una verdadera participación de los fieles. El abuso en la creatividad de los ministros suele conducir a la improvisación, el individualismo y el subjetivismo, empobreciendo las celebraciones y deformándolas de forma arbitraria; en no pocos casos, ello hiere la sensibilidad de los fieles (SP, carta).

La celebración de la liturgia y de los sacramentos se realiza a través de palabras, signos y gestos sencillos y ordinarios. No se trata de impresionar, de proponer escenas con efectos especiales, de convertir cada celebración en un teatro particular donde Cristo, que ha de ser el verdadero centro, quede desplazado por la figura del que preside o por las técnicas empleadas. La liturgia, con sus gestos repetidos y discretos, nos remite a realidades invisibles y a una oferta de gracia permanente. El ministro que celebra fielmente según las normas litúrgicas y la comunidad que se adecua a ellas demuestran, de una manera silenciosa pero elocuente, su amor por la Iglesia (EDE 52).

En su misión de educar a los fieles en materia litúrgica, el mejor camino consiste en realizar celebraciones dignas y bien preparadas, evitando el tedio y la rutina, usando adecuadamente los libros litúrgicos y aprovechando las posibilidades que ofrecen. Para lograrlo, el párroco debe preocuparse por adquirir la necesaria formación litúrgica continuada; de hecho, cuando se conoce la riqueza de la liturgia, las celebraciones ganan poco a poco en belleza, que no es un elemento decorativo de la acción litúrgica, sino un elemento constitutivo por ser un atributo de Dios mismo y de su revelación (SC 35).

2. Los sacramentos desde la perspectiva canónica

1. *Su importancia*

Los sacramentos han sido instituidos por Cristo y entregados a la Iglesia como don, que ella debe conservar y administrar diligentemente. Son acciones de Cristo porque proceden de él y porque él está presente con su fuerza en ellas. Asimismo, son acciones de la Iglesia en el doble sentido de que existen por la Iglesia, ya que ella es el sacramento de la acción de Cristo, y para la Iglesia, puesto que los sacramentos la edifican (SC 7; Cat. 1118).

En cuanto a la *potestad* que la Iglesia tiene sobre los sacramentos, baste recordar que nada puede hacer sobre su sustancia, ya que no tiene poder para cambiar la esencia de los mismos por ser de institución divina y pertenecer al depósito inmutable de la fe, que es inalterable. Sí está en su mano administrarlos según la diversidad de tiempos, lugares y situaciones. Por esa razón, los pastores deben celebrar los sacramentos con la debida diligencia, siguiendo las normas litúrgicas; tienen además la obligación de formar a los fieles en su profunda estima y veneración (cc. 840; SC 6, 7, 14, 26-28, 59; LG 7, 11 y 14).

Puesto que los sacramentos son los mismos para toda la Iglesia y pertenecen al depósito divino, corresponde exclusivamente a la autoridad suprema de la Iglesia aprobar o definir lo que se requiere para su validez. Asimismo, corresponde a la Iglesia o a otra autoridad competente establecer lo relativo a su celebración, administración y recepción lícita, así como al ritual que debe observarse en su celebración (c. 841).

Cuando el derecho habla de la *validez* se está refiriendo a las condiciones necesarias para que existía un acto jurídico, los requisitos esenciales impuestos por la ley o alguna solemnidad expresamente exigida para la validez (c. 10), y sin los cuales no produciría efecto, no existiría realmente. En el caso de los sacramentos, según la terminología clásica escolástica, esos elementos sustanciales serían: la materia, la forma, el ministro, la intención, y la voluntad de recibirlo si se trata de un adulto. Así, por ejemplo, confeccionaría inválidamente el sacerdote que no usara pan de harina de trigo en la consagración (sino de otra harina), o que bautizara con un líquido distinto del agua; o quien, sin ser sacerdote, pretendiera consagrar; o no recibiría el perdón alguien que simulara confesar sus pecados, sin arrepentimiento; o aquel adulto que fuera obligado contra su voluntad a recibir cualquiera de los sacramentos. La Iglesia puede, para proteger un sacramento, añadir condiciones de validez, aunque no se refieran a estos elementos sustanciales, como es el caso de las facultades para oír confesiones, necesarias para que un sacerdote pueda perdonar válidamente los pecados en condiciones ordinarias (DDF, Nota *Gestis verbisque* sobre la validez de los sacramentos [3 de febrero de 2024]).

Cuando el derecho habla de la *licitud* se refiere a elementos no sustanciales que se deben de seguir para poner el acto como desea la Iglesia, aunque no afecten a la validez. En la administración de los sacramentos son generalmente las disposiciones personales, la facultad legítima de administrarlos, celebrarlos según establecen las normas litúrgicas, los lugares y tiempos establecidos, etc. Así sería ilícita la recepción de un sacramento cuando quien lo recibe tiene conciencia de pecado mortal (faltando el requisito del estado de gracia); bautizar a un recién nacido en un domicilio particular en lugar de la parroquia; no guardar el ayuno eucarístico; o usar pan de trigo fermentado en la consagración.

Aunque en su momento iremos refiriendo qué normas son para la validez o la licitud, es necesario insistir en que el párroco «debe vigilar para que en la acción litúrgica no solo se observen las leyes relativas a la celebración válida y lícita, sino también para que los fieles participen en ella consciente, activa y fructuosamente» (SC 11).

Si bien es evidente que la administración de los sacramentos ocupa un lugar destacado en la vida de la parroquia, no puede agotar sus actividades, pues para que los hombres puedan llegar a la liturgia y a celebrar adecuadamente los sacramentos, es preciso que sean llamados a la fe y a la conversión. La recepción de cualquier sacramento requiere disponibilidad para acoger el don de Dios; esta disposición se forma y orienta a través de la catequesis, escuela permanente de la fe y de la predicación; a la vez, exige un compromiso con lo celebrado, de modo que los fieles sigan con mayor conciencia y entrega a Jesús y se asocien a su misión, asistidos por la gracia recibida.

2. *Derecho de los fieles a los sacramentos*

Los fieles tienen derecho a recibir los bienes espirituales de la Iglesia, principalmente la Palabra de Dios y los sacramentos (c. 213). Y es deber de los pastores sagrados ofrecer esos bienes espirituales de los que son dispensadores, mostrando así la mutua ordenación entre sacerdocio común y sacerdocio ministerial (c. 843; LG 10, 18, 37).

El primer paso necesario es que el párroco acoja siempre a los fieles en el nombre del Señor, inicio indispensable de una adecuada evangelización, y dé a cada uno y en cada caso el trato que requiera y de forma personalizada. El segundo paso es que se cumplan tres requisitos necesarios para ejercer un derecho que no es absoluto:

> El primer requisito es «pedirlo oportunamente», es decir, que se cumplan ciertas condiciones relativas al tiempo, lugar o modo de la celebración. No sería oportuno, por ejemplo, solicitar la celebración de un bautismo, no habiendo peligro de muerte, a las tres de la madrugada, que se hiciera una celebración del matrimonio en un parque o que un penitente pidiera confesión en medio del ruido de una sala de fiestas. No es extraño que los sacerdotes se encuentren con peticiones extemporáneas por parte de los fieles. En tales casos habrá que mostrar firmeza para preservar el sentido y la dignidad de lo que se celebra, haciendo comprender al fiel la inoportunidad o inconvenien-

cia de su petición. Por otra parte, lo normal es que se solicite al pastor propio del fiel, generalmente el párroco, pero también a los vicarios parroquiales y capellanes que colaboran en la cura pastoral (cc. 519; 855; 861; 910; 911; 986; 1003). Ahora bien, si no es posible acudir a ellos por circunstancias de grave dificultad, cualquier ministro tiene el deber de justicia de dispensar el sacramento (c. 986 § 2). Parece que en la petición voluntaria estaría implícita la fe del sujeto, aunque esto no puede suponerse en muchos casos y, al menos para administrar lícitamente el sacramento, habría que comprobarlo. Sí afectaría a la validez cuando se tratase de un adulto que no tiene voluntad de recibir el sacramento y se le administra de todos modos (por ejemplo, la unción cuando está inconsciente).

El segundo requisito es que el fiel «esté bien dispuesto», de acuerdo con la naturaleza de cada sacramento. En caso contrario, habría que posponerlo hasta que la persona haya cambiado su disposición. Cobra aquí un papel decisivo la adecuada preparación catequética, que es una obligación principal del párroco; a él le corresponde además certificar la catequesis impartida en su parroquia o verificar que el fiel la ha recibido cuando solicite celebrar el sacramento fuera de la parroquia propia. Esto evita, en la mayoría de los casos, el acceso a los sacramentos a personas que no están suficientemente preparadas (cc. 776-777 y 914). No obstante, si la persona es capaz de demostrar que ha recibido la formación catequética suficiente, aunque no haya sido impartida desde la parroquia –porque lo ha hecho en un movimiento, en una asociación, en la escuela o en la propia familia–, no se le puede negar el sacramento si cumple los demás requisitos. Hay que recordar, en este punto, que la injusticia mayor no es hacer muchas excepciones –aunque ciertamente este modo de proceder no puede ser nunca la norma–, sino precisamente no hacer nunca ninguna con nadie, pues sabemos que la aplicación de la ley al pie de la letra, siempre igual y siempre a todos, se convierte en la mayor forma de injusticia («summum ius, summa iniuria», recuerda Cicerón en su *De officiis*, 1, 35). La justicia siempre ha de buscar el bien de la persona, dando a cada uno lo suyo («suum cuique tribuere», *Institutiones*, I, 1, 3).

El tercer requisito es que «no exista una prohibición» del derecho y que «no obste ningún impedimento» específico para que el fiel no pueda recibir el sacramento. En el primer supuesto se encontrarían todos aquellos que han incurrido en la pena de excomunión o entredicho, los que se separaron de la fe católica por un acto formal, los que viven en pecado público, quienes no están en plena comunión... Por otra parte, cuando existan impedimentos, tanto si afectan a la validez –por ejemplo, en el caso del sacramento del matrimonio–, como si afectan simplemente a la licitud –por ejemplo, en el caso del sacramento del orden sagrado–, se debe negar el sacramento.

En situación de grave necesidad (generalmente, en peligro de muerte) y por el bien de la persona, se pueden dispensar las condiciones del derecho que acabamos de exponer, cuando no están estrictamente ligadas a la esencia del sacramento en cuestión (cc. 844; 850; 861 § 2; 961; 976 y 1005).

3. *La gratuidad de las celebraciones*

Los más necesitados han de ser siempre los destinatarios privilegiados de la acción evangelizadora de la Iglesia. Por esto mismo, los ministros han de velar para que los necesitados no queden privados de la ayuda de los sacramentos por causa de su pobreza (c. 848; LG 8, 23; SC 5; GS 1, 69; OT 8; PC 13; AG 3, 5, 12, 19; GE 9). Esta obligación prioritaria de los presbíteros lo es, más si cabe, de los párrocos (c. 529 § 1; PO 17, 20-21).

Se trata de conjugar la congrua sustentación de los ministros y el sostenimiento de las obras pastorales con la atención a los más desfavorecidos, sin que la administración de los sacramentos parezca un negocio. Por ese motivo, la compensación económica que se pide no lleva el nombre de precio, sino de ofrenda, pues con ella los fieles hacen eficaz el deber que tienen de ayudar a la Iglesia en sus necesidades (c. 222 § 1). El fiel que pueda entregar la ofrenda establecida, que responsablemente lo haga; a quien no pueda, se le atenderá igualmente, e incluso con más empeño.

De ningún modo se autoriza a los sacerdotes para que supriman los aranceles por su cuenta o para que establezcan exigencias económicas al margen o por encima de las normas establecidas, creando una disciplina distinta que siempre termina provocando perplejidad entre los fieles. Por regla general, la autoridad competente para fijar la cuantía de las ofrendas es la asamblea de los obispos de la provincia eclesiástica, de modo que no se den diferencias en las diócesis limítrofes (c. 1264).

No hay ninguna objeción, sin embargo, a que el sacerdote acepte lo espontáneamente ofrecido por los fieles, aunque supere la cantidad establecida, y lo destine a los fines de la Iglesia según establezca la legislación particular. Lo que sí resulta evidente es la intención directamente pretendida del legislador de eliminar cualquier discriminación o acepción de personas, siguiendo las orientaciones conciliares (SC 32).

4. *La administración de los sacramentos bajo condición*

Los sacramentos del bautismo, la confirmación y el orden imprimen un carácter indeleble, es decir, algo espiritual que los distingue de los demás, consagrando y configurando con Cristo de modo ontológico y permanente a quien los recibe; en consecuencia, no pueden repetirse. Los demás sacramentos sí, aunque no todos de la misma manera, conforme a las determinaciones del derecho (c. 845; DH 1313 y 1609).

Dada la importancia de los sacramentos que imprimen carácter, únicamente deberá repetirse el sacramento cuando se plantee una duda prudente, duda que puede ser sobre el hecho mismo de la administración (no se sabe a ciencia cierta si el sujeto lo recibió o no), o sobre la presencia de algún requisito esencial, como son la intención del ministro, el consentimiento de quien los recibe cuando es adulto o la materia y forma establecidas.

En estos casos se administra el sacramento bajo condición, con el fin de velar por la *salus animarum* y cuidar la reverencia debida a los sacramentos, pero siempre tras realizar una diligente investigación y haber valorado convenientemente las pruebas e indicios resultantes (cf. cc. 876 y 894).

5. *Prescripciones sobre los santos óleos*

Los óleos sagrados son: el santo crisma, el óleo de los catecúmenos y el óleo de los enfermos. Los tres se elaboran con aceite (fundamentalmente de oliva, aunque puede utilizarse otra planta oleaginosa y con aromas añadidos en el caso del crisma) y se usan en cuatro sacramentos (bautismo, confirmación, orden y unción de los enfermos), aunque sólo en la confirmación y en la unción forman parte de la materia del sacramento (c. 847).

La consagración y bendición de los óleos tiene lugar en la misa crismal del jueves santo, para manifestar así la plenitud del sacerdocio del obispo y la estrecha comunión jerárquica que se establece entre él y su presbiterio (BO 1). Por eso se recomienda la participación de todos los presbíteros de la diócesis en esta celebración, y especialmente de los párrocos, quienes deben, además, obtenerlos de su propio obispo y guardarlos diligentemente en un lugar decoroso –generalmente en la iglesia parroquial y en un sagrario destinado a tal efecto, que bien puede estar en la capilla bautismal o cerca de la pila–, pues los va a utilizar frecuentemente en la administración de los sacramentos en su comunidad. Esta norma común no obsta para que el sacerdote los lleve consigo (c. 1003 § 3) o se conserven en otros lugares donde puedan necesitarse (tal es el caso de una clínica o un hospital).

La renovación periódica de los óleos significa que la comunión también se mantiene siempre viva y renovada, aunque en caso de necesidad se pueden utilizar otros más antiguos, siempre y cuando no estén corrompidos. La excepción la encontramos en la prescripción sobre el óleo de los enfermos, que puede bendecirlo el sacerdote dentro de la misma celebración cuando no tenga a mano el bendecido por el obispo (c. 999 § 2).

3. El espacio litúrgico y sacramental

La liturgia no sólo se celebra en un tiempo determinado, sino también en un espacio físico preciso, espacio que tiene tanta importancia como el contenido mismo que transmite la liturgia. Al igual que todos los elementos de la liturgia, el espacio comunica un mensaje que no se puede desligar de lo que está ocurriendo en él.

La construcción de una iglesia y la ordenación de su espacio expresan una determinada teología y eclesiología. No se trata de un mero local para la reunión de los fieles, sino el espacio donde la comunidad se reúne para celebrar la fe, de modo que debe combinar la funcionalidad con la sencillez, la dignidad con la belleza y la armonía, para que esa expresividad simbólica haga del lugar un recordatorio continuo de los valores que representa como casa de oración de la comunidad y signo en medio de la sociedad. Por tanto, se necesita construir espacios litúrgicos o, si es posible, adaptar los ya disponibles de manera que resulten adecuados no sólo para celebrar las acciones sagradas conforme a su auténtica naturaleza y siguiendo la normativa actual, sino para que favorezcan además la participación activa de los fieles (IO 90).

Así, la decoración de una iglesia ha de contribuir a su nobleza y sencillez, no a la suntuosidad, cuidando que los elementos ornamentales sean auténticos y sirvan para instruir a los fieles y para dar dignidad al lugar sagrado. Han de evitarse, pues, adornos no auténticos, como las flores de plástico.

Por cuanto se refiere a las imágenes, ha de buscarse su valor artístico, siempre que alimente la fe y la piedad y que responda al sentido y al fin que corresponde. Según esto, deberá escogerse e instruir a los artistas convenientemente, así como elegir las obras sin rechazar las diversas expresiones artísticas de los pueblos, heredadas de siglos pasados o acordes a los nuevos tiempos (IGMR 289; SC 123; EM 554). En consecuencia, las imágenes religiosas de dudosa calidad o buen gusto resultan superfluas (IGMR 292).

La disposición de la iglesia y de sus complementos requiere además que se prevea aquello que responde a las necesidades de los fieles cuando ello es posible: una adecuada iluminación, un buen sistema de sonido, asientos apropiados o climatización (IGMR 293).

Ahora bien, mantener un templo adecuadamente es algo más que evitar lo contrario a la santidad del lugar sagrado; el párroco tiene, pues, que velar por la limpieza, la pulcritud y el buen gusto, así como proteger los bienes sagrados y preciosos con los cuidados ordinarios de conservación y las oportunas medidas de seguridad (c. 1220).

1. *El presbiterio y la nave*

El presbiterio es el lugar en el cual sobresale el altar, se proclama la Palabra de Dios y el sacerdote, el diácono y los demás ministros ejercen su ministerio. Debe ser amplio para que pueda celebrarse cómodamente y distinguirse de la nave de la iglesia, bien sea por estar más elevado o por su peculiar estructura y ornato (IGMR 295; IO 91).

En él se sitúan el *altar*, que representa a Cristo Sacerdote y expresa la misión de santificar; la *sede*, que representa a Cristo Pastor y la misión del servicio (diaconía) de la presidencia y de la caridad; y el *ambón*, que representa a Cristo Profeta y la misión de anunciar el Evangelio y la enseñanza de la fe.

La nave, unida al presbiterio, ha de formar con él un espacio unitario de tal forma que la asamblea de los fieles pueda participar debidamente, siguiendo con la vista y el corazón las celebraciones. Los bancos o asientos, especialmente en las iglesias recientemente construidas, deben colocarse para que los fieles puedan asumir con facilidad las posturas corporales exigidas por las diversas partes de la celebración y puedan acercarse sin dificultad a recibir la comunión (IGMR 311; SC 32). Debe reprobarse la costumbre de reservar asientos a algunas personas particulares.

Los cantores, teniendo en cuenta la disposición de cada iglesia, han de colocarse de tal modo que aparezca claramente que ellos forman parte de la comunidad congregada y al mismo tiempo desempeñan un oficio peculiar. Si hay órgano, es conveniente que se bendiga según el rito establecido (IGMR 312-313; SCR, Instrucción *Musicam sacram* [5 marzo 1967], 23; RB 1166-1179).

2. *El altar*

Dentro del espacio sacro, el altar ocupa una posición preeminente, pues ha de ser el centro hacia el que se dirija espontáneamente la atención de toda la asamblea. El altar es el ara peculiar en la que se perpetúa sacramentalmente el sacrificio de la cruz hasta la venida de Cristo; asimismo, es la mesa en torno a la cual son congregados los hijos de Dios, para darle gracias y recibir el cuerpo y la sangre de Cristo (MD 529; IGMR 296; RDIA 4).

Lo anterior explica la doble posibilidad en cuanto al tipo de altar: puede ser fijo, formando una sola pieza con el suelo, elaborado con un bloque de piedra natural o de otra materia digna y sólida como la madera e incluso un bloque de cemento dignamente elaborado, en el que se subraya más el aspecto de ara; y puede asentarse sobre varias columnas o sobre un único tronco central, de materia sólida en consonancia con el uso litúrgico, que acentúa el aspecto de mesa, fijo al suelo (preferentemente) o móvil. En ambos casos ha de estar exento, separado de la pared, para que el sacerdote pueda rodearlo fácilmente y celebrar la misa de cara al pueblo (cc. 1235-1236; RDIA, cap. IV, 8-9; IGMR 298-301).

Ni uno ni otro necesitan llevar el ara o piedra consagrada, antes habitual, pero se recomienda que se coloquen debajo de él las reliquias de los mártires o de los santos, quedando estas dignificadas por el altar. Las reliquias deben evidenciar, por su tamaño, que se trata de un cuerpo humano, evitando colocar partículas pequeñas; deben tener certificado de autenticidad y el cofre que las contenga no se colocará ni sobre el altar ni dentro del mismo, sino debajo (c. 1237 § 2; RDIA, cap. IV, 5 y 11; IGMR 302). Ningún cadáver puede estar enterrado bajo el altar; si tal es el caso, no es lícito celebrar misa en él (c. 1239 § 2).

No tiene que ocupar obligatoriamente el centro geométrico del presbiterio y tampoco ha de estar separado de la asamblea por verjas o cancelas, salvo que sean parte del conjunto artístico y no se puedan retirar. En las nuevas iglesias conviene que se erija un solo altar, para que en la única asamblea se signifique al único Salvador nuestro Jesucristo y la única eucaristía de la Iglesia. Esto no obsta para que en la capilla donde se reserva la eucaristía, que estará normalmente separada de la nave de la iglesia, se pueda colocar otro altar en el que se celebre la misa para grupos pequeños de fieles, en los días entre semana. Pero debe evitarse la erección de varios altares por razones meramente decorativas (RDIA, cap. IV, 7).

Con todo, en las iglesias ya construidas, cuando el altar antiguo esté situado de tal forma que haga difícil la participación del pueblo y no se pueda trasladar sin detrimento del valor artístico, se ha de construir otro altar fijo en el que, una vez dedicado, se podrán realizar las celebraciones. Para que la atención de los fieles se dirija sólo hacia este altar, no deben ornamentarse los otros altares antiguos (IGMR 303).

Los altares fijos se deben dedicar, y dedicar o bendecir los móviles, según los ritos prescritos en los libros litúrgicos. Si quedan destruidos, pierden su dedicación o bendición; no la pierden, sin embargo, por la reducción de la iglesia a usos profanos.

Al ser un objeto sagrado se ha de reservar solamente para el culto divino, excluyendo por completo cualquier uso profano (cc. 1237 § 1, 1238, 1239).

El ministro competente para bendecir el altar es el obispo; si no puede hacerlo personalmente, se lo confiará a otro obispo, en particular a quien tuviere asociado como colaborador, o en circunstancias especialísimas puede dar un mandato especial a un presbítero. Se elegirá un día en que sea posible gran asistencia de fieles, sobre todo el domingo, pero no en Semana santa, ni el miércoles de ceniza, ni en la conmemoración de los fieles difuntos (RDIA, cap. IV, 12-14).

Los arreglos florales del altar han de ser siempre moderados, y han de colocarse más bien cerca del altar que sobre él. Durante el tiempo de Adviento serán más austeros, para que no se anticipe la alegría plena del nacimiento del Señor; durante el tiempo de Cuaresma se prohíbe adornar el altar con flores, exceptuado el domingo *Laetare* (IV de Cuaresma), las solemnidades y las fiestas (IGMR 305).

Sobre el altar se puede poner tan sólo aquello que se requiera para la celebración de la misa. Así, desde el inicio de la celebración hasta la proclamación del Evangelio puede estar el evangeliario; y desde la presentación de los dones hasta la purificación de los vasos, el cáliz con la patena, así como el copón, si es necesario, el corporal, el purificador, la palia y el misal. Cuando se precisa micrófono, se ha de disponer de manera discreta (IGMR 306).

No debe aprovecharse la parte posterior del altar para instalar estanterías, cables o equipos de megafonía, o para colocar sobre él utensilios o materiales que ofusquen su simbolismo e importancia, ni tampoco confundirlo con la credencia.

3. *Otros objetos sagrados*

Sobre el altar, o cerca de él, han de colocarse en todas las celebraciones por lo menos dos candeleros, o también cuatro o seis, especialmente si se trata de una misa dominical o festiva de precepto, y si celebra el obispo diocesano, siete, con sus velas encendidas. Aunque haya seis velas, no se encienden todas en las celebraciones: se encienden dos en las ferias o memorias, cuatro en las fiestas y seis en los domingos y las solemnidades, o para la exposición del Santísimo. El número siete, que indica perfección, destaca la plenitud del sacerdocio de la que participa el obispo. Igualmente, sobre el altar, o cerca del mismo, debe haber una cruz adornada con la imagen de Cristo crucificado, en recuerdo de su sacrificio. Los candeleros y la cruz pueden llevarse en la procesión de entrada (OGMR 117; *Ceremonial de los obispos* 125).

El poner los cirios a ambos lados del altar tiene una simbología importante. Evoca, por un lado, el sacrificio que Dios mandó realizar a Moisés y a su pueblo entre dos luces (Ex 12, 6), y, por otro, las palabras del profeta Malaquías: «Desde donde sale el sol hasta el ocaso» (como rezamos en la Plegaria eucarística III). Pero fundamentalmente nos recuerdan que Cristo es la Luz del mundo (Jn 8, 12) y son un símbolo de la fe: aguardamos la llegada del Esposo con nuestras lámparas encendidas (Mt 25, 1-13).

4. *El ambón*

La dignidad de la Palabra de Dios exige que en la iglesia haya un lugar conveniente, cerca del pueblo, desde el que se proclame la Palabra. Tiene que estar colocado de tal modo que los ministros puedan ser vistos y escuchados sin ninguna dificultad por los fieles (IGMR 309; IO 96).

Se recomienda que el nuevo ambón se bendiga antes de destinarlo al uso litúrgico, según el rito descrito en el Bendicional y preferentemente unido a la celebración de la misa. Para ello es necesario que se trate de un verdadero ambón, no de un simple atril movible o facistol; deberá ser estable y destacado por su dignidad, a ser posible de un material similar al del altar. También puede, como el altar, adornarse con flores o con otros elementos. Junto a él ha de dejarse un espacio suficientemente amplio para colocar el cirio pascual (RB 1002-1021).

Desde el ambón únicamente se proclaman las lecturas, el salmo responsorial y el pregón pascual; también puede tenerse la homilía y proponer las intenciones de la oración universal. La dignidad del ambón exige que a él sólo suba el ministro de la Palabra y no se utilice para los monitores o cantores.

5. *La sede*

La sede del celebrante sacerdote debe significar su ministerio de presidente de la asamblea y de moderador de la oración. Por lo tanto, su lugar más adecuado es vuelto hacia el pueblo, al fondo del presbiterio, a no ser que la estructura del edificio, la situación del tabernáculo u otra circunstancia lo impidan. No debe existir una excesiva distancia entre el sacerdote y la asamblea congregada. Evítese, además, toda apariencia de trono (IGMR 310; IO 92).

Conviene que la sede se bendiga según el rito descrito en el Bendicional –y generalmente dentro de la misa– antes de ser destinada al uso litúrgico (RB 981-1001).

Junto a la sede pueden colocarse en el presbiterio sillas para los sacerdotes concelebrantes y también para los presbíteros revestidos con vestidura coral, que estén presentes en la celebración, aunque no concelebren. La silla del diácono se situará cerca de la sede del celebrante. Para los demás ministros, colóquense las sillas de tal manera que claramente se distingan de las sillas del clero y que les permitan cumplir con facilidad el ministerio que se les ha confiado (IGMR 310).

6. *El lugar del sacramento del bautismo*

Los documentos se muestran parcos a la hora de hablar sobre el baptisterio. Apenas indican que es un lugar que ha de reflejar la dignidad del sacramento, por lo que no basta con un rincón improvisado de la iglesia, sino que se ha de habilitar un lugar concebido expresamente para su celebración (IO 99).

Lo ideal es que en la iglesia haya una capilla donde esté ubicada la pila bautismal de forma permanente y que sea apta para la celebración comunitaria del sacramento. Es deseable que el lugar se ambiente de acuerdo con su finalidad –por ejemplo, con una imagen de Juan el Bautista– y los fieles puedan contemplar el «sagrario» para los santos óleos, símbolo de la importancia de los sacramentos, especialmente los de Iniciación.

Puesto que esta solución no es posible siempre al no disponer todas las iglesias de un lugar adecuado, el presbiterio puede ser una alternativa razonable. La única condición que se exige es que la pila no reste importancia a los focos litúrgicos principales, que están en relación con la celebración eucarística; por ello, se la habrá de situar a un nivel más bajo que el altar y en un lateral.

En caso de que ninguna de las soluciones anteriores resulte factible, lo adecuado es utilizar una pila portátil, procurando que sea suficientemente digna y que se reserve en exclusiva para dicho uso. No es recomendable recurrir a soluciones de dudoso gusto, como utilizar recipientes de plástico.

4. El tiempo litúrgico y sacramental

Para la parroquia, al igual que para la comunidad cristiana en su conjunto, es un deber celebrar a lo largo del año litúrgico todo el misterio de Cristo, desde la encarnación y la natividad, pasando por la pasión, la resurrección, la ascensión y pentecostés, hasta la expectativa de la dichosa venida del Señor al final de los tiempos. No pueden olvidarse ni separarse del misterio de Cristo la especial veneración a la Virgen María y el recuerdo de los santos. Se trata de los «tiempos sagrados» que giran alrededor de dos ejes: los días de fiesta y los días de penitencia, con sus respectivas obligaciones (SC 102-104).

Sólo la autoridad suprema de la Iglesia puede establecer, trasladar o suprimir los días de fiesta y los días de penitencia comunes para toda la Iglesia. El obispo diocesano, dentro de su jurisdicción, puede señalar además días especiales de fiesta o de penitencia, pero únicamente de manera puntual, nunca estable y definitiva (c. 1244).

El párroco tiene la responsabilidad de recordar a los fieles la obligación de participar en estas celebraciones anuales, conciencia que, en gran medida, se ha ido perdiendo en la vida práctica de los fieles. Al conmemorar los misterios de la redención, la Iglesia abre la riqueza de las virtudes y de los méritos de su Señor y los hace presentes, en cierto modo, a los fieles durante el año litúrgico para que los alcancen y se llenen de la gracia de la salvación (Cat. 1163).

1. *El domingo y las fiestas de precepto*

La Iglesia, desde la tradición apostólica que remonta al mismo día de la resurrección de Cristo, celebra el misterio pascual. Cada ocho días, en el día que se llama con razón «día del Señor» o «domingo», la Iglesia realiza el memorial del primer día de la creación y el «octavo día» en que Cristo, tras su reposo del gran Sabbat, inaugura el día «que hace el Señor», el «día que no conoce ocaso». El «banquete del Señor» es su centro, porque es aquí donde toda la comunidad de los fieles encuentra al Señor resucitado que los invita a su banquete (SC 106; Cat. 1166; Sca 72).

Esta relevancia del domingo exige enriquecer la mera obligación natural de dar culto a Dios con la memoria y la participación del misterio cristiano. La Iglesia nunca ha cesado de afirmar esta disciplina debido al profundo sentido con que vivieron las primeras generaciones cristianas el encuentro dominical y a la gran fuerza interior que experimentaron al celebrarlo. Sólo más tarde, ante la tibieza o la negligencia de algunos, tuvo que explicitar y prescribir la participación de los bautizados en la misa dominical (DD 47; Cat. 2175-2176).

Se comprende así por qué la identidad de este día debe ser salvaguardada y, sobre todo, vivida profundamente. En este punto es muy necesaria una nueva labor catequética y pastoral en la parroquia, para que ningún fiel, en las condiciones normales de vida, se vea privado de la gracia que ofrece la celebración del día del Señor. No obstante, ha de evaluarse si la multiplicación de misas dominicales en la misma parroquia oscurece el sentido de convocatoria de la comunidad entera y, si así fuera, tomar las medidas oportunas (DD 30; Sca 73).

Por ser el domingo el «fundamento y núcleo de todo el año litúrgico», tiene precedencia sobre otras fiestas y celebraciones, salvo las solemnidades del Señor. Más aún, los domingos de Adviento, Cuaresma y Pascua tienen prioridad absoluta, de modo que si coincide con ellos alguna solemnidad, esta se anticipa al sábado, salvaguardando la identidad peculiar del domingo (c. 1246, § 1; SC 106).

Además del domingo, son de precepto las cuatro fiestas del Señor (Navidad, Epifanía, Ascensión y Corpus Christi), las tres de la Santísima Virgen (Santa María Madre de Dios [Año Nuevo], Inmaculada Concepción y Asunción), y tres de santos (san José, santos Pedro y Pablo, y Todos los santos).

Para que estas fiestas sean reales y sea posible cumplir las obligaciones inherentes, se podrá adaptar el calendario universal a cada territorio. La conferencia episcopal, «previa aprobación de la Sede Apostólica», tiene la potestad de trasladar al domingo algunas fiestas de precepto, como ha ocurrido en muchos lugares con la fiesta del Corpus Christi. Cada diócesis, además, debe añadir las fiestas propias que acuerde el obispo (c. 1246, § 2).

2. *Obligaciones de los días de fiesta*

Los domingos y fiestas de precepto el fiel ha de dedicarlos al Señor, participando en la celebración de la eucaristía y absteniéndose de trabajar o de ocupaciones que supongan un obstáculo a la alabanza debida a Dios (c. 1247). Quienes no puedan participar en la eucaristía por una causa grave, son invitados a realizar un rato de oración, en una iglesia o en otro lugar, solos o en familia.

La primera obligación es la de participar en la celebración de la misa. Esta obligación se cumple asistiendo en persona «dondequiera que se celebre en un rito católico, tanto el día de la fiesta como el día anterior por la tarde». Lo cual quiere decir que, si la celebración del domingo empieza ya en la tarde del sábado, entonces debe celebrarse la misa propia del domingo, con la correspondiente homilía y oración de los fieles, siempre que sea con asistencia de pueblo (c. 1248, § l).

Están obligados a oír misa entera –es decir, sin omitir ninguna parte– los días de precepto todos los bautizados que han cumplido los siete años y tienen uso de razón. «Los que deliberadamente faltan a esta obligación cometen un pecado grave» (Cat. 2181). No satisface el precepto quien la oye por radio o la ve por televisión o a través de las redes sociales o internet cuando puede asistir personalmente, a no ser que haya una causa excusante, como, por ejemplo, cuidar de niños pequeños o de enfermos. Quedan también excusados quienes tienen algún impedimento: una enfermedad, un viaje imprevisto, vivir lejos de la iglesia más cercana, etc.

En la hipótesis de que sea imposible la participación en la misa por falta de sacerdote o por otra grave causa, se recomienda una celebración supletoria: participar en las denominadas «asambleas dominicales a la espera de presbítero», que trataremos más detenidamente cuando abordemos el tema de la eucaristía (c. 1248 § 2; Cat. 2183; Sca 75).

El párroco puede dispensar la observancia de estas normas a sus parroquianos (estén dentro o fuera de su territorio) y a cuantos viven en el área parroquial, siempre con causa justa y en casos individuales, con la posibilidad de conmutar la obligación por otras prácticas piadosas (c. 1245).

Como algunas de las fiestas de precepto han perdido el carácter festivo en la legislación civil y permanece para los fieles la obligación de participar en la eucaristía, dicha obligación quedaría mitigada cuando resulte incompatible con el horario laboral o haya otra razón grave. Los párrocos deben entonces adaptar el horario de las celebraciones de la eucaristía a los horarios laborales, de manera que los fieles puedan participar en ellas, teniendo en cuenta la posibilidad de celebrar el día de fiesta desde la víspera por la tarde.

La segunda obligación es el descanso festivo. La celebración de la fiesta implica, además, abstenerse de trabajos y actividades que impidan dar culto a Dios, gozar de la alegría propia del día del Señor, practicar obras de misericordia o disfrutar del debido descanso de mente y cuerpo. La fiesta es un día diferente, en el que no es lícito proseguir el trabajo habitual de los días de semana, sea físico o mental, salvo que exista una causa proporcionada; es el día del Señor y a él debemos dedicarlo. Las necesidades familiares o una gran utilidad social constituyen excusas legítimas respecto al precepto del descanso dominical (c. 1247; Cat. 2185; Sca 74).

3. *Los días de penitencia*

Todos los fieles, cada uno a su modo y según su circunstancia, están obligados por ley divina a hacer penitencia, una realidad que ha de ser no sólo interna o individual, sino también externa y social. Por esto, la Iglesia ha fijado días penitenciales para que todos los fieles se unan en alguna práctica común, jornadas especialmente dedicadas a la oración, a las obras de piedad y caridad, y a la negación de uno mismo, cumpliendo con mayor fidelidad las propias obligaciones y, sobre todo, observando el ayuno y la abstinencia (c. 1249).

Es importante que desde la parroquia se eduque a los fieles sobre tales prácticas, y no sólo por el indudable valor ascético que tienen, como control de uno mismo y entrenamiento de la voluntad para otras renuncias necesarias, sino porque son expresión del seguimiento de Cristo en el día consagrado a la memoria de su Pasión y en la espera de su retorno (Mc 2, 20).

En la Iglesia universal se consideran días y tiempos penitenciales todos los viernes del año y el tiempo de Cuaresma. Puede, además, haber otros en la Iglesia particular, que determina el obispo diocesano, pero no de forma estable, sino puntualmente (cc. 1250; 1244 §2).

La práctica penitencial universal para todos los viernes del año, a no ser que coincidan con una solemnidad, es guardar la abstinencia de carne o de otro alimento que haya determinado la conferencia episcopal; y en el miércoles de ceniza y el viernes santo se guardarán ayuno y abstinencia (c. 1251). Por iniciativa privada, los fieles pueden asumir además otras prácticas penitenciales, de manera especial durante el tiempo de Cuaresma.

La conferencia episcopal tiene potestad para determinar con más detalle el modo de observar el ayuno y la abstinencia, así como sustituirlos, en todo o en parte, por otras formas de penitencia, sobre todo por obras de caridad y prácticas de piedad (c. 1253). De hecho, la norma más común es que la abstinencia de carne de los viernes del año (salvo los viernes de Cuaresma) pueda ser sustituida por una práctica piadosa, una limosna, una obra de caridad o mortificaciones corporales. El ayuno consiste generalmente en hacer una sola comida principal al día, pero no se prohíbe tomar algo de alimento por la mañana y por la noche.

Están obligados a la ley de la abstinencia todos los fieles que hayan cumplido catorce años; a la del ayuno, todos los mayores de edad, es decir, los que ya hayan cumplido dieciocho años, hasta los cincuenta y nueve. No obstante, conviene que desde la parroquia y la familia se vaya educando en estas prácticas también a aquellos que no hayan alcanzado todavía la edad (c. 1252).

El cumplimiento de las obligaciones penitenciales ha de ser sustancial (Pablo VI, *Poenitemini* [17 febrero 1966], 11 §2). Es decir, «peca gravemente contra la ley quien, sin causa excusante, omite una parte notable, cuantitativa o cualitativamente, del conjunto de prácticas penitenciales prescritas» (AAS 59 [1967] 229). Tal es la omisión prolongada por varios días, o la omisión selectiva, más larga, de algunas de esas prácticas; sobre todo cuando va acompañada de desprecio o de escándalo.

El párroco puede dispensar o conmutar las obligaciones del día de fiesta o de penitencia no sólo a feligreses individuales, sino también a grupos enteros. Pero siempre que haya una causa justa –no hace falta que sea grave– y siguiendo las prescripciones del obispo diocesano. Tan sólo en casos particulares y no de forma general, o sea, en situaciones concretas y determinadas, como puede ser realizar un viaje, la recolección de frutos, la imposibilidad de trasladarse, etc. (c. 1245).

5. La comunicación en lo sagrado

La comunicación en lo sagrado se da cuando el bautizado participa de un culto litúrgico o de sacramentos en otra Iglesia, confesión o comunidad eclesial que no es la propia. Aunque el Vaticano II introdujo el concepto de los grados de la comunión, retuvo como principio esencial la unidad visible de la Iglesia, manifestada por los vínculos de la profesión de fe, de los sacramentos y del régimen eclesiástico (c. 205).

El Concilio afirma la doctrina tradicional de que la Iglesia de Jesucristo *subsiste* en la Iglesia católica, gobernada por el sucesor de Pedro y por los obispos en comunión con él, al mismo tiempo que reconoce que fuera de su estructura existen muchos elementos de santidad y verdad (LG 8; UR 3); esto es lo que nos permite hablar de verdadera comunión entre los cristianos, aunque imperfecta. En consecuencia, debemos distinguir entre «Iglesias» –aquellas donde se conserva la sucesión apostólica, el sacramento del orden y la eucaristía–, con las que guardamos un mayor grado de comunión, y «comunidades» cristianas, donde no existen estos elementos y, por tanto, la comunión es más débil (UUS 11; Congregación para la Doctrina de la Fe, *Respuestas a algunas preguntas acerca de ciertos aspectos de la doctrina sobre la Iglesia* [29 de junio de 2007]).

Existen otras denominaciones que no son realmente cristianas porque no tienen un bautismo válido, aunque se presenten como tales y estén muy extendidas (mormones, cienciología, testigos de Jehová, cuáqueros, adventistas...). Con ninguna de ellas es posible aplicar la normativa de la comunión en lo sagrado.

Conviene saber que la comunicación en lo sagrado no es una solución a las divisiones que afectan a la Iglesia, ni un medio que pueda utilizarse indiscriminadamente para promover la unidad de los cristianos. De hecho, «está prohibida por ley divina la *communicatio in sacris* que ofenda la unidad de la Iglesia o incluya adhesión formal al error, o bien peligro de perder la fe, de escándalo o de indiferentismo» (OE 26).

En general, la Iglesia católica sólo da acceso a los sacramentos a quienes están en su unidad de fe, de culto y de vida eclesial. Pero reconoce también que, en ciertas circunstancias, de modo excepcional y con ciertas condiciones, puede autorizarse o incluso recomendarse la admisión de cristianos de otras Iglesias y comunidades cristianas a los sacramentos de la penitencia, la unción de enfermos y la eucaristía, por ser necesarios para la salvación. Y de la misma manera un católico, en determinadas circunstancias, puede solicitar algunos sacramentos a un ministro de una Iglesia o comunidad cristiana cuyos sacramentos sean válidos (DE 130; UR 8).

La norma ordinaria es que los católicos reciban los sacramentos de los ministros católicos dentro de la comunidad católica (c. 844 § 1). Pero en ocasiones no pueden acceder al ministro católico y desean recibir los sacramentos de la penitencia, la unción o la eucaristía de manos de ministros no católicos. En estas circunstancias han de tenerse en cuenta estas dos condiciones (c. 844 § 2): que para la validez se requiere que el ministro acatólico esté válidamente ordenado y pueda administrar válidamente los sacramentos; no se trata de una cuestión meramente disciplinar, sino de una exigencia de la misma fe (DE 131); y, segunda, que para la licitud tiene que haber una verdadera necesidad o utilidad espiritual (por ejemplo, en situaciones excepcionales de peligro de muerte, permanencia en la cárcel, estado de persecución, vivir en la diáspora...), así como ausencia de peligro de error o de indiferentismo, e imposibilidad física o moral de acercarse a un ministro católico.

Según el principio de reciprocidad, lo que se concede a los católicos se concede igualmente a los acatólicos miembros de otras Iglesias que se encuentran en circunstancias semejantes (como los acatólicos orientales, los lefevrianos, la Iglesia nacional polaca o la patriótica china, etc.) y con las mismas condiciones, evitando así cualquier coacción o proselitismo (c. 844 § 3; OE 27b).

En el caso de otras comunidades cristianas, el ministro católico puede administrar los tres sacramentos con condiciones más restrictivas: primera, sólo si hay peligro de muerte o surge una necesidad grave a juicio del obispo diocesano o de la conferencia episcopal (no lo valora el párroco por su cuenta); y segunda, cuando no puedan acceder al ministro de su comunidad y lo pidan de forma espontánea, estén adecuadamente dispuestos y profesen al menos fe católica respecto al sacramento que solicitan, pues bajo la misma realidad visible pueden encontrarse contenidos diversos.

En actos de culto no sacramentales, como son las exequias eclesiásticas, se permite acceder a los bautizados no católicos siempre que no conste la voluntad contraria y no pueda celebrarlas su propio ministro. Las bendiciones que se dan de ordinario a los católicos también las pueden recibir otros cristianos que las soliciten, según la naturaleza y objeto de la bendición (DE 120-121).

En cuanto al uso común de lugares sagrados, no tanto referido a la oración en común sino para actos de culto, se permite que el sacerdote católico, con justa causa, con licencia expresa del obispo y evitando escándalo, celebre en un templo no católico (c. 933). No se dice nada de la situación inversa, pero el Directorio Ecuménico permite explícitamente celebrar a las Iglesias orientales en templos católicos, lo que podría extenderse a los hermanos separados, evidentemente con licencia expresa del obispo diocesano.

Por último, está expresamente prohibida la concelebración eucarística de un sacerdote católico con ministros acatólicos, pues va contra la identidad de la Iglesia y contra la realidad misma de la celebración eucarística, que exige de los concelebrantes que expresen plenamente la unidad de la eucaristía, el ministerio y la fraternidad sacramental (c. 908).

5
GUIAR Y ACOMPAÑAR PASTORALMENTE A LA COMUNIDAD

Se abordan en esta parte las dos últimas dimensiones de la pastoral parroquial que hacen referencia a la guía de la comunidad: la *koinonía*, el ejercicio de la función de gobierno y la promoción de la comunión, y la *diakonía*, el servicio a los más necesitados.

El párroco, según el Derecho canónico, es representante jurídico de la parroquia y administrador de sus bienes, y a él compete la tarea de coordinar a todos los colaboradores, sacerdotes, consagrados y laicos, sin renunciar a su misión peculiar de conductor y responsable último de la comunidad (c. 519 y 523). Además, debe responsabilizarse de la atención a los necesitados, promoviendo en la parroquia la cooperación caritativa, obras asistenciales, actividades solidarias y programas de desarrollo social que sean necesarios y posibles.

De algunos medios para promover la cooperación de los diversos agentes pastorales a nivel parroquial y diocesano ya se ha hablado al inicio de este libro. Ahora se detallarán los aspectos restantes: la administración de los bienes parroquiales, el cuidado de los archivos y libros y la asistencia a los más desfavorecidos.

1. Administración de los bienes

La parroquia es una persona jurídica pública en virtud del mismo derecho, por lo que sus bienes temporales son «bienes eclesiásticos» y están sometidos a las normas del libro V del Código. Su administrador es el párroco, que deberá estar auxiliado siempre por un consejo de asuntos económicos, del todo preceptivo, como ya vimos (cc. 515 § 3; 532; 537; 1257 § 1; 1281-1288).

Se consideran «bienes eclesiásticos» aquellos bienes económicos -muebles o inmuebles, derechos y acciones- pertenecientes a la Iglesia universal, a la Sede Apostólica o a otras personas jurídicas públicas eclesiásticas, y que están destinados primeramente a los fines de la misión de la Iglesia. Por tanto, todos los bienes relacionados con la parroquia que forman la «masa parroquial» son bienes eclesiásticos: la casa parroquial, el templo, las imágenes y objetos sagrados, fincas, locales... La parroquia es la titular de todos los bienes destinados, directa o indirectamente, al cumplimiento de sus funciones y que no tengan personalidad jurídica eclesiástica propia (c. 1257).

El hecho de que el párroco sea el único representante jurídico de la parroquia, no impide que en la función de la administración económica parroquial pueda auxiliarse de uno de sus vicarios, un diácono permanente o un laico cualificado, cuya tarea principal sería llevar la gestión, bajo la dirección del párroco y con la ayuda del consejo parroquial de asuntos económicos (c. 537).

En aquellas cosas que no determine el Código referidas a la administración de bienes, habrá que seguir lo que esté establecido en la ley civil (cc. 1274 § 5; 1284 § 2; 1286; 1290).

1. *El párroco como administrador*

El Código prescribe una serie de actuaciones cuando se va a tomar posesión de una parroquia (c. 1283):

a) El párroco entrante debe prometer, mediante juramento hecho ante el ordinario o su delegado, que realizará bien y fielmente su función de administrador.

b) El párroco saliente deberá entregar al entrante un inventario exacto y detallado de los bienes inmuebles, de los bienes muebles tanto preciosos como pertenecientes de algún modo al patrimonio cultural, y de cualesquiera otros, con la descripción y tasación de los mismos, inventario que será comprobado una vez hecho.

c) Una vez comprobado el inventario, debe ser firmado y aceptado por el párroco saliente, el ordinario o su delegado y el párroco entrante. Se ha de conservar un ejemplar de este inventario en el archivo de la parroquia, y otro en el de la curia y se debe anotar en ambos cualquier cambio que experimente el patrimonio.

Todos los administradores, y por ende el párroco, están obligados a cumplir su función con la diligencia de un buen padre de familia (c. 1284), de modo que la negligencia grave en la administración de los bienes eclesiásticos está castigada con una pena expiatoria (c. 1376 § 2). Así pues, los deberes del párroco son los siguientes:

–Vigilar para que los bienes encomendados a su cuidado no perezcan en modo alguno ni sufran daño, suscribiendo a tal fin, si fuese necesario, contratos de seguro:

–Cuidar de que la propiedad de los bienes eclesiásticos se asegure por los modos civilmente válidos.

–Observar las normas canónicas y civiles, las impuestas por el fundador o donante o por la legítima autoridad, y cuidar sobre todo de que no sobrevenga daño para la Iglesia por inobservancia de las leyes civiles.

–Cobrar diligente y oportunamente las rentas y el producto de los bienes, conservar de un modo seguro los que ya se hayan cobrado y emplearlos en consonancia con la intención del fundador o con las normas legítimas.

–Pagar puntualmente el interés debido por préstamo o hipoteca, y cuidar de que el capital prestado se devuelva a su tiempo.

–Con el consentimiento del ordinario, aplicar a los fines de la parroquia el dinero que sobre del pago de los gastos y que pueda ser invertido productivamente.

–Llevar con orden los libros de entradas y salidas.

–Ordenar debidamente y guardar en un archivo conveniente y apto los documentos e instrumentos en los que se fundan los derechos de la parroquia sobre los bienes; y, allí donde pueda hacerse fácilmente, depositar copias auténticas de los mismos en el archivo de la curia.

–Hacer cada año presupuesto de las entradas y salidas, según establezca el derecho particular.

–Cuando formalice un contrato de trabajo, conforme a los principios que enseña la Iglesia, ha de observar cuidadosamente también las leyes civiles en materia laboral y social, y debe pagar un salario justo y honesto al personal contratado, de modo que este pueda satisfacer convenientemente tanto las necesidades personales como las de los suyos (c. 1286).

–Rendir cuentas cada año al ordinario del lugar que encargará de su revisión al consejo de asuntos económicos, según el derecho particular (c. 1287).

–No incoar ningún litigio en nombre de la parroquia, ni contestar a la demanda en el fuero civil, sin haber obtenido licencia del ordinario propio dada por escrito (c. 1288).

–No abandonar por su propio arbitrio el cargo recibido y si se provoca un daño a la Iglesia por ese abandono arbitrario están obligados a restituir (c. 1289).

–Además, el párroco puede realizar pequeñas donaciones, que no superen la administración ordinaria, para fines de caridad o de piedad con bienes muebles que no pertenezcan al patrimonio estable (c. 1285).

2. *La adquisición de bienes*

La parroquia constituida cuenta con un patrimonio parroquial con el que el párroco se encuentra cuando toma posesión. Este patrimonio ha de ser conservado con toda diligencia, como parte muy importante de su oficio, de tal manera que no sufra disminución o pérdida en detrimento del bien de la Iglesia.

Este patrimonio, por supuesto, es susceptible de nuevas adquisiciones, por lo general provenientes de los fieles, quienes tienen la obligación de contribuir económicamente a las cargas de la Iglesia, de modo que esta disponga de los medios necesarios para desarrollar su misión. Estas aportaciones de los fieles deben constituir la fuente normal y de mayor cuantía de ingresos en la Iglesia (cc. 1260-1262).

a) *Colectas, limosnas y ofrendas*

La parroquia puede hacer colectas y cuestaciones, así como pedir limosnas o aceptar oblaciones de los fieles. La autoridad eclesiástica no puede quitar esta facultad que el mismo derecho le concede, pero puede dictar normas, y puede mandar que se haga una colecta especial, en favor de determinadas obras parroquiales, diocesanas, nacionales o universales, y que debe enviarse diligentemente a la curia diocesana (cc. 1265-1266).

En cuanto a las ofrendas, tendrá siempre presente que aunque otro haya realizado una determinada función parroquial, ingresará en la masa parroquial las oblaciones recibidas de los fieles en tal ocasión, a no ser que, respecto a las limosnas voluntarias conste la intención contraria de quien las ofrece; corresponde al obispo diocesano, oído el consejo presbiteral, establecer normas mediante las que se provea al destino de esas oblaciones, así como a la retribución de los clérigos que cumplen esa función (c. 531).

b) *Donaciones*

La parroquia puede también aceptar donaciones de los fieles. Si no consta lo contrario, estas donaciones se presumen hechas a la parroquia cuando son entregadas al párroco. La Iglesia establece también que no pueden rechazarse sin causa justa y sin licencia del ordinario y que, hechas por los fieles para un fin determinado, sólo pueden destinarse a ese fin. Por tanto, cuando el párroco recibe una donación debe destinarla íntegramente al fin para la que el donante la entregó y no puede cambiar ese fin sin autorización del donante. La razón de esta disposición parece que tiene su origen en que la donación hecha a la Iglesia, incluso antes de su aceptación, se considera consagrada a Dios (c. 1267).

c) *Tributos y tasas*

El obispo diocesano puede, asimismo, exigir un tributo o impuesto a la parroquia de forma ordinaria –periódica– o extraordinaria para subvenir a las necesidades de la diócesis. Lo ha de hacer por decreto, y debido precisamente a su especial carácter y significación, es conveniente que se precise, de la forma más exacta posible, las personas gravadas con tal tributo y la cantidad que ha de satisfacer cada uno. En todo caso, su cuantía ha de ser proporcionada a los ingresos y capacidad patrimonial de cada parroquia y teniendo en cuenta la actividad que esta desarrolla (c. 1263). Este tributo puede ser común –sin una finalidad concreta–, o específico, como es el caso de la ayuda a los seminarios (c. 264 § 1), para la promoción de la cooperación misional (c. 791, 4.º), o para la creación y sostenimiento de las escuelas católicas (c. 800 § 2).

En cuanto a las tasas, son un tributo específico motivado por el hecho de beneficiarse el fiel de una determinada contraprestación, por diversas actividades administrativas con ocasión de administración de sacramentos y sacramentales (por ejemplo, porque se le ha hecho un certificado o se le ha tramitado un expediente, se ha celebrado un bautizo…).

La autoridad competente para determinar las tasas es la reunión de los obispos de cada provincia eclesiástica. Resulta conveniente hacer patente esta información a los fieles, por ejemplo, a través de la hoja parroquial al inicio del año o por medio de la página web de la parroquia. El párroco no puede modificar las tasas por su cuenta, ni a la alza ni a la baja, y podría incurrir en un delito si se aprovechara del ministerio para enriquecerse, pero nunca pueden ser excusa para no atender a quienes no puedan pagarlas.

El Código no habla ya de las «procuraciones», esto es, las prestaciones que solían darse al obispo diocesano y a los que lo acompañan durante el tiempo de la visita canónica. Se trata de una costumbre ciertamente loable y, aunque el canon aconseja al obispo que, al realizar la visita canónica, procure no ser molesto u oneroso para nadie con gastos innecesarios, es un gesto de comunión ayudar al obispo en sus gastos (c. 398).

Está penalizada canónicamente (con una censura o penas expiatorias) la simonía en la administración de los sacramentos tanto por el ministro que «vende» por un cierto precio un sacramento, como por quien lo recibe habiéndolo «comprado» (c. 1380), así como el lucro ilegítimo con los estipendios de las misas (c. 1383).

d) *La prescripción*

La prescripción es un modo de adquirir la propiedad de un bien por su posesión continuada durante el tiempo señalado en la ley (prescripción adquisitiva), y también de liberarse de una obligación o una carga (deuda) al extinguirse el tiempo durante el cual puede ser exigida (prescripción extintiva). Es aceptada por la Iglesia cuando se verifican una serie de condiciones que están previstas por la ley (cc. 197-198 y 1268).

Sin embargo, en lo que corresponde a la parroquia, es necesario recordar que no están sujetos a la prescripción los estipendios (c. 199), de modo que habrá que cumplir con la obligación de celebrar las misas convenidas.

También hemos de señalar que las cosas sagradas, bendecidas o dedicadas, pertenecientes a la parroquia únicamente pueden ser adquiridas por prescripción por otra persona jurídica pública eclesiástica y no por una persona física o jurídica no eclesiástica. El plazo de la prescripción, cuando se refiere a bienes pertenecientes a la parroquia, es de treinta años (cc. 1269-1270).

e) *Las disposiciones últimas piadosas*

También se pueden adquirir bienes temporales mediante las llamadas «pías voluntades», es decir por una donación hecha en vida, por un testamento, legado o fiducia, que el fiel realiza por algún motivo de carácter espiritual en favor de la Iglesia (c. 1299).

El párroco debe cumplir con suma diligencia, una vez aceptadas, las voluntades de los fieles que donan o dejan sus bienes para causas pías, también en el modo de administrar e invertir los bienes. Como el ordinario del lugar es ejecutor de todas las pías voluntades en la diócesis, en virtud de este derecho puede y debe vigilar, también mediante visita, que se cumplan las pías voluntades en la parroquia, y el párroco deberá rendirle cuentas una vez cumplida su función. Si en las últimas voluntades apareciera alguna cláusula contraria a este derecho del ordinario, se tendrá por no puesta (cc. 1300-1301).

Cuando se trata de una adquisición fiduciaria –cuando se impone a los herederos el cumplir una carga pasado un tiempo–, el párroco debe informar de ello al ordinario, dándole cuenta de todos aquellos bienes, tanto muebles como inmuebles, y de las cargas anejas. Si el donante hubiera prohibido esto, expresa y totalmente, no deberá aceptar la fiducia. El ordinario debe exigir que los bienes entregados en fiducia se coloquen de manera segura y vigilar la ejecución de la pía voluntad (c. 1302).

En todo caso se procurará observar las formalidades establecidas por el derecho civil, aunque canónicamente el acto podría ser válido aún sin su cumplimiento, para evitar los inconvenientes y perjuicios que su omisión llevaría consigo (c. 1299 § 2).

f) *Las fundaciones pías*

Las fundaciones pías son un conjunto de cosas destinadas a los fines de la Iglesia, la entrega de una masa de bienes para el cumplimiento de unos fines eclesiales, religiosos o caritativos, transferidos o entregados de cualquier modo lícito entre los aceptados por el ordenamiento canónico. Los bienes pueden ser muebles e inmuebles, derechos y acciones; no hay limitación en este aspecto. Pueden ser autónomas –cuando son erigidas en una persona jurídica, pública o privada, por la autoridad competente y dotadas de estatutos–, o no autónomas –cuando se entregan a una persona jurídica pública eclesiástica ya existente con la carga de realizar unas determinadas finalidades–, como ocurre en no pocas ocasiones en las parroquias con las fundaciones de misas (c. 1303 § 1).

En el caso de las fundaciones autónomas, normalmente los fines se satisfacen con las rentas obtenidas, puesto que cuando se hace una fundación de este tipo la idea es que las finalidades que se establecen se perpetúen en el tiempo. En el caso de que haya sobrantes de las rentas después de haber cubierto los fines, se han de destinar a aumentar el fondo fundacional (c. 1284 § 2, 2.º).

Sin embargo, cuando se trata de las fundaciones no autónomas, con fines más específicos, parece que su carácter es más bien temporal –entre cinco y diez años– y quedan asumidas por la Iglesia directamente, ya que no existen como entidad jurídica. Para su aceptación el párroco necesita licencia escrita del ordinario, ya que quedan bajo su jurisdicción, y duran mientras duren las rentas o cuando venza el plazo (cc. 1303 § 2; 1304).

Todas las fundaciones hay que registrarlas por escrito y conservar una copia de la escritura en la parroquia y otra en la curia. Con el fin de que se mantenga la memoria y se cumplan las cargas que lleva consigo la fundación, ha de hacerse una tabla y colocarla en un lugar visible. El párroco ha de llevar y conservar un libro en el que se anoten cada una de las obligaciones, su cumplimiento y las limosnas (cc. 1306-1307).

En el caso concreto de las cargas de misas se contempla que el obispo diocesano pueda reducirlas o trasladarlas a días, iglesias o altares distintos a los determinados en la fundación, existiendo causa legítima. Cuando se trata de la traslación o la causa pía no se refiere a cargas de misas, además del obispo puede hacerlo el ordinario del lugar del párroco (cc. 1308-1310).

3. *La administración en concreto*

La parroquia, aunque es una persona jurídica pública dependiente de la diócesis y, por lo tanto, estrechamente vinculada con la autoridad eclesiástica, ni pierde la propiedad o dominio de sus bienes, ni se le priva de su administración, cuyo responsable es el párroco. Se respeta, por consiguiente, la autonomía patrimonial de la parroquia. Cuando se habla de «administración» se entiende la función de gobierno encaminada a conservar, aumentar, producir y emplear los bienes y rentas del patrimonio de la parroquia, realizada bajo la regulación canónica.

El ordinario podrá intervenir excepcionalmente cuando se demuestre que el administrador es incapaz, cuando exista dolo o culpa en la administración, o negligencia del párroco. Fuera de este supuesto la intervención de la autoridad eclesiástica es indirecta, se sitúa en la denominada administración ordinaria mediata, que se realiza por los medios establecidos en derecho (disposiciones legislativas y administrativas, visita canónica, aprobación y rendición anual de cuentas...) y en la denominada administración extraordinaria (c. 1256; 1276; 1279 § 1).

–Son *actos de administración ordinaria* todos aquellos que corresponden a la administración cotidiana y que, por no sobrepasar la potestad ordinaria del administrador, puede realizarlos sin tener que recurrir a la autoridad superior, o sea, los incluidos expresamente en el presupuesto anual, una vez aprobado y según establezca la legislación diocesana.

–Entre ellos puede haber algunos que, dada la situación económica de la diócesis, sean *actos de mayor importancia*. El obispo puede entonces establecer, vía estatutaria o por mandato expreso, y tras haber oído al consejo de asuntos económicos y al colegio de consultores, cuáles sean esos actos, de modo que el párroco no podría actuar válidamente si no contara con la licencia del obispo (cc. 1277 y 1281 § 1). En realidad, se suele resolver poniendo una cantidad máxima a partir de la cual el párroco estaría obligado a pedir dicho permiso.

–Los *actos de administración extraordinaria* son aquellos que sobrepasan los fines o límites y el modo de la administración ordinaria y para cuya válida realización se exige la observancia de unas determinadas formalidades, así como la licencia del ordinario. Son aquellos actos que llevan consigo, o pueden razonablemente llevar consigo, una variación sustancial en el valor o en el modo de ser del patrimonio de la parroquia o ponerlo verdaderamente en riesgo. Con el fin de evitar problemas, la legislación particular diocesana o estatutaria debe determinar cuáles son los actos correspondientes a la administración extraordinaria (c. 1281 § 1).

Se consideran, en general, actos de administración extraordinaria: la adquisición de bienes inmuebles, la aceptación o el rechazo de donaciones, legados o herencias; las inversiones; la cesión del uso de locales de la parroquia a personas privadas o a asociaciones no dependientes de la autoridad eclesiástica; la realización de labores extraordinarias de reestructuración o de mantenimiento del templo o de las instalaciones parroquiales; el aval de créditos, hipotecas o préstamos a nombre de la parroquia; la gestión de actividades consideradas comerciales; la contratación de personal empleado aunque sea temporalmente; el alojamiento o manutención permanente de cualquier persona que no forme parte del equipo parroquial...

4. *La enajenación y el arrendamiento*

Se entiende por *enajenación* el derecho a vender o transmitir a otros el dominio de una cosa o algún otro derecho sobre ella. Su ejercicio, sin embargo, viene regulado por la legislación canónica que establece controles para asegurarse de que es necesario realizarla, dado que, cuando supera la cantidad establecida, puede quedar dañado el patrimonio estable de la persona jurídica (cc. 1254 § 1; 1255; 1291).

En sentido amplio, se entiende por enajenación no sólo los actos por los que el domino directo de una cosa se transfiere a otra persona –el caso de una venta–, sino aquellos otros por los que se aminora o disminuye el dominio directo sobre una cosa, porque se transfiere a otro el uso o usufructo de ella –el caso del alquiler–, o porque se concede un derecho sobre ella –como cuando se hipoteca un bien–. Para realizar cualquiera de estos actos hay que observar las mismas formalidades o solemnidades jurídicas (c. 1295).

En sentido estricto, objeto de enajenación son los bienes pertenecientes al patrimonio estable de la parroquia, o sea, aquel que la permite subsistir de modo autónomo y atender a los fines y servicios que le son propios, y los bienes preciosos por razones históricas o artísticas, las reliquias insignes o imágenes preciosas o que gozan de gran veneración y los exvotos donados a la Iglesia (cc. 1189-1190; 1291; 1292 § 2).

El requisito fundamental para proceder válidamente es la licencia, que debe ser otorgada, en el caso de la parroquia, por el obispo diocesano, con el consentimiento del consejo de asuntos económicos y del colegio de consultores, si la cantidad no supera el máximo fijado por la conferencia episcopal; en caso contrario, habrá que acudir a la Santa Sede (Dicasterio para el Clero: PE 119), lo mismo que cuando se trate de exvotos donados a la Iglesia, cuando son bienes preciosos por razones históricas o artísticas, o cuando se trata de reliquias insignes o que gozan de gran veneración por parte del pueblo (cc. 1190 § 2-3; 1291; 1292 § 2).

Los que enajenen bienes eclesiásticos sin la correspondiente licencia deben ser castigados con una pena justa, es decir, que se deja a la autoridad competente examinar y ponderar las circunstancias concretas de la acción delictiva para que, de acuerdo con ello, imponga la pena más apropiada (c. 1376 § 1).

Pero, además, para proceder lícitamente, se exige la existencia de una causa justa –como es una necesidad urgente, una evidente utilidad, la piedad, la caridad u otra razón pastoral grave–, la tasación por escrito del bien que se quiere enajenar hecha por al menos dos peritos, y otras cautelas que crea oportunas el ordinario para así evitar que la persona jurídica resulte perjudicada, que el bien no sea enajenado por un precio menor al indicado en la tasación y que se invierta bien. Si la cosa que se va a enajenar es divisible, al solicitarse la licencia para la enajenación, deben manifestarse y especificarse la parte o partes de dicha cosa que anteriormente hayan sido enajenadas (cc. 1292 §3; 1293 §2 y 1294).

Cuando la enajenación de bienes haya sido realizada sin la debida licencia –canónicamente nula, aunque sea civilmente válida– la autoridad competente, después de sopesar todo debidamente, debe determinar qué es lo que más conviene hacer para evitar los daños que se pueden derivar de una acción desacertadamente ejercida que, en lugar de remediar el daño, lo agrave más (c. 1296).

El *arrendamiento*, por su parte, consiste en que una de las partes se obliga a dar a la otra el goce o uso de una cosa por tiempo determinado y precio cierto. No se establece una forma especial para la constitución del arrendamiento, sino que se hace una remisión general al ordenamiento civil de cada país, dada la imposibilidad práctica de urgir en el fuero civil los contratos de arrendamiento que no sean conformes a las leyes de la respectiva nación (c. 1290).

Además, la legislación remite a la normativa propia de la conferencia episcopal que, teniendo en cuenta las circunstancias de cada lugar y la misma legislación civil, tiene que establecer normas sobre los arrendamientos de los bienes eclesiásticos (c. 1297).

Finalmente, salvo que la cosa tenga muy poco valor, el párroco no debe vender o arrendar bienes eclesiásticos a los propios administradores o a sus parientes hasta el cuarto grado de consanguinidad o afinidad, sin licencia especial escrita del ordinario (c. 1298).

No está de más recordar que quien realiza el acto asume la responsabilidad del mismo, no quien da la licencia: a no ser que le haya reportado un provecho, y en la medida del mismo, la parroquia no está obligada a responder de los actos realizados inválidamente por los administradores; pero de los actos que estos realizan ilegítima pero válidamente responderá la misma parroquia, sin perjuicio del derecho de acción o de recurso de la misma contra el párroco que le hubiera causado daños (c. 1281 §3).

2. Cuidado de los libros parroquiales, documentos y archivos

Los archivos parroquiales constituyen un instrumento imprescindible en la vida de la Iglesia, puesto que en ellos queda reflejada la actividad pastoral desarrollada en ese lugar, dan constancia del estado de los fieles que están vinculados a ella y son testigos de la historia. Por estos motivos, su cuidado, encomendado de manera especial al párroco, no debe comprenderse como una tarea burocrática, sino como un servicio particularmente delicado e importante.

El Código de Derecho canónico establece que en cada parroquia el párroco ha de llevar los libros parroquiales establecidos por el mismo Código y aquellos otros prescritos por la conferencia episcopal o por el obispo diocesano. El párroco ha de cuidar de que esos libros se anoten con exactitud y se guarden diligentemente, tarea que no puede, sin más, dejar en manos de quien atiende la secretaría parroquial, muchas veces sin la preparación debida (cc. 535 § 1-2). Puede delegar esta función en un vicario parroquial, pero si se trata de otra persona quien ostente esa responsabilidad deberá tener delegación escrita del ordinario del lugar.

Una mal entendida opción de lo pastoral sobre lo administrativo ha llevado a que, en algunos casos, los párrocos hayan descuidado este aspecto o encomendando a otros dicha tarea sin la debida supervisión. Por eso, no estaría de más que este tema se tratara específicamente en la formación de los seminarios y que esta capacitación básica pudiera ser profundizada después en el marco de la formación permanente.

1. *El archivo parroquial*

En toda parroquia ha de disponerse una estantería o un archivo donde se guarden convenientemente los libros parroquiales, junto con las cartas de los obispos y otros documentos que deben conservarse por motivos de necesidad o de utilidad. Todo ello debe ser revisado por el obispo diocesano o por su delegado en tiempo de visita pastoral o en otra ocasión oportuna. Es conveniente que se confeccione un inventario o índice de la documentación existente en dicho archivo parroquial periódicamente y se envíe una copia a la curia (cc. 535 § 4 y 491 § 1).

Existen muchas posibilidades, desde la existencia de una oficina debidamente acondicionada para este fin, hasta un armario archivador en el mismo despacho o secretaría parroquial, que suele ser lo más común; en todo caso lo importante es que la documentación esté bien conservada y segura, que se evite, por una parte, el deterioro ambiental provocado por la humedad, los insectos, la exposición directa al sol o la falta de ventilación y, por otra, el peligro de sustracción, manipulación o destrucción.

Por eso, si el archivo es una estantería parece preferible que sea metálica, menos permeable a la acción de los insectos y a la luz, y cerrada, con una cerradura que dé cierta seguridad; en el caso de que sea de madera, deberá estar protegida para evitar el daño provocado por los agentes ambientales. Si el ambiente es húmedo será necesario que durante algunas horas al día el mueble esté abierto para evitar la concentración de humedad.

Cualquiera que sea la opción elegida para conformar el archivo, es conveniente contar con un lugar adecuado para la consulta de la documentación bajo nuestra custodia. Conviene hacer al respecto algunas precisiones:

- El archivo debe estar siempre cerrado con llave, y esta sólo la guardarán el párroco y la persona de su confianza que lo ayude en la secretaría parroquial.
- Los documentos nunca se sacarán fuera de la parroquia, y quienes tienen acceso al archivo no facilitarán documentos por razones de amistad o familiaridad.
- La documentación del archivo corriente puede ser facilitada cuando esta sea de carácter público y se refiera al estado de la persona que lo solicita.
- Cuando se trata de documentos del archivo histórico, se podrán facilitar a los investigadores debidamente acreditados, salvo que se trate de documentos que tengan alguna restricción, pero no se dejará a la persona que los consulte sin la debida supervisión.

La forma más común de organizar el archivo es en dos secciones: una donde se conservan los libros y documentos de uso corriente (con menos de 30 o 40 años de antigüedad), que es la más requerida, sobre todo para certificar sacramentos; y otra histórica, que contiene los libros y documentos anteriores, los cuales también deben ser conservados diligentemente, de acuerdo con las prescripciones del derecho particular. En algunos casos los libros más antiguos se llevan al archivo diocesano para mayor seguridad y mejor conservación (c. 535 § 5).

En cada una de las secciones se podría hacer una nueva división: por una parte, los libros sacramentales y, por otra, la sección disciplinar, donde se encontrarían los libros de gobierno, de administración y de actas:

- Entre los *libros sacramentales* estarían el libro de bautismos (cc. 877-878), de matrimonios (cc. 1121-1123), de difuntos (c. 1182), otros prescritos por la conferencia episcopal o por el obispo diocesano (como el de confirmaciones), así como los legajos de los expedientes matrimoniales.
- Entre los *libros de gobierno* se contarían el Boletín oficial de la diócesis, las comunicaciones de la curia, los libros de visitas pastorales, las actas de los consejos de la parroquia, los libros de contabilidad e inventarios, los libros de oblaciones y limosnas (c. 1307 § 2), los libros de misas (c. 958 § 1), la documentación eclesiástica y civil que se refiere a la parroquia (escrituras, contratos...), las agendas de cada año, la correspondencia (enviada y recibida) y las publicaciones referidas a la parroquia (hoja parroquial, videos, fotografías).

Es conveniente colocar la documentación, incluso los libros sacramentales, en cajas archivadoras para su mejor conservación; algunos documentos, como microfilms, videos o fotografías, por tener un soporte más delicado, precisan cajas adecuadas. Cuando para la elaboración o registro del documento se ha utilizado un soporte informático, algo cada vez más frecuente, conviene hacer y conservar copias de seguridad.

2. *La llevanza de los libros*

Los libros, en soporte de papel, pueden ser libros ordinarios de registro, con las páginas numeradas, o bien editados con esta finalidad. En todo caso se excluyen los libros formados por impresos editados y cumplimentados por ordenador.

Es necesario que el párroco dé comienzo y cierre a todo libro sacramental. Para darle comienzo debe señalarse este hecho brevemente en su primer folio, haciendo constar la fecha, los datos identificativos esenciales del encargado del libro, número de páginas del libro, etc. Igualmente, al darle cierre, pero en la siguiente página a la última escrita. En ambos casos se debe fechar, firmar y sellar la página correspondiente.

Los datos han de escribirse con rotulador de tinta líquida o pluma estilográfica, nunca con bolígrafos ordinarios (tipo Bic), por el riesgo de que la tinta desaparezca con el tiempo. Si al extender un extracto o certificado no se conoce alguno de los datos solicitados, el espacio no debe dejarse en blanco, sino cruzarse con una línea diagonal, a fin de evitar una eventual manipulación.

Los datos requeridos en los libros sacramentales han de ser cumplimentados con extrema diligencia, a mano y con letra clara y legible, incluyendo los correspondientes índices ordenados alfabéticamente por apellidos. Si hay que hacer una rectificación o alteración de partidas, sean errores, omisiones o cambios efectuados en el Registro Civil, se requiere la autorización del ordinario. Cada cambio o alteración se hará constar en la partida consignando, al menos, la referencia del documento que acredite dicha modificación.

Si en un libro han quedado involuntariamente una o varias páginas en blanco, deben anularse trazando de lado a lado una sola raya en diagonal. En el caso de que al inscribir, anotar o certificar se haya cometido algún error material, no debe sobrescribirse ni aplicar líquidos correctores, sino invalidar la palabra o las palabras incorrectas trazando una fina línea recta sobre ellas y delimitarlas entre paréntesis para, a continuación, indicar, siempre en nota a pie de página, la validez de la corrección con la palabra «vale», firmando posteriormente dicha nota para que no quede ninguna duda acerca de su autenticidad.

El documento sólo quedará validado con la firma manuscrita, legible, y el sello de la parroquia. Es aconsejable el uso de tinta de color (azul) para el tampón de sellado de modo que la impronta del sello se superponga a una parte de la firma o del texto con el fin de prevenir posibles manipulaciones.

3. *Los registros informáticos*

Asegurar la permanencia e inalterabilidad de los datos, así como su oportuna confidencialidad, obliga a que los registros parroquiales se sigan llevando en los libros tradicionales, pues no es seguro que los medios técnicos actuales garanticen la permanencia de los datos recogidos y editados por medios informáticos. De hecho, podrían existir graves problemas como la pérdida de información por la falta de un respaldo adecuado, la modificación de los datos introducidos o la destrucción de los registros. Además, su informatización podría hacerlos susceptibles de calificarlos como ficheros, sujetos a una normativa estatal de protección de datos ajena a su verdadero carácter, que no sólo es jurídico e histórico, sino también pastoral, y bajo las decisiones de un juez que podría mandar el borrado de registros a petición del interesado.

En el caso de que en la diócesis o en la parroquia se haya implantado ya este medio, por ejemplo con *software* de gestión parroquial, sigue siendo necesario mantener el libro parroquial correspondiente. Hay que tener mucho cuidado en no introducir errores al sistema, por lo que, si esta tarea la realiza una persona distinta del párroco, éste tiene obligación de supervisarlo.

4. *Acceso y consulta de los libros y las certificaciones*

Cada parroquia ha de tener su propio sello; los certificados que se refieren al estado canónico de los fieles, así como también las demás actas que puedan tener valor jurídico, deben llevar la firma del párroco o de su delegado y el sello parroquial (c. 535 § 3). Este sello ha de ser legible y de un material consistente. Lo ideal es que el sello de cada parroquia esté registrado en la cancillería de la curia diocesana para cuando haya que realizar trámites o reconocer documentos.

Corresponde al párroco o al delegado autorizado expedir certificaciones o copias de los asientos o anotaciones registrales referentes al fiel que las solicite. Los certificados que hayan de producir efectos fuera de la diócesis conviene que sean legalizados por el ordinario

Todos los fieles tienen derecho a recibir personalmente certificaciones o copias autorizadas de aquellos documentos contenidos en los libros parroquiales que, siendo públicos por su naturaleza, se refieran a su estado personal. El interesado, salvo que sea conocido personalmente por el párroco o su delegado, deberá acreditar documentalmente su personalidad, e indicar el fin para el que se solicita la certificación.

Podrán expedirse también certificaciones o copias cuando el interesado lo solicite a través del propio cónyuge, padres, hermanos, hijos o procurador legal. En estos casos el interesado deberá, además, indicar los datos identificativos del pariente o procurador y acreditarlos documentalmente. No se pueden expedir certificaciones o copias autorizadas cuando no quede acreditado el interés legítimo y la personalidad del interesado y, en su caso, del familiar o procurador y se ha de guardar copia del documento que acredite los referidos datos del interesado y del familiar o procurador.

En general, la documentación relativa a los registros sacramentales de los últimos cien años ha de quedar cerrada a la libre y pública consulta, ya que por su naturaleza es reservada. A partir de esa fecha se considerará documentación histórica. Las solicitudes con fines genealógicos de datos referidos a los últimos cien años sólo se atenderán cuando el interesado recabe datos sobre sus ascendientes directos hasta el segundo grado inclusive. En ningún caso se debe permitir la consulta directa, manipulación, grabación o reproducción total o parcial de los libros sacramentales que se guarden en las parroquias.

La microfilmación, digitalización, o cualquier otra iniciativa de tratamiento global o parcial del archivo requerirá la autorización escrita del obispo. Cualquier duda sobre la oportunidad de extender certificados o copias autorizadas de los libros sacramentales habrá de consultarse con el ordinario.

3. Gestión de los lugares sagrados

Son lugares sagrados aquellos que se destinan al culto divino (las iglesias) o a la sepultura de los fieles (los cementerios) mediante la dedicación o bendición prescrita por los libros litúrgicos. En ellos únicamente puede admitirse aquello que favorece el ejercicio y el fomento del culto, de la piedad y de la religión, y se prohíbe lo que no esté en consonancia con la santidad del lugar (cc. 1205 y 1210).

1. *Las iglesias*

Por iglesia se entiende un edificio sagrado destinado al culto divino, un lugar al servicio de la Iglesia como comunidad de fe, al que los fieles tienen derecho a entrar para la celebración. Por esta razón, la entrada a cualquier iglesia ha de ser libre y gratuita durante el tiempo de las celebraciones sagradas, lo que no obsta para que, fuera de ellas, se condicione la entrada al pago de una cuota que sirva para su mantenimiento, sobre todo cuando la visita incluye, además del templo, otras dependencias o espacios expositivos de interés artístico o cultural (cc. 1214 y 1221).

a) *La construcción de una iglesia*

No puede edificarse una iglesia sin el consentimiento expreso y por escrito del obispo diocesano. Tal consentimiento sólo puede darlo tras haber oído al consejo presbiteral y a los rectores de las iglesias vecinas, y haber llegado a la conclusión de que la nueva iglesia servirá para el bien de las almas y que se dispone de los medios necesarios para edificarla y sostener en ella el culto divino. También los institutos religiosos deben obtener licencia del obispo diocesano aun cuando ya tuvieran su consentimiento para establecer una nueva casa en la diócesis o ciudad (c. 1215).

Cuando se empieza la construcción de una nueva iglesia, conviene celebrar un rito para implorar la bendición de Dios sobre la obra y para recordar a los fieles que el edificio de piedras materiales es signo visible de la Iglesia viva formada por ellos mismos. Es el rito de bendición en la colocación de la primera piedra (RDIA, normas generales; LG 6).

Para la recta construcción, restauración y adaptación de los edificios sagrados, todos los interesados deben consultar a la Comisión diocesana de liturgia y de arte sagrado. Y el obispo diocesano usará el consejo y la ayuda de dicha Comisión siempre que se trate de dar normas sobre este particular, de aprobar los planos para la construcción de nuevos edificios o de dar juicio sobre cuestiones de alguna importancia en esta materia (c. 1216; SC 126; IGMR 291).

b) *La dedicación o bendición*

Aunque la celebración de la eucaristía es el rito máximo y el único necesario para dedicar una Iglesia, no obstante, concluida la construcción en la forma debida, la nueva iglesia (catedrales y templos parroquiales, sobre todo) debe dedicarse o al menos bendecirse cuanto antes, según las leyes litúrgicas. Y esto porque la iglesia se construye como edificio destinado de manera fija y exclusiva a reunir al Pueblo de Dios y a celebrar los sagrados misterios (c. 1217; IGMR 290; RDIA 2 y 15).

Cada iglesia tendrá su propio titular, que no podrá ser cambiado tras la dedicación. Pueden ser la Santísima Trinidad, nuestro Señor Jesucristo, el Espíritu Santo, la Virgen María en cualquiera de sus advocaciones, los ángeles y los santos. Para los beatos se requiere el indulto de la Sede Apostólica. El titular será uno solo, a no ser que se trate de santos que aparecen unidos en el calendario litúrgico (c. 1218; RDIA 4).

Es competencia del obispo diocesano dedicar las nuevas iglesias construidas en su diócesis. En el caso de que no pueda él mismo presidir el rito, se lo confiará a otro obispo –si tiene coadjutor o auxiliar, particularmente a ellos– o, en circunstancias singularísimas, puede dar un mandato especial a un presbítero, que podría ser el mismo párroco (RDIA 6).

Para la dedicación se elegirá un día que facilite una gran asistencia de fieles, sobre todo un domingo, salvo los días de la Semana santa, Navidad, Epifanía, Ascensión, Pentecostés, Miércoles de ceniza y Conmemoración de los fieles difuntos. El día de la dedicación ha de considerarse solemnidad en la misma iglesia que se dedica (RDIA 5, 10 y 27).

El rito de la dedicación se realiza dentro de la misa, tras la homilía y el Credo. Consiste en la colocación de las reliquias de los santos bajo el altar, la oración de dedicación, la unción del altar y los muros del templo, la incensación del altar y la nave, y la vestición e iluminación del altar (RDIA 11-17).

Se puede dedicar una iglesia que ya ha sido usada para el culto –aunque debe evitarse en lo posible celebrar antes de dedicarla–, sea de reciente construcción o ya antigua. En este último caso, podrá hacerse siempre que el edificio haya sufrido un cambio significativo, como una importante restauración o, en sentido jurídico, como que haya pasado a ser templo parroquial. En ningún caso se puede proceder a dedicar la iglesia sin dedicar el altar, por ser la parte principal del rito.

c) *El uso exclusivo de la iglesia*

El templo es casa del Pueblo de Dios, pero no para cualquier actividad, sino para su finalidad propia: la reunión de la comunidad para la escucha de la Palabra y la celebración de la eucaristía, para la iniciación y la reconciliación, para la oración, la alabanza y el canto en una atmósfera acogedora y participativa. Esto no obsta para que, excepcionalmente y con licencia del ordinario del lugar, pueda acoger otros usos afines (como actos académicos o conferencias de temas religiosos), pero nunca para usos contrarios a la santidad del lugar (como bailes, mercadillos, comicios políticos, conciertos de música profana, representaciones teatrales, etc.; c. 1210).

Las iglesias, por lo tanto, no pueden ser consideradas simplemente como lugares «públicos», disponibles para cualquier tipo de reunión. Insistimos en que son lugares sagrados, es decir, «separados», destinados con carácter permanente al culto de Dios desde el momento de la dedicación o la bendición. Cuando se utilizan para otras finalidades distintas de la que le es propia, se pone en peligro su carácter de signo del misterio cristiano, con consecuencias negativas, más o menos graves, para la pedagogía de la fe y la sensibilidad del Pueblo de Dios.

d) *Los conciertos en las iglesias*

El caso más común es el de abrir la puerta de la iglesia a un concierto de música sagrada o religiosa. Música sagrada es la que ha sido compuesta específicamente para la liturgia, mientras que la música religiosa es aquella que se inspira en un texto de la Sagrada Escritura o en la liturgia, o que se refiere a Dios, a la santísima Virgen María, a los santos o a la Iglesia. La mejor y más bella música sinfónica, por ejemplo, no es de por sí música religiosa. Corresponde a la autoridad eclesiástica ejercitar libremente su potestad en los lugares sagrados; las autoridades civiles no tienen jurisdicción al respecto (c. 1213; CCD, *Nota sobre los Conciertos en las iglesias* [5 de noviembre de 1987], 8-11).

Cuando los organizadores de un concierto proyectan que sea interpretado en una iglesia, deberán hacer la solicitud, en tiempo útil y por escrito, al ordinario del lugar (no al párroco, que no tiene potestad para conceder el permiso), indicando la fecha del concierto, el horario y el programa con las obras musicales y el nombre de los autores. Una vez recibida la autorización del ordinario, el párroco podrá permitir el uso de la misma a los coros y orquestas, con las siguientes condiciones:

- La entrada en la iglesia deberá ser libre y gratuita.
- Los intérpretes y los asistentes respetarán el carácter sagrado de la iglesia, tanto con un modo de vestir adecuado como con un comportamiento digno.
- Los músicos y los cantores evitarán ocupar el presbiterio. Se tratará con el máximo respeto el altar, la sede y el ambón.
- El santísimo Sacramento, en lo posible, será trasladado a una capilla adyacente o a otro lugar seguro y decoroso (c. 938 § 4).
- El concierto será presentado y, eventualmente, acompañado con comentarios que no sean únicamente de carácter artístico o histórico, sino que también favorezcan una mejor comprensión y una participación interior de los asistentes.
- El organizador del concierto asegurará, por escrito, la responsabilidad civil, los gastos, la reorganización del edificio y los daños eventuales.

e) *La violación, execración y reducción a usos profanos*

La *violación* de un lugar sagrado consiste en la profanación que se produce cuando se dan los siguientes tres factores: un hecho gravemente injurioso, con escándalo de los fieles y el juicio del ordinario del lugar sobre ese carácter grave y escandaloso. Si no se produce escándalo –porque, por ejemplo, del hecho tan sólo se enteró el párroco–, tampoco habría profanación en sentido canónico. De todos modos, el párroco siempre tendrá que solicitar el juicio del ordinario antes de decidir si es necesario o no reparar la injuria mediante el rito penitencial previsto en los libros litúrgicos –en el Pontifical para lugares «dedicados», en el Ritual para lugares «bendecidos»– a fin de que el lugar profanado pueda emplearse de nuevo para el culto (c. 1211).

La *execración*, por su parte, es la pérdida del carácter sagrado de la iglesia por haber quedado destruida en gran parte, o haber sido reducida de manera permanente a usos profanos por decreto del ordinario o de hecho. Se entiende que dicha destrucción ha de afectar no a elementos accesorios, sino a elementos estructurales importantes (por ejemplo, la caída del techo, de una bóveda, de la cúpula, de un muro…), de tal modo que resulta imposible celebrar la liturgia (c. 1212).

La *reducción a usos profanos* depende siempre de un acto positivo del obispo diocesano, motivado por falta de medios para rehabilitar el edificio cuando ya no puede emplearse para el culto, o por existir causas muy graves que impiden mantenerlo abierto al culto. Tomará la decisión tras oír al consejo presbiteral. El uso profano al que se reduzca no puede ser sórdido, o sea, opuesto a la naturaleza del edificio. Se deberá contar con el consentimiento de quienes legítimamente mantengan derechos sobre el lugar y se evitará que sufra detrimento el bien de las almas. No sería adecuado, por ejemplo, transformar la iglesia en un restaurante, un cine, un mercado, un bar o una sala de fiestas (c. 1222).

2. *Los cementerios*

El cementerio es el «dormitorio donde descansan los fieles en espera de la resurrección». Existen tres tipos de cementerios: los propios de una persona jurídica eclesiástica, como serían los que tienen algunas parroquias; los cementerios civiles con espacio propio para los católicos; y los cementerios civiles que no cuentan con tal espacio, en los cuales se ha de bendecir cada tumba individualmente (cc. 1240-1241).

Se mantiene la prohibición de dar sepultura en las iglesias, salvo las excepciones en favor del Romano Pontífice y de los cardenales –en su propia catedral, si son diocesanos, o en la iglesia de su título–, obispos diocesanos, incluso eméritos, y de todos los equiparados en derecho a ellos; este privilegio no alcanza a los obispos coadjutores y auxiliares (c. 1242).

El osario-columbario (o nichos) para el depósito de restos reducidos o de cenizas estará situado, por lo general, en el cementerio. No obstante, el ordinario del lugar puede autorizar a que se establezca junto a una iglesia, en un lugar especialmente destinado para ello –fuera del recinto del templo, se entiende–, procurando que la entrada a aquel espacio sea independiente de la del templo. La apertura de los nichos para depósito o traslado de restos o cenizas deberá contar con el permiso expreso del párroco y con su presencia en el acto de apertura, a fin de asegurar la oración de la Iglesia por los difuntos. El traslado de los restos se efectuará con arreglo a las prescripciones de las autoridades sanitarias y las demás disposiciones civiles.

Se confía al derecho particular el dictar normas sobre el funcionamiento de los cementerios, y por extensión de los osarios-columbarios, «especialmente para proteger y resaltar su carácter sagrado». En el caso de los parroquiales, la competencia es del obispo diocesano (c. 1243).

Los fieles cristianos acatólicos podrán recibir sepultura en cementerios u osarios-columbarios católicos y sus ministros podrán celebrar los ritos correspondientes sólo si han obtenido previamente el permiso del ordinario del lugar, como ya dijimos más arriba, al hablar de las exequias (c. 1183 § 3).

4. Servicio de la caridad y atención a los necesitados

La Iglesia, fiel a Jesucristo, ha sido enviada a «anunciar la Buena Noticia a los pobres» (Lc 4, 18). El servicio de la caridad, ampliamente asentado en la tradición cristiana de todos los siglos, encuentra su inicio y fundamento en la práctica organizada y específica del ministerio de la caridad de la comunidad apostólica, en particular en la institución de los «siete varones de buena fama, llenos del Espíritu y de sabiduría», a los cuales se les confía el servicio de las mesas, así como en el relieve que asume la colecta a favor de los hermanos en el ministerio de san Pablo (Hch 6, 1-6; 1 Cor 16, 1-4; 2 Cor 8, 9; Gal 2, 10; Rom 15, 26-28).

Consciente de esta prioridad en la evangelización, Francisco, en la homilía de su primera misa como Papa en la Pascua de 2013, habló sobre el papel de la Iglesia como «hospital de campaña» y destacó la importancia de salir a las periferias, físicas y existenciales: «Necesitamos salir, salir siempre más allá de nosotros mismos y de nuestras parroquias, salir y encontrarnos con la gente, con quienesquiera que sea, allí donde se encuentren». En 2017 instituyó la Jornada Mundial de los Pobres, ofreciendo valiosos mensajes cada año.

El Papa se expresa con absoluta rotundidad: «Quiero una Iglesia pobre para los pobres. Ellos tienen mucho que enseñarnos. Además de participar del *sensus fidei*, en sus propios dolores conocen al Cristo sufriente. Es necesario que todos nos dejemos evangelizar por ellos. La nueva evangelización es una invitación a reconocer la fuerza salvífica de sus vidas y a ponerlos en el centro del camino de la Iglesia. Estamos llamados a descubrir a Cristo en ellos, a prestarles nuestra voz en sus causas, pero también a ser sus amigos, a escucharlos, a interpretarlos y a recoger la misteriosa sabiduría que Dios quiere comunicarnos a través de ellos» (*Evangelii gaudium* [24 de noviembre de 2013] EG 198).

Se entiende desde aquí que más allá de la ayuda material y espiritual organizada por la comunidad cristiana para servir a Cristo en los pobres, la caridad exige también y sobre todo recibirlos y verlos como personas, insertándolos en una comunión de vida y de afecto. «Los pobres no son personas «externas» a la comunidad, sino hermanos y hermanas con los cuales compartir el sufrimiento para aliviar su malestar y marginación, para devolverles la dignidad perdida y asegurarles la necesaria inclusión social» (Francisco, *Mensaje V Jornada mundial de los pobres* [14 de noviembre de 2021] 3).

Desde esta conciencia, la Iglesia que sirve a los pobres, la Iglesia que actúa con ellos y es de ellos, hace posible la superación de la simple beneficencia ocasional, dota de nueva vigencia y actualidad, de fuerza evangelizadora y misionera a la caridad, rehabilitándola y haciendo de esta hora la hora de la caridad. El compromiso de la parroquia con los necesitados no se limita a acciones o programas de promoción y asistencia; lo que el Espíritu moviliza no es un desborde activista, sino ante todo una atención puesta en el otro «considerándolo como uno consigo» (*Ecclesiam Suam* 52; EG 199).

«Los pobres nos evangelizan, ayudándonos a descubrir cada día la belleza del Evangelio. No echemos en saco roto esta oportunidad de gracia. Sintámonos todos deudores con ellos, para que tendiendo las manos unos a otros, se realice el encuentro salvífico que sostiene la fe, vuelve operosa la caridad y permite que la esperanza prosiga segura en su camino hacia el Señor que llega» (Francisco, *Mensaje II Jornada mundial de los pobres* [13 de junio de 2018] 10).

1. *La organización diocesana*

El servicio de la caridad en la parroquia conlleva algo más que la gratuidad de las celebraciones, de la que ya hablamos (cc. 848). Trata de atender, a través de diversos medios, a los más necesitados desde una acción pastoral planificada, para que no se trate de obras de carácter personalista ni improvisadas, dejadas a la espontaneidad o en manos de un pequeño grupo, pues así se correría el riesgo de que no fuera la parroquia la que se sintiera solidariamente responsable.

Una planificación semejante ha de tener en cuenta la organización diocesana, con vistas a coordinar los esfuerzos y aprovechar mejor los recursos, trabajando de forma subsidiaria. Generalmente esta coordinación se realizará desde las vicarías, delegaciones o secretariados a quienes el obispo encomiende la tarea, junto con instituciones ya consolidadas como Cáritas, Manos Unidas o Justicia y paz.

Son muchos los campos de actuación: la pastoral de la salud (coordina y ejecuta las acciones eclesiales y apostólicas en el mundo de la salud, tanto a nivel de enfermos como del personal sanitario), la pastoral obrera (promueve el conocimiento de la realidad obrera y ofrece servicios para la concienciación social sobre el mundo del trabajo y para la formación de líderes obreros cristianos), la pastoral penitenciaria (atención pastoral en los centros penitenciarios y acción caritativa en favor de los reclusos y sus familias), migraciones (promover y apoyar aquellas iniciativas que parezcan apropiadas y viables para acoger, promocionar e integrar a los inmigrantes), o pastorales especiales (gitana, rural, del mar, de la carretera, etc.), según las necesidades y la configuración de cada diócesis (ApS 195; AA 8).

La acción de Cáritas en la diócesis se desarrolla principalmente a través de las Cáritas parroquiales. Cuando la complejidad de la acción caritativo-social lo requiera pueden crearse como órgano de coordinación las Cáritas arciprestales o de cada una de las vicarías. La confederación de las diversas Cáritas diocesanas se organiza desde la conferencia episcopal como servicio a la comunión interna y a la apertura universal que debe caracterizar la acción caritativa y social de la Iglesia.

Pero también las asociaciones, comunidades eclesiales, movimientos apostólicos y grupos cristianos de caridad son obras de la Iglesia y a través de ellos actúa, en el plano parroquial, diocesano o universal, velando por el bien de los más necesitados. Es un derecho de los fieles fundar y dirigir libremente estos grupos para fines de caridad, muchos de las cuales han sido reconocidos por la Santa Sede y ejercen su actividad en el ámbito de la Iglesia universal. No se trata de un hecho nuevo, pues a través de los siglos asistimos continuamente al nacimiento de grupos más o menos numerosos de católicos que se sienten empujados espontáneamente a asociarse con este fin (c. 215; LG 30; AA 3).

Todas estas instituciones dedicadas a la acción caritativa y social, aun cuando gozan de una legítima autonomía, también están llamadas a coordinarse en el marco de la pastoral de conjunto de la diócesis, por el sentido de la comunión eclesial, para una mayor eficacia y operatividad práctica, y para ofrecer un testimonio especialmente elocuente de la fuerza del Evangelio.

2. *La organización parroquial*

Todos los fieles tienen el deber de promover la justicia social y de, recordando el precepto del Señor, ayudar con sus bienes a los pobres. Esta obligación recae especialmente en el párroco quien, como buen pastor, participa en las necesidades de los más desfavorecidos, dedica particular atención a los pobres y a los afligidos, a los ancianos y a los enfermos, a los que se encuentran solos y a los emigrantes, a todos los que sufren especiales dificultades. No podemos olvidar que la pastoral de la caridad es esencialmente misionera porque va dirigida en gran medida a los más alejados (cc. 222 § 2; 529 § 1).

Entre las exigencias principales que comporta el cumplimiento de la función pastoral parroquial está la de la atención particular a las personas; el sacerdote habrá de esforzarse en conocer a los fieles confiados a su cura, evitando caer en el peligro del funcionalismo: busca a los fieles, visita a las familias, participa en sus necesidades, cuida de los ancianos, los débiles, los abandonados y los enfermos, y se entrega a los moribundos; dedica particular atención a los pobres y a los afligidos; educa en la práctica de la obras de misericordia espirituales y corporales, signo de vitalidad en una comunidad cristiana. Su mismo estilo de vida ha de ser testimonial para los que están a su cuidado (cc. 529; 282 § 2; PP 22).

Desde el punto de vista de la caridad, la programación pastoral de las parroquias, en armonía con la planificación pastoral de toda la diócesis, deberá incluir la formación para la caridad y la justicia y la promoción de ambas. En este sentido se sugiere una integración coherente de la diaconía de la caridad en los consejos pastorales, una labor de formación permanente a través de la predicación y la catequesis, así como en los diversos medios de educación en la fe de los cristianos, y la promoción de proyectos de solidaridad y promoción de la justicia y de la paz en los que se involucre a la comunidad entera.

Sin ignorar ni olvidar la necesidad de transformar las estructuras injustas que causan o agravan la pobreza, muchas parroquias realizan un gran esfuerzo para ayudar a los pobres y marginados, con el fin de aliviar su situación en todo lo que sea posible, tanto con aportaciones económicas como con prestaciones personales de servicio, por medio de colectas y en el ejercicio del voluntariado, a través de Cáritas parroquiales y de otras asociaciones como Manos Unidas o el voluntariado Vicenciano.

a) *Los agentes de la pastoral de la caridad*

Parece oportuno diseñar un perfil común a todos los agentes de pastoral de la caridad (sean diáconos, religiosos o laicos) que oriente a los párrocos a la hora de seleccionarlos y formarlos. Las condiciones de idoneidad requeridas para desempeñar de un modo adecuado esta tarea son:

- Formación profesional, competencia y capacitación: que los responsables de la acción caritativa de la Iglesia sepan hacer lo más apropiado y de la manera más adecuada.
- Formación del corazón: que se les guíe hacia el encuentro con Dios en Cristo, para que el amor sea una consecuencia de esa fe que se actúa en la caridad (cf. Gal 5, 6).
- Independencia de partidos políticos y de ideologías, puesto que el ejercicio de la caridad no está al servicio de estrategias mundanas, sino que es la actualización aquí y ahora del amor que el hombre siempre necesita.

- Sentido de Iglesia: cuando la actividad caritativa es asumida por la Iglesia como iniciativa comunitaria, a la espontaneidad del individuo debe añadirse también la programación, la previsión, la colaboración con otras instituciones similares.
- Con espíritu de gratuidad y sin ánimo proselitista, «quien ejerce la caridad en nombre de la Iglesia nunca tratará de imponer a los demás la fe de la Iglesia. Es consciente de que el amor, en su pureza y gratuidad, es el mejor testimonio del Dios en el que creemos y que nos impulsa a amar [...]. De modo que a través de su actuación, así como por su hablar, su silencio, su ejemplo, sean testigos creíbles de Cristo» (NMI 49).

b) *Algunas iniciativas de caridad en la parroquia*

Muchas parroquias ofrecen servicios asistenciales de emergencia de muy diversa índole: atención socio-sanitaria, albergues y dormitorios para transeúntes, alimentación básica en comedores, higiene y lavandería... En otras se han constituido grupos estables de ayuda para alcohólicos, drogodependientes, víctimas de la violencia doméstica... Todos ellos ponen de manifiesto la conciencia viva en la comunidad parroquial de que la Iglesia nunca puede sentirse dispensada del ejercicio de la caridad, porque el hombre, más allá de la justicia, tiene y tendrá siempre necesidad de amor.

Un medio privilegiado para coordinar todas estas iniciativas es la creación de Cáritas en la parroquia, como referencia de cuantos trabajan al servicio de los pobres y la promoción de la justicia. Presidida por el párroco, Cáritas parroquial tiene como funciones propias las de procurar la incorporación de la acción caritativa-social a la vida y la pastoral de la parroquia, sensibilizar y acercar a la comunidad parroquial el conocimiento de las realidades de pobreza y de exclusión social, impulsar la comunicación cristiana de bienes, y promover cuantos servicios se consideren necesarios para apoyar la promoción humana, el desarrollo integral y la inserción social de los pobres. Todo ello en estrecha colaboración con el consejo pastoral parroquial y en colaboración con Cáritas diocesana. Generalmente las personas que componen Cáritas parroquial son voluntarios que desinteresadamente emplean su tiempo en el servicio a los hermanos necesitados.

Las tareas que se desempeñan desde Cáritas parroquial son muy diversas, desde la información sobre los diferentes servicios sociales públicos y privados disponibles, a la dispensa de ayudas para alimentos, pago de alquileres y recibos de servicios (agua, luz, gas, etc.), oferta y demanda de trabajo, entrega de ropa, campañas de juguetes y de alimentos, seguimiento de situaciones familiares que requieren una mayor atención... siempre encaminadas a la integración social de los más desfavorecidos.

El párroco habrá de preocuparse para que este servicio no sea tarea de unos pocos, sensibilizando a los diversos agentes pastorales y muy especialmente a los catequistas en la importancia de incluir en sus itinerarios de formación y en la misma catequesis que se lleva en su parroquia el tema de la caridad y el servicio en favor de los últimos, haciendo referencias permanentes en la predicación, siendo ejemplo para todos en la acogida y en el trato a los más pobres.

Merecen especial atención en el momento presente *los migrantes*. La parroquia es el lugar natural de encuentro y comunión de los inmigrantes y los distintos grupos étnicos, un apoyo muy adecuado para la integración social: representa el espacio en el que puede llevarse a cabo una verdadera pedagogía del encuentro con personas de convicciones religiosas y culturas diferentes. En sus diversas articulaciones, la comunidad parroquial puede convertirse en lugar de acogida, donde se realiza el intercambio de experiencias y dones. Esto no podrá por menos de favorecer una convivencia serena, previniendo el peligro de tensiones con los inmigrantes que profesan otras creencias religiosas.

La parroquia, pues, como responsable de los migrantes que se establecen dentro de sus límites, debe, con respecto a los católicos, considerarlos miembros de pleno derecho y acogerlos positivamente, crear o adaptar servicios para ellos, mantener relación fraterna con el capellán o misionero del rito propio, si lo hubiere, y darles representación proporcional en el consejo pastoral parroquial. Con respecto a los no católicos, debe contribuir a crear una opinión pública favorable para erradicar los prejuicios, la discriminación, la xenofobia y el racismo, facilitar el trato mutuo entre los migrantes fomentando procesos de socialización, ofrecer el testimonio de fe y caridad de la comunidad cristiana, y preparar las condiciones para el diálogo ecuménico o evangelizador de acuerdo con las enseñanzas de la Iglesia.

Finalmente, es indispensable estar cerca desde la parroquia a las nuevas formas de pobreza y fragilidad: los sin techo, los tóxico dependientes, los refugiados y desplazados, los pueblos indígenas, los ancianos cada vez más solos y abandonados, los que son objeto de las diversas formas de trata de personas, las mujeres y niños que sufren situaciones de exclusión, maltrato y violencia, porque frecuentemente se encuentran con menores posibilidades de defender sus derechos (EG 210-214).

En palabras del Papa Francisco: «Cualquier comunidad de la Iglesia, en la medida en que pretenda subsistir tranquila sin ocuparse creativamente y cooperar con eficiencia para que los pobres vivan con dignidad y para incluir a todos, también correrá el riesgo de la disolución, aunque hable de temas sociales o critique a los gobiernos. Fácilmente terminará sumida en la mundanidad espiritual, disimulada con prácticas religiosas, con reuniones infecundas o con discursos vacíos» (EG 207).

Abordados los aspectos generales sobre la celebración en la Iglesia, trataremos seguidamente cada uno de los sacramentos, uniendo los aspectos canónicos con las estrategias pastorales para administrarlos según la normativa. Y lo haremos siguiendo la clasificación tradicional basada en tres categorías: los sacramentos de la iniciación cristiana (bautismo, confirmación y eucaristía), de la que trataremos más ampliamente dedicándole un capítulo entero, dada su importancia en la vida de la Iglesia; los sacramentos de sanación (penitencia y unción de enfermos), que, junto con los sacramentales, completarán el siguiente capítulo; y concluiremos con los sacramentos del servicio a la comunidad (matrimonio y orden sagrado).

III

LA CELEBRACIÓN DE LOS SACRAMENTOS

6

BAUTISMO Y CONFIRMACIÓN
El comienzo de la iniciación cristiana

1. Preliminares sobre la iniciación

Bautismo, confirmación y eucaristía forman los sacramentos de la iniciación cristiana por los que el catecúmeno alcanza la madurez y plenitud de su vida en Cristo y su incorporación a la Iglesia. Los tres sacramentos guardan entre sí una íntima unidad, lo cual tiene consecuencias importantes en el plano disciplinar y en la formación catequética. Se comprende que la Iglesia exija haber completado la iniciación para poder recibir otros sacramentos (cc. 241; 643; 1033; 1065) o acceder a otras encomiendas. Una recomendación concreta, que pone de relieve la unidad de la iniciación cristiana, es que el padrino de confirmación sea el mismo del bautismo (c. 893 § 2).

En la pastoral de la parroquia encontramos varias formas de recorrer el camino de la iniciación cristiana. La más común es la seguida por los párvulos que son bautizados en los primeros meses de vida y progresivamente reciben los sacramentos de la eucaristía (en la infancia) y la confirmación (en la adolescencia o la juventud). Más extraordinaria, aunque remite a los primeros siglos cristianos, es la seguida por las personas no bautizadas (niños, jóvenes o adultos) que participan en un catecumenado que culmina en la celebración de los tres sacramentos de la iniciación (ICR 23). Menos frecuente aún es entrar a formar parte de plena comunión siendo un cristiano acatólico.

1. *La iniciación cristiana de niños*

Cuando se trata de bautismo de niños que no han alcanzado el uso de razón, o quienes se asimilan a ellos, se separa el bautismo de los otros dos sacramentos, recibiéndose la eucaristía poco después de la edad de la discreción de juicio y, a menudo, postergando la confirmación hasta la adolescencia (c. 852 § 2; Cat. 1233).

Para poner de manifiesto la unidad de los tres sacramentos se hace mucho hincapié en la responsabilidad del párroco en la preparación catequética de la primera comunión, que se deberá prolongar después de recibirla durante el tiempo conveniente para que enlace con la catequesis de confirmación (c. 777, 2.º).

Este itinerario, que es el que comúnmente se sigue en las parroquias, no se ha demostrado tan eficaz como parecía teóricamente, puesto que cada vez resulta más complicado mantener en la catequesis a los niños después de haber hecho la primera comunión. Por otra parte, desde el punto de vista teológico, se desdibuja el lugar propio de la eucaristía como meta final de la iniciación cristiana y se da un uso inapropiado a la preparación a la confirmación, concibiéndola como una oportunidad para la pastoral de adolescentes.

Por esta razón, en algunas diócesis se ha propuesto retomar el orden original de los sacramentos de iniciación en una catequesis continuada de al menos tres años: el primero concluye con la iniciación al sacramento de la penitencia (que se celebrará luego periódicamente para promover en los niños el buen hábito de confesarse frecuentemente); el segundo finaliza con la recepción de la confirmación; y el tercero, una vez finalizado el periodo catequético, con la primera comunión.

No se trata de una idea surgida de la nada, pues sabemos que en la Iglesia hay tradiciones diferentes en Oriente y Occidente, e incluso en la misma praxis occidental cuando se organiza la iniciación de adultos, que difiere de la de los niños. No son diferencias de orden dogmático, sino pastoral (CCEO 710; RICA 34-36; RBN 18-19; Sca 17).

No está de más recordar aquí que somos bautizados y confirmados en orden a la eucaristía. Por consiguiente, tiene importancia en la acción pastoral realizar los esfuerzos necesarios que conduzcan a una comprensión unitaria del proceso de iniciación cristiana. Es oportuno, pues, que el orden tradicional de los sacramentos –bautismo, confirmación, eucaristía– sea evaluado y considerado para verificar qué praxis puede efectivamente ayudar mejor a los fieles a poner de relieve el sacramento de la eucaristía como culmen del proceso. Es deseable que donde se realicen experiencias en este sentido, partan de una reflexión compartida por toda la conferencia episcopal. Sea como fuere, esta decisión no le corresponde tomarla al párroco, que ha de atenerse a los establecido por el obispo en su diócesis (DC 70; Sca 17-18).

2. *La iniciación cristiana de adultos*

Cuando quien accede a los sacramentos de la iniciación cristiana es una persona adulta, deberá recibirlos en una única celebración litúrgica, según el orden tradicional conservado en las Iglesias orientales. Incluso se concede la facultad de confirmar *ipso iure* a aquellos presbíteros que bautizan a los que han sobrepasado la infancia o que admiten a una persona ya bautizada a la comunión plena (cc. 851 § 1; 852 § 1; 866; 883, 2.º; cf. un modelo de solicitud en el Anexo 8).

No es extraño el caso de niños en edad catequética que solicitan la primera comunión sin estar bautizados. Corresponde al obispo aprobar los itinerarios que han de ponerse en práctica, siguiendo un verdadero y propio catecumenado que se adapte a las condiciones propias de la edad, observando las dimensiones catequéticas, los tiempos propios y los ritos catecumenales, cuya referencia es el capítulo V del Ritual de la Iniciación Cristiana de Adultos (RICA 307). Es recomendable que el candidato se incorpore a una experiencia de grupo catecumenal, bien sea parroquial, si hay niños suficientes, bien a nivel arciprestal o diocesano, y que durará cuatro o cinco años litúrgicos.

Cuando el grupo de niños sin bautizar no sea suficiente o las circunstancias pastorales lo aconsejen, el niño podrá recibir la formación catequética con sus compañeros ya bautizados, pero los sacramentos de la iniciación los recibirá juntos en una misma celebración, preferentemente en Pascua, no recibiendo el bautismo de manera rápida u oculta para seguir el proceso normal de sus compañeros bautizados. Si la confirmación se separa del bautismo, se celebrará según los criterios que establezca el obispo (RICA 343, 358).

3. *La recepción en la plena comunión de un no católico*

Un adulto puede ser admitido en la plena comunión con la Iglesia (RICA Apéndice) después de haber sido instruido en la fe de la Iglesia católica y recibir la autorización del ordinario del lugar. Sólo entonces puede recibir el párroco su profesión de fe en presencia de dos testigos, según la fórmula aprobada, que firmará junto con los testigos y por duplicado, quedando una copia en la parroquia y enviando otra a la cancillería de la diócesis; asimismo, se hará la anotación en el libro de bautismos, añadiendo el día y lugar del bautismo y, en caso de que sea posible, el nombre de la denominación cristiana del ministro del bautismo (Anexos 9-10).

Si el adulto está todavía en edad escolar, tras la solicitud de los padres o tutores y con la autorización del ordinario de lugar, el párroco procederá como en el caso anterior, con la diferencia de que la fórmula de profesión de fe será firmada por los padres, o al menos por uno de ellos junto con un testigo. No se debe recibir en la plena comunión católica al fiel oriental no católico que no haya cumplido catorce años (CCEO c. 900 § 1).

Si la admisión se va a realizar durante la celebración de la misa, que es la forma recomendada, se le dará antes la absolución sacramental tras haberle escuchado en confesión. En la misma celebración eucarística se le administrará el sacramento de la confirmación, si es necesario y posible (c. 883 § 2). Recordemos que para los cristianos orientales no es necesario, puesto que ya han sido confirmados en el momento del bautismo, pero deberán presentar certificación del bautismo recibido para ser adscrito a la Iglesia *sui iuris* del mismo rito. Para los miembros de comunidades cristianas, aunque tengan un rito denominado «confirmación», no es propiamente sacramento en la mayoría de los casos, por lo que sí es preceptivo administrarlo, al menos bajo condición.

2. El bautismo

El bautismo es el sacramento de la regeneración, por el que somos conducidos a la vida divina. Necesario para la salvación, tiene un valor trascendental como puerta de acceso a la vida en el Espíritu, imprime un carácter indeleble, libera del pecado original y de los pecados personales, da la filiación divina y la unión a Cristo, configurándolo con su muerte y resurrección.

Desde el punto de vista canónico, el bautismo constituye además al bautizado como persona en la Iglesia y lo integra en la comunión de los fieles, siendo condición indispensable para el ejercicio de cualquier derecho o deber en la comunidad creyente y para recibir de forma válida los demás sacramentos (cc. 96; 204; 842 § 1; 849; LG 7.14-16; UR 22; Cat. 1213).

1. *La preparación al bautismo*

Para que toda la comunidad sea consciente de su propia vocación bautismal y de la misión que le ha sido encomendada, es necesaria una catequesis constante sobre el bautismo. El párroco puede aprovechar los momentos especialmente destacados para hacer esta catequesis. Primero, en las celebraciones bautismales que tienen lugar y en las que participa toda la comunidad (RBN 54-56). Segundo, en la predicación durante los tiempos litúrgicos de Cuaresma y Pascua, y en las homilías de los domingos, cuando las lecturas ofrezcan referencias bautismales. Por último, en cualquier ocasión propicia, como en las misiones populares, los cursillos, los ejercicios espirituales o los encuentros de novios.

La idea de que debe existir una preparación para que los sacramentos se conviertan en una experiencia fructífera y de gracia no parece generar ninguna duda en el ejercicio de la pastoral parroquial. Abaratar la preparación puede conducir a pensar que lo que se administra vale poco o nada, y a extender la idea de que, en general, ser católico cuesta poco. Una buena preparación, que precisa tiempo y esfuerzo, es sin duda el medio más eficaz para asegurar que cuando alguien toma una decisión así, lo hace de forma seria (RBN 58).

En los programas de preparación para el bautismo de niños organizados en la parroquia debe subrayarse, en primer lugar, la responsabilidad que contraen los padres y padrinos de ser los primeros testigos, los iniciadores de la fe para sus hijos y ahijados; y en segundo lugar, propiciar el encuentro con otros padres y fieles de la parroquia para que la perciban como comunidad acogedora que recibe con gozo a todos los nuevos miembros.

Es necesario que los padres y los padrinos asistan a las sesiones formativas de preparación, destinadas a explicarles el significado del bautismo, la responsabilidad en el acompañamiento de la fe de sus hijos o ahijados, la naturaleza de la comunidad cristiana, el significado de la fe en la vida personal y el compromiso que adquieren de dar un testimonio veraz de vida cristiana como miembros de la comunidad (c. 851 §2).

El proceso formativo en el caso del bautismo de adultos está desarrollado minuciosamente en el Ritual de la Iniciación Cristiana de Adultos, donde se describen los ritos que se realizan, los grados que comprende, las disposiciones interiores que pretende desarrollar en el catecúmeno, los ministerios y oficios que intervienen... Junto con él deben tenerse en cuenta las orientaciones del obispo para su diócesis. Recordemos que el término «adulto» se refiere a quienes han pasado la infancia y tienen uso de razón, aunque sean menores de edad (c. 852).

2. *La celebración del bautismo*

El sacramento se administra por medio de la ablución con agua verdadera, no corrompida y bendecida (si no es en caso de necesidad); durante el tiempo pascual se recomienda usar el agua que se bendijo en la Vigilia y con la fórmula trinitaria verbal (cc. 853-854).

Aunque ciertamente la inmersión significa más patentemente la muerte y resurrección con Cristo, la opción que se ha tomado comúnmente es que se siga la costumbre extendida de la infusión, mucho más práctica, sobre todo si los bautismos son numerosos. Obviamente, el rito se ha de realizar ateniéndose a los libros litúrgicos, salvo situación de necesidad, donde lo importante es salvar lo esencial y basta con derramar agua sobre el bautizando al tiempo que se expresa la fórmula trinitaria: «N., yo te bautizo en el nombre del Padre y del Hijo y del Espíritu Santo» (c. 850).

a) *La elección del nombre*

El nombre simboliza la nueva vida a la que se accede por medio del bautismo, que está marcada por el sello de la pertenencia a Dios. Así lo pone de manifiesto la elección de muchos nombres en la Biblia.

Además, el nombre puede significar la fe en Dios, la protección de María y el ejemplo y la intercesión de los santos para vivir según el estilo cristiano. Este último es el caso de imponer nombres de apóstoles, mártires, confesores, vírgenes y santos (c. 855; Cat. 2156).

Sin caer en las exageraciones de la disciplina anterior al actual Código, según la cual el ministro oficiante podía añadir un nombre al elegido por los padres si este nombre resultase completamente ajeno al sentir de la Iglesia o simplemente lo considerase oportuno (vc. 761), no estaría de más recordar a padres y padrinos el sentido tradicional del nombre, además de respetar el sentir de cada pueblo y su idiosincrasia (RICA 88 y 203).

b) *El día de la celebración*

Aunque es posible celebrar el bautismo cualquier día de la semana, se ha de preferir el domingo o, mejor aún, la Vigilia pascual (c. 856).

El domingo es un día privilegiado porque destaca tres elementos esenciales: la inserción del bautizado en el misterio de la muerte y resurrección de Cristo; la incorporación a la vida de la comunidad que, reunida para celebrar el día del Señor, acompaña y acoge; y la relación con la eucaristía (RBN 46).

La recomendación de que «no se haga con demasiada frecuencia» limitaría esta práctica a parroquias pequeñas, que tengan pocos bautizos a lo largo del año. En el caso de parroquias grandes, la dimensión comunitaria quedaría salvada por celebraciones de varios bautizos a la vez gracias a la presencia de las familias de los bautizados (RBN 45). En todo caso, sigue siendo recomendable que alguna vez al año la comunidad parroquial pueda participar en las celebraciones bautismales.

A este respecto, el ritual recuerda que la «naturaleza» del bautismo y la misma «estructura del rito» reclaman «una celebración comunitaria, que no se define solamente por el mayor o menor número de los bautizados, sino sobre todo por la participación activa de la comunidad local. Una celebración sin comunidad deberá constituir siempre una excepción» (RBN 61). Por eso no deben aceptarse como norma las celebraciones particulares o privadas, en las que prácticamente asiste sólo la familia, y que se suelen programar «a la carta» en lo que respecta al día y la hora. Lo anterior no obsta para que quede al buen criterio pastoral del párroco la posibilidad de hacer excepciones en casos particulares y por diversos motivos, sobre todo en situaciones familiares especiales en las que no sería muy adecuada la presencia de la comunidad.

El tiempo de Cuaresma, por ser tiempo de preparación al bautismo, no parece oportuno, y se recomienda que se difiera la celebración hasta la Vigilia pascual, día bautismal por excelencia (RBN 47). Tampoco parecen muy oportunos los domingos de Adviento, de Navidad y otras fiestas importantes.

Un día significativo puede ser la fecha en la que el obispo realiza la «visita pastoral» a la parroquia. De este modo se destaca el papel del pastor propio de la diócesis, que agrega nuevos hijos a la Iglesia (RBN 48).

c) *El lugar de la celebración*

El lugar más propio para la celebración del bautismo es la iglesia parroquial, donde ha de haber una fuente bautismal. Excepcionalmente, puede bautizarse en otra iglesia u oratorio dentro del límite de la parroquia, siempre que el ordinario del lugar, una vez oído al párroco, haya autorizado a tener pila bautismal. En caso de necesidad, en cualquier lugar, con tal de que sea digno (cc. 857 § 1; 858-859; RBN 49-50).

La pila bautismal ha de ser única y fija. La Iglesia recomienda, donde sea posible, que haya agua corriente, de forma que brote del mismo modo que un auténtico manantial.

Ha de cuidarse la ambientación del baptisterio para realzar su importancia, colocando, si es posible, una imagen o cuadro del bautismo del Señor o de Juan Bautista. Al lado de la pila debe ponerse el cirio pascual. No es aconsejable un recipiente móvil, a no ser en lugares donde no haya bautisterio o pila; pero si se usa, ha de ser digno, noble, de material duradero y reservado únicamente para este servicio.

Como regla general, el adulto debe bautizarse en la iglesia parroquial propia y el niño en la iglesia parroquial de sus padres, a no ser que una causa justa aconseje otra cosa. La comunidad parroquial debe sentirse responsable del crecimiento de la Iglesia mediante los nuevos bautizados y ha de ayudar a estos a conseguir la madurez y plenitud de la vida cristiana (c. 857 § 2; RBN 49).

Para aceptar en una iglesia parroquial el bautismo de un feligrés de otra parroquia, se requiere que haya una razón pastoral a juicio de ambos párrocos, que los padres tengan una relación habitual con la parroquia donde se realiza la petición y que cuenten con licencia escrita de la parroquia propia donde conste asimismo que los padres y padrinos han recibido la preparación prescrita.

No debe celebrarse el bautismo en otras iglesias o capillas ni en casas particulares salvo necesidad o causa grave, y en este último caso con permiso del ordinario del lugar. El bautismo en clínicas u hospitales puede ser autorizado sólo por el obispo diocesano, en caso de necesidad o cuando lo exija otra razón pastoral. Cuando el obispo autoriza a bautizar en clínicas, debe cuidar de que no falte la preparación previa de los padres, si es posible, y velar para que sea comunicado al párroco propio con el fin de asegurar la anotación en el libro de bautismos (c. 860 § 1-2; RBN 51-52).

d) *Celebraciones abreviadas*

Si el bautismo fue de emergencia y no se realizaron los ritos complementarios, el ritual prevé una fórmula para recibir en la Iglesia al niño ya bautizado. El rito se inicia con un breve escrutinio a los padres, al que siguen la signación en la frente, la liturgia de la Palabra, la oración de los fieles, las letanías de los santos, la crismación, la imposición de la vestidura blanca, la entrega del cirio, la oración dominical y la bendición final (RBN 169-183).

Si el niño está en peligro de muerte, se puede realizar el rito abreviado. En el caso de que la muerte sea inminente y el tiempo urja (*in articulo mortis*), simplemente se vierte el agua sobre la cabeza pronunciando la fórmula trinitaria. Si hay tiempo suficiente, se tendrá una breve monición, una breve oración universal, la profesión de fe de los padres o del padrino, la infusión con el agua (RBN 82). Si se dispone del santo crisma, el párroco u otro sacerdote puede administrar también la confirmación (c. 883, 3.º; RBN 83).

3. *El ministro del bautismo*

Son ministros ordinarios del bautismo el obispo, el presbítero y el diácono (c. 861 § 1). El párroco es, además, el ministro legítimo (c. 530, 1.º), de tal modo que incluso el obispo fuera de su territorio necesita la autorización del párroco para bautizar lícitamente (c. 862). Este hecho pone de manifiesto que no se trata tanto de un problema de jurisdicción como de responsabilidad pastoral, por dos razones evidentes: la primera es asegurar la necesaria preparación prebautismal, y la segunda es garantizar la anotación en el libro de bautismos.

Si está ausente o impedido el ministro ordinario, administra lícitamente el bautismo un catequista u otra persona destinada para este ministerio extraordinario por el ordinario del lugar.

En caso de necesidad, puede administrar el bautismo cualquier persona –sea hombre o mujer, cristiana o pagana, creyente o incrédula– que tenga la debida intención de hacer lo que hace la Iglesia, con tal de que emplee la materia y la forma prescritas. En este sentido, los pastores –y de manera especial el párroco– deben procurar que se instruya adecuadamente a los fieles católicos –médicos, enfermeros, comadronas– que por su trabajo pueden encontrarse en esta situación (c. 861 § 2).

4. *Los que van a ser bautizados*

La ley señala dos condiciones de capacidad para recibir el bautismo: que sea un ser humano y que no se esté bautizado (c. 864). Esta norma se funda en la voluntad salvífica de Dios hacia todos los hombres, en la necesidad del bautismo para la salvación y en el carácter indeleble que imprime (Cat. 1257-1261; 1272-1274). Los demás requisitos son para la licitud.

a) *El bautismo de adultos*

Para la validez del bautismo de quien ha alcanzado el uso de razón se requiere la voluntad o intención de recibirlo. Ello se debe a que la salvación es una realidad que de ninguna manera se puede imponer: Dios cuenta con la libertad humana y no puede ir contra ella. Es suficiente con que esta intención sea habitual, es decir, haya sido manifestada y no revocada (c. 748 § 2).

Además, para bautizar de forma lícita a un adulto se necesita que esté suficientemente instruido tanto en las verdades de fe como en las obligaciones morales que contrae en cuanto seguidor de Jesús, y que haya sido probado en la vida cristiana mediante el catecumenado, al que ya hemos aludido. El ministro, antes de administrarle el bautismo, debe exhortar al catecúmeno a que se duela de sus pecados, y así reciba plenamente la gracia del sacramento (c. 865 § 1; Cat. 1247-1249).

Si está en peligro de muerte, basta con que tenga algún conocimiento sobre las verdades principales de la fe, manifieste de cualquier modo su intención de recibir el bautismo y prometa que observará los mandamientos de la religión cristiana (c. 865 § 2). Ese mínimo de fe habría que circunscribirlo al conocimiento de la realidad trinitaria: Dios Padre creador y remunerador; Dios Hijo encarnado, muerto y resucitado; Dios Espíritu Santo, dador de vida y presente y actuante en la Iglesia.

El adulto, salvo que lo impida una «causa grave», ha de recibir al mismo tiempo el bautismo, la confirmación y la eucaristía, de acuerdo con la antigua tradición de la Iglesia y por la coherencia misma de la iniciación cristiana (c. 866), pues entonces el derecho faculta automáticamente al párroco para administrar la confirmación sin que necesite para ello delegación alguna. Si el adulto ha cumplido ya los catorce años, el párroco tiene la obligación de comunicárselo al obispo, por si quisiera él mismo bautizarlo (c. 863).

b) *El bautismo de niños*

La Iglesia, fiel al mandato misionero de Jesucristo, ha bautizado siempre a los niños incapaces de profesar aún personalmente la fe, porque en realidad los bautiza en su propia fe, en la fe de la Iglesia. Así lo expresa el ritual del bautismo cuando el celebrante pide a los padres y padrinos que profesen la fe de la Iglesia en la que son bautizados los niños. Los niños son llevados al bautismo por otros, y son otros –padres y padrinos– los que celebran los misterios; pero detrás de estas personas, cualesquiera que sean y cualquiera que sea su fe personal, es la Iglesia la que presenta y obra (PA 3; RBN 2).

No en vano, la Iglesia mantiene el encargo a los padres católicos de bautizar a sus hijos en las primeras semanas de vida. No se trata de una simple recomendación, sino de una verdadera obligación, que pone de manifiesto la importancia que esta práctica ha tenido en la vida de la Iglesia. En el Código ya no se habla de «los primeros días de vida del niño», como sucedía con la anterior legislación, sino de las primeras semanas, para que la madre pueda estar presente en la celebración y el párroco pueda preparar adecuadamente a padres y padrinos (c. 867).

Las dos condiciones exigidas muestran que no se pretende administrar indiscriminadamente el bautismo a todo el que lo pida, pero tampoco practicar una pastoral rigorista que excluya a la mayoría (c. 868). La primera condición es que sean los padres, o al menos uno de ellos o los que hacen sus veces legítimamente, quienes den su consentimiento, de modo que no se obre nunca en contra de su voluntad, lo que ciertamente evitará una concepción mágica de los sacramentos (PA 14-15). En este punto habrá que saber si la legislación civil permite tomar esta decisión a uno de los padres (cuando están separados o divorciados), o si se debe tener el consentimiento de ambos, o si la parte interesada debe pedir una autorización judicial cuando la otra se niega. El párroco no debe obrar contra la ley civil.

La segunda condición es que haya esperanza fundada de que el niño va a ser posteriormente educado en la fe católica, de modo que el bautismo recibido no quede, en cierta manera, infructuoso (RBN 87-93). Si los padrinos u otros familiares pueden suplir la falta de fe de los padres y estos aceptan encomendarles la educación cristiana de su hijo con buenas perspectivas de prosperar, serán ellos quienes asistan a las sesiones de preparación, y el párroco podrá entonces proceder al bautismo.

En caso de que no se dieran estas garantías, más que negar, el párroco diferirá el sacramento poniendo los medios que considere necesarios para preparar adecuadamente a los padres y estableciendo un tiempo prudencial de seguimiento hasta que se den las condiciones requeridas (RBN 44d.60; PA 30-31).

En todo caso, el discernimiento inicial para recibir el bautismo no debe considerarse un mero trámite o un ejercicio de autoridad, sino un tiempo privilegiado para que, por medio del acompañamiento y el diálogo, se propicie el acercamiento de los padres a la Iglesia. A tal efecto, puede entregárseles un folleto explicativo cuando entreguen la petición del bautismo para que lo lean en casa, en el que se explique con sencillez qué es el bautismo, el papel de los padres y padrinos, los requisitos para la elección de los padrinos, las fechas de los encuentros de preparación y aquellas informaciones prácticas que suelen preguntarse.

c) *Bautismo en casos especiales*

La Iglesia se hace garante en nombre del niño de que esa semilla de la gracia de Dios que el bautismo deposita en su alma, se desarrolle en un medio favorable (Tomás de Aquino, *Suma teológica* III, q. 68, a. 9). Si este medio favorable está asegurado, como ocurre en muchas familias cristianas, el hecho de administrar el bautismo no tiene por qué ser un problema ni para la Iglesia ni para los padres. El compromiso de la familia se evidencia por medio de su participación en la vida parroquial, su pertenencia a movimientos o asociaciones cristianas, la educación cristiana que ya ofrecen a otros hijos, la aceptación de la catequesis previa de preparación que la parroquia les ofrece o la misma elección de unos padrinos idóneos para su hijo.

Pero esto no es siempre así, y el párroco tendrá que discernir cada caso en particular para aplicar la norma con justicia y equidad, evitando dos actitudes extremas: la rígida severidad antievangélica y la excesiva debilidad o condescendencia cuando no hay esperanza de perseverancia en el futuro. Será en el diálogo pastoral con los padres, presidido por la bondad, la escucha y la paciencia, donde podrá clarificarse la seriedad de la elección que el bautismo comporta.

Ahora bien, si el párroco, contra la petición de los padres, considera que se debe diferir el bautismo porque existan razones de peso, resulta muy conveniente que consulte antes al ordinario y pida su autorización con el fin de unificar el modo de proceder y evitar que lo que ha negado una parroquia lo conceda otra. Por desgracia, la experiencia confirma que posponer el bautismo raramente conduce a un retorno de los padres a la Iglesia; más bien sucede lo contrario: que suele alejarlos más, a veces definitivamente, al sentirse rechazados, por lo que el trato que se les dé en ese momento ha de ser, si cabe, más delicado.

Bautismo de niños con padres no creyentes, poco creyentes o no practicantes. Cuando los padres se manifiestan como no creyentes o agnósticos, el párroco debe dialogar con ellos sobre las razones de su petición, porque probablemente lo que busquen es más bien contentar a la familia o hacer una fiesta o «rito de paso» en los primeros momentos de la vida social de su hijo, algo que puede suceder también cuando los padres son poco creyentes o no practicantes.

En todos estos casos, si en el obligado diálogo con los padres el párroco percibe que existe esperanza de que la fe del niño pueda crecer porque hay otras personas cercanas que están dispuestas a asumir la responsabilidad de educarlo en la fe –padrinos, abuelos u otro familiar próximo–, no deberá rehusar ni diferir el bautismo (PA 30).

Bautismo de niños con padres que viven en situación irregular. Cuando los padres viven en uniones canónicamente irregulares –como son los católicos divorciados de un matrimonio canónico anterior y vueltos a casar por lo civil, parejas que han contraído matrimonio meramente civil o parejas de hecho–, si al menos uno de ellos, un pariente cercano o los mismos padrinos garantizan la educación cristiana del niño, no existe razón alguna para negar ni aplazar la administración del bautismo. A quienes pueden solucionar su situación irregular, el párroco, en el diálogo pastoral que establezca con ellos, les hará ver la incoherencia entre su estado de vida y la petición que hacen, y los animará a que regularicen su situación.

Bautismo de niños de parejas homosexuales. La Iglesia, aun acogiendo a los homosexuales como a personas con la misma dignidad y valor que las demás, no puede legitimar la conducta homosexual ni, menos aún, equiparar al matrimonio las uniones entre homosexuales, máxime cuando está en juego el derecho del niño a crecer en una familia natural (Cat. 2357-2359; CDF, *Carta sobre la atención pastoral a las personas homosexuales* [1 de octubre de 1986], 6-7).

Aunque este estado de vida que han elegido quienes presentan al niño es un obstáculo importante, no es insalvable, mientras se garantice la educación cristiana posterior del niño. Sentado el principio de que el camino ordinario de la salvación pasa por el sacramento del bautismo, el niño tiene el derecho a recibirlo con el fin de asegurar su salvación, máxime si se considera que no es culpable de las decisiones de vida de quienes lo presentan (DDF, Respuesta a Mons. Negri [14 de julio de 2023]).

Un problema añadido, sobre todo con vistas a la anotación del bautismo y en ocasiones de imposible solución, es la procedencia del hijo que nunca será biológicamente de la pareja: en el mejor de los casos procederá de adopción, pero en otros casos será hijo de uno de ellos con una tercera persona, por fecundación natural, «in vitro» con participación de un donante, o fruto de un «vientre de alquiler» o maternidad subrogada.

El párroco ha de estar atento y no ceder cuando la petición del bautismo responda más al cumplimiento egoísta de un deseo personal o a la imposición de una ideología que a la búsqueda del bien del niño, al que se utiliza como si fuese un objeto y no se le considera como persona, sustrayéndole su dignidad. Y si las garantías son insuficientes y no hay certeza moral, lo más prudente es retrasar el bautismo, con las condiciones que ya se han señalado. Si hubiera dudas, lo mejor será consultar al ordinario.

Bautismo de niños con padres adoptivos o de acogida. En el caso de padres de acogida, no se deberá proceder al bautismo sin la autorización de los padres biológicos del niño. Si es adoptado legalmente, no hay problema, siempre que se investigue si hubo o no un bautismo precedente.

Bautismo de niños con uno de los padres no católico. Cuando uno de los padres no es católico –o ni siquiera cristiano–, no habría tampoco problema, aplicando el mismo criterio de garantizar la educación posterior. Evidentemente, como la parte no católica no puede en conciencia realizar la profesión de fe, si desea participar en la celebración, deberá permanecer en silencio en el momento de la profesión durante la celebración del bautismo (RBN 15).

Bautismo de un niño con padres de rito católico oriental. En este caso, la administración del bautismo corresponde al párroco oriental, si hay de la propia Iglesia ritual del que se va a bautizar, o bien a otro sacerdote que cuente con licencia del obispo eparquial, la cual, con causa grave, se presume legítimamente. Si se trata de fieles orientales que están en una diócesis latina y no tienen párroco propio, el obispo diocesano latino puede designar un presbítero latino para que atienda ordinariamente estos bautismos, a quien le concederá también la facultad de confirmar; o bien autorizará al párroco latino que lo solicite en cada caso particular (CCEO 677 § 1; 678 § 1 y 695).

Quien solicita el bautismo a un ministro católico latino no tiene derecho a exigirle la celebración del bautismo en su liturgia o conforme a su rito oriental, si bien después el bautizado estará obligado a observar el rito propio oriental (CCEO 40; OE 4).

El bautizando menor de catorce años queda adscrito a la Iglesia *sui iuris* a la que está adscrito su padre católico; pero si sólo la madre es católica o si ambos padres lo piden con voluntad concorde, entonces queda adscrito a la Iglesia *sui iuris* a la que pertenece la madre (CCEO 29 § 1; c. 111 § 1).

Bautismo de un niño con padres acatólicos. El niño de padres cristianos acatólicos puede ser bautizado lícitamente en la Iglesia católica si ambos, uno de ellos o aquel que legítimamente ocupa su lugar lo piden y les resulta física o moralmente imposible acceder al ministro propio. Este bautismo no se inscribirá en el libro de bautismos de la parroquia católica, sino que el ministro entregará la correspondiente certificación a los padres (CCEO 681 § 5).

Si los padres cristianos acatólicos piden el bautismo de su hijo en la Iglesia católica para que sea católico y reciba educación católica, la petición deberán hacerla por escrito, presentando los padres certificación de su propio bautismo; así se determinará posteriormente la adscripción del recién bautizado a la Iglesia oriental o al rito latino, según corresponda. El bautismo administrado se inscribirá en el libro de bautismos de la parroquia católica, anotando también la pertenencia del bautizado a la Iglesia *sui iuris* o rito. Si es posible, el ministro de este bautismo deberá ser un sacerdote católico oriental o, si faltara este, otro sacerdote autorizado por el obispo, y lo administrará junto con la confirmación y la eucaristía, según la costumbre común de todas las Iglesias orientales (CCEO 37 y 296 § 2).

Cuando un niño ha sido bautizado en una Iglesia oriental no católica antes de los catorce años y es adoptado después del bautismo por padres católicos, queda adscrito en principio a la Iglesia del padre católico (CCEO 29 § 1-2, 2.º). La adopción ha de ser también anotada en el libro de bautismos de la correspondiente parroquia católica (c. 535 § 2 y CCEO 296 § 2).

Bautismo de un niño en peligro de muerte. Cuando el niño está en peligro de muerte, dado que prevalece el derecho del niño a salvarse sobre la potestad de los padres, se le puede bautizar incluso contra la voluntad de estos, puesto que la Iglesia no conoce otro medio para asegurar a los niños la entrada en la bienaventuranza eterna (c. 868 § 2; Cat. 1261). Se trata de una norma verdaderamente discutida que suscita perplejidad, aunque ciertamente el canon no obliga a que se haga, sino que se limita a decir que «puede bautizarse» y, en principio, no habría que hacerlo cuando pueda acarrear consecuencias legales.

Bautismo de los discapacitados psíquicos. También se debe administrar el bautismo a quienes desde el nacimiento carecen de uso de razón por sufrir alguna discapacidad psíquica, pues jurídicamente están asimilados a los infantes (cc. 99; 852 § 2). No se dice nada, sin embargo, de aquellas personas a quienes les sobreviene la amencia después de haber alcanzado el uso de razón, por enfermedad psíquica grave, y que nunca mostraron interés por recibirlo. Está claro que debería aplicarse en este caso el principio de que no se les puede administrar el bautismo a no ser que lo soliciten en un intervalo de lucidez.

Bautismo de los transexuales. Un transexual –que además haya sido sometido a tratamiento hormonal y cirugía de reasignación de sexo– podrá recibir el bautismo en las mismas condiciones que los demás creyentes si no se dan situaciones en las que exista el riesgo de generar escándalo público o desorientación entre los fieles. En el caso de niños o adolescentes con problemas de transexualidad, si están bien preparados y dispuestos, pueden recibir el bautismo, teniendo las precauciones necesarias para la anotación en el libro de bautismos que detallamos más adelante (DDF, *Respuesta a Mons. Negri* [14 de julio de 2023]).

Sería lícito que el párroco administrara el sacramento del bautismo a quien no se arrepiente de un acto objetivamente contrario a la ley de Dios que es patente en el momento mismo del sacramento, desde el momento en que «nunca se debe olvidar el aspecto de la fidelidad del amor incondicional de Dios, capaz de crear, incluso con el pecador, una alianza irrevocable, siempre abierta a un desarrollo, por otro lado, impredecible. Esto vale incluso cuando en el penitente no se manifiesta de forma plena un propósito de la enmienda». En este caso la persona no recibe la gracia santificante, aunque recibe el carácter sacramental, que es indeleble, y «permanece para siempre en el cristiano como disposición positiva hacia la gracia» (DDF, Respuesta a Mons. Negri [14 de julio de 2023]).

Bautismo de adultos en uniones irregulares. Siguiendo esta misma argumentación, sería lícito también que el párroco admitiera al bautismo a una persona que vive en una situación matrimonial irregular, como sería el caso de una pareja en la que uno de los cónyuges hubiera estado casado canónicamente, divorciado, pero sin obtener la declaración de nulidad de su primer matrimonio, y la otra parte no es cristiana y solicita bautizarse. En muchos de estos casos no hay una posibilidad realista de cambio de vida (sobre todo cuando son parejas jóvenes y tienen hijos comunes) de modo que vivan «como hermanos», ni es posible una solución canónica que declare nulo el anterior matrimonio, pero hay deseo sincero de recibir el bautismo. Comprobado este en el diálogo pastoral, se podría proceder.

Bautismo bajo condición. Se ha de dar el bautismo bajo condición cuando hay duda sobre si alguien fue bautizado o si el bautismo fue administrado válidamente, y la duda persiste tras una cuidadosa investigación (c. 869 § 1): «Si no estás bautizado, N., yo te bautizo…». Cuando se actúa de este modo es conveniente explicarlo bien para que se entienda por parte de los presentes. Como norma general, no se ha de dudar del bautismo de los acatólicos que se presume válido, a no ser que haya un motivo serio relativo a la materia, la fórmula trinitaria, la voluntad del bautizando o la intención del ministro (c. 869 § 2; DE 12-15; 94-95 y 99).

En el caso de fetos abortivos, sólo deben bautizarse si tienen vida; en caso de que haya duda, se puede administrar: «Si vives, N., yo te bautizo…» (c. 871). Tratándose de niños expósitos, deben ser bautizados, a no ser que, tras una diligente investigación, conste su bautismo (c. 870).

5. *Los padrinos*

El padrinazgo es el ministerio más significativo del catecumenado en la iniciación cristiana de adultos, ya que avala al catecúmeno ante la comunidad, le acompaña en el día de la elección, en la celebración de los sacramentos y en la etapa mistagógica. Los padrinos acuden con los catecúmenos a las sesiones de catequesis, les introducen en las prácticas de piedad y devoción cristianas, en la explicación de los tiempos fuertes litúrgicos y sus costumbres, en la oración pública y privada, en su progreso posterior en la vida bautismal. Junto con los catequistas y el sacerdote, discierne cuándo el catecúmeno ha alcanzado la preparación suficiente para acceder al bautismo. Por las tareas tan importantes que se le encomiendan, precisa de una preparación específica que incluirá técnicas de acompañamiento personal y de dirección espiritual que ayuden al padrino a desempeñar adecuadamente este ministerio (c. 872; RICA 10; 11; 42; AG 14).

En el caso del bautismo de niños, se mantiene la tradición de que el bautizando sea acompañado, además de por sus padres, por sus padrinos «en la medida de lo posible», resumiendo su ministerio en dos objetos fundamentales: presentar al candidato junto con los padres en la celebración y obligarse con ellos a poner las bases para el compromiso futuro del niño con la fe católica (c. 872).

El padrinazgo, aunque bien ejercido puede ser considerado un verdadero oficio eclesial, no es una institución obligatoria, y menos cuando puede convertirse en una práctica de puro trámite o de formalismo social. En algunas diócesis ha sido suprimido por decreto hasta nuevo aviso tras haberse demostrado un uso inadecuado de dicha figura. Por eso, si los padres deciden presentar padrinos para sus hijos, han de tomarse en serio la elección, devolviendo a la figura del padrino su verdadero sentido religioso; no deben dejarse guiar únicamente por razones de parentesco o amistad o prestigio social, sino por un deseo sincero de asegurar a sus hijos unos padrinos que sean capaces de influir eficazmente en su educación cristiana.

Queda en manos del párroco, en última instancia, discernir sobre la idoneidad de los candidatos presentados, aceptando a quienes cumplan las condiciones establecidas por el derecho y rechazando a quienes no las cumplan; incluso el mismo párroco podría suplir la carencia proponiendo otro padrino más adecuado (por ejemplo, un catequista u otro miembro comprometido de la comunidad), aunque esto, no nos engañemos, podría complicar aún más las cosas (c. 874).

Con el fin de prevenir una elección de padrinos no admisible, puede ser de utilidad hablar con los padres ya en la primera entrevista sobre este tema tan sensible y explicarles las condiciones, dándoles un cuestionario a tal efecto (puede servir de orientación el que proponemos en el Anexo 11) para que ellos mismos puedan formarse el criterio adecuado a la hora de proponerlos.

En las iglesias occidentales lo común es que sean dos padrinos y de sexo distinto, varón y mujer, para representar más completamente la «paternidad/maternidad espiritual» que ejercen en nombre de la Iglesia. No se puede, por tanto, aceptar como padrinos a dos varones o a dos madrinas mujeres. Pero con uno sería suficiente, y no es necesario que sea del mismo sexo del niño, pues ya no existe el impedimento de parentesco espiritual (vc. 764*; c. 873).

Se ha suprimido de la legislación vigente la norma anterior (vc. 765, 5.º*) que mandaba que, para la validez del oficio, el padrino tocase físicamente al bautizado en el momento del bautismo o inmediatamente después, recibiéndolo de manos del ministro.

En todo caso, para ser padrino deberán cumplirse las siguientes condiciones:

1. Haber sido elegido por quien va a bautizarse, si es adulto, o por sus padres o por quienes ocupan su lugar –tutores o curadores– si es un niño; si faltaran estos, lo elegirá el párroco o el ministro (c. 874 § 1, 1.º a).
2. Tener capacidad para esta misión e intención de desempeñarla (c. 874 § 1, 1.º b), comprendiendo la naturaleza de la obligación que asume y aceptándola voluntariamente. Para ello será exigible un conocimiento, aunque sea básico, de los fundamentales misterios de la fe que se compromete a transmitir a su ahijado.
3. Tener al menos dieciséis años cumplidos, a no ser que el obispo diocesano establezca otra edad o que, por justa causa, el párroco o el ministro consideren admisible una excepción (c. 874 § 1, 2.º). Esta norma se justifica para garantizar que el padrino haya recorrido un camino de fe suficiente y que le permita acompañar adecuadamente a su ahijado. Por este mismo criterio queda manifiesto que tampoco podrán ejercer como padrinos aquellos que habitualmente carecen de uso de razón, ya que se asimilan a los infantes.
4. Ser católico (c. 874 § 1, 3.º a), bien por haber sido bautizado en la Iglesia católica o haber sido recibido en ella después del bautismo. No podrán ejercer el oficio los no bautizados, aquellos que hayan sido excomulgados o inhabilitados para ejercer oficios, los que hayan abandonado la Iglesia por un «acto formal», ni los catecúmenos, porque ellos mismos no son todavía miembros, aunque guarden una especial relación con la Iglesia (c. 206).
5. Haber completado la iniciación cristiana, es decir, haber recibido los sacramentos de la eucaristía y la confirmación (c. 874 § 1, 3.º b-c). En el caso de la confirmación, podría admitirse, con causa justa y de forma excepcional, a alguien que no estuviera confirmado, como sería el caso, por ejemplo, de un padrino que, cumpliendo las demás condiciones, estuviera en proceso catequético para recibir la confirmación.
6. Llevar una vida congruente con la fe y con la misión que va a asumir (c. 874 § 1, 3.º). Seguramente este es el aspecto más difícil de comprobar y, salvo que sea una situación pública y notoria –como sucede con los que viven en uniones irregulares, los que públicamente han

manifestado su aversión a la Iglesia, los que pertenecen a asociaciones o grupos contrarios a la Iglesia, los que ejercen oficios contrarios a la moral católica–, poco o nada podrá hacer el párroco.

7. No estar afectado por una pena canónica, legítimamente impuesta o declarada (c. 874 § 1, 4.º), con lo que, en principio, no sería obstáculo que hubiera incurrido en una pena *latae sententiae* si no ha sido declarada por la autoridad competente, aunque ciertamente esto repugna al sentido de la ley.
8. No ser el padre o la madre de quien se ha de bautizar (c. 874 § 1, 5.º), puesto que ellos ya son, por derecho natural, los responsables primarios de la educación religiosa y moral de sus hijos, y no añadiría nada a esta misión el hecho de ser padrinos.

El bautizado que pertenece a una comunidad eclesial no católica sólo puede ser admitido junto con un padrino católico y exclusivamente en calidad de testigo del bautismo; si pertenece a una Iglesia oriental, podrá ser padrino, pero siempre junto con un padrino católico; del mismo modo, un católico podrá ser testigo con un padrino no-católico en un bautismo no-católico (c. 874 § 2; DE 48 y 98b).

Con todo, no se puede aceptar como testigo en sentido canónico (y, por consiguiente, no se debería anotar en el libro) a un católico que se presenta como tal en lugar de como padrino al no cumplir alguna de las condiciones señaladas, lo que no impide que participe como testigo común, esté cerca de los padres en el momento del rito e incluso lleve en brazos al niño.

No existe limitación para que los sacerdotes, diáconos, religiosos o novicios puedan ser padrinos, y tampoco se requiere ya permiso del ordinario o del superior local (vc. 768*). Incluso podría darse el caso de que el padrino, sacerdote o diácono, fuera quien celebrase el bautismo, pero entonces lo más indicado sería poner un procurador que lo representase en la celebración.

La misma solución podría darse cuando los padrinos no pudieran estar físicamente presentes el día del bautismo, designando un representante que actuara en su nombre. Si bien la presencia en la celebración tiene su importancia, realmente el ministerio comienza a partir de ese momento y se prolonga durante toda la vida. En caso de que se haga así, el celebrante deberá conocer previamente el hecho y consignará en el libro de bautismos tanto el nombre del padrino como el del procurador, incluyendo una nota aclaratoria: «procurador».

Finalmente «en determinadas condiciones, un transexual adulto que también se haya sometido a un tratamiento hormonal y a una operación de reasignación de sexo puede ser admitido a la tarea de padrino o madrina. Sin embargo, dado que esta tarea no constituye un derecho, la prudencia pastoral exige que no se permita si existe peligro de escándalo, legitimación indebida o desorientación en el ámbito educativo de la comunidad eclesial» (DDF, Respuesta a Mons. Negri [14 julio 2023]).

6. *El registro, la prueba y la anotación del bautismo*

a) *El registro*

El párroco tiene obligación de anotar en el libro de bautismos el nombre del bautizando que está bajo su jurisdicción, del ministro (especificando el oficio y, si es diácono o laico, si lo hizo con licencia del párroco), padres naturales o adoptivos (nombres, apellidos y domicilio), padrinos y testigos si los hubo (nombres, apellidos y domicilio), lugar y día del nacimiento (si se desconoce, la edad aproximada) y de la administración (ciudad o pueblo, iglesia con su título, diócesis y provincia civil) (c. 877 § 1).

En la fe o certificado de bautismo, además de los datos anteriormente señalados, deberá aparecer la firma del párroco, pues es quien actúa como notario nato, y el sello de la parroquia (c. 535 § 3).

En el margen de la partida han de anotarse también la confirmación, el matrimonio, el orden o la profesión perpetua, la adopción y el cambio de rito, además de, si la hubiere, la apostasía por acto formal (c. 535 § 2). También los cambios de nombre, de sexo o las declaraciones de paternidad. El párroco no puede modificar sin expresa autorización de la curia ninguna partida y, cuando lo haga, debe adjuntar siempre el decreto correspondiente que lo autoriza. Para ver un elenco completo de las anotaciones marginales, puede consultarse el Anexo 12.

Cuando el párroco no ha estado presente, el ministro debe informarle de la parroquia donde se ha administrado el bautismo para que haga la inscripción (c. 878). Si el bautismo se ha celebrado fuera de la parroquia de los padres, no se contempla una doble anotación (en la parroquia donde se bautiza y en la del domicilio de los padres), por lo que la familia debe conservar la memoria del lugar del bautismo, para evitar problemas posteriores.

Hijos de madre soltera. En este caso, se ha de inscribir el nombre de la madre, si consta públicamente su maternidad o ella misma lo pide de forma voluntaria por escrito o ante dos testigos. También ha de inscribirse el nombre del padre, si su paternidad se prueba por documento público o por propia declaración ante el párroco y dos testigos. En los demás casos, sólo se inscribirá el nombre del bautizado, sin hacer constar de ningún modo el del padre o de los padres (c. 877 § 2). Si con posterioridad el niño es legitimado por subsiguiente matrimonio, puede añadirse en nota marginal o en nueva partida asentada con licencia del ordinario detrás de la última escrita (cc. 1139-1140).

Hijos adoptivos y acogidos. Cuando se trata de hijos adoptivos, la norma es que se inscriba el nombre de quienes los adoptaron y también el nombre de los padres biológicos y los otros datos que recoja la inscripción de adopción efectuada en el registro civil, a cuyo efecto el párroco exigirá antes de proceder a la inscripción en el libro de los bautizados, el oportuno documento del registro civil que certifique legítimamente la adopción practicada (c. 877 § 3).

En el caso de padres de acogida, al hacer la inscripción se pondrá el nombre de los padres naturales, quienes previamente han tenido que autorizar el bautismo; en caso contrario, no podría procederse, salvo que el niño tenga ya uso de razón, y siempre contando con la autorización de un juez para evitar problemas legales (c. 852).

Hijos de parejas homosexuales o transexuales. Las dificultades que entraña para la anotación en el libro de bautismos el hecho de que sean dos personas del mismo sexo quienes presentan al niño que se va a bautizar, o el de una persona transexual que pide ser bautizada, o el de una persona transexual ya bautizada que pide que se le cambie el nombre en el libro de bautismos, pueden orientarse según estos principios:

- En el caso de que conste fehacientemente (por documento público o por declaración jurada antes dos testigos) la paternidad/maternidad biológica, habrá que anotar el nombre del padre/madre real; el otro compañero no puede ser anotado, dado que la relación con la otra parte no está considerada matrimonio válido, ni puede haber dos padres o dos madres simultáneamente (PCTL Respuesta del 15 de noviembre de 2017).
- Si no constase dicha paternidad/maternidad natural, habrá que reproducir lo que aparece en el registro civil, indicando que no consta que ninguno sea el padre/madre natural. Si posteriormente se conociera, habría que anotarlo marginalmente.

En la anotación del libro de bautismos siempre se hará constar el sexo del bautizado. El cambio de identidad registral en el ámbito civil no modifica la condición masculina o femenina del fiel, definida al momento del nacimiento. No se procederá, en consecuencia, a la rectificación del sexo de las personas en el libro de bautismos, salvo para corregir posibles errores de inscripción.

Transexual adulto. Si consta fehacientemente (por declaración de la persona, por documento público) se habrá de consignar marginalmente que el sexo declarado o que resulta en el registro civil no corresponde con el sexo biológico, con inclusión explícita de los datos correspondientes de la certificación de dicho registro (CDF, *Nota reservada* [21 de diciembre de 2018], art. 14 § 2).

Cuando el bautizado cambia de sexo, no se puede modificar su nombre en el acta del bautismo, sino que se anotará marginalmente su nuevo nombre y «que el sexo declarado o que resulta en el registro civil ya no corresponde con el sexo registrado en el bautismo», con inclusión explícita de los datos correspondientes de la certificación de dicho registro (CDF, *Nota reservada* [21 de diciembre de 2018], art. 12 § 1 y 14).

En todos los casos conviene adjuntar el número de documento que acredita cada una de las circunstancias referidas y copia del original.

Es preciso recordar que son datos muy protegidos y que son de uso exclusivo interno de la Iglesia. En este punto, merece la pena revisar los formularios actuales para los asientos en el libro de bautismos a fin de que contengan ya estas posibles anotaciones.

También se deberá ser muy cuidadoso a la hora de emitir los correspondientes certificados de bautismo, donde han de aparecer necesariamente las referencias a la filiación natural o al cambio de sexo que estén debidamente certificadas, como hemos dicho, por las trascendentales consecuencias que tienen de cara al acceso al matrimonio, las órdenes o al ingreso en la vida consagrada.

Católicos de rito oriental. Para la anotación del bautismo de católicos orientales, el párroco del lugar donde se celebra el bautismo debe anotar cuidadosamente y sin demora en el libro de bautismos el nombre de los bautizados, haciendo mención del ministro, padres y padrinos, así como de los testigos, si los hay, y del lugar y día del bautismo, indicando a la vez el lugar de nacimiento y de la Iglesia *sui iuris* a la que los bautizados quedan adscritos (CCEO 689 § 1).

Como la inscripción del bautismo recibido produce automáticamente la adscripción a la Iglesia *sui iuris* de que se trate, se ha de anotar en el libro de bautismos toda adscripción a una Iglesia *sui iuris* y todo paso a otra Iglesia *sui iuris*, incluso –cuando es el caso– de la Iglesia latina donde se ha celebrado el bautismo (OCO 17; CCEO 37 y 296 § 2).

Al inscribir la partida de bautismo, se debe hacer constar la adscripción al rito con esta frase: «Adscrito al rito de la Iglesia... por el bautismo recibido». Si se ha producido cambio de rito, hágase constar con esta frase: «Ha pasado del rito de la Iglesia... al rito de la Iglesia... por la celebración del matrimonio / por la disolución del matrimonio / por rescripto de la Sede Apostólica / al ser hijo menor de catorce años, cuyos padres han pasado a dicha Iglesia / al ser mayor de catorce años».

Niños adoptados que fueron bautizados en una Iglesia ortodoxa. A veces ocurre que las autoridades entregan a los padres adoptivos el niño y un certificado emitido por la Iglesia ortodoxa en el que consta su bautismo. No hace falta ninguna ceremonia de recepción en la Iglesia católica.

En cuanto al rito, una respuesta privada de la Congregación para las Iglesias Orientales de octubre de 2002, afirma que el niño adoptivo pertenecerá a la Iglesia *sui iuris* o ritual de los padres adoptivos sin necesidad de ningún decreto de cambio de rito (CCEO, c. 29), y se hará la anotación en el libro de bautismos de la correspondiente parroquia católica.

Como habitualmente los bautizados en los ritos orientales reciben en la misma ceremonia los tres sacramentos de iniciación cristiana, también la confirmación deberá ser anotada en el libro de bautismos de la parroquia. Si en la partida de bautismo oriental no consta que haya recibido el sacramento de la confirmación, el niño deberá recibir el sacramento de la confirmación bajo condición cuando llegue el momento oportuno.

b) *La prueba del bautismo*

La principal prueba del bautismo es documental: el libro de bautismos de la parroquia.

Si no existe este registro, la prueba puede ser testifical: declaración de un solo testigo fuera de toda sospecha, o el juramento del que se afirma bautizado si recibió el sacramento teniendo uso de razón (c. 876). Esa prueba es suficiente para recibir la eucaristía o la confirmación, pero insuficiente cuando puede perjudicar a terceros, como es el caso de la validez del matrimonio o del orden sagrado, donde habría que exigir una prueba más plena (ver Anexo 13).

Posteriormente, es posible hacer «reposición del acta del bautismo», siempre que después de una diligente búsqueda no se hubiera encontrado el acta original, tomando los datos del bautizado de algún documento fidedigno, inscribiéndolo en el libro de bautismos actualmente en uso y añadiendo los apellidos y nombre en el respectivo índice del año de nacimiento del solicitante (ver Anexo 14).

c) *Defección de la fe católica y readmisión de los apóstatas*

Para que el abandono de la Iglesia católica pueda ser configurado válidamente como un verdadero acto formal de apostasía, debe concretarse en: la decisión interna de salir de la Iglesia católica; la actuación y manifestación externa de esta decisión, y la recepción por parte de la autoridad eclesiástica competente de esa decisión.

La mera desafección religiosa, la asistencia a algunas reuniones, participación en manifestaciones públicas contrarias a la Iglesia, militancia en partidos… no pueden considerarse apostasía (PCTL, Acto formal de defección de la Iglesia católica [13 marzo 2006], 1).

Por tanto, se requiere que el interesado sea mayor de edad, esté libre de coacción y que manifieste, por escrito, su deseo de salir de la Iglesia, ante el ordinario o párroco propio (según determine la normativa diocesana), que es el único a quien compete juzgar sobre la existencia o no del acto de voluntad (ver un modelo en el Anexo 15).

Es tarea del ordinario o del párroco hacer saber al solicitante las consecuencias canónicas de la apostasía: exclusión de los sacramentos (cf. cc. 1331 § 1 2.° y 915); privación de las exequias eclesiásticas, a no ser que antes de la muerte se hubiera dado alguna señal de arrepentimiento (cf. c. 1184 § 1 1.°); exclusión del encargo de padrino (cf. cc. 874 § 1 4.° y 893 § 1); necesidad de licencia del ordinario del lugar para la admisión al matrimonio canónico (cf. c. 1071 § 1 5.°); privación del derecho a pertenecer a asociaciones católicas (c. 316 § 1).

Si no deseara presentarse personalmente, habrá que garantizar por medio escrito (carta certificada sería lo más seguro) que comprende y acepta las consecuencias de este acto de defección, y recibir por medio seguro y cierto la respuesta escrita y firmada, autenticada de algún modo (por ejemplo, ante notario o con certificado electrónico si fuera por *e-mail*). El documento en el que consta la voluntad del interesado de abandonar la Iglesia católica, junto con el resto de la documentación pertinente al caso, se conservará en un registro especial de la curia diocesana.

La misma autoridad eclesiástica competente para recibir la apostasía proveerá para que en el libro de bautismos del apóstata se haga la anotación marginal con la expresión explícita de que ha tenido lugar la «defección de la Iglesia católica por acto formal» (PCTL, Acto formal, 5-6). Queda como responsabilidad del ordinario (o en su caso del párroco) remitir al interesado la notificación, por escrito y de modo seguro, en la que se haga constar que se ha tomado nota del hecho con el que ha ejercido su derecho de dejar de ser considerado miembro de la Iglesia católica, que su nombre no figura en ningún tipo de listado, fichero o base de datos de la Iglesia, que se le garantiza que no será considerado miembro de la Iglesia a fines estadísticos y se evitará el envío, en adelante, de cualquier género de comunicación.

Cuando un apóstata desea regresar a la comunión con la Iglesia, es muy importante que se tome con seriedad este paso, considerando la gravedad de su situación canónica, pues está excomulgado (c. 1364).

El párroco, una vez asegurado de la sinceridad de la petición y habiendo pedido autorización al ordinario del lugar para remitir la excomunión y recibir la profesión de fe: explica al interesado lo que lleva consigo la petición realizada; perdona la excomunión en la que ha incurrido, tanto en el foro interno como en el externo, y le da la absolución sacramental después de haberle oído en confesión; recibe la profesión de fe delante de dos testigos; le invita a firmar junto con los testigos la fórmula de la profesión de fe por duplicado, y envía una a la cancillería de la diócesis, quedándose con la otra en la parroquia; por último, anota (o envía al párroco pertinente para que lo haga) en el margen del registro de la persona del libro de bautismos la readmisión realizada (ver Anexo 16).

Se procederá al traslado de la declaración de abandono formal y la documentación aneja al archivo secreto de la curia diocesana, y se comunicará a la parroquia donde fue bautizado para que se proceda a una nueva anotación marginal en la partida de bautismo, en estos términos: «Ha sido readmitido a la plena comunión con la Iglesia católica por Decreto del Ordinario de la Archidiócesis/ Diócesis de… el día…».

Pasados cinco años, se procederá a la destrucción de los autos contenidos en el archivo secreto.

3. La confirmación

La confirmación es el sacramento que, de manera propia, configura al fiel con Cristo, lo incorpora a la Iglesia y lo fortalece con una especial efusión del Espíritu Santo a fin de que pueda confesar con valentía, de palabra y de obra, el nombre de Cristo; es el sacramento del crecimiento y robustecimiento de la vida divina a la que se accede por el bautismo y que es alimentada con la eucaristía (c. 879; LG 11 y 33; AA 3; DCN 657-660).

La confirmación es, por tanto, mucho más que una simple toma de conciencia de la fe bautismal, donde lo sustancial no es la aceptación de los compromisos bautismales, sino hacer fructificar los efectos que produce el sacramento, pues la gracia es siempre don gratuito de Dios. En este sentido, se entiende bien que sea uno de los tres sacramentos (junto al bautismo y al orden) que imprime carácter.

Por formar parte de la iniciación cristiana, se entiende perfectamente que se requiera su recepción como condición previa para recibir otros sacramentos, en concreto, el orden sagrado y el matrimonio (cc. 1033 y 1065 § 1), o para ser admitido al noviciado (c. 645), o para desempeñar el oficio de padrino del bautismo y de la confirmación (cc. 874 § 1, 3.º y 893).

Aunque la confirmación no es estrictamente necesaria para la salvación, y por tanto no consta con certeza que haya obligación grave de recibirla, no conviene privar a los fieles de los innumerables beneficios espirituales que lleva consigo su recepción. Según esto, los fieles están obligados a recibir este sacramento en el tiempo oportuno, es decir, en la edad establecida por la legislación particular, y sería grave que alguien no quisiera recibirla por indiferencia o menosprecio (c. 890).

1. *La celebración del sacramento*

La confirmación se administra ungiendo en la frente con el santo crisma. El oficiante unta el dedo pulgar de la mano derecha con el crisma, hace la señal de la cruz en la frente del confirmando al tiempo que le impone la mano sobre la cabeza y proclama: «Recibe por esta señal el don del Espíritu Santo» (c. 880 § 1).

En caso de necesidad, se puede utilizar un instrumento para la unción (un hisopo con algodón, por ejemplo) y prescindir de la imposición de la mano sobre la cabeza. Ahora bien, aunque no pertenece a la esencia del rito sacramental, la imposición de manos antes de la crismación forma parte de la integridad del rito, razón por la cual debe ser tenida en gran consideración (OC 34).

El crisma está elaborado con aceite de oliva y bálsamo (aromas o sustancias perfumadas) y es consagrado por el obispo en la misa crismal (OC 10).

Se prescribe que la celebración se realice dentro de la eucaristía para manifestar la unidad de los sacramentos de iniciación (c. 881; OC 11; RICA 361-365). La posibilidad de celebrarla fuera de la misa se dirige básicamente a quienes no han recibido aún la primera comunión o para un enfermo en peligro de muerte (OC 55-56).

El párroco, los catequistas y los responsables de la animación litúrgica han de cuidar con esmero la celebración del sacramento, aprovechando adecuadamente las múltiples posibilidades que ofrece el ritual en cuanto a moniciones, lecturas, cantos... sin caer en un protagonismo equivocado de los jóvenes o en una inflación de signos por la incorporación de elementos extraños que van en detrimento del ritmo, el sentido y la dignidad de la liturgia.

a) *El día de la celebración*

El momento más oportuno para la celebración es el domingo, especialmente durante el tiempo pascual, pero puede celebrarse cualquier día si lo aconsejan las necesidades pastorales; de ser así, habrá que dar mayor relevancia a los signos que expresan la unidad de los sacramentos de la iniciación cristiana: lugar destacado del cirio pascual, renovación de las promesas del bautismo y celebración de la eucaristía (OC 13).

Aunque en muchos lugares se sigue la tradición de hacer coincidir la confirmación con la visita pastoral del obispo, está claro que no es una condición requerida. Conviene, en todo caso, que el párroco, incluso desde el inicio de curso, comunique al obispo la intención de celebrar el sacramento para poder elaborar el calendario o para una mejor coordinación, también mirando a que pueda haber un encuentro previo del obispo con los confirmandos.

b) *El lugar de la celebración*

El lugar propio de la celebración de la confirmación es una iglesia, habitualmente la parroquia de los confirmandos, pues es el punto de referencia de la comunidad cristiana y sede bautismal. En todo caso, si los candidatos fueran pocos, pueden unirse varias parroquias en una sola celebración para que también así se ponga de manifiesto la catolicidad de la Iglesia. En este sentido, otra alternativa es que se celebre en la catedral.

La celebración fuera de la parroquia debe considerarse como algo excepcional. Este podría ser el caso de muchos jóvenes para los que su vida cristiana se desarrolla más en su colegio que en la parroquia, y cabría la posibilidad de que la celebración se hiciera en la capilla del colegio, si es que esta opción está considerada en los planes diocesanos (ICR 36).

2. *El ministro del sacramento*

El ministro ordinario de la confirmación es el obispo diocesano (cc. 882), quien la administra siempre válidamente, a cualquier fiel y en cualquier lugar; y lícitamente a sus súbditos con independencia de que lo haga fuera o dentro de su territorio, mientras no se le haya prohibido expresamente (c. 886 § 1). El sentido es que el obispo, como sucesor de los apóstoles, que ha recibido la plenitud del sacramento del orden, al celebrar la confirmación subraya con su presencia que este sacramento remite más estrechamente a la Iglesia y a sus orígenes apostólicos en Pentecostés. Por esta razón el Concilio le denomina «ministro originario» (Cath 1313; LG 26).

El obispo diocesano, y exclusivamente para sus súbditos, puede facultar a uno o varios presbíteros que considere idóneos para administrar este sacramento de forma habitual en la diócesis (cc. 884 § 1; 885 § 2), siempre dentro de los límites del territorio para la validez (c. 887). En la práctica se siguen las orientaciones del ritual, en las que se recomienda que estos presbíteros tengan un ministerio peculiar en la diócesis, como es el caso de los vicarios generales o episcopales (OC 8).

En un caso particular y con causa grave, también puede ser ministro, «por asociación», un presbítero designado por el obispo o por otro presbítero dotado de facultad para confirmar (c. 884 § 2). Entre los que pueden ser asociados destaca, por el oficio encomendado, la figura del párroco, que ha de velar por la administración de los sacramentos en su parroquia (c. 528 § 2). Se puede entender que existe causa grave cuando hay un grupo muy numeroso de confirmandos y la ceremonia se prolongaría demasiado, por el frío o calor excesivo en el templo, la enfermedad o vejez del ministro…

Finalmente, hay tres casos en los que el párroco está autorizado por el derecho mismo a confirmar: cuando bautiza a un mayor de siete años, a no ser que el obispo determine otra cosa (cc. 863 y 866; RICA 44-46); cuando ha sido autorizado por el obispo para admitir a una persona ya bautizada en la plena comunión (RICA, Apéndice); y en peligro de muerte (cc. 530, 2.º; 883, 3.º). De estos dos últimos *casos especiales* hablamos enseguida.

3. *Los que van a ser confirmados*

Sólo el bautizado que aún no ha sido confirmado es susceptible de recibir la confirmación (c. 889 § 1). No hay, pues, para la validez del sacramento, ninguna restricción por causa de la edad, la preparación o la capacidad mental, salvo el caso del adulto que, estando en plenas facultades mentales, debe manifestar su voluntad de recibirlo.

Algunos requisitos que se señalan para la licitud son: instrucción debida (la catequesis), recta disposición y capacidad para renovar las promesas del bautismo (c. 889 § 2; SC 71). La concreción de estos requisitos le corresponde a la conferencia episcopal o al obispo diocesano a través de los directorios sobre los sacramentos de la iniciación cristiana.

Existen, sin embargo, varios casos excepcionales donde la norma general sobre estos requisitos no se aplica. Uno de ellos se da cuando existe peligro de muerte en los infantes, ya que, dada la gravedad de la situación, se deja a juicio del ministro el administrarla (c. 891). Otros casos son los referidos a los amentes y a quienes habitualmente carecen de uso de razón, que jurídicamente se asimilan a los infantes (c. 99), pues tienen derecho a acceder al don gratuito de Dios que es la confirmación, dado que esta no puede reducirse sólo a una respuesta madura del sujeto, como ya señalamos.

La preparación catequética pre-sacramental de los confirmandos es un requisito importantísimo, por lo que no deberá nunca reducirse a una actividad puntual o a un cursillo breve, sino que ha de insertarse en el proyecto catequístico general, programándola según el itinerario de la iniciación cristiana de la diócesis. Menos importancia tiene en dónde se reciba: sea en colegios, movimientos, asociaciones u otras estructuras no parroquiales (c. 890); lo importante es que, gracia a ella, el sacramento pueda fructificar de la mejor manera posible.

Como la catequesis es un requisito previo exigido, el párroco dejará en suspenso la celebración de la confirmación mientras la persona, habiéndosele ofrecido los medios necesarios, no hubiera adquirido la formación necesaria. Por otro lado, si el párroco puede confirmar que la persona ha sido adecuadamente instruida, no puede negarle el acceso al sacramento. Si el fiel viene de otra parroquia, habrá que pedirle el certificado de las catequesis recibidas extendido por el párroco de procedencia.

En algunas diócesis se establece que sea el mismo joven quien haga una petición expresa y por escrito de recibir la catequesis para celebrar la confirmación, de modo que quede de manifiesto su libertad y su intención. Una entrevista del párroco con cada uno de los candidatos podría ayudar muy bien a corroborar este punto, pues no son pocos los casos en los que las motivaciones últimas están muy lejos de ser las deseables y precisan de una clarificación previa. Asimismo, parece muy adecuado que se haga una presentación oficial de los confirmandos a la comunidad para que los acoja con el mayor calor posible y ellos se sientan verdaderamente responsables del proceso que inician.

a) *La edad de la confirmación*

Sobre esta cuestión hay dos posturas: una más pastoral, que defiende diferir la confirmación hasta la adolescencia e insertarla en el proyecto de pastoral juvenil; y otra más teológica, que recomienda administrarla a la edad de discreción –alrededor de los siete años– para que preceda a la recepción de la eucaristía, culmen de la iniciación cristiana. El Código no toma partido por ninguna de las dos (c. 891).

La solución que se le dé dependerá de las opciones pastorales que se hayan tomado desde la conferencia episcopal y la aplicación concreta en la diócesis, no del parecer del párroco. Conviene, no obstante, recordar que no es un sacramento de supercristianos, que se ofrece sólo a unos pocos, sino que todos los bautizados están llamados a él, por lo que parece necesario contemplar las dos posibilidades existentes, incluso simultáneamente, para que el sacramento llegue a la mayor parte de fieles posible.

b) *Casos especiales*

Es preciso que desde la parroquia se transmita la auténtica enseñanza de la Iglesia, que conjuga el carácter gratuito de la iniciativa salvadora de Dios con la respuesta libre de la persona. Por eso se ha de advertir que una aplicación rígida de la norma puede provocar que muchos fieles se vean privados de recibir el sacramento, por lo que es recomendable cierta flexibilidad en la pastoral de este sacramento, teniendo en cuenta a aquellos fieles que, por diversas circunstancias, se encuentran en situaciones especiales. Así:

> Habrá que prestar especial consideración a las *personas con discapacidad psíquica o sensorial*, pues también son sujetos de la iniciación cristiana y merecen especial atención, tanto a nivel personal como en los aspectos puramente pedagógicos. Estos jóvenes o adultos, llamados también a recibir el sacramento de la confirmación, recibirán una preparación catequética adaptada a sus posibilidades, bien sea integrándolos en los grupos parroquiales ya existentes con un acompañamiento más cercano, bien sea organizando catequesis diseñadas para ellos. Incluso cuando no hubiera posibilidad alguna de adquirir esa formación catequética especial, se les debería administrar el sacramento, pues sigue siendo una importante oferta de gracia.
>
> Por tratarse de un fenómeno bastante común en las diócesis, es conveniente establecer procesos especiales para facilitar la recepción del sacramento a *personas adultas* que no lo hayan recibido antes. Si son adultos que participan activamente en la vida de la parroquia o en comunidades o movimientos basta una preparación inmediata al sacramento, con algunos encuentros de catequesis específica y alguna liturgia penitencial donde se les invite a la confesión.
> La misma solución podría aplicarse para los padres que están implicados en la catequesis familiar y que en su momento no recibieron la confirmación, con tal de que el que se va confirmar haya participado habitualmente en las reuniones de formación.
> Parece oportuno que los adultos que han vivido al margen de la Iglesia, con poca o nula práctica religiosa, participen en un proceso de catequesis de adultos, que puede organizarse a nivel de arciprestazgo, vicaría o diócesis. Si esto no fuera posible, deberá ofrecérseles una catequesis personalizada que integre los elementos esenciales de la vida cristiana.
>
> Para las *parejas que se preparan al matrimonio*, puede aprovecharse el momento de su petición para recordar la necesidad de recibir el sacramento de la confirmación e invitarlas a la catequesis de adultos como en el supuesto anterior; así podrían recibirlo antes del matrimonio, o incluso después si la fecha elegida para la boda no lo hiciera viable.
>
> Cuando se trata de *adultos que recibieron el bautismo fuera de la Iglesia católica*, al incorporarse a la comunión plena deben ser confirmados por el mismo ministro que los admite, justo después de la profesión de fe. Es obvio que deberán recibir también una adecuada preparación y catequesis acomodada al nivel de la formación que traen, y que se extenderá, normalmente, por al menos un año (RICA, cap. V).

Finalmente, los fieles que tienen uso de razón y se encuentran *en peligro de muerte* deben recibir la confirmación con la preparación espiritual adaptada a cada caso particular, en especial por medio de la visita del sacerdote o de los agentes de la pastoral de enfermos. Sería el caso, por ejemplo, de personas con una enfermedad incurable o de ancianos. Es evidente que no debe esperarse demasiado para administrar el sacramento en estos casos en los que el mismo párroco –o cualquier otro presbítero– está habilitado para confirmar (cc. 883 y 891).

4. *Los padrinos*

La figura del padrino no es absolutamente preceptiva, pero la legislación lo recomienda con insistencia debido a la importante misión que puede desempeñar, a saber: procurar que el confirmando se comporte como un verdadero testigo de Cristo y que cumpla las obligaciones inherentes al sacramento. Lo más conveniente es que se escoja como padrino a la persona que asumió esa misión en el bautismo, resaltando así la unidad de los sacramentos de la iniciación (c. 892-893; OC 5). Como las condiciones requeridas son las mismas que para el padrino de bautismo, nos remitimos a lo dicho entonces (*supra*, 191-195).

No hay problema en aceptar que un grupo solicite un padrino común, si se trata de una persona realmente significativa para quienes lo componen: por ejemplo, el catequista o el dirigente de un movimiento. Ahora bien, no se puede admitir a los padres para que sean padrinos; sin embrago, puesto que el padrino en la confirmación no es obligatorio, cabe la posibilidad de prescindir de él y que el padre presente sin más a su hijo en la ceremonia.

5. *La prueba y anotación de la confirmación*

Para probar la administración de la confirmación basta con la declaración de un solo testigo o el juramento del mismo confirmado, si recibe el sacramento siendo ya adulto (c. 894; OC 14-15). En el Anexo 17 se ofrece un modelo de entable.

Deben inscribirse los nombres de los confirmados en el Libro de confirmaciones de la curia diocesana, así como dejar constancia del ministro, de los padres y los padrinos, y del lugar y el día de la administración del sacramento. Donde lo ordene la conferencia episcopal o el obispo diocesano, el libro deberá guardarse en el archivo parroquial (c. 895).

Si existe el Libro parroquial de confirmaciones, será el párroco quien haga la anotación de los confirmados en él, además ha de hacer la anotación marginal en el libro de bautismos de los que sean de la parroquia; o notificará al párroco del lugar del bautismo de los que no son de la parroquia para que haga la preceptiva anotación.

Cuando varias parroquias se agrupan en una misma iglesia para las confirmaciones, cada párroco mantiene la obligación de registrar a sus fieles, a no ser que la legislación diocesana admita otra posibilidad. En todo caso, se dará noticia al párroco del bautismo para que haga la correspondiente anotación marginal en el libro de bautismos.

Si el párroco del lugar no hubiera estado presente, debe el ministro, por sí mismo o por medio de otro, comunicarle cuanto antes la confirmación administrada (c. 896).

Cuando se trata de un confirmado que no es de la diócesis, lo más conveniente es que se realice la comunicación prescrita a través de la cancillería del obispado.

7

EUCARISTÍA

EL CULMEN DE LA INICIACIÓN CRISTIANA

La santísima eucaristía, por la que la Iglesia vive y crece continuamente, es el sacramento más augusto en el que se contiene, ofrece y recibe al mismo Cristo Nuestro Señor. El sacrificio eucarístico, memorial de la muerte y resurrección de Jesús, en el que se perpetúa el sacrificio de la cruz, es el culmen y fuente de todo el culto y de toda la vida cristiana, por la que se significa y realiza la unidad del Pueblo de Dios y se lleva a término la edificación del Cuerpo de Cristo. Por ello, los demás sacramentos y todas las obras de apostolado se unen estrechamente a la eucaristía y se ordenan a ella (c. 897; SC 47-48; LG 3.7; EM 6; IGMR 2; Sca 14).

La celebración eucarística es sacrificio de comunión, acción del mismo Cristo y de la Iglesia, en la que Cristo, sustancialmente presente bajo las especies del pan y del vino, por el ministerio del sacerdote, se ofrece a sí mismo a Dios Padre y se da como alimento espiritual a los fieles unidos a su oblación (c. 899 § 1).

Por tanto, la Iglesia debe velar para que su celebración sea siempre el don de Cristo a su Iglesia, y no arbitrariedad del ministro o de la asamblea; que sea don de salvación para cada uno de los fieles que han de participar frecuente y activamente en ella, con la preparación y disposiciones necesarias; que exprese y manifieste también la verdadera naturaleza de la Iglesia como asamblea reunida en el nombre del Señor; que exprese la devoción y el culto de adoración (c. 898; Sca 52-55).

Toda la comunidad es sujeto de la acción eucarística, aunque el sacerdote lo haga actuando en la persona de Cristo (c. 900 § 1), por lo que es muy importante suscitar dentro de la asamblea los diversos oficios y ministerios, así como disponer la celebración de tal forma que todos los presentes puedan sentirse sujetos activos, haciendo cada uno lo que le corresponde sin intromisiones, especialmente en aquello que es propio del sacerdote que preside (cf. c. 907), de modo que se perciban los frutos abundantes del sacrificio eucarístico (c. 899 § 2 y 3).

1. El ministro de la eucaristía

Para la celebración válida de la eucaristía resulta absolutamente imprescindible la presencia de un sacerdote válidamente ordenado (c. 900 § 1); para la celebración lícita ha de ser un sacerdote no impedido por ley canónica (c. 900 § 2). La importancia que la Iglesia da a la exclusividad del sacerdocio ministerial queda remarcada por la pena de entredicho o suspensión que se impone a quienes atenten el sacrificio eucarístico sin ser sacerdotes (c. 1379 § 1, 1.º).

Con el fin de garantizar que sea un verdadero sacerdote quien pide celebrar en una iglesia, debe presentar carta comendaticia de su ordinario o superior, dada al menos en el año (c. 903). Comúnmente esa función la desempeñan los carnés o credenciales que ya se emiten en muchas diócesis, aunque algunos de ellos superen la duración de un año. A menudo se resuelve el caso desde la confianza: sería suficiente con que no hubiera indicios serios en contra. Ahora bien, si los ordinarios locales diesen normas particulares, deberán respetarse.

Celebrarían ilícitamente los sacerdotes que hayan incurrido en excomunión, entredicho o suspensión; los que hayan atentado matrimonio civil y los que han obtenido dispensa del celibato (PCTL, *Declaración sobre la celebración, por una justa causa, de los sacramentos o sacramentales por un clérigo que ha atentado el matrimonio* [15 de mayo de 1997], 1-3); los que carezcan de las disposiciones necesarias, tanto espirituales como corporales; los que hayan incurrido en una irregularidad o estén afectados de un impedimento (c. 1044).

Además, se pide al sacerdote que se prepare debidamente con la oración antes de celebrar y que dé gracias a Dios al terminar, que respete y observe las normas establecidas tanto en el derecho común como en las normas litúrgicas sobre ritos y ceremonias, tiempo y lugar, reiteración de la celebración, participación de algún fiel, concelebración… (cc. 902-909).

Los párrocos han de cuidar de que las funciones sagradas se celebren en sus iglesias dignamente, de acuerdo con las normas litúrgicas, lo cual exige bastante más que la simple vigilancia para evitar abusos (c. 528 § 2).

2. El ministro de la comunión

Lo normal es que el sacerdote (obispo o presbítero), como ministro ordinario, distribuya la comunión a los fieles que asisten a la celebración que él preside, pero puede haber circunstancias que exijan la ayuda de otros ministros. Es también ministro ordinario el diácono. Los ministros extraordinarios son el acólito debidamente instituido u otro fiel laico a quien el obispo diocesano le hubiera concedido esta facultad, y esto sin establecer ninguna prioridad de unos fieles sobre otros (cc. 910; 230 § 3 IGMR 191; RS 154 y 158).

Podrá actuar un ministro extraordinario cuando falten el sacerdote o el diácono, o cuando estos no pueden distribuir la sagrada comunión por enfermedad o por motivo de su avanzada edad, o cuando los fieles que desean comulgar son tantos que se prolongaría excesivamente la celebración de la misa o la distribución de la comunión. Sin embargo, no podrán ejercer su función cuando se halle presente un ministro ordenado no impedido, aunque no participe en la celebración; tampoco le está permitido delegar en ningún otro para realizar esta función (CPI, Respuesta del 20 de febrero de 1987; RS 157.159). La misa, en todo caso, no deberá continuar hasta que se haya terminado de distribuir la comunión (RS 88).

El fiel designado ministro extraordinario de la comunión, además de estar debidamente preparado, deberá distinguirse por su vida cristiana, por su fe y buenas costumbres. Se esforzará por ser digno de este nobilísimo encargo, cultivará la devoción a la eucaristía y dará ejemplo a los demás fieles de respeto al santísimo sacramento del altar. La edad mínima para ejercer este ministerio se sitúa en torno a los treinta años (IC 1).

1. *Ministerio con carácter permanente*

La concesión de la facultad puede hacerse de forma permanente siempre que se den las condiciones de idoneidad anteriormente señaladas. Como se trata de un ministerio permanente deberá intervenir el obispo, a través de sus vicarios, arciprestes o de los propios párrocos o capellanes, según esté establecido en la diócesis.

Los candidatos han de ser presentados por el párroco respectivo en un número prudente. El obispo –o aquel a quien encomiende esta misión– expedirá el certificado que autoriza el desempeño de este servicio, el ámbito en el que podrán ejercer el ministerio –generalmente la parroquia para la cual han sido nombrados– y el periodo de tiempo –comúnmente los nombramientos serán por tiempo determinado renovable–, velará por su formación previa y permanente y llevará el libro de registro oportuno (ver Anexos 18 y 19).

Para ejercer su función, deben presentarse decorosamente de acuerdo con su condición de seglares y no llevarán vestiduras sagradas. La ropa debe ser limpia y digna, generalmente formal, para reflejar la importancia del santísimo sacramento. No deben usar ropa que exponga excesivamente partes inapropiadas de la anatomía, ni prendas con lemas o logotipos que pueden distraer la atención de los fieles.

Cuando hayan de llevar la comunión a los enfermos o impedidos, deben usar un portaviático o una píxide adecuados, irán directamente de la iglesia a la casa del enfermo, usarán el rito establecido y no dejarán en la casa del enfermo hostias consagradas para que las consuma por su cuenta durante la semana. Tampoco es apropiado que se lleven a casa el Santísimo para distribuirlo posteriormente (RS 132-133).

En el camino hacia el domicilio del enfermo, es importante que el ministro evite cualquier distracción que pueda disminuir su atención al santísimo sacramento, como, por ejemplo, entablar conversaciones innecesarias o escuchar la radio en el coche. Ya en la casa, irá directamente a celebrar el rito. Sobre una mesa con un mantel blanco y un crucifijo, colocará la píxide y realizará la genuflexión en adoración. Es bueno que el ministro lleve un corporal y un crucifijo en caso de que tales preparativos no se hayan realizado en el domicilio. Al terminar, purificará la píxide de la manera habitual.

Cada parroquia puede determinar cómo los ministros extraordinarios se han de acercar al altar para recibir la comunión de la mano del sacerdote y el vaso que contiene las especies de la santísima eucaristía que van a ser distribuidas a los fieles. La norma general, no obstante, es que no deben acercarse al altar hasta después de que el sacerdote haya comulgado (IGMR 162).

Los ministros extraordinarios, cuando sean autorizados por primera vez, serán presentados a la comunidad parroquial e investidos en una acción litúrgica propia, preferentemente dentro de una celebración eucarística dominical, presidida por el obispo y/o vicario general o episcopal o su delegado. Como no hay un ritual prescrito para esta investidura, el obispo podrá establecer uno, si lo cree conveniente. En algunas diócesis se les entrega una insignia o credencial que acredita su cualificación y que llevan en el momento del ejercicio ministerial.

2. *Ministerio ocasional*

Cuando el número de comulgantes sea muy grande o cuando alguna circunstancia lo requiera, se puede solicitar, durante la celebración eucarística, la ayuda de un fiel cristiano conocido, de buenas costumbres y que goce de aceptación en la comunidad parroquial, para que colabore en ese momento en la distribución de la sagrada comunión. Al llamar a este servicio ocasional se dará al elegido la bendición prevista en el Misal (IC, proemio; MQ 532; EDM, «Disposiciones prácticas», art. 8 § 1; RS 155). El orden recomendado para escoger al ministro es: lector o lectora instituidos, seminarista mayor, religioso o religiosa, catequista, fiel conocido, sea varón o mujer (IC 1, art. IV).

3. *Los monaguillos*

El párroco ha de conservar, donde sea posible, la costumbre de que niños o jóvenes monaguillos estén presentes y realicen un servicio junto al altar como acólitos, y reciban una catequesis conveniente y adaptada a su capacidad.

Si hay posibilidad, se han de convocar reuniones de convivencia entre ellos, incluso instituir y promover a nivel diocesano asociaciones en las que también participen y colaboren los padres y con las cuales se proporcione a los monaguillos una atención pastoral eficaz.

No hay dificultad en que para este servicio del altar sean admitidas niñas, según el juicio del obispo diocesano. Si el obispo no ha determinado nada, el párroco juzgará la oportunidad (RS 47; PCTL, Respuesta [11 de julio de 1992]).

3. Circunstancias de la celebración

1. *Frecuencia de las misas*

Es importante no multiplicar de manera innecesaria el número de las misas, con el fin de garantizar la calidad de las celebraciones, promover la vida y la unidad de la comunidad parroquial y, finalmente, no sobrecargar de celebraciones a los sacerdotes. Es recomendable, por consiguiente, racionalizar los horarios de misas de las parroquias que están cercanas, especialmente en los núcleos más poblados, coordinación que puede llevarse a cabo en el arciprestazgo o la vicaría.

2. *La aplicación de la misa*

El sacerdote tiene facultad de aplicar la misa por cualquiera, tanto vivo como difunto (c. 901). La aplicación debe ser objetivamente determinada (de forma explícita o implícita) y hecha a tiempo, o sea, antes de empezar la celebración o, al menos, al hacer el memento de vivos o de difuntos. No es preciso dar a conocer la aplicación al pueblo fiel cuando no tiene relación directa con la celebración como tal, pero es lógico hacerla pública cuando la celebración en su conjunto se dedica a esa intención, como es el caso de las misas de aniversarios.

Sin embargo, no debe aplicarse la misa como hecho público divulgado cuando pueda ser motivo de escándalo o pueda inducir al indiferentismo, por ejemplo, en el caso de que se hayan denegado las exequias eclesiásticas. Sí podría hacerse, sin restricciones, cuando no se haga pública la intención. Con los cristianos no católicos hay una excepción: puede hacerse pública la intención siempre que la celebración de la misa haya sido explícitamente pedida por los familiares, amigos o súbditos del difunto por genuino motivo religioso y a condición de que, a juicio del ordinario, no se siga escándalo para los fieles (c. 1185; CDF, *Accidit in diversis* [11 de junio de 1976], 621-622).

3. *La celebración diaria*

Todo sacerdote tiene obligación de celebrar con frecuencia, recomendándose de forma encarecida la celebración diaria; y esto incluso cuando no haya asistencia de fieles, pues sigue siendo igualmente acción de Cristo y de la Iglesia, en cuya realización los sacerdotes cumplen su principal ministerio (c. 904). Sin embargo, ha de preferirse la misa celebrada con la comunidad, que se ha de entender como la misa normativa, o sea, la forma de celebración que sirve de modelo y que, en cuanto signo, manifiesta mejor lo que la eucaristía es en sí misma (SC 7.27.41; IGMR 112-115). También es preferible la concelebración con otros presbíteros, aunque no haya asistencia de fieles, a celebrar individualmente, según justificamos a continuación.

4. *La concelebración*

La concelebración de la misa por varios sacerdotes manifiesta de forma apropiada la unidad del sacrificio y del sacerdocio, sobre todo si está presidida por el obispo. Es expresión y consolidación de la fraternidad sacramental existente entre los presbíteros.

No hay dificultad en que el sacerdote concelebre diariamente, aunque existen algunas consideraciones (c. 902): que la utilidad de los fieles no requiera otra cosa, el respeto a la libertad de cada uno para celebrar individualmente –aunque no mientras se está concelebrando en la misma iglesia u oratorio– y la fidelidad a los libros litúrgicos (IGMR 199-209).

Hay ocasiones en las que se prescribe la concelebración: en la ordenación del obispo y del presbítero, en la bendición del abad y en la misa crismal. En otras ocasiones simplemente se recomienda: el jueves santo en la misa vespertina; en las misas celebradas con ocasión de concilios, reuniones de obispos y sínodos; en la misa conventual y en la misa principal en iglesias y oratorios; en las misas en cualquier tipo de reuniones de sacerdotes, tanto seculares como religiosos (IGMR 199).

Como ya dijimos, queda excluido concelebrar con sacerdotes o ministros de iglesias o comunidades eclesiales que no están en plena comunión con la Iglesia católica (c. 908). Por supuesto, cualquier sacerdote de rito latino puede concelebrar con otro sacerdote de rito oriental si hay causa justa –como puede ser la de fomentar la caridad y la unidad entre las Iglesias– y cuenta con la licencia del obispo. Es obvio que todos deben seguir las normas de los libros litúrgicos del que preside la celebración. Debe evitarse cualquier tipo de sincretismo litúrgico y, en lo posible, conservar cada uno los ornamentos y distintivos de la propia Iglesia.

5. *Binaciones y trinaciones*

En principio no es lícito que el sacerdote celebre más de una vez al día (c. 905 § 1), aunque el derecho mismo prevé las legítimas excepciones, con la intención clara de responder mejor a las necesidades del pueblo; siempre sin olvidar que el límite es que no haya detrimento de una acción pastoral verdaderamente eficaz y que, por supuesto, no se utilice la misa como puro elemento de solemnidad o de esplendor externo, o para recibir ingresos económicos.

En concreto, se puede celebrar más de una vez: en el jueves santo, en la vigilia pascual y en la fiesta de Navidad (tres misas con tal de que se celebren a su tiempo); en el día de los fieles difuntos (tres misas); en el sínodo o la visita pastoral; en cualquier tipo de reuniones de los sacerdotes; en las misas conventuales o «de comunidades» (IGMR 204).

Para los demás casos de binación en los días comunes es preciso obtener licencia del ordinario del lugar, que puede otorgarla siempre que concurran tanto una verdadera penuria de sacerdotes como una causa justa, a saber: atender una comunidad religiosa, en una segunda iglesia cuyos fieles se quedarían sin misa, o en situaciones especiales como funerales, bodas, retiros o reuniones apostólicas. Cierto es que en muchas ocasiones el oficio parroquial encomendado ya conlleva implícitamente la licencia para la binación.

La trinación, sin embargo, tiene condiciones más estrictas: el ordinario del lugar podrá conceder esta autorización cuando, además de la consabida penuria de sacerdotes y verdadera necesidad pastoral, sea sólo en domingos y días de precepto. Sería el caso de un sacerdote que debe atender tres parroquias, o una tan numerosa que debe celebrar al menos tres misas para posibilitar la participación de los fieles. Para casos habituales que superen la trinación, es doctrina común que el obispo debe pedir indulto especial a la Santa Sede para poder autorizar a sus sacerdotes, en concreto al Dicasterio para el Culto divino y la Disciplina de los sacramentos (PE 90 § 2).

6. *Misa «pro populo»*

El párroco, administrador parroquial o uno de los sacerdotes de un equipo *in solidum*, tiene obligación de celebrar la misa por el pueblo, en la que el pastor pide por todos los fieles que le han sido encomendados (c. 554). Al respecto, los fieles han de saber lo siguiente: (1) Se trata de una misa que se celebra cada domingo y día de precepto por las intenciones de todos los parroquianos, sin recibir ofrendas de ninguno en particular. No se puede omitir; si ello sucede, deberá celebrarse cuanto antes tantas veces como se haya incumplido la obligación. (2) Normalmente se celebrará en la sede parroquial. Si se atiende a varias parroquias, basta con celebrar una misa por todo el pueblo en una de ellas. (3) Si el párroco tuviera algún impedimento, podría encargarle la celebración a otro sacerdote o celebrarla otro día de la semana.

7. *Las misas en la Semana santa y el Triduo pascual*

El viernes y el sábado santo no se pueden celebrar misas; sí en la tarde del jueves santo, en la vigilia pascual y en el domingo de resurrección. Queda prohibido celebrar tanto bodas como misas de funeral. Las exequias se reducirán a una liturgia de la Palabra con la recomendación del alma del difunto. La misa de funeral se celebrará después del domingo de Pascua.

La misa vespertina en la Cena del Señor (*In coena Domini*) del jueves santo, que es obligatoria en las parroquias, se ha de celebrar en la tarde (no parece que sea oportuno antes de las 17:00 horas) con la participación de toda la comunidad. En ella pueden concelebrar los presbíteros asociados, aunque hayan concelebrado en la misa crismal (cuando tiene lugar el mismo jueves) o deban celebrar una misa para bien de los fieles. La comunión –salvo para los enfermos– no se puede distribuir fuera de la celebración de la misa (CCDDS, Carta circular *Paschale Solemnitatis* [16 de enero de 1988] 46-47).

Donde lo exija el bien pastoral, el ordinario del lugar puede permitir la celebración de otra misa por la tarde en las iglesias u oratorios. En caso de verdadera necesidad también puede celebrarse, incluso por la mañana, pero solamente para los fieles que de ningún modo pueden participar en la misa vespertina. Cuídese que estas misas no se oficien para favorecer a personas privadas o a grupos particulares y que no perjudiquen en nada la misa principal. En este día, según una antiquísima tradición de la Iglesia, están prohibidas las misas sin pueblo (*Paschale Solemnitatis* 47).

Los oficios de la Pasión del Señor han de celebrarse después del mediodía, cerca de las 15:00 horas. Por razones pastorales puede elegirse otra hora más conveniente para que los fieles puedan reunirse con mayor facilidad; por ejemplo, desde el mediodía hasta el atardecer, pero nunca después de las nueve de la noche. Se puede repetir la celebración si con una sola no se satisfacen adecuadamente las necesidades de los fieles. No se celebrarán otros sacramentos, salvo la penitencia y la unción de los enfermos en peligro de muerte. Las exequias han de celebrarse sin canto, sin órgano y sin tocar las campanas *Paschale Solemnitatis* 61-63).

La vigilia pascual ha de celebrarse después de la caída del sol del sábado y antes del amanecer del día de Pascua. Esta regla ha de ser interpretada estrictamente (*Paschale Solemnitatis* 78; IGMR, Vigilia 3). Si hay razones pastorales que lo aconsejen, y observando las normas diocesanas, se puede adelantar la celebración, y sólo por motivos ciertamente relevantes, puede duplicarse. De hecho, la práctica de organizar en una misma comunidad parroquial dos vigilias pascuales, una abreviada y otra más desarrollada, parece chocar con el fundamento mismo de la celebración pascual, que requiere una única asamblea, la cual es signo de la única Iglesia que se renueva en la celebración de los misterios pascuales. No se puede celebrar ninguna otra misa durante el día. La comunión a los enfermos sólo puede distribuirse si se trata del viático.

8. *La celebración de la misa «tradicional» en latín*

Ya no es posible la celebración opcional de la misa tradicional en latín (rito tridentino). Conviene recordar que el papa Benedicto XVI, con el motu proprio *Summorum Pontificum* (7 de julio de 2007) y siguiendo la edición típica del misal romano promulgado por el papa Juan XXIII en 1962, que la consideraba «forma extraordinaria» del rito romano, autorizó su celebración bajo el cuidado del párroco.

Sin embargo, el papa Francisco, por el motu proprio *Traditionis custodes* (16 de julio de 2021), ha dispuesto que haya una sola expresión del rito romano, a saber, los libros litúrgicos promulgados por los pontífices Pablo VI y Juan Pablo II en conformidad con los decretos del Concilio Vaticano II, de modo que ahora es necesario pedir una dispensa a la Sede Apostólica (Dicasterio para el Culto Divino) cuando el obispo desee orientar el uso de una iglesia parroquial o erigir una parroquia personal para la celebración de la eucaristía según el «vetus ordo», o para conceder el permiso a los sacerdotes ordenados de celebrar en el rito tridentino (CCD, *Rescriptum ex audientia*, 21 de febrero de 2023).

9. *Las misas para grupos particulares*

Aunque es lícito celebrar la misa para grupos particulares, de ordinario, los grupos, movimientos, asociaciones y pequeñas comunidades religiosas deben integrarse en las celebraciones litúrgicas de la parroquia (muy especialmente en las misas dominicales, fundamento y núcleo del año litúrgico), como manifestación de lo que la Iglesia misma es: asamblea celebrante que convoca a todos en torno a la única mesa eucarística; así como espacio sinodal: expresión plena, única y auténtica de la comunión entre los diferentes ministerios y carismas, entre la Iglesia local y universal (RS 114; DD 63; EM 27).

De hecho, «los grupos pequeños han de servir para unificar la comunidad parroquial, no para fragmentarla; esto debe ser evaluado en la práctica concreta; estos grupos tienen que favorecer la participación fructuosa de toda la asamblea y preservar en lo posible la unidad de cada familia en la vida litúrgica» (Sca 63). Según esto, la Santa Sede mandó al Camino Neocatecumenal que al menos un domingo al mes sus comunidades participen de la santa misa junto con la comunidad parroquial, y que acepten y sigan los libros litúrgicos aprobados por la Iglesia, sin omitir ni añadir nada (CCD, *Carta al Camino Neocatecumenal sobre la celebración de la santa misa* [1 de diciembre de 2005]), norma que puede ser perfectamente extensible a otros grupos o comunidades eclesiales.

En ciertas ocasiones, puede resultar conveniente celebrar la misa para grupos de jóvenes o de niños. En estos casos habrá que estudiar el modo de favorecer una mejor participación, adecuando la celebración a su mentalidad, dentro de las adaptaciones ordinarias propias de la liturgia.

En el caso de las misas con niños se ha de seguir el «Directorio para las misas con niños», que ofrece valiosas indicaciones tanto para misas con niños y adultos, como para misas sólo con niños.

10. *Las misas de campaña*

En cuanto a las «misas de campaña» con motivo de fiestas populares, peregrinaciones, en favor de grupos apostólicos, en jornadas o excursiones, deben ser celebradas en forma digna y cumpliendo lo prescrito en las leyes litúrgicas.

Si son para un público heterogéneo y con ocasión de una fiesta de carácter social, debe preferirse una liturgia de la Palabra u otra celebración distinta a la misa cuando no se dan las condiciones necesarias para una celebración consciente, digna y fructuosa.

11. *Las celebraciones dominicales en ausencia de presbítero*

Cuando resulta imposible acudir a la misa dominical por ausencia del presbítero (especialmente en una situación de carencia grave de clero), se recomienda que los fieles participen en una liturgia de la Palabra en la parroquia, de acuerdo con la normativa establecida por el obispo, para que santifiquen el domingo acercándose a la Palabra de Dios, subrayando el ambiente de oración y celebración litúrgica (c. 1248 § 2; DD 53; CCD, *Directorium de celebrationibus dominicalibus absente presbytero* [3 de mayo de 1988]). Un modelo de estructura de estas celebraciones se ofrece en el Anexo 20.

Esta clase de celebraciones dominicales especiales deben ser consideradas siempre como absolutamente extraordinarias. Por lo tanto, todos los que han sido encargados por el obispo diocesano para tomar parte en este tipo de celebraciones, «considerarán como cometido suyo el mantener viva en la comunidad una verdadera hambre de la eucaristía, que lleve a no perder ocasión alguna de tener la celebración de la misa, incluso aprovechando la presencia ocasional de un sacerdote que no esté impedido por el derecho de la Iglesia para celebrarla» (RS 164; ChE 1-2; Sca 75).

No es extraño, por tanto, que se exijan unas condiciones mínimas para no oscurecer el lugar privilegiado que tiene en la vida de la Iglesia la celebración de la misa dominical como centro de la vida cristiana. Estas condiciones (RS 165-166) son las siguientes:

- sólo se celebrará si resulta del todo imposible celebrar la misa en la propia parroquia o ir a la parroquia vecina;
- se ha de formar a los fieles para que no confundan esta celebración con la misa, a la que nunca puede sustituir; con este fin, el obispo diocesano valorará si se ha de distribuir o no la comunión;
- nunca podrá celebrarse si ya ha habido allí una misa, incluso en una lengua diferente, y no se celebrará más de una vez al día en la misma parroquia;
- el obispo no concederá con facilidad que este tipo de celebraciones –sobre todo si en ellas se distribuye la sagrada comunión– se realicen en los días feriales y, sobre todo, en los lugares donde el domingo precedente o siguiente se ha podido o se podrá celebrar la eucaristía;
- la celebración será dirigida por un diácono o por otro ministro laico debidamente preparado, que no usará la sede del celebrante ni el altar, excepto para colocar el copón en el momento que vaya a distribuirse la comunión; tampoco se le denominará «presidente», para que los fieles no confundan su misión con la del sacerdote.

Para establecer estas celebraciones de forma habitual, el obispo deberá consultar al consejo presbiteral y dar las normas precisas para evitar abusos, incluyendo la distribución o no de la comunión. Estas celebraciones, una vez establecidas por la autoridad, serán ofrecidas a los fieles, pero estos no tendrán ninguna obligación canónica de participar en las mismas (se trata de una «recomendación» a tenor del c. 1248 § 2), de modo que quienes consideren oportuno dar culto a Dios de otra manera (por ejemplo, haciendo un rato de oración) estarán en su perfecto derecho de hacerlo.

Los tres ámbitos de responsabilidad propios del párroco (*Directorium* 28-30) son los siguientes:

- De una parte, debe tener previsto todo lo que se refiere a la celebración; por ejemplo, que las hostias consagradas sean frecuentemente renovadas y conservadas en un lugar seguro hasta que llegue el momento de distribuirlas.
- Si el obispo no ha designado moderadores de dichas celebraciones, el párroco tiene la responsabilidad de designar a aquellas personas que se encargarán de las celebraciones. Si hay un diácono no necesitará habilitación especial alguna, pero actuará en unión y dependencia del párroco. Cuando no hay diáconos, el párroco designará a aquellos laicos o religiosos a quienes juzgue oportuno confiar la responsabilidad de moderar esas reuniones, dando preferencia a los que hayan sido instituidos como acólitos, lectores o catequistas; en su falta, que al menos hayan recibido el sacramento de la confirmación. La designación se hará habitualmente para un periodo determinado y se anunciará públicamente a la comunidad.
- La responsabilidad del párroco no termina al designar el moderador de la reunión, puesto que tiene que preocuparse de la formación continua de estos moderadores, y de preparar con ellos las celebraciones. Esto supone que el párroco tiene también la responsabilidad de decidir sobre aquellas partes del rito en las que existan diversas posibilidades.

Después de las lecturas habrá «o bien cierta explicación» de ellas, o bien un momento de «silencio para meditar aquello que se ha oído». Según esto, cabe que el moderador lea la homilía preparada de antemano por el párroco, por el diácono o una «cierta explicación» breve (a modo de predicación) elaborada por el moderador, cuando esté capacitado para ello.

Finalmente, no se puede pensar en reemplazar la misa dominical con celebraciones ecuménicas de la Palabra o con encuentros de oración en común con cristianos de otras comunidades eclesiales; tampoco con la participación en su servicio litúrgico (RS 167; EDE 30; DE 115).

4. La participación en la eucaristía

La plenitud de la participación en la eucaristía radica en la comunión sacramental. Todo bautizado a quien el derecho no se lo prohíba puede y debe ser admitido a la sagrada comunión (c. 912). Por lo tanto, se presume la dignidad de todos los fieles, mientras no se demuestre lo contrario, por el derecho a recibir los sacramentos de mano de los pastores (cc. 213 y 843).

Cuando se trata de bautizados que no están dentro de la plena comunión eclesial, se habrá de seguir lo establecido sobre la comunicación en lo sagrado (c. 844).

1. *Disposiciones necesarias para comulgar*

La primera condición indispensable, que afecta tanto al celebrante como al comulgante, es estar en gracia. Cuando existe pecado grave, hay necesidad de la confesión previa, que podría suplirse mediante un acto de contrición perfecta cuando hay un motivo grave o una necesidad urgente, que en el caso del sacerdote puede darse más fácilmente por el deber de celebrar en razón del oficio o de la atención pastoral de una asamblea que, de otra forma, quedaría desatendida; o cuando falta la oportunidad para confesarse, por no haber confesor o por una grave dificultad moral (c. 916). La práctica de presentarse de manera indiscriminada a recibir la sagrada comunión, simplemente como consecuencia de estar presente en la misa, es un abuso que debe ser corregido (RS 81 y 83).

Queda entonces la obligación de confesarse cuanto antes, que en el caso del sacerdote puede interpretarse como en el intervalo de una semana, a no ser que razonablemente le sea imposible. En el caso del fiel, ese plazo puede ser todavía más amplio. Quienes diariamente o con frecuencia suelen comulgar, conviene que, con la oportuna periodicidad, según la condición de cada cual, se acerquen al sacramento de la penitencia (RCFM 23); este es el caso de los alumnos de los seminarios (c. 246 § 4), los clérigos (c. 276 § 2, 5.º), los religiosos (c. 664), los miembros de institutos seculares (c. 719 § 3), o de sociedades de vida apostólica (c. 732).

Además, como norma general, es necesario guardar el ayuno eucarístico al menos desde una hora antes de la sagrada comunión, con la única excepción del agua y de las medicinas. La norma no urge en los casos de imposibilidad –como el sacerdote que celebra la eucaristía dos o tres veces el mismo día y que puede tomar algo después de la segunda misa–, o cuando se trata de personas de edad avanzada o enfermas y de quienes los cuidan, incluidos los familiares (c. 919). Se entiende por personas de edad avanzada aquellas que ya hayan cumplido los cincuenta y nueve años (c. 1252).

2. *Obligación de comulgar*

Al ser el sacramento central de la vida cristiana, la Iglesia desea que todos los fieles lo reciban con frecuencia (c. 898).

Por el abandono de la práctica, la Iglesia impuso en el concilio Lateranense IV el precepto de la comunión pascual. El Código, en continuidad con la tradición precedente, lo prescribe también: se trata de una obligación que incumbe a todo fiel tras la primera comunión.

El contenido de la obligación es comulgar al menos una vez al año. Se trata de un precepto firme, fácil de cumplir y, por ello, sin excepciones, salvo que se dé una imposibilidad, en cuyo caso bastaría con el deseo de recibirla. Y durante el tiempo pascual, a no ser que por causa justa se cumpla en otro tiempo a lo largo del año (c. 920).

3. *Circunstancias de la comunión*

Como regla general, la comunión ha de realizarse dentro de la misa (c. 918). Sólo por causa justa la norma se flexibiliza para favorecer la comunión de los fieles cuando no han podido asistir a la celebración (c. 918; EM 33; RCFM 15). Además, se recomienda que en la misa se comulguen las hostias consagradas en esa misma celebración y no recurrir permanentemente a la reserva del sagrario (SC 5; EM 31; IGMR 85, 157, 243).

La comunión se ha de recibir siempre de la mano del ministro, porque el fiel recibe de la Iglesia el Cuerpo y Sangre de Cristo. Según esta lógica, ningún fiel está autorizado a tomarla directamente de la patena o píxide.

Se puede comulgar en cualquier rito católico, sea latino u oriental, sin ninguna limitación (c. 923).

La norma es que se comulgue una sola vez al día, pero podrá recibirse otra vez más dentro de la celebración eucarística; si hubiera razones objetivas suficientes y en situaciones excepcionales, incluso podría aceptarse una tercera comunión. Lo importante es orientar a los fieles para que no se promuevan devociones eucarísticas desviadas (c. 917; PCTL, Respuesta del 11 de mayo de 1984).

a) *Comunión bajo las dos especies*

Como criterio general, se comulgará bajo la sola especie de pan, fundamentalmente por las ventajas prácticas para su distribución. Este uso se apoya en el principio dogmático de que nada le falta al comulgante en su participación en el banquete eucarístico por no comulgar bajo las dos especies (c. 925).

Pero es posible dar la comunión bajo las dos especies en los casos previstos en los rituales: a los neófitos adultos en la misa después del bautismo, a los padres y padrinos, y a los bautizados adultos a los que se recibe en la Iglesia católica; a los contrayentes en la misa del matrimonio; a los diáconos en la ordenación y a los que reciben los ministerios o una misión pública durante la celebración de la misa, o cuando ejercen su función en ella; a los que van a consagrarse, familiares y miembros de su instituto en las misas de profesión; cuando se celebra la misa en casa de un enfermo, a él y a los presentes; a todos los ministros que participan en una concelebración y a los seminaristas presentes; a los miembros de institutos de vida consagrada o sociedades de vida apostólica en sus casas; con motivo de ejercicios espirituales, retiros, jubileos, primeras misas, asambleas pastorales… Los obispos y la conferencia episcopal pueden ampliar la práctica a otros casos de los ya previstos o facultar a los propios sacerdotes para que puedan decidir la oportunidad pastoral (IGMR 283).

No se ha de administrar la comunión con el cáliz donde sea tan grande el número de los que van a comulgar que resulte difícil calcular la cantidad de vino para la eucaristía y exista el peligro de que sobre demasiada cantidad de Sangre de Cristo; tampoco donde el acceso ordenado al cáliz sólo sea posible con dificultad, o donde sea necesaria tal cantidad de vino que sea difícil poder conocer su calidad y su proveniencia; o cuando no esté disponible un número suficiente de ministros sagrados ni de ministros extraordinarios de la comunión; o donde una parte importante del pueblo no quiera participar del cáliz, oscureciendo así el signo de unidad (RS 102; LI 6; IGMR 285).

En cuanto a la hostia que se debe mojar, esta debe hacerse de materia válida y estar consagrada; está absolutamente prohibido el uso de pan no consagrado o de otra materia que luego se moja en el vino. No es admisible, por consiguiente, que el sacerdote recurra a formas sin consagrar cuando se le terminan las hostias consagradas, de modo que, mojándolas en el vino, pueda dar la comunión a los fieles que falten (RS 104).

También existe la posibilidad de recibir la comunión sólo bajo la especie del vino en caso de necesidad: por enfermedad que hace imposible tragar alimento sólido, o por el problema de la celiaquía.

b) *Comunión en la boca o en la mano*

Respecto a la comunión en la boca o en la mano debe respetarse la libertad de cada fiel para acogerse a uno u otro modo; lo importante es que se mantenga el debido respeto a la eucaristía, independientemente de cómo se reciba.

Sobre la comunión en la mano, es recomendable observar las siguientes normas: la limpieza de las manos, así como cuidar la nobleza del gesto del comulgante para manifestare lo que se recibe; insistir en que se pronuncie el amén como respuesta a la fórmula del ministro; la comunión se llevará a la boca ante el altar y sin moverse del lugar en el que se recibe; no se tomará el pan directamente de la patena, sino que se recibirá del ministro (CCD, Carta acerca de la comunión en la mano [1985], n.º 8). Si existe peligro de profanación, no se distribuirá a los fieles la comunión en la mano (RS 92).

La bandeja para la comunión de los fieles se debe mantener, para evitar el peligro de que caiga la hostia sagrada o algún fragmento (RS 93; IGMR 118).

En los casos en que se administra la sagrada comunión bajo las dos especies, la sangre del Señor se puede tomar bebiendo directamente del cáliz, o por intinción, en cuyo caso no se permitirá al comulgante mojar por sí mismo la hostia en el cáliz, ni recibir en la mano la hostia mojada; es el sacerdote quien la coloca en la boca del comulgante, utilizando hostias que no sean ni demasiado delgadas ni demasiado pequeñas (RS 103; IGMR 245, 285-287).

c) *Comunión de pie o de rodillas*

En cuanto a la comunión de rodillas, aun en aquellos lugares donde se haya aprobado una legislación local que establezca el permanecer de pie como postura habitual para recibir la comunión, no podrá negárseles a los comulgantes que escojan arrodillarse; tampoco podrá obligarse a que se arrodillen a quienes deseen permanecer de pie (CCD, Instrucciones sobre la comunión de rodillas [2002]).

Por otra parte, no puede prohibirse a los fieles que se arrodillen, además de en la consagración, en otros momentos posteriores de la celebración de la eucaristía. Por ejemplo, después del «Cordero de Dios» y hasta recibir la sagrada comunión; ni que, si lo desean, hagan genuflexión o se inclinen en señal de reverencia al santísimo sacramento inmediatamente antes de recibir la sagrada comunión (CCD, Respuestas de 7 de noviembre de 2000).

d) *Primera comunión de los niños*

La edad para recibir la primera comunión está determinada por un doble requisito: suficiente conocimiento, que es algo más que el uso de razón, pues supone una relativa madurez que suele hallarse entre los 7-8 años; y una preparación cuidadosa, de modo que entiendan el misterio de Cristo en la medida de su capacidad y puedan recibir el Cuerpo del Señor con fe y devoción (c. 913 § 1). Conviene recordar que la eucaristía es alimento de una fe que crece y no sólo recompensa de una fe adulta. La sola capacidad para distinguir el Cuerpo de Cristo del alimento común basta para situaciones de peligro de muerte, pero no para las situaciones ordinarias (§ 2).

La responsabilidad de que los niños reciban la adecuada preparación recae, en primer lugar, en los padres, que pueden ayudarse en esta tarea de otras personas como los catequistas, la escuela católica, movimientos y asociaciones. Y también en el párroco, a quien se le asignan las siguientes competencias propias (cc. 914; 777, 2.º): velar para que los niños no se acerquen a la primera comunión ni demasiado jóvenes ni mal preparados; certificar su idoneidad si hacen la primera comunión fuera de la parroquia, a no ser que se pueda presumir, por las garantías que ofrece el centro o las personas con las que se han preparado, que ha recibido la catequesis adecuada por otros medios; cuidar de que todos los niños accedan a la confesión sacramental antes de recibir la primera comunión (CCD-CC, Respuesta *ad propositum dubium* [20 de abril de 1977]).

No obstante, cuando suceda que un niño, de modo excepcional con respecto a los de su edad, sea considerado maduro para recibir el sacramento y esté suficientemente instruido, no se le debe negar la primera comunión (RS 87).

Como norma general, conviene que la primera comunión esté vinculada de algún modo a la parroquia, pues en ella es donde el niño se inicia de manera práctica en el sentido de pertenencia a la Iglesia en su realidad más cercana. Sin embargo, no puede imponerse que se celebre necesariamente en ella, ya que no se encuentra entre las funciones especialmente encomendadas al párroco (c. 530) y pueden existir otros lugares de referencia para el niño, como su colegio, que pueden ser idóneos para ello. En todo caso, es recomendable que se promueva una coordinación entre las entidades implicadas.

Cuando son dos hermanos los que se preparan en grupos catequéticos distintos, debe aconsejarse a los padres que cada niño reciba la primera comunión en el momento más oportuno del proceso de maduración en la fe. Y si no se alcanza la preparación requerida, es preferible que el mayor espere al pequeño.

No cabe duda de que el proceso catequético previo es fundamental, pero también lo es la celebración misma, en la que se debe centrar el mayor esfuerzo. La masificación de las celebraciones y su carácter social las convierte muchas veces en espectáculo, con presencia de cámaras y fotógrafos, profesionales o aficionados, que entorpecen el ritmo celebrativo, y con más «espectadores» en el templo que de costumbre, muchos de los cuales no están acostumbrados a participar en la misa y pueden confundir el espacio sagrado con un salón social. El párroco debe clarificar bien todos estos aspectos a los padres para que sepan a qué atenerse. Pero, en todo caso, se esforzará en que las celebraciones no sean demasiado masivas, con un número excesivo de niños y familiares, lo que perjudica la atención y el ambiente religioso; que sean sencillas, respetando las tradiciones de cada lugar, y que se eviten gastos superfluos.

Otra piedra de tropiezo es la vestimenta. La ropa que llevará el niño ese día debe ser lo más normal y decente posible. Se trata de no favorecer ni la emulación ni destacar las diferencias entre los niños. Lo ideal sería salvaguardar el criterio de la igualdad en la vestimenta de todos los niños y destacar el sacramento que se celebra. En algunos lugares se ha impuesto la saludable costumbre de «prestar» a los niños las túnicas que la parroquia ha adquirido para estos casos; en otros sitios la ropa de calle se adorna con un signo especial para resaltar el momento (un crucifijo, un velo blanco, un brazalete...). No resulta fácil, pero al menos hay que plantear estas razones a los padres y ver qué es lo que se puede hacer. Con todo, tampoco puede ser este un motivo que desencadene el enfrentamiento y pueda causar el alejamiento de las familias.

No mejora la celebración porque se haga participar a todos los niños como protagonistas de acciones que refuerzan aún más la imagen del espectáculo, ni porque se les invite a ejercer ministerios que desbordan su capacidad y su condición de iniciados. No es una práctica aceptable situar a los niños en el presbiterio durante la celebración, pues es el lugar reservado al presidente y los ministros. Al no ser el presbiterio un escenario, la presencia de los niños en él favorece las distracciones. Todo esto puede verse agravado cuando la celebración se hace a título particular y el niño es el único centro de la fiesta.

e) *Primera comunión de las personas con discapacidad intelectual*

«Discapacidad intelectual» es un término utilizado para describir a una persona que no tiene la capacidad de aprender a niveles esperados y funcionar normalmente en la vida cotidiana. En los niños, los niveles de discapacidad intelectual varían ampliamente, desde problemas muy leves hasta problemas muy graves. Los niños con discapacidad intelectual puede que tengan dificultad para comunicar a otros lo que quieren o necesitan, así como para valerse por sí mismos.

En el caso de que se solicite la primera comunión para alguien que tiene una discapacidad intelectual se deberá, en primer lugar, saber de qué tipo de discapacidad se trata y proveer una catequesis adaptada a sus condiciones, de modo que se le dé la posibilidad de vivir la vida de fe según su diversidad.

Para negarle el sacramento tendría que haber completa seguridad de que la persona es totalmente incapaz de cualquier acto humano. Si no es así, no se le debe privar cuando sea capaz de distinguir el pan común del pan eucarístico (c. 913 § 2). Se trataría de que el niño entendiera que el pan eucarístico es «especial», no una comida corriente (conocimiento que podría adquirir viendo a otros niños recibir con reverencia la comunión) y que fuera capaz de comulgarlo con respeto (no sacándoselo de la boca o escupiéndolo).

f) *Primera comunión de jóvenes y adultos*

Los adolescentes que han superado el tiempo común para recibir la primera comunión (o sea, los doce años), así como los jóvenes y los adultos, deberán ser preparados en grupos especiales en la propia parroquia, usando además textos de catecismos adecuados a su edad.

Si esto no es posible, pueden incorporarse bien al grupo de los que se preparan para la confirmación, bien con un acompañamiento personalizado del propio párroco o de un catequista, bien sumándose a un grupo específico de otra parroquia del arciprestazgo.

g) *Comunión de los enfermos y de los ancianos*

Entre las funciones encomendadas especialmente al párroco está la de administrar el viático a los enfermos (c. 530, 3.º).

Junto al párroco están también los responsables de la atención pastoral del enfermo –familiares, personal sanitario y el capellán–, que deben velar para que los fieles puedan robustecerse con la fuerza de la eucaristía.

Por su parte, los fieles que se hallan en peligro de muerte están sometidos al precepto de la comunión (c. 921 § 1; OI 27).

Son ministros ordinarios del viático, el párroco, los vicarios parroquiales, los capellanes y el superior de la comunidad en los institutos religiosos o en las sociedades de vida apostólica para quienes viven en la casa (c. 911 § 1). Puede ser ministro extraordinario, en caso de necesidad o con licencia al menos presunta del ministro competente, cualquier sacerdote o diácono, y en caso de faltar el ministro sagrado, cualquier fiel debidamente designado (c. 911 § 2).

El viático se puede administrar en cualquier tiempo y hora, procurando que no se retrase demasiado, para que pueda recibirse con lucidez, de la manera más consciente y fructuosa (c. 922). A ser posible, deberá recibirse dentro de la misa; así el enfermo podrá comulgar bajo las dos especies, circunstancia que otorga al sacerdote licencia implícita para una celebración doméstica, si lo estima pastoralmente oportuno (OI 26).

La importancia de la comunión en peligro de muerte lleva al legislador a recomendar insistentemente que el fiel vuelva a comulgar, aunque hubiera recibido la comunión en el mismo día; mientras dure el peligro de muerte, reciba la comunión todos los días que resulte posible (c. 921 § 2-3).

En el caso de los ancianos, el párroco debe facilitarles la comunión frecuente. Si es posible, todos los días, sobre todo en el tiempo pascual, aunque no padezcan una enfermedad grave ni estén amenazados por el peligro de muerte inminente. A los que no pueden recibir la eucaristía bajo la especie de pan, es lícito administrársela bajo la especie de vino solo (RCFM 14).

h) *Comunión de los celíacos*

En el caso de los enfermos celíacos está autorizado el uso de pan con poca cantidad de gluten. Estos enfermos pueden usar hostias especiales con una cantidad de gluten porcentualmente muy baja con respecto a los niveles normales, que no afecte al enfermo pero que no prive a la harina de toda su cualidad panificable.

El párroco deberá verificar que el producto usado sea conforme a las exigencias señaladas. No es prudente aceptar, sin más, las formas que puedan traer los interesados. Es preferible que el párroco adquiera él mismo un pan eucarístico garantizado cuando tenga noticia de que alguno de sus fieles que comulga habitualmente tiene esta intolerancia (CCDDS, Carta a los obispos acerca del uso de pan sin gluten y mosto como materia para la Consagración eucarística I [19 de junio de 1995]).

No resulta extraño que se den casos en que los celíacos, debido a su gran sensibilidad al gluten, tendrán que comulgar sólo del vino. Se requerirá entonces un segundo cáliz en el que la única materia consagrada sea el vino, es decir, que no se haya llevado a cabo ni la partición ni la intinción. El ministro debe lavarse antes las manos y ofrecer un purificador distinto para el celíaco.

i) *Comunión de los sacerdotes que no toleran el alcohol*

La licencia para el uso del mosto puede ser concedida por el ordinario a los sacerdotes afectados de alcoholismo o de otra enfermedad que les impida ingerir alcohol incluso en una cantidad mínima. Para ello deberá presentarse previamente el certificado médico acreditativo. La solución preferible sigue siendo la comunión por intinción, o bien, en la concelebración, la comunión bajo la sola especie del pan.

Por mosto se entiende el zumo de uva fresco o conservado, suspendiendo la fermentación mediante congelación u otro método que no altere su naturaleza.

A quienes gocen de licencia para el uso del mosto les está prohibido, en principio, presidir la misa concelebrada; sin embargo, pueden darse excepciones: en el caso de un obispo o superior general, o bien, con el permiso del ordinario, en el aniversario de la propia ordenación sacerdotal y en otras ocasiones similares. En estos casos, el que preside la eucaristía hará la comunión bajo la especie del mosto, mientras que para los concelebrantes se preparará un cáliz con vino normal.

Para los rarísimos casos de petición de uso de mosto por parte de los laicos se deberá recurrir a la Santa Sede (CDF, Carta acerca del uso de pan sin gluten y mosto como materia para la Consagración eucarística II [19 de junio de 1995]).

j) *Accidentes relativos a la distribución de la comunión*

El principio general es que se debe tomar toda precaución para evitar accidentes relacionados con la distribución de la comunión. Pero como a pesar de ello pueden suceder, los ministros deben estar preparados para responder debidamente.

El accidente más común es que caigan al suelo partículas de la hostia o la hostia entera. Si esto sucede, deben ser recogidas y consumidas inmediatamente. Si por alguna razón no se pudieran consumir (por ejemplo, si ya ha estado en la boca de alguien que no puede consumirla), se puede disolver en agua y luego esa agua drenarla por el *sacrarium*.

La mayor dificultad se presenta cuando es la Sangre la que se derrama por el suelo. El ministro debe asegurarse entonces de que nadie pise la mancha, utilizando un purificador limpio para cubrir el lugar. Luego se debe traer agua para rociarla abundantemente, con lo que la preciosa Sangre dejaría de ser eucaristía al perder su esencia de vino. El agua resultante debe ser tratada con respeto y, por medio del uso de purificadores, recolectada en una vasija no consagrada (una vasija del lavabo, por ejemplo) para entonces ser drenada en el *sacrarium*. Si parte de la Sangre es derramada en la ropa o pertenencias de alguna persona, debe ser tratada de la misma manera, con el debido respeto hacia la persona involucrada (IGMR 280).

[El *sacrarium* es un lavabo en el que se enjuagan los vasos sagrados después de su purificación. Allí se limpian porque, al drenar directamente a la tierra en vez de al alcantarillado, se salvaguarda la dignidad de los fragmentos o de las partículas del Cuerpo y la Sangre de Cristo. El *sacrarium* puede ser sustituido por una palangana, vertiendo luego el agua en la tierra (IGMR 334)].

k) *Denegación de la comunión*

Los pastores han de denegar el sacramento a los excomulgados y a los que están en entredicho, después de la imposición o declaración de la pena, así como a los que obstinadamente persisten en un manifiesto pecado grave (c. 915). Se trata siempre, por tanto, de situaciones públicas y manifiestas, conocidas en el fuero externo, no de otras ocultas o conocidas por confesión. El discernimiento de estos casos de exclusión concierne al párroco o a otro sacerdote responsable de la comunidad. Este dará precisas instrucciones al diácono o al eventual ministro extraordinario acerca del modo de comportarse en las situaciones concretas.

Según este principio no deben ser admitidos los divorciados de un matrimonio canónico que han vuelto a casarse civilmente, ni los bautizados unidos sólo en matrimonio civil, ni a las parejas de hecho, ni a las parejas homosexuales. Dada la unidad del ministerio sacramental, no cabe simultáneamente la irregularidad en el estado de vida matrimonial y el acceso a la eucaristía (FC 84). En el caso de las parejas de hecho o casadas en matrimonio meramente civil, la solución es que regularicen su situación.

La persona que convive de manera habitual *more uxorio* con otra que no es su legítimo cónyuge no puede acceder a la comunión eucarística; esta tan sólo es posible recibirla previa absolución sacramental cuando la pareja está sinceramente dispuesta a asumir el compromiso de vivir en plena continencia (como hermanos) y evitando el escándalo (CDF, Carta a los obispos de la Iglesia católica sobre la recepción de la comunión eucarística por parte de los fieles divorciados que se han vuelto a casar [14 de septiembre de 1994], 4-6).

En casos muy concretos de parejas de divorciados vueltos a casar, cuando existen limitaciones que atenúan la responsabilidad y la culpabilidad, y donde no ha sido posible obtener una declaración de nulidad, el párroco tiene la misión de evaluar con ellos la situación e iniciar un itinerario de acompañamiento pastoral para un discernimiento más profundo que los capacite para emitir un juicio suficiente y en conciencia sobre la posibilidad de acceder a los sacramentos de la penitencia y la eucaristía (AL 300).

Dado que se trata de un proceso de discernimiento individual, los divorciados vueltos a casar deben plantearse algunas preguntas para verificar sus responsabilidades y preguntarse cómo se comportaron con sus hijos cuando la unión conyugal entró en crisis; si hubo intentos de reconciliación; cuál es la situación de la pareja abandonada; qué consecuencias conlleva la nueva relación tanto para el resto de la familia como para la comunidad de fieles… Se trata, pues, de un acompañamiento pastoral como ejercicio de la *via caritatis*, que no es otra cosa que una invitación a seguir el camino de Jesús de misericordia y de integración (DDF, *Respuesta al cardenal Dominik Duka* [3 de octubre de 2023]).

La prudencia pastoral aconseja que se evite tener que llegar a casos de pública denegación de la comunión, explicando previamente a los fieles implicados el verdadero sentido eclesial de la norma, de modo que puedan comprenderla o, al menos, respetarla. Pero cuando se presenten situaciones en las que esas precauciones no hayan tenido efecto o no hayan sido posibles, el ministro debe negarse a darla a quien sea públicamente indigno. Lo hará con extrema caridad y a la vez con firmeza, y tratará de explicar en el momento oportuno las razones que le han obligado a ello (PCTL, Declaración sobre la comunión de los divorciados vueltos a casar [2000], n. 3).

La Iglesia enseña que el aborto o la eutanasia son pecados graves y que los católicos han de oponerse por la objeción de conciencia a decisiones judiciales o leyes civiles que los autorizan o promueven (EV 73). Cuando la cooperación formal de una persona resulta manifiesta –entendida, en el caso de un político católico, como hacer campaña y votar sistemáticamente por leyes permisivas a favor del aborto y de la eutanasia–, el párroco debería reunirse con ella e instruirla en lo relativo a lo que la Iglesia enseña acerca de estas cuestiones, informándole de que no debe presentarse a recibir la comunión hasta que termine con la situación objetiva de pecado, y advirtiéndole que de otra manera se le negará la eucaristía (CDF, Carta Dignidad para recibir la sagrada comunión [10 de junio de 2004], 5).

Un católico sería culpable de cooperación formal en el mal si vota a favor de un candidato precisamente por concidir con él en la posición permisiva que defiende respecto del aborto y/o la eutanasia. Cuando un católico no comparte la posición a favor del aborto o la eutanasia de un candidato, pero lo vota por otras razones, esto es considerado una cooperación material remota que no impide el acceso a la comunión (*ibid.*, 6).

5. Ritos y ceremonias

Toda liturgia es lenguaje tanto en su forma como en su contenido. El sacerdote no es el dueño de la palabra ni de la celebración, por lo que es necesario evitar el monopolio clerical y promover la participación activa de todos.

Con este fin, se han de utilizar exclusivamente los rituales aprobados; según esto, queda reprobado inventar plegarias y oraciones. No está de más recordar que los libros ofrecen numerosas posibilidades de adaptación que conviene conocer para utilizarlas en favor de los fieles. No debe olvidarse que la adecuada celebración del rito en sí –el *ars celebrandi*– es la mejor premisa para la participación activa (EM 45; SC 22 § 3; Sca 38).

El párroco tiene la obligación de educar a la asamblea en el significado de cada gesto y postura en la celebración; de hecho, cada gesto tiene su función, que manifiesta un sentimiento determinado, al tiempo que expresa la unidad de espíritu y la comunión entre los participantes que integran la asamblea (IGMR 42-44). «La sencillez de los gestos y la sobriedad de los signos, realizados en el orden y en los tiempos previstos, comunican y atraen más que la artificiosidad de añadiduras inoportunas (Sca 40).

No debe olvidarse educar a los fieles en el sentido del silencio, por ser un elemento importante de la celebración. El silencio ayuda a recogerse en el espíritu y a meditar sobre lo que se está celebrando (IGMR 45 y 56).

En cuanto a la lengua, pueden usarse tanto el latín como las lenguas vernáculas, con tal de que los textos hayan sido legítimamente aprobados por la conferencia episcopal y revisados por la Santa Sede. Exceptuadas las celebraciones de la misa que, según las horas y los momentos, la autoridad eclesiástica establece que se hagan en la lengua del pueblo, siempre y en cualquier lugar es lícito a los sacerdotes celebrar la misa en latín (c. 928; RS 112; SC 36).

1. *La preparación de la celebración*

Para que la eucaristía se celebre con la dignidad y armonía que requiere, precisa de una adecuada preparación. Una posibilidad muy adecuada es crear un pequeño equipo de animación litúrgica en cada parroquia, el cual, bajo la coordinación del párroco, de alguno de los sacerdotes o de un laico con la debida preparación, se encargue de disponer todo lo necesario para la misa dominical. Algunas indicaciones que no está de más recordar son:

– *Moniciones*. Han de ser breves y variadas según el momento de la celebración. La monición de entrada ha de configurarse como un auténtico saludo; la previa a las lecturas no puede ser un anticipo de la homilía, sino que ha de motivar a la escucha atenta de la Palabra y sugerir el hilo conductor. La monición final tiene la función de enviar a la asamblea a la misión, invitando a los fieles a vivir el misterio celebrado.
– *Acto penitencial*. Situado al comienzo de la misa, tiene la finalidad de disponer a todos para celebrar adecuadamente los sagrados misterios. Con todo, carece de la eficacia del sacramento de la penitencia, y nunca lo sustituye si se trata de recibir el perdón de los pecados graves. El acto penitencial no debe extenderse artificialmente (RS 80).
– *Lecturas*. Su proclamación en la liturgia exige preparación. Conviene buscar lectores fijos, lo que no está reñido con la participación de diversas personas, pero sí con la improvisación. No se deben leer los títulos (rúbricas en rojo), ni terminar diciendo: «Esto es Palabra de Dios». El modo típico de proclamar el salmo responsorial es mediante el canto,

especialmente de la antífona; si ello no es posible, puede ser recitado, pero no debe sustituirse por un canto cualquiera. Tampoco está permitido omitir o sustituir, de forma arbitraria, las lecturas bíblicas prescritas, en las que se contiene la Palabra de Dios que escucha la Iglesia entera, y menos aún cambiar las lecturas y el salmo responsorial con otros textos no bíblicos (RS 62; IGMR 57-61).

– *Presentación de las ofrendas*. Al presentar el pan y el vino en el altar se está simbolizando a toda la creación que, asumida por Cristo redentor, es presentada al Padre para que la transforme. En el pan y el vino se ofrece también todo el sufrimiento y el dolor del mundo. Para que este gesto se vivido en su auténtico significado, no necesita enfatizarse con ofrendas superfluas, pues él mismo permite valorar la colaboración originaria que Dios pide al ser humano para realizar en él la obra divina y dar así pleno sentido al trabajo de todos, que por la celebración eucarística se une al sacrificio redentor de Cristo (Sca 47; IGMR 73-76).

– *Rito de la paz*. Se trata de un signo de gran valor, especialmente en nuestro tiempo, tan lleno de conflictos. Expresa la petición a Dios del don de la paz y la unidad para la Iglesia misma y para toda la familia humana. Es conveniente moderar este gesto, que puede adquirir expresiones exageradas, provocando cierta confusión en la asamblea inmediatamente antes de la comunión. Basta con intercambiar la paz con los más cercanos (Sca 49; IGMR 82).

– *Los cantos*. Es importante que las letras de los cantos expresen debidamente la fe de los fieles (RS 58). Son preferibles aquellas de inspiración bíblica o contenido evangélico, buena música y diversidad, interpretando cada uno según el lugar que ocupa en la celebración. Algunos cantos son propios para ser cantados por toda la asamblea; así, el canto de entrada, el Gloria, el Santo o el Cordero de Dios. Otros pueden ser interpretados como responsoriales, interviniendo solista o coro y asamblea: el Kyrie, el Gloria, el salmo responsorial y el canto de la comunión. A veces pueden ser interpretados solo por el coro, tal es el caso del ofertorio, la comunión o la salida. Hay que cuidar la instrumentación, pues determinados instrumentos o su abundancia no necesariamente garantizan la calidad.

Es deseable que en toda celebración haya un pequeño coro. La finalidad del mismo será animar y sostener el canto de la asamblea, nunca sustituir la participación cantada de la misma. Resulta reprobable la costumbre de adaptar melodías populares a letras religiosas (misas llamadas «folklóricas»), como también la de introducir cualquier canto profano en la celebración de la eucaristía (Sca 42; IGMR 39-41).

Resulta obligado recordar que no se pueden utilizar composiciones destinadas al acto penitencial cuando no respetan el texto oficial; menos aún para sustituir al Gloria, al Credo, al Santo y al Cordero de Dios o modificar el texto oficial (CCD, *Misas Centroamericanas* [6 de marzo de 1989]).

2. *Materia necesaria para el sacrificio eucarístico*

La eucaristía se ha de celebrar con pan y vino como materia (c. 924 § 1). El pan necesario ha de ser exclusivamente de trigo, pero para la licitud ha de ser además ácimo y hecho recientemente, de modo que no haya ningún peligro de corrupción (cc. 924 § 2 y 926).

El pan sin gluten no es materia válida para la celebración de la eucaristía (CDF, *Carta circular a los presidentes de las conferencias episcopales acerca del uso del pan con poca cantidad de gluten y del mosto come materia eucarística* [24 de julio de 2003], A y B). Actualmente se elaboran formas con almidón de trigo, aptas para la consagración y válidas para administrar a celíacos, por contener una cantidad mínima de gluten (0,01-0,05 %) que, al no ser ingerida habitualmente ni en grandes cantidades, no perjudica a la gran mayoría de los alérgicos.

El vino debe ser natural, del fruto de la vid, y no corrompido (c. 924 § 3). El mosto se considera materia válida, pero no lícita, salvo con la oportuna licencia. Para la licitud ha de ser vino puro, sin mezcla de sustancias extrañas, salvo los arreglos precisos para conservarlo o mejorarlo, cuando se necesite. Debe mezclarse con un poco de agua en el momento de la celebración (para la licitud). Téngase diligente cuidado de que el vino destinado a la eucaristía se conserve en perfecto estado y no se avinagre (IGMR 323).

No existe legislación alguna referida al uso de vino blanco o tinto, aunque no cabe duda de que el blanco es más práctico si se piensa en el posterior lavado de los purificadores. No se deben admitir bajo ningún pretexto otras bebidas, que no constituyen materia válida (RS 50).

Hay obligación de consagrar el pan y el vino, pues faltando una de estas materias faltaría el sacrificio eucarístico, aunque la consagración del pan no dependa del vino, ni viceversa. Y han de consagrase dentro de la celebración. Está taxativamente prohibida la consagración de ambas fuera de la misa (c. 927).

3. *Lo que se debe evitar en la celebración*

La Iglesia pide que sean corregidas irregularidades, desafortunadamente frecuentes, porque en algunos casos constituyen verdaderos abusos que, en gran medida, vienen provocados por una libertad mal entendida. Los abusos «contribuyen a oscurecer la recta fe y la doctrina católica sobre este admirable sacramento» (EDE 439), razón por la cual es necesario estar atentos a no caer en ellos.

El párroco ha de procurar que la eucaristía sea defendida de toda irreverencia y deformación, (c. 907; RS 183). Cualquier católico tiene derecho a exponer una queja por estos abusos ante el obispo diocesano, el ordinario competente o ante la Sede Apostólica, haciéndolo siempre con veracidad y caridad (RS 184).

Señalamos a continuación las irregularidades que suelen ser más comunes:

- Sólo se pueden utilizar las plegarias eucarísticas que se encuentran en el misal romano o aquellas que han sido legítimamente aprobadas por la Sede Apostólica. Por tanto, no se puede tolerar que algunos sacerdotes se arroguen el derecho de componer plegarias, ni cambiar el texto aprobado por la Iglesia, ni utilizar otras compuestas por personas privadas (RS 51; CCD, Instrucción *Inaestimabile donum* [24 de febrero de 1980], n. 5; Sca 48).
- Mientras el sacerdote celebrante pronuncia la plegaria eucarística no se realizarán otras oraciones o cantos, y estarán en silencio el órgano y los otros instrumentos musicales, especialmente en el momento de la consagración (IGMR 32, RS 53).
- Contra la tradición de la Iglesia, en algunos lugares se ha difundido el abuso de que el sacerdote parta la hostia en el momento de la consagración. Esta costumbre ha de ser reprobada y corregida con urgencia (RS 55).
- También es censurable la práctica de cambiar y variar al propio arbitrio, aquí o allí, los textos de la liturgia, haciendo inestable la celebración y adulterando su sentido (RS 59).
- Nunca se puede admitir en la santa misa y en otras celebraciones litúrgicas un credo o profesión de fe que no se encuentre en los libros debidamente aprobados (RS 69).
- Para proteger la dignidad de la sagrada liturgia, conviene que las ofrendas exteriores sean presentadas de forma apta. El dinero, así como otras ofrendas para los pobres, se pondrán en un lugar oportuno, pero fuera de la mesa eucarística (RS 70; IGMR 73).
- Conviene «que cada uno dé la paz, sobriamente, sólo a los más cercanos a él». «El sacerdote puede dar la paz a los ministros, permane-

ciendo siempre dentro del presbiterio, para no alterar la celebración. Hágase del mismo modo si, por una causa razonable, desea dar la paz a algunos fieles» (RS 72; IGMR 82 y 154).

- La fracción del pan eucarístico la realiza solamente el sacerdote celebrante, ayudado, si es el caso, por el diácono o por un concelebrante, pero no por un laico. Asimismo, realizará el rito con gran respeto y sin alargarlo innecesariamente (RS 73; IGMR 83, 240, 321).
- La celebración de la santa misa de ningún modo puede ser intercalada como añadido a una cena común, ni unirse con cualquier tipo de banquete. No se celebre la misa, a no ser por grave necesidad, sobre una mesa de comedor, o en el comedor, o en el lugar que será utilizado para un convite (RS 77; LI 9).
- No está permitido relacionar la celebración de la misa con acontecimientos políticos o mundanos, o con otros elementos que no concuerden plenamente con el magisterio de la Iglesia católica. Además, se debe evitar totalmente la celebración de la misa por el simple deseo de ostentación o celebrarla según el estilo de otras ceremonias, especialmente profanas, para que la eucaristía no se vacíe de su significado auténtico (RS 78).
- El abuso de introducir ritos tomados de otras religiones en la celebración de la santa misa, en contra de lo que se prescribe en los libros litúrgicos, se debe juzgar con gran severidad (RS 79).
- No está permitido que los fieles tomen la hostia consagrada ni el cáliz sagrado por sí mismos, ni mucho menos que se lo pasen entre sí de mano en mano. En esta materia, además, debe suprimirse el abuso de que los esposos, en la misa nupcial, se administren de modo recíproco la comunión (RS 94; IGMR 160).

4. *La celebración de sacerdotes enfermos*

Cuando se trata de un sacerdote enfermo o anciano, incapaz de permanecer de pie, puede celebrar sentado, pero con dos condiciones: que observe las leyes litúrgicas en la medida que le sea posible, y que lo haga privadamente sin asistencia del pueblo para evitar su sorpresa o menor reverencia en razón de sus condiciones. Sin embargo, esto último puede ser dispensado por el ordinario del lugar cuando los fieles no tengan otra oportunidad de asistir a la celebración eucarística y se asegure el suficiente decoro en la celebración (c. 930 § 1).

El sacerdote ciego puede utilizar cualquier texto de la misa de entre los aprobados, con asistencia de alguien que le preste ayuda, si es que lo necesita (c. 930 § 2). No se reserva a nadie el juicio sobre tal necesidad, por lo que, de no decidirlo el propio interesado, puede imponerlo el párroco o responsable de la iglesia u oratorio a quien corresponde velar por el buen cumplimiento de las normas litúrgicas en el lugar sagrado de su jurisdicción.

5. *La postura del sacerdote celebrante*

La Ordenación general del misal romano (n. 299) establece un principio general según el cual, durante la liturgia eucarística, la posición normal del sacerdote será de cara a la asamblea. Este principio es la norma ordinaria que se refiere tanto a la construcción del altar separado de la pared, como a la celebración cara al pueblo.

Sin embargo, esta norma está matizada por la cláusula «donde sea posible», ya que pueden existir dificultades para celebrar de cara a la asamblea y hacer conveniente celebrar de cara al ábside del templo: por ejemplo, debido a la topografía del lugar, la disponibilidad de espacio, la existencia de un altar precedente de valor artístico, la sensibilidad de la comunidad que participa en la celebración en la iglesia de que se trata, etc. (CCD, Respuesta sobre la posición del sacerdote en la celebración de la eucaristía [25 de septiembre de 2000]).

6. *Tiempo y lugar de la celebración*

Tanto la celebración como la administración de la eucaristía pueden hacerse todos los días y a cualquier hora, con las excepciones que establecen las normas litúrgicas, como sucede durante el Triduo pascual (c. 931).

La norma ordinaria sigue siendo la celebración en lugar sagrado, a no ser que en un caso particular la necesidad exija otra cosa (c. 932 § 1). Se trataría del bien de una persona o de un grupo, pero con los condicionantes de que debe tratarse de casos excepcionales y motivados por causas transitorias; la celebración, en todo caso, debe realizarse en lugar apto y honesto (por ejemplo, cuando es en un tanatorio). La autorización para este tipo de celebraciones la da el propio derecho, sin que sea necesaria la intervención del ordinario.

Nunca es lícito a un sacerdote celebrar la eucaristía en un templo o lugar sagrado de cualquier religión no cristiana (RS 109).

El altar dedicado o bendecido es el lugar propio de la celebración, aunque en los casos de misas fuera del lugar sagrado, se puede emplear una mesa apropiada, utilizando siempre el mantel blanco y el corporal (c. 932 § 2).

También se puede celebrar en las iglesias o en capillas de acatólicos cuando se dan las condiciones siguientes: causa justa, licencia expresa del ordinario del lugar y no se provoque escándalo en los fieles (c. 933).

7. *Ornamentos y objetos sagrados*

La diversidad de los colores en las vestiduras sagradas tiene como fin destacar las características de los misterios de la fe que se celebran a lo largo del año litúrgico, así como el sentido progresivo de la vida cristiana. También manifiestan exteriormente la diversidad de ministerios y deben contribuir al decoro de la misma acción sagrada (IGMR 335 y 345).

a) *Vestiduras para la celebración de la misa*

Presbíteros y diáconos han de utilizar los ornamentos señalados en los rituales (c. 929). Para la celebración de la eucaristía y otras funciones sagradas conectadas con ella, el presidente vestirá con alba y estola, sobre las que se pondrá la casulla del color apropiado; el diácono con alba, estola cruzada al modo diaconal y dalmática; esta última puede omitirse bien por necesidad, bien cuando se trate de un grado menor de solemnidad. No está permitido celebrar con ropa de calle, incluso aunque se ponga por encima la estola, o con sólo la estola sobre la cogulla monástica, o el hábito común de los religiosos. Cuando haya una causa justa, por ejemplo, en las concelebraciones, celebrando fuera de un lugar sagrado o en grupos pequeños, se podría celebrar sin casulla (RS 123-126; IGMR 337-338 y 340).

Los acólitos, lectores y demás ministros laicos pueden vestir alba u otra vestidura que esté legítimamente aprobada por la conferencia episcopal de cada región, como una túnica (IGMR 339).

En los días más solemnes se recomienda usar vestiduras sagradas festivas o de mayor dignidad, aunque no sean del color del día, como serían los ornamentos sagrados de color dorado o plateado que pueden sustituir a los de otros colores, salvo el morado o negro (RS 127; IGMR 346).

El alba se ceñirá a la cintura con el cíngulo, a no ser que esté confeccionada de tal manera que se adhiera al cuerpo sin necesidad de cíngulo o sea de estilo monacal. No son vestimentas litúrgicas oficiales la denominada «alba-casulla» o el «estolón» que, en todo caso, podrían ser utilizados sólo en la concelebración, dado que no sustituyen a la casulla. Antes de ponerse el alba, si no cubre por completo el vestido común alrededor del cuello, se ha de emplear el amito (RS 122; IGMR 336).

Los presbíteros presentes en la celebración eucarística, si no están excusados por una justa causa, deben participar como concelebrantes, revestidos con las vestiduras sagradas, o con el hábito coral propio o la sobrepelliz sobre la vestidura talar. No es apropiado, salvo los casos en que exista una causa razonable, que participen en la misa como si fueran fieles laicos (RS 128; IGMR 114).

b) *Vasos sagrados*

Los vasos sagrados han de ser hechos de materia sólida, noble y preferiblemente irrompible; el cáliz deberá ser de un material que no absorba líquidos. Por lo tanto, se reprueba el uso de vasos comunes o de escaso valor, en lo que se refiere a la calidad, o carentes de todo valor artístico, o simples cestos, u otros vasos de cristal, arcilla o creta que tengan el peligro de romperse fácilmente o sean porosos. Esto vale también para los metales y otros materiales que se corrompen con facilidad (RS 117; ID 16; IGMR 327-334).

Cuando cáliz y patena (o píxide) se usan para la celebración de la eucaristía, quedan bendecidos por el uso mismo y se reservan irrevocablemente para él, pero se recomienda bendecirlos con la oración apropiada del Bendicional en el momento previo al ofertorio (nn. 1180-1211). Cuando la comunión va a ser administrada bajo las dos especies se ha de usar una vasija o jarrón grande, de conveniente diseño y calidad, que contenga el vino que va a ser consagrado.

Los vasos sagrados han de ser purificados por un sacerdote, diácono o acólito instituido después de la distribución de la comunión o, si son muchos vasos, dejarlos sobre el corporal y oportunamente cubiertos, en el altar o en la credencia, de forma que sean purificados por el sacerdote o el diácono tras concluir la celebración, una vez despedido el pueblo (IGMR 279; RS 119). Conviene recordar que el sentido de purificar los vasos sagrados es el respeto al santísimo sacramento: todo él ha de consumirse y no se puede desechar ninguna porción. Incurriría en excomunión reservada quien, por cualquier acción, voluntaria y grave, despreciara las sagradas especies, por ejemplo, arrojándolas al lavabo de la sacristía o a un lugar indigno (c. 1382 § 1; RS 107).

Una vez que ha sido consumida la preciosa sangre y que las hostias han sido consumidas o colocadas en el tabernáculo, se añade agua al copón, de modo que todas las partículas sean absorbidas por el agua, y luego esa agua se consume. Este procedimiento se repetirá, si es preciso, hasta que no quede ninguna partícula de hostia sagrada. Luego el copón se seca con un purificador. Los purificadores y cualquier otra pieza de lencería que necesite ser limpiada se recogen y colocan en un lugar seguro para ser purificados posteriormente.

c) *Lavado de la lencería*

El párroco deberá estar atento a que los paños de la sagrada mesa, especialmente corporales y purificadores, se conserven siempre limpios y se laven con frecuencia.

Las personas encargadas de lavar la lencería del altar deben actuar con respeto para con el santísimo sacramento. Se acostumbra remojar toda la lencería en agua, de manera que cualquier partícula de hostia sagrada o de la preciosa sangre pueda ser disuelta, y luego se deja correr esta agua por el *sacrarium* o se echa directamente sobre la tierra. No es necesario consumir esta agua. Después se pueden lavar normalmente separadas de cualquier otra lencería (RS 120).

8. *Reserva de la eucaristía*

La reserva eucarística está prescrita en la Iglesia catedral o equiparada a ella, en todas las iglesias parroquiales y cuasiparroquiales y en la iglesia u oratorio anejo a la casa de un instituto religioso o sociedad de vida apostólica. Está permitida en la capilla del obispo y en todos los lugares sagrados, sin excepción, siempre que cuenten con la licencia del ordinario del lugar, como pueden ser las capillas privadas familiares. El párroco no puede dar esta licencia ni para otros ni para sí mismo, aunque sea para reservar el Santísimo en un oratorio de la propia casa parroquial (c. 934 § 1; RS 131).

En todos los lugares donde se debe o se puede reservar la eucaristía deben cumplirse dos condiciones elementales (934 § 2): que haya siempre alguien a su cuidado, para evitar el peligro de profanación o el abandono; y que, en la medida de lo posible, se celebre allí la misa al menos dos veces al mes, con el fin de que se renueven las especies consagradas. Las hostias consagradas deben guardarse en un copón o recipiente adecuado, en cantidad que responda a las necesidades de los fieles, con obligación de renovarlas frecuentemente (c. 939).

Está prohibido guardar la eucaristía en casa o llevarla de viaje, salvo que exista una necesidad pastoral urgente –como sería la de llevarla a un enfermo que de otro modo no tendría ninguna posibilidad de comulgar, o guardarla en casa ante el riesgo de que el templo sufra una profanación– y observando las prescripciones dadas por el obispo diocesano (c. 935).

El tabernáculo o sagrario ha de ser también uno solo y estará colocado en una parte de la iglesia u oratorio verdaderamente noble, destacada, convenientemente adornada y apropiada para la oración. Debe ser inamovible, hecho de materia sólida no transparente y cerrado de manera que se evite al máximo el peligro de profanación. Conviene, además, que se bendiga según el rito descrito en el Bendicional antes de destinarlo al uso litúrgico (RB 1022-1032). Por seguridad, se puede reservar la eucaristía en otro lugar digno y más seguro, en especial durante la noche. En cualquier caso, es una obligación del responsable guardar con la mayor diligencia la llave del sagrario y no dejarla al alcance de cualquiera (c. 938; EM 53; RS 130; IGMR 314).

Por razón del signo, conviene que en el altar donde se celebra la misa no esté el sagrario. Es preferible que este sea colocado, de acuerdo con el parecer del obispo diocesano, o bien en el presbiterio, en la forma y el lugar más convenientes, sin excluir el antiguo altar que ya no se emplea para la celebración; o bien en una capilla idónea para la adoración y la oración privada de los fieles, que esté armónicamente unida con la iglesia y sea visible para los fieles. Si el sagrario está en el altar mayor, se evitará poner delante la sede del celebrante (IGMR 315; EM 53 y 55; RCFM 9; Sca 69).

Junto al sagrario ha de lucir una lámpara especial, según la costumbre tradicional, con la que se indique y honre la presencia de Cristo. Se sigue recomendando, por su carácter simbólico, que la lámpara sea de aceite de oliva o cera de abejas, pero también puede ser eléctrica, siempre que cumpla la función indicada (c. 940; IGMR 316; EM 57; RCFM 11).

9. *Veneración de la eucaristía*

La primera forma de veneración es la oración y adoración privada, que prolonga la participación en el memorial del misterio pascual (c. 898; RCFM 80; Sca 66). Para ello se manda que la Iglesia con reserva eucarística permanezca abierta durante unas horas al día para que se pueda hacer oración. Habrá que ver cómo puede hacerse esto eficaz en las parroquias, aunque sea dejando un tiempo amplio antes o después de las celebraciones (c. 937).

También puede venerarse la eucaristía por medio de diversos actos públicos de culto. El primero es la exposición del Santísimo, por la que se presenta ante los fieles, en el mismo lugar donde esté permitido tener la reserva. El ministro ordinario es el sacerdote o diácono, que la concluye con la bendición; el acólito o ministro extraordinario también puede exponer, pero sin bendición (c. 941 § 1).

La exposición puede ser breve (con un tiempo dedicado a la lectura de la Palabra de Dios, a cantos y oraciones y silencio) o prolongada, que se aconseja hacer en las Iglesias todos los años, para que la comunidad local medite más profundamente sobre el misterio eucarístico y lo adore. Está prohibida, sin embargo, la exposición hecha exclusivamente para impartir la bendición (c. 942). Los párrocos deben promover estas prácticas, apoyando tradiciones arraigadas –como el jubileo de las cuarenta horas o las velas nocturnas– allá donde se conserven, o aprovechando las fiestas de los titulares u otras de especial relación con la parroquia.

La exposición se denomina «menor» cuando se hace con el copón o píxide, colocado en el altar vestido y con corporal, al menos con dos velas; puede usarse también incienso. Se denomina «mayor» cuando se utiliza la custodia, colocada en el altar vestido y con corporal, al menos con dos velas y usando incienso si es la costumbre. Para realizar la celebración, el presbítero o diácono vestirán alba (o roquete sobre la sotana) con estola blanca. Si es con bendición, se usará humeral y capa pluvial en la exposición mayor o sólo el humeral en la menor.

Cuando la exposición sigue inmediatamente a la misa, se concluye esta sin bendición. Si la exposición es antes de la misa y se realiza en el altar mayor, deberá interrumpirse, pues no está permitido celebrar con el Santísimo expuesto; si es en una de las capillas de la iglesia destinadas a la oración, no habría problema (c. 941 § 2). También deberá interrumpirse si no hay nadie presente para adorarlo o no se puede vigilar suficientemente, aunque sea por un tiempo muy breve (RS 138). Conviene que, en la misa, que precede inmediatamente a un tiempo de adoración, se consagre la hostia que se expondrá a la adoración y se coloque en la custodia, sobre el altar, después de la comunión (RCFM 94).

Además, no se debe excluir el rezo del rosario delante de la reserva eucarística o del santísimo sacramento expuesto. Con ello se pone de manifiesto el carácter de esta oración como contemplación de los misterios de la vida de Cristo, sobre todo empleando lecturas tomadas de la Sagrada Escritura (RS 137; CCD, Carta del 15 de enero de 1998; Penitenciaría apostólica, Carta *ad quemdam sacerdotem* [8 de marzo de 1996]).

Es muy recomendable que en las ciudades o en los núcleos urbanos mayores, el obispo diocesano designe una iglesia para la adoración perpetua –también denominada templo eucarístico, de reparación o expiatorio–, en la cual se celebre la santa misa con frecuencia o, en la medida de lo posible, a diario. Asimismo, el párroco debe alentar a los fieles a ejercer su derecho de constituir hermandades o asociaciones para practicar la adoración, incluso perpetua (RS 140-141).

Junto a la exposición están las procesiones eucarísticas, que se organizan para honrar al santísimo sacramento. Especialmente la del Corpus Christi es preceptiva, aunque no constituye un mandato absoluto, pues en cada Iglesia local queda sometido al juicio del obispo diocesano, que debe además disponer acerca de los participantes y del decoro durante su desarrollo (c. 944; Sca 68). Con el fin de destacar la relación entre la procesión y la misa, se presupone una sola procesión en cada localidad, aunque en las ciudades grandes, si la necesidad pastoral lo hace oportuno, y a juicio del obispo, pueden organizarse otras procesiones en los barrios principales.

6. Los estipendios

El estipendio es una laudable costumbre aceptada y defendida por la Iglesia: todo sacerdote que celebra o concelebra la misa puede recibir estipendio para que la aplique por una determinada intención (c. 945 § 1). Este gesto tiene, en primer lugar, un valor importante como signo de la oblación personal del fiel y manifestación de la comunicación de bienes, por los que el donante participa también en las necesidades de la Iglesia, incluido el sustento de sus ministros. También expresa la fe en la mediación eclesial, destacando la confianza en la representatividad del sacerdote que preside la eucaristía (Pablo VI, *Firma in traditione* [13 de junio de 1974]).

A pesar de todo, el Código no impone un sistema de estipendios, sino que da normas para ordenarlo allí donde se practique y evitar los abusos en esta materia; asimismo lo defiende con vigor frente a quienes sugieren que se suprima o que se deje a la espontaneidad de los fieles sin fijar cantidad alguna. Es absolutamente legítimo ofrecer la misa por la intención de un donante sin que por eso sufra detrimento la universalidad de la eucaristía, porque, aun afirmando la eficacia infinita del sacrificio eucarístico que llega a toda la Iglesia, sus efectos en su aplicación a los hombres son limitados.

El canon 945 § 1 se limita a decir que todo sacerdote puede recibir estipendio, pero no le impone el recibirlo; de tal modo que en el § 2 se invita a los sacerdotes a que celebren la misa por las intenciones de los fieles, sobre todo de los necesitados, aunque no reciban ningún estipendio. Sea como fuere, cuando se acepta un estipendio se establece un contrato entre el sacerdote y el donante que hay obligación de cumplir.

1. *Normas fundamentales*

Los estipendios no deben tener en absoluto apariencia de negociación o de transación comercial (c. 947). La gravedad de la norma se refuerza con el correspondiente canon penal que impone una censura u otra pena justa a quien se lucre indebidamente (c. 1380). Detrás de este principio late la tradicional lucha contra la simonía, lo que no excluye cambiar el estipendio por su valor equivalente en cosas (por ejemplo, celebrar la misa a cambio de alojamiento o comida), o el intercambio de intenciones entre sacerdotes, aunque los estipendios sean desiguales, si ambos sacerdotes consienten en ello y no se trata de una práctica habitual.

Se han de celebrar tantas misas como estipendios recibidos, aunque sean pequeños, porque un estipendio excluye siempre otro estipendio en la misma misa (c. 948). El sacerdote tampoco puede aceptar estipendio si por razón de su oficio debe aplicar aquella misa *pro populo*, aunque sí podría recibirlo si celebra otra misa en el día. La obligación contraída y aún no satisfecha sigue urgiendo, no está sujeta a prescripción (c. 949).

Si el donante no ha concretado el número de misas, se determinará atendiendo al estipendio fijado para el lugar en el que reside el oferente, a no ser que deba presumirse legítimamente que fue otra su intención (c. 950). En este sentido, es legítima la costumbre que se sigue en algunos lugares de colocar un cepillo con la indicación «para misas», recoger todas las ofrendas y celebrar tantas misas como resulten de dividir la cantidad total entre la cuantía oficial fijada como estipendio. Esta cuantía la fijan por decreto los obispos de una provincia eclesiástica para todas las diócesis de la provincia. Si faltase este decreto, se han de observar las costumbres vigentes en la diócesis, y no le es lícito a los sacerdotes pedir una cantidad mayor, aunque nada obsta para que se reciba un estipendio mayor del fijado, si se lo ofrecen espontáneamente, o también uno menor (c. 952).

En todo caso, el sacerdote que celebre varias misas al día sólo puede retener un estipendio, salvo el día de Navidad, en el que se pueden retener hasta tres. Los demás estipendios se destinan a los fines determinados por el ordinario –por ejemplo, para el seminario, la caja de compensación del clero, el fondo diocesano, etc.–, lo que no excluiría que el ordinario estableciera que el segundo y siguientes estipendios pudiera hacerlos propios el sacerdote si en sus ingresos de mes no ha alcanzado una cantidad determinada (c. 951 § 1a).

Además del estipendio completo, podría percibir alguna compensación supletoria por un título extrínseco como, por ejemplo, gastos de viaje, hora intempestiva de la celebración, especial solemnidad... (c. 951 § 1b). En este caso habrá que atenerse a las normas dadas por el ordinario y, si no las hubiese, convendría que los sacerdotes de una misma zona acordaran un criterio al que se atuviesen todos. También se excluye el estipendio cuando se concelebra en una segunda misa (c. 951 § 2).

2. *Normas complementarias*

Un sacerdote no puede aceptar más estipendios de los que pueda satisfacer en el plazo de un año (c. 953). Si hubiese recibido más estipendios de los que puede satisfacer en un año, debe transmitirlos a otros o entregarlos a su ordinario (c. 956). La colecturía diocesana recibe los estipendios sobrantes y se responsabiliza de la celebración.

Se da por supuesto que quien recibió el encargo puede siempre derivarlo a otro sacerdote digno de confianza, con la condición de entregar el estipendio íntegro, a no ser que le conste expresamente que lo que sobrepasa la tasa oficial le fue dado en atención a su persona (c. 955 § 1).

En cuanto al lugar de la celebración de las misas, se presume que el oferente pidió la aplicación en el lugar donde hizo el encargo. Pero si se han de celebrar en otras iglesias u oratorios por recibir más encargos de los que se pueden decir, hay que hacérselo saber al fiel, y si éste manifiesta su voluntad contraria y se acepta el estipendio, esa voluntad debe ser respetada (c. 954).

El tiempo para celebrar las misas comienza a contar a partir del día en que el sacerdote recibió el encargo, a no ser que conste otra cosa: por ejemplo, que el oferente quiera que se celebre en una fecha concreta, pues debe respetarse la voluntad del oferente (c. 955 § 2). Siempre debe optarse por la celebración dentro de un plazo breve, en relación con la cuantía de las misas encargadas.

3. *Normas de control*

Conviene realizar una anotación personal de los que transmitieron los estipendios a otros y de los sacerdotes que los reciben (c. 955 § 3-4). También debe haber un libro de misas en las parroquias y en otros lugares de culto para tomar diligentemente nota del número de misas que se han de celebrar, de la intención, del estipendio establecido y del cumplimiento del encargo. El ordinario tiene la obligación de revisar cada año estos libros, personalmente o por medio de otro. No se habla para nada del libro de misas particulares de cada sacerdote, pero podría prescribirlo el derecho particular. Así se cumple la obligación y el derecho de vigilar que tienen los ordinarios (cc. 957-958).

4. *Misas gregorianas*

La Iglesia mantiene esta práctica, que goza de gran arraigo popular, con sentido de sufragio por los difuntos. Sin embargo, ha mitigado la obligación de la celebración ininterrumpida, si existe un impedimento imprevisto u otra causa razonable, con tal de que cumpla con la obligación de completar lo antes posible la celebración de las treinta misas (SCCD, *Tricenario gregoriano* [24 de febrero de 1967]).

5. *Misas plurintencionales*

Está prohibido hacer una sola misa para satisfacer las intenciones de varias misas individuales (c. 948). Pero está autorizada la celebración de misas plurintencionales –aquellas en las que se suman las intenciones de varios fieles– como excepción al principio tradicional «una misa, una intención, un estipendio», que se mantiene vigente. Con las misas plurintencionales se busca posibilitar que los que no estén en condiciones de satisfacer el estipendio establecido puedan pedir también por sus intenciones, o compensar la penuria de los sacerdotes, o poner de manifiesto más patentemente el valor comunitario de la misa.

Es lícito celebrar estas misas a condición de que los donantes, advertidos previamente, lo acepten, indicando de forma pública el día, la hora y lugar de esta celebración, y siempre que el sacerdote retenga tan sólo un estipendio, según la tasa diocesana. Lo que sobre se destinará a lo que disponga el ordinario. Aunque la norma limitaba estas celebraciones a dos veces por semana, la costumbre general ha sido contraria, con el consentimiento de los pastores, de tal manera que parece no existir ya dicha limitación (CC, Decreto *Mos iugiter* sobre celebración de misas plurintencionales [22 de febrero de 1991], art. 2-3).

Es tarea del párroco explicar todo esto a los fieles, en concreto: que se trata de limosnas realmente voluntarias e indeterminadas que el fiel deja, por ejemplo, en una alcancía destinada a ese propósito; que el sacerdote sólo retiene de ellas la cantidad correspondiente al estipendio diocesano; y que el resto se destina a obras caritativas y pastorales, según las normas de la diócesis.

8
LOS SACRAMENTOS DE SANACIÓN

La vida nueva de Cristo, recibida por medio de los sacramentos de la iniciación cristiana, la llevamos en «vasijas de barro» (2 Cor 4, 7), sometida al sufrimiento, a la enfermedad y a la muerte. Esta vida nueva de hijos de Dios puede ser debilitada e incluso perdida a causa del pecado.

El Señor Jesucristo, médico de nuestras almas y de nuestros cuerpos, que perdonó los pecados al paralítico y le devolvió la salud del cuerpo (cf. Mc 2, 1-12), quiso que su Iglesia continuase, con la fuerza del Espíritu Santo, su obra de curación y de salvación, incluso en sus propios miembros. Esta es la finalidad de los dos sacramentos de curación: los sacramentos de la penitencia y el de la unción de los enfermos (Cat. 1420-1421).

1. El sacramento de la reconciliación

El sacramento de la reconciliación o penitencia es, de entre los demás sacramentos, el que parece haber acusado más la crisis en los últimos tiempos, seguramente por la pérdida del sentido de pecado, la creciente secularización de la sociedad, y el relativismo y subjetivismo reinantes. No son pocas las declaraciones del magisterio insistiendo sobre la necesidad de su recuperación en la vida de la Iglesia, de una revitalización de esta práctica, reafirmando la necesidad de celebrarlo como medio común para la remisión de los pecados (RH 15-20; REP 18).

1. *La celebración del sacramento*

La Penitencia no es un signo meramente pedagógico, ni un acto psicológico por el que el hombre se descarga del peso de su conciencia, ni un acto moral o esfuerzo humano para reparar el pecado cometido, sino un verdadero sacramento instituido a modo judicial, donde es necesaria la manifestación de la conciencia, se proclama eficazmente el perdón y la Iglesia emite un juicio sobre el penitente que se convierte en el signo visible y eficaz del juicio de Dios y de su misericordia (cc. 959; 978 § 1; LG 11).

La reconciliación que se realiza es con Dios y con la Iglesia, puesto que, aunque el pecado es una realidad profundamente personal, tiene al mismo tiempo una dimensión social-eclesial: la enfermedad de uno de los miembros repercute en todo el cuerpo. El fruto primero de la celebración del sacramento es la reconciliación del hombre consigo mismo y con Dios; simultáneamente se producen los efectos de la reconciliación con los hermanos agredidos o lesionados de algún modo, la reconciliación con la Iglesia y con la creación entera (REP 31, V).

a) *Los ritos esenciales*

Las partes que componen el signo sacramental son tres: los actos del penitente (contrición y confesión), la absolución de los pecados por parte del sacerdote y la satisfacción. Los dos primeros constituyen la materia y forma del sacramento; la satisfacción, aunque es parte integrante del sacramento, su cumplimiento no afecta a la validez. El medio habitual que precede a estos actos y los prepara adecuadamente es el examen de conciencia.

La *contrición*, que implica el dolor por el pecado cometido y el propósito de la enmienda, de no volver a cometerlo, supone una doble actitud por parte del hombre: un no al pecado, y un sí radical a Dios y a los demás (c. 987). Aunque es suficiente la atrición, es decir, un arrepentimiento imperfecto por temor, la gracia recibida en el mismo sacramento hace que ésta se convierta en verdadera contrición, en deseo sincero de conversión en el amor (REP 31).

La *confesión* o acusación íntegra, según especie y número, de todos los pecados graves cometidos después del bautismo, y aún no perdonados directamente por la potestad de las llaves de la Iglesia ni acusados en confesión individual, de los cuales se tenga conciencia después de un examen diligente (c. 988), es un gesto litúrgico en el que el hombre se reconoce pecador y una manifestación externa de la contrición interior; no es sólo confesión de los pecados, sino también una confesión de fe en la misericordia de Dios (REP 31, III).

El pecado grave se identifica con el pecado mortal: se trata de actos gravemente ilícitos por razón de su objeto, realizados con conocimiento y libertad suficientes (REP 17, III-IV; Cat. 1854-1861). Esto significa que se deben confesar todos los pecados graves, las circunstancias que los han agravado o disminuido y la frecuencia con que se han cometido.

La *absolución* que concede el sacerdote al penitente en nombre de la Trinidad, por la imposición de las manos (al menos la derecha) y la señal de la cruz, «es el signo eficaz de la intervención del Padre en cada absolución y de la resurrección tras la muerte espiritual que se renueva cada vez que se celebra el sacramento de la penitencia» (REP 31, III y 102). La fórmula sacramental es: «Yo te absuelvo de tus pecados en el nombre del Padre, y del Hijo (+), y del Espíritu Santo». La oración que la precede («Dios, Padre misericordioso, que reconcilió consigo al mundo por la muerte y resurrección de su Hijo y derramó su Espíritu Santo para la remisión de los pecados, te conceda, por el ministerio de la Iglesia, el perdón y la paz. Y yo te absuelvo...»), aunque no es necesaria para la validez, no debe omitirse en circunstancias normales.

La *satisfacción*, por su parte, no es el pago por el perdón, el cual es siempre gracia, sino el recuerdo permanente de que, a pesar de todo, en el hombre sigue existiendo la inclinación al pecado, una inclinación que hay que combatir con la oración y la penitencia; es un signo de la unión del cristiano con Cristo y con la Iglesia en la lucha cotidiana contra el pecado; representa el compromiso de corregir el pasado que ha estado bajo la influencia del pecado y de luchar para liberarse a sí mismo y a los demás de él.

b) *El modo ordinario de celebración*

El principio fundamental es que la confesión individual e íntegra con la absolución constituyen el único modo ordinario (el que reúne todos los elementos necesarios y que siempre debe aplicarse, salvo que existan causas especiales de necesidad) con el que un fiel consciente de que está en pecado grave se reconcilia con Dios y con la Iglesia (c. 960; Concilio de Trento, Ses. XIV, *De Poenitentia*, c. 7; OP 31; RH 20; REP 31, II; MD 1).

El ritual nos presenta diversas formas para celebrar el rito penitencial que son complementarias entre sí. Dichas formas manifiestan la riqueza de la celebración de la Iglesia, por lo que resultaría muy positivo para la vida de la parroquia que, a lo largo del año, se fueran alternando:

La reconciliación individual, que se realiza cuando el confesor entra en diálogo personal con un solo penitente cada vez, y donde se pone de manifiesto que el perdón alcanza lo más íntimo del ser personal (OP 41-47).

La reconciliación de varios penitentes durante una celebración comunitaria de la Palabra, con confesión y absolución individual; en este caso se pone de manifiesto el carácter eclesial del sacramento, la dimensión comunitaria del pecado y la reconciliación con la Iglesia (OP 48-59).

Las celebraciones penitenciales no sacramentales, en las cuales se reúne el pueblo de Dios para escuchar su Palabra y se invita a la conversión y a la renovación de vida. Son una preparación útil para la celebración del sacramento o una etapa para una reconciliación sacramental en la iniciación de los niños (OP Apéndice 11).

Sólo la imposibilidad física que hace inviable materialmente la acusación (como sería el caso de enfermedad extrema, peligro de muerte, dificultad para hablar...) o la imposibilidad moral (peligro de escándalo, peligro de quebrantar el sigilo sacramental, desconfianza del confesor...) excusa de la confesión individual, en cuyo caso la reconciliación se puede obtener también por otros medios de carácter extraordinario, como son la contrición perfecta, que siempre incluye el deseo o voto del sacramento, o la absolución sacramental general (c. 960).

c) *El acto de contrición perfecta*

La «contrición perfecta» es un pesar sobrenatural del pecado por amor a Dios, quien no merece ser ofendido, sino que se le obedezca en todo y sobre todo; significa arrepentirse sinceramente de haber pecado, de haber ofendido a Dios. Desde el mismo momento en que se tiene conciencia de pecado grave, a esta contrición debe unírsele el propósito de enmendarse y de confesarse lo antes posible.

Aunque un acto de contrición perfecta tiene la virtualidad de perdonar los pecados, la Iglesia obliga a una confesión posterior, puesto que únicamente el sacramento recibido de manera adecuada proporciona la certeza de acceder a la gracia de Dios y a su perdón, y también porque la celebración de la penitencia es necesaria para evidenciar la reconciliación con la Iglesia y para que el pecador cumpla una congrua satisfacción, la cual tiene un gran valor pedagógico y espiritual (Spae 511).

d) *La absolución sacramental general*

La absolución sacramental general de varios penitentes al mismo tiempo sin previa confesión individual constituye una forma excepcional –no opcional– de celebrar el sacramento de la reconciliación. El Ritual de la penitencia establece el rito según el cual debe impartirse. Sin embargo, dado que la praxis ha hecho, en no pocas ocasiones, de lo excepcional lo ordinario, convirtiendo la absolución general en la forma normal de celebrar la reconciliación, el magisterio se ha visto obligado a intervenir en numerosas ocasiones con el fin de recordar la correcta interpretación de la disciplina (REP 32; MD 4; OP 60-66).

El *primer supuesto* es que amenace un peligro de muerte, y el sacerdote o los sacerdotes no tengan tiempo para oír la confesión de cada penitente (c. 961 § 1, 1). Este supuesto puede interpretarse ampliamente, de modo que bastaría la inminencia del peligro, aunque aún no se diera este, como sería el caso de guerra, amenaza de catástrofe natural, accidente…

El *segundo supuesto* es el de que exista una grave necesidad, es decir, cuando no haya bastantes confesores para oír debidamente la confesión de cada penitente en un tiempo razonable, de modo que se privaría a los fieles durante considerable tiempo de la gracia del sacramento o de la comunión (c. 961 § 1, 2.º). Cuando se habla de un tiempo razonable, se hace referencia tan sólo al tiempo requerido para administrar de forma válida y digna el sacramento, aunque no se dé un coloquio pastoral más prolongado, pues este puede ser pospuesto a circunstancias más favorables.

Las dos condiciones son inseparables: no es suficiente la imposibilidad de confesar debido a la escasez de sacerdotes, sino que ésta debe estar unida al hecho de que los penitentes se verían privados por un notable tiempo, sin culpa suya, de la gracia sacramental o de la comunión. No parece que pueda considerarse como tal un tiempo inferior a un mes (MD 4 d).

Se trataría, por tanto, de situaciones del todo excepcionales, como las que pueden producirse en territorios de misión o en comunidades de fieles aisladas o perseguidas, donde el sacerdote sólo puede pasar una o pocas veces al año para atender a la comunidad. Una gran concurrencia de penitentes no constituye, por sí sola, suficiente necesidad. Por supuesto, no es admisible crear, o permitir que se creen, situaciones de aparente grave necesidad derivadas de la insuficiente administración ordinaria del sacramento, o potenciar la opción de los penitentes en favor de la absolución colectiva, como si se tratara de una posibilidad normal y equivalente a las dos formas ordinarias descritas en el Ritual.

El juicio acerca de si se dan o no estas condiciones no corresponde al confesor, sino al obispo diocesano y de acuerdo con los criterios establecidos por la conferencia episcopal, con el fin de preservar la comunión (c. 961 § 2; MD 6). Convendría que los obispos que autoricen el uso de la absolución sacramental general en su territorio informen de ello a los obispos diocesanos de las diócesis limítrofes y a los obispos de su provincia eclesiástica, explicando las causas y condiciones establecidas.

En cuanto a las disposiciones personales del penitente, es recomendable exhortar a que, en su debido tiempo, el penitente celebre la confesión individual de todos los pecados graves que, en las presentes circunstancias, no fue posible confesar de ese modo, y esto como condición para la validez de la absolución (c. 962 § 1; MD 7). Asimismo, se recomendará a los penitentes realizar un acto de contrición (c. 962 § 2) y acercarse a la confesión individual lo más pronto posible, y siempre antes de recibir otra absolución general, mientras no se interponga una causa justa (c. 963), porque la acusación de los pecados no puede ser interpretada como mera formalidad jurídica: si bien el pecado fue perdonado, queda en pie la dimensión personal y subjetiva inherente al sacramento, que no puede ser sustituida por la experiencia comunitaria, aunque esta sea muy importante. Recordar, además, que la absolución general no satisface el precepto de la confesión anual (PCTL, Nota explicativa al canon 961 [8 de noviembre de 1996]; REP 33).

Todo esto debe ocurrir sin culpa propia, lo cual se halla íntimamente relacionado con las buenas disposiciones del penitente. Si alguien provocara de manera artificial esta situación de necesidad, o si pudiera acercarse a la confesión individual sin gran dificultad, no podría acogerse a la absolución general si tiene conciencia de estar en pecado grave.

Tampoco podrán recibir la absolución sacramental quienes, habiendo pecado gravemente, no estén dispuestos a reparar los daños causados o a cambiar la vida; por ejemplo, los culpables de grandes injusticias, los que viven en situaciones incompatibles con la moral cristiana… pues no habría la necesaria contrición.

2. *Lugar y sede de las confesiones*

El lugar propio y preferible para oír confesiones es una iglesia u oratorio, por el carácter sagrado del sacramento. Esto no excluye que pueda hacerse en otros lugares dignos que permitan el diálogo y la privacidad cuando exista una causa razonable (c. 964 § 1 y 3).

La sede que debe existir obligatoriamente en la parroquia es el confesionario con rejilla que preserve la identidad del penitente, aunque la conferencia episcopal puede admitir otras soluciones complementarias, como las capillas penitenciales o salas de reconciliación, para los fieles que lo soliciten y con un uso exclusivo, teniendo en cuenta las condiciones de cada lugar y las directrices diocesanas de arte sacro y liturgia, garantizando tanto la facilidad y la reserva del diálogo entre penitente y confesor como el carácter religioso y sacramental del acto (c. 964 § 2).

El ideal es que la sede de confesiones tenga las dos posibilidades: rejilla tradicional por un lado y cara a cara por el otro, de forma que el fiel pueda elegir libremente, salvando la necesaria discreción y el derecho que tiene a no revelar su identidad. El mismo confesionario puede servir para preservar la honra del sacerdote y evitar sospechas, por lo que el confesor no está obligado a aceptar la solicitud de un penitente de confesarse en la sede alternativa desprovista de rejilla (PCTL, Decisión del 7 de julio de 1998).

3. *El ministro del sacramento*

El ministro de la reconciliación es sólo el sacerdote que actúa *in persona Christi*, con lo que quedan excluidos los diáconos y laicos. Oír las confesiones de los fieles es un ministerio que debe privilegiar el sacerdote en su actividad pastoral, y el párroco muy especialmente (c. 965; OP 9a; REP 29). Pero para ejercerlo no basta con haber recibido la ordenación: ésta debe completarse con la facultad de ejercerla, necesaria para la validez del sacramento, que puede recibirse por dos vías: por ley o por concesión de la autoridad competente. Son las denominadas tradicionalmente «licencias» para confesar (c. 966).

Aunque la capacidad para perdonar los pecados proviene exclusivamente de la potestad recibida por el orden sacerdotal, la Iglesia, para asegurar que el sacramento sea administrado por personas idóneas y en las condiciones que ella misma pide, ha querido que su ejercicio válido esté sometido a esta vigilancia, de tal manera que confesar sin la facultad debida puede ser considerado como delito y penalizado con el entredicho (c. 1379 § 1, 2.º).

No se trata de una concesión automática que se dé con la ordenación; le corresponde al ordinario comprobar con diligencia que su presbítero es realmente idóneo (c. 970). Es obvio que para este ministerio tan delicado resultan importantes ciertas cualidades: prudencia, discreción, discernimiento, firmeza moderada por la mansedumbre y la bondad, además de un adecuado conocimiento de la dogmática, la pastoral y la moral católicas, así como una vida espiritual intensa y genuina (REP 29). Si no constasen positivamente estas cualidades, o si existiese duda seria y fundada sobre ellas, no se deberían conceder.

a) *Quién tiene la facultad para oír confesiones*

El párroco y los que ocupan su lugar tienen facultades para oír confesiones por el oficio encomendado y mientras ejerzan ese oficio (c. 968 § 1). A saber: el cuasipárroco (c. 516), el administrador parroquial (c. 540), el vicario que rige interinamente la parroquia (c. 541 § 2), el sacerdote que sustituye al párroco en sus ausencias (c. 533 § 3) y, por extensión, también los vicarios parroquiales.

Pero al margen del oficio, el ordinario del lugar puede conceder esta facultad a toda clase de sacerdotes y para toda clase de fieles (c. 969 § 1). Si la facultad se ha recibido del propio ordinario de incardinación o de domicilio, o en razón del oficio en la Iglesia particular, vale por extensión para toda la Iglesia universal y se puede usar en todas partes, a no ser que se oponga el ordinario de algún lugar en algún caso concreto, en cuyo caso el sacerdote quedaría privado de la facultad en ese territorio, no en los demás (c. 967 § 2). Por tanto, el sacerdote que ha recibido así la facultad no tiene ya que solicitar licencia cada vez que cambia de diócesis.

Asimismo, el párroco tiene el deber de velar para que los sacerdotes que confiesen en su parroquia tengan las debidas facultades. No es problema en cuanto a los cardenales y obispos, que las tienen por derecho para toda la Iglesia (c. 967 § 1), como las tienen los ordinarios del lugar, los otros párrocos, el penitenciario de la diócesis (c. 968 § 1), o los capellanes (c. 566 § 1). En los demás casos, conviene asegurarse si hubiera alguna duda.

Puede ser prudente que la concesión de las facultades se haga de forma gradual, empezando por un tiempo determinado que se va ampliando hasta concederla por tiempo indeterminado (c. 972). Lo normal es que la concesión se haga por escrito, no porque afecte a la validez, sino para probar cuando sea necesario que se tiene dicha facultad (c. 973). En muchas diócesis ya se ha establecido un carné o credencial donde se certifica que el sacerdote tiene estas «licencias».

En peligro de muerte, cualquier sacerdote, esté en la situación en la que esté, puede absolver válida y lícitamente a cualquier penitente de cualesquiera censuras y pecados, aun cuando esté presente un sacerdote aprobado (cc. 976 y 986 § 2).

b) *Cómo puede perderse la facultad*

La facultad puede cesar por revocación expresa de la autoridad que puede imponerla cuando existe una causa verdaderamente grave, como podrían ser problemas psicológicos, escrúpulos, administración contra derecho de la absolución sacramental general... Si la revoca el ordinario que la concedió por la incardinación o por el lugar de domicilio, el sacerdote la pierde tanto para la diócesis como para la Iglesia universal; si la quita otro ordinario, la pierde sólo en el territorio del que la revoca. Está mandado además que se comunique esta revocación al ordinario propio del presbítero (c. 974).

Pero también la facultad puede cesar por ley: cuando se pierde el oficio en cualquiera de sus modalidades (renuncia, traslado, remoción o privación), por la excardinación, por cambio de domicilio (si las licencias fueron concedidas por este motivo), por haber transcurrido el tiempo para el que fueron concedidas, o en el caso de la absolución de un cómplice (cc. 975 y 977). En estos casos el sacerdote no podría confesar hasta obtener nuevas facultades.

c) *Límites a la facultad*

Han desaparecido los pecados reservados por sí mismos para ser absueltos por determinados confesores, pero se mantiene la disciplina sobre los pecados reservados en razón de la censura, puesto que, mientras esta dure, no se puede recibir el sacramento. Se trata de pecados graves que, además, son delito canónico y conllevan una pena.

Existen dos tipos de penas: *latae sententiae*, es decir, automáticas, en las que se incurre en el mismo momento en que se comete el delito, sean declaradas por la autoridad o no; y *ferendae sententiae* o impuestas por sentencia de la autoridad tras un proceso penal (c. 1314).

Las penas pueden ser medicinales o censuras, como la excomunión, el entredicho y la suspensión (cc. 1331-1333); expiatorias, que tratan de reparar el mal que se ha cometido con el delito y que han de imponerse siempre *ferendae sententiae* (cc. 1336-1338); y existen además remedios penales y penitencias (cc. 1339-1340).

La remisión de las penas se suele realizar en el fuero externo, pero en ciertos casos, por razones pastorales, la norma canónica faculta para remitir las penas en el fuero interno. Algunas penas están reservadas a la Sede Apostólica, cuya remisión se hace por medio del Dicasterio para la Doctrina de la fe (para el fuero externo) y por medio de la Penitenciaría apostólica (para el fuero interno) (cc. 1354 y 1355).

En lo que interesa al oficio parroquial, nos centramos en aquellas censuras que pueden ser remitidas en el foro interno sacramental:

> *Excomunión* es la separación de la comunión con la Iglesia por la que la persona ya no puede participar activamente como ministro en la celebración de la liturgia, de los sacramentos ni de los sacramentales, ni recibir sacramentos ni desempeñar oficios eclesiásticos, ministerios ni servicios, ni poner actos de gobierno (c. 1331).
>
> *Entredicho* es una «excomunión menor» que, cuando se impone al fiel, ya no puede ni participar activamente como ministro en la celebración de la liturgia, de los sacramentos ni de los sacramentales, ni recibir sacramentos (c. 1332).
>
> *Suspensión* es la censura que prohíbe al clérigo ejercer total o parcialmente el ministerio, la potestad sagrada, la potestad de jurisdicción o las funciones propias de su oficio, así como el derecho a recibir ciertos beneficios, pero no a recibir los sacramentos (c. 1333).

El confesor (y el párroco ejerce comúnmente esta función) puede remitir en el fuero interno sacramental estas censuras *latae sententiae* que no hayan sido declaradas, aunque sean reservadas a la Sede Apostólica, si resulta duro al penitente permanecer en estado de pecado grave durante el tiempo que se necesita para que el Superior competente provea. Se suele denominar situación de «agobio moral». Al conceder la remisión, el confesor ha de imponer al penitente la obligación de recurrir en el plazo de un mes, bajo pena de reincidencia, al Superior competente o a un sacerdote que tenga esa facultad (como en ocasiones el penitenciario diocesano, c. 508) y de atenerse a sus mandatos; entretanto, el confesor impondrá una penitencia conveniente y, en la medida en que esto urja, la reparación del escándalo y el daño (c. 1357 § 1 y 2).

El recurso puede hacerlo el mismo penitente o a través del confesor. En este segundo supuesto, deberá hacerse sin indicar el nombre del penitente, describiendo los hechos y las circunstancias principales que configuran el delito, dirigiéndose por carta certificada a la Penitenciaría Apostólica si se trata de una censura reservada a la Sede Apostólica (c. 1357 § 2).

¿De qué delitos estamos hablando? En concreto:

Apostasía, herejía y cisma: excomunión *latae sententiae* no reservada (c. 1364 § 1).

Atentar físicamente contra el Romano Pontífice: excomunión *latae sententiae* reservada a la Sede Apostólica (c. 1370 § 1).

Atentar físicamente contra quien tiene el carácter episcopal: entredicho *latae sententiae* no reservado y, si es clérigo, también suspensión *latae sententiae* no reservada (c. 1370 § 2).

Atentar la celebración de la misa sin ser sacerdote o, no pudiendo administrar válidamente la absolución sacramental, tratar de darla, u oír una confesión sacramental: entredicho *latae sententiae*, si se trata de un clérigo, también suspensión (c. 1379 § 1).

Atentar la ordenación sagrada de una mujer, tanto el obispo como la mujer: excomunión *latae sententiae* reservada a la Sede Apostólica (c. 1379 § 3).

Arrojar por tierra las especies consagradas, o llevarlas o retenerlas con una finalidad sacrílega: excomunión *latae sententiae* reservada a la Sede Apostólica (c.1382 § 1).

Absolver al cómplice en pecado contra el sexto mandamiento: excomunión *latae sententiae* reservada a la Sede Apostólica. (c. 1384).

Violar directamente el sigilo sacramental: excomunión *latae sententiae* reservada a la Sede Apostólica (c. 1386 § 1).

Conferir a alguien la consagración episcopal sin mandato pontificio, tanto el obispo consagrante como el que recibe de él la consagración: excomunión *latae sententiae* reservada a la Sede Apostólica (c. 1387).

Denunciar falsamente ante un Superior eclesiástico a un confesor por el delito de solicitación en confesión: entredicho *latae sententiae*; y, si es clérigo, también suspensión (c. 1390 § 1).

Atentar matrimonio (aun civil) sin haber sido previamente dispensados de la obligación del celibato: clérigos, suspensión *latae sententiae* no reservada; religiosos de votos perpetuos entredicho *latae sententiae* no reservado (c, 1394).

Procurar el aborto, si este se produce: excomunión *latae sententiae* no reservada (c.1397 § 2).

Por la carta apostólica *Misericordia et misera* (20 de noviembre de 2016), todos los sacerdotes, en razón de su ministerio, tienen la facultad de absolver a quienes hayan procurado el aborto.

En peligro de muerte, entendido como la situación en la que la persona tiene las mismas posibilidades de fallecer que de sobrevivir, cualquier sacerdote absuelve válida y lícitamente a cualquier penitente de cualesquiera censuras y pecados, aunque se encuentre presente un sacerdote aprobado, quedando firme la necesidad de recurrir a la autoridad competente si sobrevive y se trata de censura impuesta o declarada, o reservada a la Santa Sede (cc. 976 y 1357 § 3). Una clasificación completa de los delitos y penas se ofrece en el Anexo 21.

El modo de absolver la censura se puede tomar del Ritual de la penitencia (Apéndice I, nn. 2-3): «Por la potestad que se me ha concedido, yo te absuelvo del vínculo de la excomunión (o del entredicho / suspensión). En el nombre del Padre, y del Hijo (+), y del Espíritu Santo».

Esta fórmula se pronuncia antes de impartir la absolución sacramental. De todas maneras, no es necesario ajustarse a esta fórmula. Lo importante es que el sacerdote, al pronunciar una fórmula, tenga la intención de absolver de la censura. Una vez que se le ha absuelto de la censura, el sacerdote puede impartir la absolución sacramental como de costumbre.

4. *Ejercicio pastoral de este ministerio*

El confesor es ministro de Dios, siendo a la vez maestro, médico, juez y padre; y es ministro de la Iglesia, por lo que debe atenerse fielmente al magisterio auténtico y a las normas del Derecho canónico cuando ejerce este ministerio. El confesor no actúa en nombre propio sino *in persona Christi et nomine Ecclesiae*; por tanto, no puede ofrecer criterios subjetivos contrarios a esta doctrina; en caso contrario produciría escándalo, confusión y grave daño a los fieles (c. 978; OP 10c; REP 31 y 33).

a) *La obligación de oír confesiones*

Todos los que por oficio tienen encomendada la cura de almas, y muy especialmente el párroco, tienen la obligación de oír en confesión a los fieles que les estén confiados y lo soliciten razonablemente, puesto que se trata de un derecho fundamental que los pastores deben atender (cc. 986; 213 y 843 § 1).

Para este ministerio debe haber siempre una buena disponibilidad del sacerdote, aunque se fije un horario para ello, que tendrá que acomodarse a las necesidades de los fieles, dando las máximas facilidades posibles para la confesión (REP 29). En particular, se recomienda la presencia visible de los confesores en los lugares de culto durante los horarios previstos, y la especial disponibilidad para confesar antes de las misas (MD 2).

b) *Cuándo interrogar*

Por lo general, no es necesario interrogar al penitente. El confesor deberá ser muy prudente a la hora de realizar el interrogatorio tan sólo cuando este sea absolutamente necesario, bien para ayudar al penitente que lo pide, para salvar la integridad de la confesión cuando se declaran los pecados genéricamente, o para comprobar la sinceridad de su arrepentimiento, teniendo en cuenta la edad y condición del penitente y absteniéndose de preguntar el nombre del cómplice en cualquier pecado, pero especialmente cuando se trata de pecados contra la castidad (c. 979) (SCSO, *Ecclesiam suam* [16 de mayo de 1943]; OP 10).

c) *La negación de la absolución*

No debe negarse ni retrasarse la absolución si no hay duda de la buena disposición del penitente y éste pide ser absuelto (c. 980). La presunción siempre está a favor del penitente, de tal modo que, si el confesor no tiene razones serias para sospechar la falta de buena voluntad en el penitente, debe dar la absolución.

La denegación se producirá cuando conste la indisposición, y se diferirá cuando haya una duda seria y positiva, pero siempre disponiendo debidamente al penitente para que comprenda las razones de esta decisión, con delicadeza y sin faltar a la caridad.

d) *La imposición de la penitencia*

La satisfacción, como acto final que corona el signo de la penitencia, es obligatoria, pues forma parte integrante del sacramento, aunque su cumplimiento no afecte a la validez del perdón recibido. El confesor debe imponer una satisfacción saludable y conveniente, que el penitente debe cumplir personalmente, siempre proporcionada a la gravedad y al número de los pecados. Si el penitente fue causa de daño o escándalo, debe inducirlo a hacer una adecuada reparación (c. 981).

Aunque la culpa y la pena eterna son perdonadas por la absolución, queda todavía la pena temporal, que es disminuida con la satisfacción –acciones de culto, caridad, misericordia y reparación–. Por este motivo, sería un contrasentido convertir esta satisfacción en algo rutinario y meramente formalista, reduciéndola a algunas fórmulas que recitar (REP 31, 3).

Así pues, la satisfacción no mira a una vida anterior de pecado, sino que se orienta al futuro, con la finalidad de reemprender el camino de la vida nueva recibida en el bautismo. Por tanto, conviene que la penitencia sea realmente remedio del pecado y renueve en cierto modo la vida.

e) *Celebración del sacramento dentro de la misa*

No es lícito unir el sacramento de la penitencia con la santa misa para hacer así una única acción litúrgica, ni dar la absolución sacramental general en el momento del acto penitencial. Esto no impide que algunos sacerdotes escuchen las confesiones de los fieles que lo deseen, incluso mientras en el mismo lugar se celebra la misa si hay otros sacerdotes disponibles, para atender las necesidades de los fieles (RS 76; MD 2; CCD, Respuesta 2001).

De todos modos, lo más deseable es que se administre el sacramento fuera del tiempo de la misa, especialmente en las horas establecidas, para que el fiel tenga más tranquilidad, sea para él de verdadera utilidad y no se le impida una participación activa en la misa. El párroco tiene la obligación de orientar a los fieles en este sentido (RS 86; EM 35).

5. *El sigilo y el secreto*

El sigilo sacramental es la obligación estricta de guardar secreto de las cosas oídas en confesión sacramental, cuya revelación perjudicaría al penitente, atentando contra la inviolabilidad de la conciencia y el derecho a la propia intimidad, o haría odioso al sacramento (c. 220).

El secreto inviolable de la confesión proviene directamente de la ley divina revelada y está arraigado en la naturaleza misma del sacramento, hasta el punto de no admitir excepción alguna en el ámbito eclesial ni, menos aún, en el ámbito civil (PEA, Nota sobre la importancia del foro interno y la inviolabilidad del sigilo sacramental [29 de junio de 2019] 1).

En la confesión el ministro actúa como ministro de Dios, no como hombre: todo lo que se confiesa a Dios debe ser sellado (*sigillum*) y guardado en el foro de Dios. Puesto que el sigilo sacramental es inviolable, está terminantemente prohibido al confesor descubrir al penitente, de palabra o de cualquier otro modo, y por ningún motivo. También debe mantenerse el sigilo en el caso de que la confesión resulte inválida o de que, por algún motivo, el confesor no conceda la absolución (c. 983 § 1).

El confesor podría, por tanto, «jurar», sin perjuicio de su propia conciencia, que «no sabe» lo que sólo sabe como ministro de Dios. El sigilo le vincula incluso «interiormente», hasta el punto de que se le prohíbe recordar la confesión voluntariamente y se le exige que suprima cualquier recuerdo involuntario de la misma; e incluso le impide hablar del contenido de la confesión con el penitente mismo fuera del sacramento, salvo explícito consentimiento del penitente.

En determinadas circunstancias, puede haber licencia para hablar sobre lo manifestado en confesión cuando el penitente expresamente se lo autoriza al confesor, pero en estos casos el confesor debe pedir al penitente que se lo repita fuera de la confesión, para poner claramente de manifiesto la absoluta inviolabilidad del sigilo.

En su sentido propio, este sigilo inviolable obliga al confesor. Las otras personas que de maneras diversas hubieran tenido conocimiento de los pecados por la confesión están obligadas a guardar absoluto secreto (c. 983 § 2). El penitente mismo no está obligado ni al sigilo ni al secreto de su propia confesión, pero tiene un deber de discreción en aquello que afecta al confesor, cuya fama debe respetar.

a) *El objeto del sigilo sacramental*

Además de todos los pecados graves, incluso genéricamente indicados, y los pecados veniales sobre materias concretas, ocultos y públicos, está contenida dentro del objeto del sigilo la restante información que el penitente manifestó durante la declaración de sus pecados, referida a las circunstancias, objeto del pecado, pecados de terceras personas, la identidad del cómplice e incluso el hecho mismo de haber negado la absolución a tal penitente.

No quedan comprendidos dentro del sigilo otros datos que, aunque pueden causar alguna molestia al penitente, no tienen que ver directamente con los pecados acusados: defectos físicos o psíquicos del penitente, su manera de expresarse, su situación económica…

En cualquier caso, el confesor habrá de guardar secreto por el respeto que le merece el penitente.

En cuanto a otros conocimientos adquiridos en confesión, hay prohibición tajante de hacer uso, con perjuicio del penitente, de dichos conocimientos, aunque no haya peligro alguno de revelación (c. 984 § 1). Si no hubiera ningún tipo de perjuicio, sería lícito.

b) *La violación del sigilo*

La violación del sigilo sacramental es siempre gravísima. Se puede dar cuando el confesor manifiesta inequívocamente pecado y pecador, designándole por su propio nombre o por otros datos o rasgos que sólo a él corresponden, aunque sea una persona desconocida para los oyentes (violación directa) o incluso cuando el confesor manifiesta sólo uno de los elementos –pecador o pecado–, pero con riesgo de que se pueda llegar a conocer el otro elemento o de hacer odioso el sacramento (violación indirecta).

En el caso de la violación directa, la sanción para el confesor es la excomunión automática reservada a la Sede Apostólica. En caso de violación indirecta, el obispo o superior impondrán una pena preceptiva, cuya determinación queda a su arbitrio, dada la mayor o menor gravedad que puede revestir la violación (c. 1386 § 1).

Cuando se trata de intérpretes y otros que hubieren tenido conocimiento de la confesión y lo hubiesen descubierto, quedan sujetos a penas impuestas, más o menos severas según la gravedad del delito, y que pueden llegar incluso hasta la excomunión (c. 1386 § 2).

Además, quien grabe con cualquier medio técnico, o divulgue con malicia en los medios de comunicación social, lo dicho por el confesor o por el penitente en la confesión sacramental, verdadera o fingida, debe ser castigado según la gravedad del delito, sin excluir, si se trata de un clérigo, la expulsión del estado clerical (c. 1386 § 3).

6. *Abusos contra el sacramento*

Tres son los abusos tipificados referidos al sacramento de la penitencia: la absolución del cómplice, la solicitación en confesión y la falsa denuncia de solicitación. Los tres infringen el sexto mandamiento del Decálogo.

La absolución dada por el confesor a su cómplice en pecado grave contra el sexto mandamiento –incluso si se cometió antes de recibir el sacerdocio– está sancionada por el legislador con la inhabilitación del sacerdote para dar la absolución, con la invalidez de ésta en caso de que se dé, y con la excomunión automática reservada a la Sede Apostólica; y esto aunque el sacerdote ignore la disciplina canónica y actúe de buena fe, salvo que el penitente esté en peligro de muerte (cc. 977 y 1384 § 1). Se trata siempre de un pecado grave, externo, entre dos o más personas, consentido por ambas partes, en materia de castidad, cooperando de manera inmediata en la misma acción.

La solicitación en confesión es el delito de provocación a pecar gravemente en materia de castidad (con palabras, gestos, hechos o escritos dirigidos al penitente) cometido por el confesor durante el acto de la confesión o en relación inmediata con la confesión. Se trata de una acción que se induce a cometer con el confesor o con tercera persona de uno u otro sexo. La sanción penal se deja a la determinación del Superior, según la gravedad del caso: puede ser la suspensión total o parcial, prohibiciones, privaciones y, en los casos más graves, la expulsión del estado clerical (cc. 982 y 1385). Solo el supuesto de solicitación dirigida a cometer el pecado contra el sexto mandamiento con el mismo confesor es un delito reservado al Dicasterio para la Doctrina de la Fe (NSST, art. 4 § 1, 4.º). El sacerdote solicitante tiene la obligación moral de arrepentirse y cambiar de conducta, así como reparar el daño hecho. Pero como no incurre en penas automáticas, si está bien dispuesto puede ser absuelto por cualquier confesor.

La falsa denuncia del delito de solicitación es un grave pecado de difamación, por lo que se ha de exigir al denunciante no sólo el arrepentimiento, sino también la voluntad de reparar los daños causados y restituir la fama lesionada. Para poner de manifiesto este arrepentimiento se requiere una retractación formal ante el Superior competente, o ante dos testigos si no puede acudirse al superior, por escrito y firmada por el culpable. Sólo entonces podrá ser absuelto, tanto de la pena como del pecado. Recordemos que la sanción penal para quien comete este delito es el entredicho automático; si es clérigo, incurre también en suspensión (c.1390 § 1 y 3).

7. *El penitente*

Para recibir el saludable remedio del sacramento de la penitencia, el fiel ha de estar de tal manera dispuesto que, rechazando los pecados cometidos y teniendo propósito de enmienda, se convierta a Dios (c. 987). Por tanto, cuando el fiel tenga conciencia de haber cometido un pecado grave deberá acudir al sacramento, puesto que, como ya hemos dicho, es la vía ordinaria para obtener el perdón y la remisión de los pecados graves cometidos después del bautismo. Si hubiera incurrido en pecados veniales, puede también provechosamente recibir el sacramento; la Iglesia le exhorta a hacerlo, como un ejercicio de virtud: es la confesión de devoción (c. 988).

La norma establece que el fiel que ha llegado a la edad de la discreción confiese los pecados mortales por lo menos una vez al año (c. 989), lo cual no obsta para hacerlo con mayor frecuencia si tiene conciencia de pecado grave, de modo que el fiel pueda salir cuanto antes de esa situación. El momento más oportuno puede venir señalado de una manera indirecta por el precepto de comulgar por Pascua, si quien está obligado a comulgar se encuentra en pecado grave (c. 920 § 2).

Existe un derecho del penitente a utilizar intérprete, aunque no se puede imponer, puesto que es un medio extraordinario y siempre lleva consigo algún riesgo. Como es un derecho, no se puede prohibir, siempre que se eviten abusos y escándalos (c. 990). Le asiste también el derecho de elegir libremente confesor de entre los legítimamente aprobados, aunque sea de otro rito católico (c. 991). En este punto el fiel ha de ser libre siempre de toda coacción en lo que se refiere al campo de la conciencia, por lo que constituiría una falta gravísima atentar contra este derecho fundamental imponiéndole al fiel un confesor determinado o prohibiéndole que se confiese con otros confesores legítimos (c. 220).

8. *Las indulgencias*

Las indulgencias son un complemento del sacramento de la penitencia, donde la Iglesia interviene también con poder para la remisión ante Dios de la pena temporal debida por los pecados, completando así lo concerniente a la satisfacción dentro del proceso de sincera conversión a Dios (c. 992). Estas indulgencias pueden ser parciales, si libran solamente en parte de la pena temporal, o plenarias, si libran totalmente (c. 993).

Las indulgencias no son, pues, una remisión de la culpa, pues ésta necesita de un acto de contrición del penitente; ni de una pena o censura impuesta por la Iglesia, que necesita de la intervención de la autoridad; son un medio excelente por el que la Iglesia no sólo ruega, sino que otorga con autoridad al fiel cristiano debidamente dispuesto el tesoro de las satisfacciones de Cristo y de los santos para la remisión de la pena temporal, induciéndole a realizar obras de piedad, penitencia y caridad, sobre todo las que conducen a un aumento de fe y al bien común (IND 1-8).

El magisterio de la Iglesia ha reivindicado y explicado esta doctrina en numerosas ocasiones, y vuelve ahora a instar a los fieles a que ponderen y consideren el gran valor de la práctica de las indulgencias para la propia vida y para la misma sociedad (IND 9). El párroco, como pastor propio de la comunidad parroquial, debe promover esta disciplina para no privar a los fieles de este excelente modo de gracia. Para hacerlas más accesibles, el legislador ha simplificado mucho la disciplina (c. 997).

Al tratarse de la administración de un tesoro de toda la Iglesia, queda en manos del Romano Pontífice otorgarlas, así como de aquél a quien se lo reconoce el derecho común o una concesión del Romano Pontífice, como sucede con los obispos diocesanos y equiparados, los metropolitanos, los patriarcas y los cardenales (c. 995; EI 7-13). Los párrocos no figuran entre los posibles.

Puede ganarlas todo fiel tanto para sí como para los difuntos a modo de sufragio, pero no para otros vivos (c. 994), siempre que el fiel no esté excomulgado y se encuentre en estado de gracia, por lo menos al final de las obras prescritas (c. 996 § 1). El sujeto capaz de lucrar indulgencias las gana de hecho si tiene intención de conseguirlas, al menos habitual, y cumple las obras prescritas dentro del tiempo determinado y de manera debida (c. 996 § 2).

Para ganar la indulgencia plenaria se requieren, además de lo dicho, tres condiciones: confesión sacramental, comunión eucarística y oración por las intenciones del Romano Pontífice, que pueden practicarse en varios días antes o después de la ejecución de la obra prescrita. Se requiere además que se excluya todo afecto hacia cualquier pecado, incluso venial. La indulgencia plenaria sólo puede ganarse una vez al día, excepto en peligro de muerte, que se puede acumular a la que ya haya obtenido en el mismo día por alguna otra obra.

El confesor puede conmutar tanto la obra prescrita como las condiciones a aquellos que no pueden cumplirlas por tener un legítimo impedimento. Los ordinarios del lugar pueden dispensar a los fieles deseosos de ganar la indulgencia plenaria de la necesaria confesión y comunión cuando les sea imposible o muy difícil acceder a estos sacramentos, siempre que estén arrepentidos de corazón y tengan propósito de acceder a los mencionados sacramentos lo antes que les sea posible.

El mismo fiel, en peligro de muerte, cuando no pueda ser asistido por un sacerdote que le administre los sacramentos y le dé la bendición apostólica, puede ganar indulgencia plenaria siempre que esté bien dispuesto y haya recitado durante su vida habitualmente alguna oración. Para estos casos se recomienda el uso del crucifijo o de la cruz. Algunas concesiones de indulgencia en particular:

> Se puede ganar indulgencia plenaria por la adoración al santísimo Sacramento (al menos durante media hora), al recibir la bendición apostólica para el momento de la muerte, haciendo la primera comunión o asistiendo a ella y comulgando, rezando el santo rosario en una iglesia u oratorio o en familia, haciendo una lectura espiritual de la Escritura al menos durante media hora, recorriendo el viacrucis y meditando la pasión y muerte del Señor, visitando cualquier iglesia u oratorio el 2 de noviembre (aplicable sólo en favor de los difuntos), visitando la iglesia parroquial el día de la fiesta del titular o las basílicas romanas (en estas visita debe recitarse el Padrenuestro y el Credo), o haciendo ejercicios espirituales (al menos tres días enteros).

Se concede indulgencia parcial por el empleo con devoción de un objeto piadoso (crucifijo, cruz, rosario, escapulario o medalla), bendecido debidamente por un sacerdote, o el rezo de oraciones vocales como *Adoro te Devote*, Acordaos, *Angelus* o *Regina Cœli*, el Credo o jaculatorias.

2. La unción de los enfermos

El sacramento de la unción de los enfermos no es sólo el sacramento de quienes están a punto de morir, sino también de aquellos que comienzan a estar más cercanos a la muerte por la enfermedad o por la edad. Nos recuerda el significado de la enfermedad y del dolor en el misterio de la salvación, y desde Cristo ilumina esta realidad en la vida de los enfermos: Cristo está a su lado y los ama; el enfermo, asociándose a la pasión de Cristo, completa en su carne lo que falta aún para la salvación del mundo (LG 11; OI 1-5; SD 2).

Sus efectos primarios son el robustecimiento en la enfermedad y el perdón de los pecados. Además, la unción significa la recepción de una gracia eclesial (la Iglesia, en la comunión de los santos, intercede por el bien del enfermo, y el enfermo, a su vez, contribuye a la santificación de la Iglesia) y es una preparación para el último tránsito, conformando al enfermo con la muerte y resurrección de Cristo (c. 998; OI 6; Cat. 1520-1523).

Aunque es cierto que el sacramento tiene la virtualidad especial de perdonar los pecados, ésta se da cuando el enfermo se encuentra incapacitado para confesarse o realizar un acto de contrición perfecta; en caso contrario deberá administrarse la unción después de la confesión y antes del viático (SC 74 y Cat. 1524).

La acción pastoral en favor de los enfermos debe considerarse una prioridad en cada parroquia, puesto que constituye un signo privilegiado de la presencia del amor de Dios y de su Reino en medio de los que sufren. En no pocas ocasiones es, además, un modo idóneo para contactar con el propio enfermo y su familia a veces alejados de la Iglesia. Por esta razón se recomienda encarecidamente a los presbíteros –y de manera especial al párroco– tener siempre una gran disponibilidad para visitar a los enfermos y atenderlos sacramentalmente, ya que es un signo manifiesto de la preocupación de Jesús por los que sufren.

Pueden ayudar al párroco en este ministerio otros presbíteros, diáconos, religiosos o laicos de la parroquia lo que permitirá destinar un tiempo concreto a la semana para la visita domiciliaria a los enfermos que lo soliciten, en los centros asistenciales, hospitales o residencias, sobre todo si no cuentan con un capellán habitual que los atienda. Hay que comprender que, en una situación como esta, los parientes están muy sensibles. Un rechazo de parte del sacerdote o una demora innecesaria pueden significar un alejamiento definitivo de la Iglesia o incluso una pérdida total de la fe de estos familiares.

1. *La celebración individual del sacramento*

El sacramento se administra ungiendo con el óleo y diciendo las palabras prescritas, como elementos esenciales para la validez. La materia es aceite de oliva o, en caso de necesidad, otro óleo sacado de las plantas que ha de ser bendecido por el obispo en la misa crismal. La norma es que el párroco obtenga los óleos del propio obispo y que los conserve en un recipiente apto y limpio, que pueda contener la suficiente cantidad de óleo. Pero Si hay verdadera necesidad puede bendecirlo cualquier presbítero, siempre que lo haga dentro de la celebración del sacramento, y sólo el necesario para aquella celebración, quemando en un algodón empapado lo sobrante (SC 41; cc. 847 § 2; 998-999 § 2; OI 20-22 y 75).

El sacramento se administra ungiendo al enfermo en la frente y en las manos, aunque en caso de necesidad basta una sola unción, en la cabeza u otra parte digna del cuerpo, que debe hacerse con la mano, a no ser que por una razón grave se aconseje el uso de un instrumento (unos guantes o un bastoncillo con algodón), como por ejemplo en el caso de peligro de contagio (c. 1000; OI 23).

La fórmula es la contenida en el Ritual, dicha una sola vez, mientras se unge al enfermo, dividida en dos partes, concluidas ambas con el «amén»:

> Por esta santa unción y por su bondadosa misericordia, te ayude el Señor con la gracia del Espíritu Santo (+), para que, libre de tus pecados, te conceda la salvación y te conforte en tu enfermedad (+).

La unción puede ser administrada por aquellos sacerdotes que tienen fieles encomendados a su tarea pastoral, independientemente del rito al que pertenezcan. Por consiguiente, un sacerdote latino puede administrarla a cualquier fiel católico de una iglesia *sui iuris* oriental que lo solicite. En el caso de los acatólicos remitimos a lo dicho en su momento sobre la comunicación en lo sagrado (OCO 27; c. 1003 § 2 y CCEO 739 § 2).

Al tratarse de un momento muy especial en la vida de la persona y de su familia, la pastoral del sacramento no puede conformarse con administrar válidamente el sacramento, sino que el ministro y los propios familiares han de preocuparse por lograr que la celebración se haga «en tiempo oportuno», cálida y adaptada, que sea verdadera manifestación de la cercanía y de la solicitud de Jesús por los enfermos (c. 1001). Puesto que es un derecho del enfermo acceder al sacramento, se ejercería deficientemente si se postergara hasta el instante antes de la muerte, cuando el enfermo no tiene conciencia de lo que se está celebrando (OI 33-35).

Es evidente que lo primero será renovar y fomentar una catequesis y pastoral de los enfermos que acaben con la extendida creencia de que la visita del sacerdote significa la inminencia de la muerte y que, por tanto, hay que retrasarla lo máximo posible para no intranquilizar al enfermo, algo que atenta gravemente contra una posible pastoral de este sacramento. Por ello será conveniente que, tanto en la catequesis comunitaria como en la familiar, desde la parroquia se instruya a los fieles de modo que sean ellos mismos los que soliciten la unción y, llegado el momento de recibirla, la acepten con plena fe y devoción de espíritu (OI 13).

Debe clarificarse a los fieles la posibilidad de verdadera mejoría que produce el sacramento, no por tratarse de un rito mágico curativo, sino porque la gracia recibida en el sacramento ayuda al enfermo a vivir la fe, la esperanza y la caridad dentro de las condiciones de su enfermedad; hacerles descubrir que el sacramento los anima a unirse libremente a la pasión y muerte de Cristo; y contribuir, así, al bien del Pueblo de Dios (Cat. 1499; LG 11).

Lo deseable es que, al preparar y ordenar la celebración, el sacerdote se informe del estado del enfermo, a fin de tenerlo en cuenta para la disposición del rito o la elección de lecturas y oraciones. Si es posible, el sacerdote debe determinar estas cosas de acuerdo con el enfermo o su familia, explicando el significado del sacramento (OI 37).

2. *El rito continuo: penitencia, unción y viático*

Así, como los sacramentos del bautismo, de la confirmación y de la eucaristía constituyen una unidad llamada «sacramentos de la iniciación cristiana», se puede decir que la penitencia, la unción y la eucaristía, en cuanto viático, constituyen, cuando la vida cristiana toca a su fin, «los sacramentos que preparan para entrar en la Patria» o «los sacramentos que cierran la peregrinación». Por esto mismo, en peligro de muerte, si la persona está consciente, se prevé el «rito continuo» con el cual se auxilia al enfermo con estos tres sacramentos (c. 921; Cat. 1517, 1523 y 1525).

Al enfermo que está consciente, antes de recibir la unción se le invitará a que reciba el sacramento de la penitencia; si no está consciente, la unción perdonará sus pecados. En ambos casos el sacerdote concluirá la oración con la fórmula de la indulgencia plenaria otorgada en nombre del Santo Padre (OI 30 y 214). Si está consciente y puede recibir la comunión, se le debe administrar el Viático, en las condiciones que ya señalamos al hablar de la comunión de los enfermos.

3. *La celebración comunitaria*

La celebración comunitaria puede utilizarse en grandes reuniones de fieles, como las peregrinaciones u otras asambleas de fieles, o en hospitales, sanatorios y clínicas, preferentemente dentro de una iglesia u oratorio, reservando, si es posible, un lugar especial para los familiares y el personal sanitario; y de acuerdo siempre a las orientaciones que haya dado al respecto el obispo diocesano, a quien le corresponde la moderación y vigilancia de estas celebraciones (c. 1002; OI 157-158).

En el Ritual se describe detalladamente el orden de la celebración, dentro o fuera de la misa, con los siguientes momentos: celebración del sacramento de la penitencia –si es posible–, recepción de los enfermos, liturgia de la Palabra y homilía, celebración de la unción (letanía o imposición de manos, unción, oración universal, Padrenuestro y oración final con la bendición). Si es dentro de la misa, se administrará la unción después de la homilía (Cat. 1517; OI 156.160-166). En todo caso, cualquiera de los ministros deberá imponer las manos y ungir a cada uno de los enfermos individualmente; todo lo demás lo dirá en plural el presidente (OI 124).

Este tipo de celebraciones, sin embargo, nunca pueden sustituir a la necesaria atención individualizada a los enfermos –una de las encomiendas propias del párroco que no puede desatender–, han de estar bien preparadas y convenientemente anunciadas, y en ellas se ha de favorecer la plena participación de todos, especialmente a través del canto y la oración común, a fin de que se manifieste la alegría pascual que ha de envolver todo el rito. Signo de esta alegría es que el sacerdote llevará vestiduras blancas (c. 530 § 3: OI 155 y 159).

Por último, cabe señalar la necesidad de ser cautelosos en estas celebraciones para administrar el sacramento no de una forma indiscriminada, sino a aquellas personas que reúnen las condiciones establecidas en la legislación, tal y como veremos seguidamente.

4. *El ministro de la celebración*

Todo sacerdote, y sólo él, administra válidamente la unción de los enfermos (c. 1003 § 1). A diferencia de otros sacramentos no existe ninguna limitación al ejercicio de la potestad de orden. En situaciones normales, el ministro es todo sacerdote con cura de almas –párrocos y asimilados y capellanes– para los fieles confiados a su cuidado, pero cuando exista una causa razonable cualquier sacerdote puede administrarlo, con el consentimiento, al menos presunto, del sacerdote al que antes se hizo referencia (c. 1003 § 2).

La reserva de este ministerio a los sacerdotes está en relación con la dependencia con los sacramentos de la penitencia y la eucaristía.

Ningún otro ministro –ni diáconos ni laicos– puede considerarse válido; si se obrara en contra sería una simulación del sacramento que puede ser penalizada (c. 1379; EDM 9), puesto que se trata de una verdad que ha de ser considerada como definitiva (CDF, *Nota acerca del ministro del sacramento de la unción de los enfermos* [11 de febrero de 2005]).

A la vez, la presencia del ministro ha de ser para el enfermo, de forma significativa, la afirmación desde la fe de la Iglesia de que Dios está en medio del dolor de cada ser humano y se acerca para confortarlo y salvarlo. Por ello la legislación favorece que cualquier sacerdote, cuando se da una situación de necesidad, puede lícitamente administrar el sacramento y lo autoriza a llevar consigo el óleo bendito (c. 1003 § 3).

Cuando dos o más sacerdotes atienden a un mismo enfermo, uno puede decir las oraciones y hacer la unción con su fórmula; los demás pueden distribuirse las partes del rito. Todos pueden hacer a la vez la imposición de las manos (OI 19).

5. *El sujeto del sacramento*

Tres son las condiciones para que pueda administrase la unción de los enfermos: que se trate de un fiel cristiano, que haya llegado al uso de razón, y que comience a estar en peligro por enfermedad o vejez (c. 1004 § 1).

En cuanto a la primera condición, significa que la persona ha sido bautizada en la Iglesia católica o recibido en ella, lo que no obsta para que un cristiano acatólico, siguiendo las indicaciones relativas a la comunicación en lo sagrado, puede recibir el sacramento de manos de un sacerdote católico, como ya dijimos (c. 844 § 3-4).

La condición de que haya alcanzado el uso de razón significa que no cabe administrar el sacramento a niños que aún no han alcanzado el uso de razón (en torno a los siete años), ni a quienes se equiparan a ellos en derecho por sufrir una incapacidad psíquica o mental. Y esto, aunque careciera del uso de razón en el momento de la administración del sacramento, porque basta con que la intención sea al menos habitual, voluntad que se presume positiva en cualquier bautizado católico mientras no se demuestre lo contrario; y basta que sea implícita, o sea, coherente con la vida que ha llevado la persona y su voluntad de morir como cristiano, expresada y no retractada (c. 1006).

Por esto mismo debe dársele la unción a un enfermo en estado de coma y a los enfermos accidentados o heridos que se encuentran inconscientes, a no ser que haya motivo fundado para creer que, estando conscientes, se habrían negado a recibirla. En este caso, junto con los efectos que le son propios, el sacramento produce el perdón de los pecados que no pueden confesar en ese momento: para ello es suficiente que el enfermo haya deseado recibir la unción y esto se supone en todo fiel que haya vivido como tal y tenga dolor, al menos de atrición, de sus pecados, aun cuando no pueda actualizarlo o manifestarlo en esa ocasión.

Por esto mismo es lógico que queden excluidos aquellos que hubieran persistido en un pecado grave manifiesto, con una conducta consciente, continua, obstinada y patente a la comunidad. Es evidente que estas condiciones que pide el canon difícilmente se dan todas a la vez, lo que nos invita a pensar que no hay que ser demasiado estrictos en este punto, sobre todo si el enfermo ha guardado alguna adhesión a la Iglesia o ha dado algún signo de penitencia. Pero en caso de que haya que negarle la unción, para tranquilidad de la familia cabe la posibilidad de que se haga algún gesto significativo como trazar la señal de la cruz en la frente de la persona, alguna oración que exprese la presencia del Señor que acompaña al agonizante, o rociarle con agua bendita, que resultan adecuados para aquellos que no pueden o no quisieron recibir el sacramento (c. 1007).

La tercera condición es que la persona comience a estar en peligro por enfermedad o vejez, lo que no coincide exactamente con la expresión tradicional «estar en peligro de muerte», que exige un grado aún mayor de gravedad. De todos modos, la expresión nos indica que no se trata de un sacramento para cualquier enfermedad, sino para las verdaderamente graves, como sería una enfermedad mortal incurable. Para juzgar la gravedad basta con tener un dictamen prudente y probable de la misma, sin ninguna clase de angustia, y si fuera necesario, consultando la situación con el médico (OI 8).

La ancianidad no siempre equivale a la vejez de riesgo: se trata de un estado de debilidad física acentuada, con síntomas de desmoronamiento y achaques, comparable a los trastornos orgánicos y funcionales de una enfermedad grave (OI 11). Se trata, pues, de esta vejez, no de lo que hoy se entiende simplemente como tercera edad o jubilación en muchos lugares de Occidente, sino un verdadero declinar de la vida.

En el caso de intervención quirúrgica, cuando la causa sea una enfermedad grave también puede administrarse la unción, pero nunca como simple tranquilizante psicológico, ni cuando la operación quirúrgica no revista gravedad (OI 10).

En caso de duda sobre el uso de razón, la gravedad real de la enfermedad, incluso si el enfermo ha muerto o no, prevalece la salvación de las almas, con lo cual se ha de administrar el sacramento en la forma abreviada, según establece el ritual, pero no bajo condición, pues no se trata de un sacramento que imprima carácter (c. 1005; OI 229-230). Por el contrario, si el sacerdote tiene constancia de muerte real, no debe administrarlo, sino que procederá a pedir la absolución de sus pecados y encomendar su alma a Dios (OI 15.234-247).

La unción se podrá repetir tantas veces como sea necesario a la misma persona cuando haya recaídas en el periodo de convalecencia o empeore en el mismo proceso de la enfermedad, a juicio del sacerdote, ya sea por un aumento de sufrimiento, una debilidad sin mejora, hospitalizaciones prolongadas, decaimiento psíquico… incluso sin que exista un peligro de muerte inminente (c. 1004 § 2; OI 9).

9
LOS SACRAMENTOS AL SERVICIO DE LA COMUNIDAD

Los sacramentos del orden y del matrimonio no solo tienen un significado personal para los fieles que los reciben, sino que también les confieren una misión particular en la Iglesia, estando destinados a contribuir al bienestar y la edificación de la comunidad cristiana en su conjunto.

En estos sacramentos, los que fueron ya consagrados para el sacerdocio común por el bautismo y la confirmación reciben consagraciones particulares: los que han recibido el sacramento del orden sacerdotal, para ser los pastores de la Iglesia en el nombre de Cristo Cabeza y Pastor; los diáconos, para ser presencia de Cristo Siervo en medio de la comunidad; los cónyuges cristianos, para cumplir adecuadamente los deberes propios de su estado (LG 10-11; GS 48; Cat. 1534-1535).

1. El sacramento del orden

El Concilio Vaticano II no trata el sacerdocio primariamente desde el punto de vista sacramental, como sí lo hizo el concilio de Trento, sino que sitúa el sacerdocio ministerial en el amplio contexto del sacerdocio común, aunque recuerde que se diferencia de este en grado y en esencia. Mediante el sacramento del orden, por institución divina, algunos de entre los fieles quedan constituidos ministros sagrados. Y al ser marcados con un carácter indeleble, son consagrados y destinados a servir, según el grado de cada uno, con nuevo y peculiar título, al Pueblo de Dios. Por tanto, el sacerdocio ministerial, como misión divina, es representación de Aquel que envía, así como servicio a aquellos para los cuales es enviado. Según esto, la potestad recibida en la ordenación tiene únicamente su razón de ser en cuanto servicio realizado en comunión (LG 10 y 32; c. 1008).

Los tres órdenes son: el episcopado, el presbiterado y el diaconado. Se confieren por la imposición de las manos y la oración consecratoria, que los libros litúrgicos prescriben para cada grado. Quienes han sido constituidos en el orden del episcopado o del presbiterado reciben la misión y la facultad de actuar en la persona de Cristo Cabeza: los obispos, como sucesores de los apóstoles, para presidir la comunidad; los presbíteros, como colaboradores del orden episcopal, formando junto con su obispo y bajo su autoridad el presbiterio. Sin embargo, los diáconos son habilitados para servir al pueblo de Dios en la diaconía de la liturgia, de la palabra y de la caridad bajo la autoridad de los pastores, por lo que están sometidos a la autoridad del párroco en aquellos oficios que son propiamente parroquiales, pero no en su oficio extra-parroquial, ya sea su profesión civil, o algún otro oficio que el obispo le haya encomendado en la diócesis (c. 1009; LG 28-29; PO 2.7-10; PDV 16; SDO 23).

Por cuanto se refiere al papel que el párroco puede desempeñar con respecto al sacramento del orden, existen varios aspectos relevantes que conviene explicitar: la promoción de las vocaciones, el acompañamiento de los candidatos, el testimonio sobre la idoneidad, la etapa pastoral, los primeros años del ministerio, las proclamas y la anotación.

1. *La promoción de las vocaciones*

Todos los agentes de pastoral han de fomentar la oración por las vocaciones y alentar la corresponsabilidad de las comunidades en su surgimiento y acompañamiento, preocupándose y comprometiéndose en descubrir y cultivar los gérmenes de vocación que existen en algunos jóvenes, adolescentes o niños (c. 233 § 1). Por esta razón, en cada parroquia convendría identificar, además del pastor propio, a una persona o un grupo de fieles que pudiera encargarse de la pastoral vocacional.

Esto no obsta para que recaiga de manera especial sobre el párroco el deber de promover con celo, sostener y seguir con particular cuidado las vocaciones sacerdotales. El ejemplo personal de entrega y amor a Dios, mostrando la propia identidad y viviendo en coherencia con ella, constituye un poderoso estímulo para aquellos que están buscando un sentido vocacional en su vida y para mover a los jóvenes a considerar las llamadas de especial consagración. Promover vocaciones sacerdotales es parte de la función del párroco como guía espiritual, por eso se revela de suma importancia la atención de las confesiones individuales y la dirección espiritual de los jóvenes (PP 22).

Si deseamos que la cultura vocacional eche raíces en las parroquias y en las familias, es necesario que se hable frecuentemente de las vocaciones. Esto significa, en primer lugar, que los fieles lo oigan del párroco en la homilía, recen juntos en la oración de los fieles, mediten en los retiros y profundicen en las conferencias y las catequesis. En segundo lugar, esto supone mostrar al sacerdocio como realmente es: una llamada a ser padre y pastor de toda la familia de la fe, al servicio desinteresado del Pueblo de Dios.

En consecuencia, constituye una clara responsabilidad invitar directamente a adultos, jóvenes y adolescentes a considerar la vocación al sacerdocio o a la vida consagrada. Un comentario sincero y simple apercibiendo a alguien de que se le ve con cualidades, sin invadir su espacio, nunca debe subestimarse, ya que puede abrir a la persona a la pregunta vocacional.

2. *El acompañamiento vocacional de los candidatos*

Cuando existe en la diócesis un seminario menor o un «seminario en familia», el párroco puede jugar un papel fundamental en el proceso: al ser quien verifica si el niño o adolescente tiene una verdadera inquietud vocacional inicial, quien presenta y avala al muchacho ante los formadores del seminario y se responsabiliza de su seguimiento «in situ».

Si se trata de «seminario en familia», además de la verificación inicial y de presentarlo a los formadores del seminario, será quien lo incorpore en la parroquia, cuando es posible, en algún grupo (catequesis, movimiento, etc.) que sintonice con el programa de formación del seminario. Durante los fines de semana o en los periodos sin actividad escolar, el candidato participará en el grupo vocacional de convivencia y formación, de ordinario en las instalaciones del seminario.

Con respecto a los seminaristas mayores, cada presbítero debe ser consciente de la propia responsabilidad formativa en su trato con ellos, pero de modo particular los párrocos. Cuando acogen a los seminaristas para la práctica pastoral, deben colaborar generosamente con el equipo formador del seminario a través de un diálogo franco y adaptado. Las modalidades concretas de esta colaboración podrán variar según las diversas etapas del proceso formativo (RFIS 129).

Las prácticas y actividades pastorales habrán de organizarse y funcionar como una etapa formativa y de aprendizaje, no de responsabilización ministerial.

Resulta, por lo tanto, muy conveniente que al iniciar el curso se convoque a una reunión desde el seminario a los párrocos que tienen a su cargo algún seminarista –menor o mayor– para compartir con ellos los objetivos, contenidos y metodología del programa educativo, así como el plan del año. También para señalar el papel específico que desempeña en la consecución de los objetivos de la formación. Al final de curso es oportuno organizar otra reunión para evaluar la marcha del proceso.

3. *El testimonio sobre la idoneidad*

Sólo el varón bautizado recibe válidamente la sagrada ordenación (c. 1024). Esta doctrina ha sido conservada por la tradición constante y universal de la Iglesia y enseñada firmemente por el magisterio, de modo que la Iglesia no tiene la facultad de conferir la ordenación sacerdotal a las mujeres. Este dictamen debe ser considerado como definitivo por todos los fieles de la Iglesia (Juan Pablo II, *Ordinatio sacerdotalis* [22 de mayo de 1994], n. 4; CDF, declaración *Inter insigniores* [15 de octubre de 1976]). Aquí, evidentemente, hay que considerar la imposibilidad de admitir al proceso formativo con vistas al sacerdocio a los que, siendo naturalmente varones, se autoperciben como mujeres, o a quienes se han sometido a una cirugía de reasignación de sexo (transexuales). En relación a las personas con tendencias homosexuales, conviene recordar que no pueden ser admitidas al seminario y a las órdenes sagradas cuando practican la homosexualidad o presentan tendencias homosexuales profundamente arraigadas (RFIS 199).

En cuanto a los *requisitos* necesarios para la licitud de la ordenación diaconal o presbiteral (c. 1025 § 1), se requiere: que el candidato haya cumplido el periodo de prueba según la norma del derecho (cc. 1027 y 1032); que tenga las debidas cualidades, discernidas por la autoridad competente (c. 1029); que no esté afectado de ninguna irregularidad ni impedimento (cc. 1040-1049); que aporte los documentos exigidos y se le haya efectuado el escrutinio previo (c. 1051 § 2).

Varias son las *cualidades* que se requieren y han de estar de algún modo presentes en un candidato que inicie el proceso de discernimiento vocacional con vistas a ser sacerdote. Entre ellas destacan las siguientes: madurez humana (RFIS 67.70.72.76.95), salud física y psíquica normales (RFIS 190-196), dotes intelectuales (RFIS 117-118), madurez afectiva y sexual (RFIS 94.110), dotes humano-morales y dotes espirituales (RFIS 100-115), que son las que unifican y fundamentan las demás dimensiones de la persona (cc. 241; 244-247; 1027; 1031 § 1; 1032 § 1; 1041; 1044 y 1051).

Asimismo, se requiere inicialmente poseer una recta intención vocacional, es decir, la voluntad de abrazar el sacerdocio tal y como lo propone la Iglesia, desde unas motivaciones auténticas que consideran el ministerio como servicio al Pueblo de Dios y no como búsqueda de intereses personales (cc. 241 § 1 y 1029; RFIS 16.24.27.189).

Y un segundo requisito previo es tener plena libertad, ya que es la que posibilita cualquier verdadera decisión humana, y que se identifica con la capacidad de autoposesión y de autonomía manifestadas en una actuación responsable, capaz de compromiso para toda la vida (c. 1026; OT 6; RFIS 41.46.67).

Estas cualidades y requisitos habrán de ser discernidas en un primer momento por el acompañante espiritual y después, con mayor profundidad, por los responsables de la formación en la diócesis y por el obispo. No está de más recordar que el acompañamiento vocacional a los candidatos se puede y conviene que se siga desde la propia parroquia.

Ha de ser, pues, normal que se solicite al párroco la opinión sobre la idoneidad de los candidatos, bien porque son de la parroquia, bien porque han desarrollado alguna actividad pastoral en ella durante su tiempo de seminario o en la etapa pastoral. En cualquier caso, es una responsabilidad que el párroco debe tomarse muy en serio, consultando también a los miembros de la comunidad que hayan tenido relación con el candidato para poder dar un informe lo más completo y ajustado posible. Aquí también funciona el principio tuciorista aplicado al ámbito vocacional: «Más valen pocos y buenos sacerdotes que muchos y malos». En caso de duda, se ha de informar en sentido negativo respecto a la ordenación (Pío XI, *Ad catholici sacerdotii*, 53).

4. *La etapa pastoral y los primeros años de ministerio*

La etapa pastoral (o de síntesis vocacional) incluye el período entre el fin de la estancia del seminarista en el seminario y la ordenación presbiteral, pasando obviamente a través de la recepción del diaconado. La finalidad de esta etapa es doble: se trata, por un lado, de insertarse en la vida pastoral, mediante una gradual asunción de responsabilidades, con espíritu de servicio; por otro lado, de esforzarse en adquirir una adecuada preparación, especialmente práctica, recibiendo un acompañamiento específico con vistas a la recepción del presbiterado (RFIS 74).

Comúnmente, esta etapa se realiza fuera del seminario, al menos por un tiempo considerable. Este período, que por norma se vive en el servicio a una comunidad, generalmente parroquial, puede incidir significativamente en la personalidad del candidato. El ordinario, de común acuerdo con el rector del seminario, teniendo en cuenta la situación del presbiterio y las ofertas formativas, asigna a cada seminarista una comunidad, en la que pueda prestar su servicio pastoral. Se recomienda, por ello, que el párroco sea consciente de la responsabilidad formativa que recibe y que lo acompañe en su gradual inserción (RFIS 75-76).

Los primeros años que siguen a la ordenación presbiteral son de gran transcendencia pues en ellos el sacerdote, mientras ejerce el ministerio, debe seguir creciendo humana y espiritualmente, estableciendo relaciones de colaboración con otros presbíteros, aconsejándose de quienes tienen mayor experiencia, y también compartiendo sus experiencias con los de su misma generación. Es deseable que se promueva el acompañamiento ofrecido por sacerdotes de vida ejemplar y celo pastoral que ayuden a los jóvenes sacerdotes a vivir una pertenencia cordial y activa al presbiterio diocesano y puedan así superar los desafíos personales y pastorales (RFIS 83).

Un sacerdote recién ordenado puede beneficiarse de un período de formación y acompañamiento bajo la guía de un párroco más experimentado antes de asumir la responsabilidad total de una parroquia. De este periodo deberá hacerse cargo el párroco con el cual el joven presbítero es enviado inicialmente como vicario. Los derechos y las obligaciones del vicario parroquial se determinan por las normas canónicas y diocesanas y, en especial, por el encargo del párroco, dentro de un clima de diálogo y corresponsabilidad (c. 548 § 1). Si el párroco tiene la autoridad es para ayudar al joven sacerdote a que vaya asumiendo responsabilidades y tomando decisiones, apoyando las iniciativas, respetando su autonomía. No se trata de vigilar o sancionar, sino de escuchar y orientar.

Aunque no está prohibido por el derecho nombrar párroco a un sacerdote recién ordenado, representa un gran desafío que puede determinar, para bien o para mal, la perseverancia en el ministerio. Por eso es tan importante evaluar cuidadosamente las capacidades, experiencia y hasta necesidades humanas y espirituales del joven presbítero. Los sacerdotes recién ordenados normalmente carecen de la experiencia pastoral necesaria para pastorear una comunidad parroquial y necesitan tiempo para adaptarse y conocer el oficio. Asignarles demasiadas responsabilidades desde el principio puede afectar negativamente a su crecimiento y bienestar.

El contacto con otros compañeros párrocos más experimentados cercanos es decisivo para guiar estos primeros pasos del joven sacerdote y ayudarle a crecer en su misión pastoral. Por el contrario, el aislamiento y la soledad pueden tener consecuencias negativas tanto a nivel psicológico y de salud mental como a nivel espiritual y vocacional. Sometidos en ocasiones a altas expectativas y presiones externas, si se sienten aislados emocionalmente, ya sea debido a la falta de apoyo de los propios compañeros, de la comunidad, o a dificultades personales, pueden experimentar un grave deterioro de la autoestima o caer en estados depresivos. En el contexto de cambios sociales rápidos y de controversias dentro de la misma Iglesia, el aislamiento y la soledad mal gestionados terminan por derivar en una crisis vocacional.

5. *Las proclamas y la anotación*

Las irregularidades e impedimentos son una prohibición de derecho eclesiástico que impiden recibir lícitamente las órdenes y ejercer las ya recibidas. Las primeras tienen carácter perpetuo y necesitan ser dispensadas; los segundos son temporales y cesan al cesar la causa que los motivó sin necesidad de dispensa (c. 1040).

Los fieles cristianos tienen obligación de revelar al párroco o al ordinario los impedimentos que sepan acerca de los que van a recibir órdenes, para lo cual conviene hacer patente al pueblo la solicitud hecha por los candidatos de su entorno (c. 1043). El medio más común –en paralelo con lo que se hace en el caso de los matrimonios– son las «proclamas»: anuncio público de la ordenación realizado en la iglesia parroquial por el párroco en la misa mayor durante tres domingos o días de precepto consecutivos previos a la ordenación. El objeto de la amonestación pública es evitar ordenaciones ilícitas, ya que se requiere a los fieles expresar los impedimentos para su celebración.

El párroco, una vez conocidas dichas irregularidades o impedimentos, tiene el deber de comunicarlos al ordinario para evitar que accedan al ministerio aquellos candidatos que no reúnen las condiciones requeridas por el derecho. En concreto:

> Son *irregulares* para recibir las órdenes: los que de alguna forma padecen de amencia u otra enfermedad psíquica que, a juicio de peritos consultados, indique que es inhábil para ejercer correctamente el ministerio; los que cometieron delito de apostasía, herejía o cisma; los que atentaron la celebración del matrimonio sólo civilmente, estando ligados con el vínculo matrimonial, por orden sagrada o por voto público y perpetuo de castidad que impedía el matrimonio, o con una mujer válidamente casada o impedida por el mismo voto; los que cometieron homicidio voluntario o provocaron el aborto, seguido el efecto, y todos los que positivamente colaboraron; los que a sí mismos o a otro mutilaron grave y dolosamente, o intentaron quitarse la vida; quienes realizaron un acto de otro orden reservado al presbiterado o episcopado, o careciendo del mismo orden o estándole prohibido su ejercicio por una pena canónica declarada o impuesta (c. 1041).
>
> Están *impedidos* para recibir las órdenes: el varón que tiene mujer, a no ser que se destine al diaconado permanente; el que tiene oficio o administración prohibida a los clérigos, hasta que, dejado el oficio o administración, se vea libre una vez rendidas las cuentas; el neófito, a no ser que, a juicio del ordinario, esté suficientemente probado (c. 1042).

Pero puede ser que el clérigo haya sido ordenado con algún impedimento o irregularidad, lo que lo inhabilitaría para ejercer las órdenes recibidas, tal como está consignado en el Código:

> Son irregulares para el ejercicio de las órdenes recibidas aquellos que recibieron las órdenes ilegítimamente con irregularidad, el que cometió delito de apostasía, herejía o cisma si es público y el que cometió alguno de los delitos de irregularidad comprendidos en los nn. 3, 4, 5 y 6 del canon 1041 (c. 1044 § 1).
> Está impedido para ejercer las órdenes recibidas: el que ilegítimamente recibió las órdenes con un impedimento; los que sufren de amencia u otra enfermedad psíquica, hasta que el ordinario se lo permita después de consultar a un experto (c. 1044 § 2).

Nuevamente, si el párroco o cualquier fiel tuvieran noticia de que un diácono o presbítero están inhabilitados para el ejercicio del orden, deberán comunicarlo al ordinario para que tome las medidas oportunas. En todo caso el párroco no debería permitir que ejerza el ministerio en su parroquia mientras no se aclare la situación.

La ignorancia de las irregularidades y de los impedimentos no exime de ellos; además se pueden multiplicar las irregularidades e impedimentos cuando tienen causas diversas. En cuanto a la dispensa, sólo son competentes la Santa Sede, en los casos establecidos por el derecho que ella misma se reserva, y los ordinarios en los demás casos no reservados (cc. 1045-1048).

Una vez celebrada la ordenación, debe anotarse en un libro especial, que se guardará en la curia diligentemente junto con los documentos requeridos para la ordenación (c. 1053). El ordinario del lugar, si se trata de seculares, o el superior mayor competente, si son súbditos suyos, debe enviar noticia de cada una de las ordenaciones al párroco del lugar de bautismo, para que en el libro de bautizados haga la anotación de la ordenación recibida en las notas marginales (c. 1054).

2. El sacramento del matrimonio

La alianza matrimonial, por la que el varón y la mujer constituyen entre sí un consorcio de toda la vida, ordenado por su misma índole natural al bien de los cónyuges y a la generación y educación de la prole, fue elevada por Cristo Nuestro Señor a la dignidad de sacramento entre bautizados. Este sacramento significa la unión de Cristo con la Iglesia y da a los esposos la gracia de amarse con el amor con que Cristo amó a su Iglesia (c. 1055 § 1; GS 50).

De esta manera, la gracia del sacramento perfecciona el amor humano de los esposos, reafirma su unidad indisoluble y los santifica en el camino de la vida eterna. Por medio de esta gracia se ayudan mutuamente a santificarse con la vida matrimonial conyugal y en la acogida y educación de los hijos (Cat. 1661; DH 1799). El matrimonio es una vocación, por cuanto es una respuesta a la llamada específica a vivir el amor conyugal como signo imperfecto del amor entre Cristo y la Iglesia. Por consiguiente, la decisión de casarse y de crear una familia debe ser fruto de un discernimiento vocacional (AL 72).

Los protagonistas de la alianza matrimonial son un hombre y una mujer bautizados, libres para contraer el matrimonio y que expresan públicamente su consentimiento. La Iglesia considera el intercambio de los consentimientos entre los esposos como el elemento indispensable que hace el matrimonio. Si el consentimiento falta, no hay matrimonio. El consentimiento así entendido debe ser un acto de la voluntad de cada uno de los contrayentes, libre de toda violencia o de temor grave externo. Ningún poder humano puede reemplazarlo. Si faltase esta libertad, el matrimonio sería inválido (cc. 1057 § 1 y 1103; Cat. 1625-1628; AL 214).

Toda la comunidad cristiana, los pastores, y en especial los párrocos, están llamados a defender y proteger la institución matrimonial frente a otras formas de convivencia que no responden plenamente al designio de Dios, anunciando la verdad del matrimonio uno, indisoluble y abierto a la fecundidad. Esto lleva consigo combatir la poligamia, que es incompatible con la unidad del matrimonio; el divorcio, que separa lo que Dios ha unido; el rechazo de la fecundidad, que priva a la vida conyugal de su don más excelente, los hijos; y la equiparación del matrimonio a otras uniones que nunca lo podrán ser, como las uniones entre personas del mismo sexo o con transexuales (GS 50, 1; Cat. 1664; AL 246.251).

Además, los pastores deberán acompañar a los esposos para que formen verdaderos hogares cristianos donde los hijos reciban el primer anuncio de la fe. Sólo así la casa familiar puede ser llamada justamente «Iglesia doméstica», comunidad de gracia y de oración, escuela de virtudes humanas y de caridad cristiana (Cat. 1666; AL 318.324).

Contraer un nuevo matrimonio por parte de los divorciados mientras viven sus cónyuges legítimos contradice el plan y la ley de Dios enseñados por Cristo. Los que viven en esta situación no están separados de la Iglesia, pero, como ya vimos en su momento, en principio no pueden acceder a la comunión eucarística, aunque puedan ciertamente vivir su vida cristiana en los otros ámbitos, sobre todo educando a sus hijos en la fe (Cat. 1665; AL 78.241-246).

1. *La necesaria preparación*

La preparación al matrimonio, a la vida conyugal y familiar, es de suma importancia para el bien de la Iglesia. De hecho, el sacramento del matrimonio posee gran valor para la entera comunidad cristiana y en primer lugar para los esposos; es tal su importancia que no puede dejarse a la improvisación o a decisiones apresuradas. Las etapas o momentos de dicha preparación no están definidos rígidamente, pero se habla generalmente de preparación remota, próxima e inmediata (PCF, *Preparación al sacramento del matrimonio* [13 de mayo de 1996], 1 y 21).

a) *Preparación remota*

La preparación remota abarca la infancia, la niñez y la adolescencia, y concluiría con el periodo de preparación de los que ya formalizaron un noviazgo. Se trata de un período de gran transcendencia, pues en él se forma el carácter, el dominio propio y la estima de sí mismo, el uso recto de las inclinaciones y el respeto a las personas del otro sexo. La meta de esta etapa es que cada fiel comprenda a fondo que, a la luz del amor de Dios, el amor humano asume un papel central en la ética cristiana, que la vida humana como vocación-misión está llamada al amor, el cual tiene su fuente y su fin en Dios (FC 66; EV 92; REP 16; PSM 25-27; AL 208-210).

Por este proceso educativo deben interesarse a fondo los catequistas, los animadores de pastoral juvenil y vocacional, y en especial los párrocos, que aprovecharán la ocasión de las homilías en las celebraciones litúrgicas, y de otras formas de evangelización, de encuentros personales, de itinerarios de compromiso cristiano, para subrayar y evidenciar los puntos que contribuyen a la preparación orientada a un posible matrimonio (PSM 30; AL 209).

b) *Preparación próxima*

La preparación próxima tiene lugar en el tiempo del noviazgo, destinada a hacer madurar ese amor inicial que se profesan los novios, con un acompañamiento cercano y testimonial. Se estructura en cursos específicos y se la distingue de la inmediata, que suele concentrarse en los últimos encuentros entre los novios y agentes pastorales antes de la celebración del sacramento. Es oportuno que durante la preparación próxima se ofrezca la posibilidad de verificar la madurez de los valores humanos propios de la relación de amistad y diálogo que caracterizan el noviazgo (PSM 32; AL 209-211).

Interesa más la calidad que la cantidad, y hay que dar prioridad –junto con un renovado anuncio del *kerygma*– a aquellos contenidos que, comunicados de manera atractiva y cordial, les ayuden a comprometerse en un camino de toda la vida, una «iniciación» al sacramento del matrimonio que les aporte los elementos necesarios para poder recibirlo con las mejores disposiciones y comenzar con cierta solidez la vida familiar (PSM 34-35; HV 9; AL 207).

Para esta preparación es preciso encontrar y formar debidamente agentes conscientes de esta misión de la Iglesia, especialmente parejas de esposos cristianos, entre los que no han de faltar, en la medida de lo posible, expertos en medicina, derecho y psicología, con un sacerdote, a fin de que estén debidamente preparados para realizar dicha misión (PSM 42; AL 204).

Puede realizarse el curso en cada parroquia si el número de novios es suficiente y si hay colaboradores preparados, o en las vicarías episcopales, los arciprestazgos u otras formas o estructuras de coordinación parroquial. A veces los pueden llevar a cabo los encargados de movimientos familiares, asociaciones o grupos apostólicos orientados por un sacerdote competente. Se trata de un campo que debería ser coordinado por un organismo diocesano que actúe en nombre del obispo (PSM 48).

c) *Preparación inmediata*

Son los llamados «cursos de preparación matrimonial», de gran utilidad pastoral, que no han de dispensarse si no es por causas graves. Cuando se presenten parejas con urgente inminencia de celebrar el matrimonio, el párroco y los colaboradores ofrecerán ocasiones para recuperar los conocimientos necesarios de los aspectos doctrinales, morales y sacramentales que han sido expuestos como específicos de la preparación próxima, e inserirlos en la fase de preparación inmediata. En todo caso, no se puede rechazar a aquellos que presentan una disposición adecuada a la fe y al sacramento, aunque les falte alguna etapa de la preparación (PSM 51; AL 212-216).

También se ha de preparar con ellos la liturgia del rito matrimonial de modo que incluya su participación activa, con especial cuidado del sacramento de la reconciliación. Generalmente, el celebrante tiene la oportunidad de dirigirse a una asamblea compuesta de personas que participan poco en la vida eclesial por lo que es de una ocasión excelente para anunciar el «evangelio de la familia». Es más conforme con el significado eclesial del sacramento el que este se celebre, siguiendo la norma, en la comunidad parroquial a la que pertenecen los esposos, pero no es una obligación estricta (c. 1115; PSM 54). Por último, se han de incentivar los coloquios con el párroco canónicamente previstos, para que haya un mayor conocimiento de cada uno (PSM 50 y 52-53; FC 67; AL 216).

Cuando la preparación se da a nivel parroquial, es conveniente que el párroco esté presente y dirija alguno de los encuentros (por ejemplo, cuando se trate la sacramentalidad del matrimonio), aunque la tarea se la haya encomendado a alguno de sus vicarios, un diácono o a responsables religiosos o laicos. A veces la preparación la imparten conjuntamente varias parroquias de la misma zona o a nivel de arciprestazgo; entonces le corresponderá al párroco indicar a los novios dónde pueden hacer el cursillo y qué compromisos deben cumplir.

La negativa a realizar esta preparación prematrimonial puede ser debida a múltiples causas, como el abandono de hecho de la fe católica o de la práctica religiosa, una deficiente madurez humana o una idea totalmente equivocada de lo que significa casarse por la Iglesia. En estos casos podría aplicarse el canon 1077 § 1 y diferir la celebración del matrimonio mientras la pareja se niegue a recibir esta formación prematrimonial, siempre que el ordinario del lugar haya establecido estos cursillos como obligatorios (c. 1064).

2. *Las investigaciones matrimoniales previas*

Los novios deben hacer la inscripción y reserva de fecha para celebrar su futuro matrimonio con suficiente antelación en la parroquia de domicilio (o cuasidomicilio) del novio o de la novia, o donde hayan residido durante un mes, o, en caso de que sean vagabundos, en la parroquia donde se encuentren (c. 1115). Este momento puede ser una buena ocasión para entregar a los novios un folleto en el que se explique los pasos que ellos deberán dar y que contenga además una breve catequesis sobre lo que es el sacramento del matrimonio, así como una motivación a prepararse convenientemente.

a) *El expediente matrimonial*

Antes de que se celebre el matrimonio debe constar que nada se opone a su celebración válida y lícita. Para ello, a la parroquia a la que le corresponde la celebración del matrimonio le incumbre realizar una investigación previa, es decir, la información o expediente matrimonial, según las normas establecidas por la conferencia episcopal, aunque el párroco haya autorizado el traslado para que se celebre el matrimonio en otra parte (cc. 1066-1067; ver *infra* Anexo 22).

En principio el párroco a quien corresponde asistir al matrimonio no debe delegar en otra persona la tarea de redactar las informaciones matrimoniales, pero si realiza las investigaciones alguien distinto a él, comunicará cuanto antes su resultado al mismo párroco, mediante documento auténtico. En ese caso, el párroco mantiene la obligación de tener al menos una entrevista con los novios antes del matrimonio, dialogando por separado y personalmente con ellos para asegurarse que piden la celebración libre, madura y responsablemente, sin presiones internas o externas, y con clara conciencia del compromiso sagrado e indisoluble que asumen (c. 1070).

Aunque las informaciones matrimoniales han de hacerse siempre, si el sacramento se celebra en peligro de muerte de uno de los contrayentes, no es indispensable hacer un expediente exhaustivo. Resultaría suficiente, a no ser que haya indicios en contra, con la declaración de los contrayentes, bajo juramento, de que están bautizados y libres de todo impedimento, añadiendo siempre los datos que los identifican y la libertad de consentimiento (cc. 1068 y 1079; véase un modelo en el Anexo 23).

Si hubiera que pedir dispensa de algún impedimento o licencia para celebrar algún matrimonio, el párroco hará la solicitud correspondiente al ordinario del lugar expresando las causas y consignará la dispensa o licencia en el lugar destinado a ello del expediente matrimonial. Cuando la dispensa la conceda el párroco, ya sea por tratarse de algún caso en el que está facultado por la ley, ya sea que proceda con delegación para ello, deberá dejar constancia de la dispensa por duplicado: un ejemplar quedará en el expediente y otro lo enviará a la curia diocesana.

b) *Las proclamas*

Las proclamas son el anuncio público de la celebración de la boda, que puede realizarse por medio de un edicto fijado en las puertas de la iglesia o en un lugar visible, por un plazo amplio (dos semanas), o, donde haya tradición, para ser leídas en las misas de al menos dos días de domingo. El fin es poner en conocimiento del Pueblo de Dios la celebración de la boda para que los fieles, que están obligados a manifestar al párroco o al ordinario del lugar los impedimentos de que tengan noticia, guardando la debida prudencia y discreción, puedan ayudar en esta investigación previa. La autoridad competente deberá comprobar la verdad de la denuncia y actuar en consecuencia (c. 1069).

c) *Los impedimentos*

El derecho a contraer matrimonio (*ius connubii*) es un derecho natural fundamental, anterior a cualquier ordenamiento civil o canónico. Su ejercicio, sin embargo, ha de ser regulado por la sociedad, puesto que no se reduce a un mero contrato privado que afecte sólo a los contrayentes, sino que tiene una indudable dimensión social en cuanto que afecta al mismo bien común. En el caso de la Iglesia con mayor motivo, porque contraído entre bautizados es además un sacramento. Por eso mismo cualquier limitación al ejercicio de este derecho debe estar plenamente justificada e interpretarse estrictamente (c. 18).

En el caso de la Iglesia estas limitaciones se denominan «impedimentos»: el impedimento dirimente es una ley que, en primer lugar, prohíbe a una determinada persona la celebración del matrimonio y, además, hace a la persona inhábil para contraerlo. Se considera público el impedimento que puede probarse en el fuero externo; en caso contrario es oculto (c. 1074). Compete de modo exclusivo a la autoridad suprema de la Iglesia establecer impedimentos y declarar auténticamente cuándo el derecho divino prohíbe o dirime el matrimonio (c. 1075), y queda reprobada cualquier costumbre que introduzca un impedimento nuevo o sea contraria a los impedimentos existentes (c. 1076).

En el momento de hacer el expediente con los novios el párroco debe tener presente la disciplina relativa a los impedimentos que la Iglesia señala para la válida celebración del matrimonio, de modo que si en el interrogatorio que se realiza a los novios o a los testigos se encontrara alguno, habrá que ver si es dispensable y pedir la dispensa a quien corresponda antes de proceder a celebrar el matrimonio; en caso de que no sea dispensable habrá que informar a los novios de la imposibilidad de celebrar el enlace (c. 1073-1076).

1) Los impedimentos que no se pueden dispensar nunca

a) *Consanguinidad* en línea recta en cualquier grado (a nadie se le permite casarse con un ascendiente o con un descendiente directo suyo: padres, hijos, nietos) y en segundo grado de línea colateral (no se permite nunca un matrimonio entre hermanos). Si existiera duda acerca de si los contrayentes pudieran ser hermanos o descendientes en línea recta uno del otro, nunca puede permitirse el matrimonio, mientras dicha duda no llegue a resolverse negativamente (c. 1091). Como este impedimento se basa en compartir el mismo origen biológico, no afectaría a personas que no descienden del semen o de los óvulos de sus padres, como podría ocurrir en algunos casos de inseminación o de fecundación in vitro.

b) *Impotencia*, es decir, imposibilidad de consumar la unión conyugal por parte de cualquiera de los cónyuges, antecedente (anterior a la celebración del matrimonio) y perpetua (que no puede curarse por medios ordinarios, sino extraordinarios ilícitos o peligrosos, médica o moralmente). Es indiferente que la impotencia sea absoluta (imposibilita a realizar la cópula con cualquier persona) o relativa (imposibilita con esta persona que tiene o le falta una determinada característica), así como que sea del varón o de la mujer, conocida o ignorada por una o ambas partes, pues la impotencia es una circunstancia objetiva que incapacita por sí misma (c. 1084 § 1). En caso de duda, no se debe impedir el matrimonio porque es un derecho fundamental.

La esterilidad, aunque es un obstáculo para ejercer el derecho a la maternidad o la paternidad, no es un impedimento (c. 1084 § 2). En este supuesto estarían también las mujeres a las que se les ha realizado una ligadura de trompas o los hombres con una vasectomía. La esterilidad por sí misma no invalida el matrimonio (c. 1084 § 3), a no ser que haya sido ocultada a propósito (c. 1098), o se haya puesto como condición (c. 1102), o como cualidad pretendida (c. 1097 § 2).

Quienes padecen algún tipo de parálisis que produzca impotencia no pueden contraer matrimonio, a no ser que haya alguna posibilidad cierta de que mejoren de la enfermedad en el futuro; pero mientras permanezca la duda no puede impedírseles que contraigan matrimonio.

Los transexuales sometidos a una intervención de reasignación sexual son radicalmente impotentes y, por tanto, incapaces de contraer matrimonio, pues no disponen de miembro apto para la cópula o de una vagina real. El hecho de la anotación registral civil no varía el presupuesto esencial del matrimonio, que es la diversidad sexual. La unión entre dos personas, una de ellas transexual, no responde al modelo de la alianza matrimonial que identifica como sujetos a un varón y a una mujer (c. 1055).

La duda acerca de la condición transexual de alguno de los contrayentes puede proceder de la apariencia externa, apreciada por el párroco de modo inmediato, de la fama más o menos extendida que rodea a la persona, o del testimonio de personas prudentes. El párroco pondrá tales casos en conocimiento del ordinario, que prohibirá la celebración del matrimonio hasta que cuente con elementos de prueba suficientes para levantar la prohibición.

En el caso de que, una vez celebrado el matrimonio, se descubra que uno de los cónyuges es transexual, se debe proceder a la introducción de la causa para la solicitud de la declaración de nulidad del matrimonio (ce. 1674-1675).

c) *Vínculo matrimonial previo*, aunque no haya sido consumado, mientras no haya muerto uno de los cónyuges, haya sido declarado nulo o disuelto por la autoridad competente. Se funda en la propiedad esencial de la unidad: el matrimonio es monógamo por el mismo derecho natural (c. 1056). Estarían en este supuesto todos los matrimonios que hayan sido contraídos válidamente a tenor de la legislación a la que estén sujetos los contrayentes, sea religiosa o civil (c. 1085). Algunos casos en concreto:

- Casados canónicamente y divorciados civilmente. Para que puedan otra vez contraer matrimonio es necesaria la nulidad o disolución del matrimonio canónico.
- Casado canónicamente y civilmente con declaración de nulidad o disuelto en favor de la fe. Para quedar soltero tiene dos posibilidades: reconocer efectos civiles de la sentencia eclesiástica (donde así lo permita la legislación civil) o la obtención del divorcio.
- Parte bautizada católica que se ha casado con una parte bautizada no católica, delante de un ministro católico, o de un ministro no católico con dispensa de la forma canónica (un católico que se casa con una anglicana en una iglesia anglicana, con la dispensa de la forma). Necesitaría la declaración de nulidad.
- En el caso de dos cristianos no católicos que se han casado varias veces y después se quieren casar con un católico, deben declararse disueltos todos los matrimonios anteriores.
- Dos no bautizados que han contraído matrimonio según las leyes a las que están obligados, ante un ministro religioso o un oficiante civil (dos musulmanes que se han casado según la ley islámica, o dos ateos que se han casado por lo civil). Será preciso disolver el matrimonio previo.

2) Los impedimentos que sólo puede dispensar la Santa Sede

En la actual legislación, queda exclusivamente reservada a la Sede Apostólica la dispensa de los impedimentos surgidos de las siguientes situaciones (c. 1078 § 2):

a) *Las sagradas órdenes del diaconado, presbiterado o episcopado* (c. 1087). El impedimento cesa por intervención de la Santa Sede: declarando nula la ordenación (c. 290, 1.º) o dispensándole del celibato. La concesión de la secularización por rescripto (c. 290, 3.º) así como la expulsión del estado clerical no conllevan automáticamente la dispensa de la obligación del celibato, aunque se suele conceder al mismo tiempo (c. 291). El impedimento también afecta a los diáconos permanentes casados que, después de enviudar, desean contraer un nuevo matrimonio. En este caso, se suele conceder la dispensa siempre que haya niños que necesiten una madre, padres o suegros mayores necesitados de cuidados o que el ministerio ejercido por el diácono sea de gran utilidad para la diócesis.

b) *El voto público perpetuo de castidad* emitido en un instituto religioso de derecho pontificio. No entran en este supuesto ni los miembros de los institutos seculares, ni de las sociedades de vida apostólica, ni los eremitas o anacoretas, ni las vírgenes consagradas, ni quienes han emitido votos privados, ni los religiosos que sólo han emitido votos temporales, aunque en este último caso sería gravemente ilícito (c. 1088). La transgresión de este impedimento está penalizada con la expulsión del instituto y la pena de entredicho automático (cc. 694 y 695).

c) *El crimen* por el que alguien, con el fin de contraer matrimonio con una determinada persona, causa la muerte del cónyuge de ella o de su propio cónyuge, sea conyugicidio individual o de común acuerdo, lo conozca, lo ignore o incluso se oponga la otra parte. En este caso difícilmente se concede la dispensa, en particular si es públicamente conocido (c. 1090).

3) Los impedimentos que puede dispensar el ordinario del lugar

El ordinario del lugar, en circunstancias normales, puede dispensar de todos los impedimentos de derecho eclesiástico no expresamente reservados a la Sede Apostólica. En peligro de muerte –entendido éste como el estado de la persona en el que resulta verdadera, igual y gravemente probable que muera o que sobreviva– puede dispensar de todos los impedimentos de derecho eclesiástico, incluso reservados a la Santa Sede –salvo el surgido del orden del presbiterado– así como de la forma canónica. Los sujetos pasivos sobre los que se puede ejercer tal potestad son los súbditos propios allí donde se encuentren, y los que se encuentran de hecho residiendo en su propio territorio (cc. 1078 § 1 y 1079 § 1).

En concreto, estos impedimentos son (cf. Anexo 24):

a) *La edad* establecida para la validez: una mujer no puede casarse antes de los 14 años ni un varón antes de los 16 años. Para la licitud, las conferencias episcopales pueden establecer una edad mayor (generalmente, la marcada por la ley civil del lugar), con lo que habría que pedir dispensa judicial antes de proceder al matrimonio canónico si este tuviera efectos civiles (c. 1083).

b) *Disparidad de cultos*: es el matrimonio en el que una de las dos personas contrayentes fue bautizada en la Iglesia católica o recibida en su seno y la otra no está bautizada (c. 1086). Este matrimonio es considerado por la Iglesia válido, pero no sacramental, y no goza, por tanto, del carácter de absoluta indisolubilidad; por ello puede ser disuelto por el Romano Pontífice en favor de la fe. Este impedimento se puede dispensar siempre que se cumplan las condiciones indicadas en los cánones 1125 y 1126 (cf. Anexo 25). En cuanto a la celebración se contemplan las dos posibilidades: celebración canónica ordinaria y dispensa de la forma (c. 1127). Si no se tiene certeza de la validez del bautismo de una parte conviene pedir la dispensa *ad cautelam* de este impedimento.

Cuando se trata del matrimonio de una parte católica con una musulmana, dadas las importantes diferencias que existen en la concepción del matrimonio, algunas conferencias episcopales se han visto en la necesidad de establecer normas especiales para su celebración. En todo caso, las declaraciones han de ser muy concretas y explícitas y se pueden incluir textos de la tradición musulmana en la celebración (cf. Anexo 26).

c) *El voto público* perpetuo de castidad emitido en un instituto religioso de derecho diocesano (c. 1088).

d) *El rapto* o retención de la mujer con la intención de forzarla a contraer matrimonio –realizado por el varón mismo o por otros mandados por él–, a no ser que después la mujer, separada del raptor y hallándose en lugar seguro y libre, elija voluntariamente el matrimonio. No se suele dispensar, puesto que lo que debe hacerse es dejar en libertad a la mujer; así, al cesar el rapto o la retención violenta, cesa el impedimento (c. 1089).

e) *Impedimentos por parentesco*:

- *Consanguinidad* de tercer grado en línea colateral (tíos-sobrinos) y hasta de cuarto grado (primos hermanos o tíos-abuelos con sobrinos-nietos). Recordemos que nunca debe permitirse el matrimonio cuando subsistan dudas sobre si las partes son consanguíneas en algún grado de línea recta o en segundo grado de línea colateral (c. 1091).
- *Afinidad* es la relación que surge del matrimonio válido, consumado o no. El impedimento existe entre el varón y los consanguíneos de la mujer y viceversa, entre uno de los esposos y la familia del otro –no entre los parientes de uno y otro–, en cualquier grado en línea recta, nunca colateral, como serían los casos de padrastro e hijastra, suegra y yerno, madrastra e hijastro, o suegro y nuera (c. 1092).
- *Pública honestidad* que surge del matrimonio inválido –declarado así por la autoridad competente– después de instaurada la vida en común, o del concubinato notorio o público, como sería el caso de las parejas de hecho o de los matrimonios meramente civiles, aunque estos ya no sean equiparados por la Iglesia al concubinato (FC 79-84). El impedimento surge del establecimiento de la vida en común de aquellos que, obligados a la forma canónica de la celebración, atentaron matrimonio frente a un funcionario civil o un ministro acatólico (CCEO c. 810 § 1, 3.º); dirime el matrimonio sólo en el primer grado de línea recta entre el varón y las consanguíneas de la mujer y viceversa. Así, no se puede contraer matrimonio con el padre o la madre del o de la conviviente ni con los hijos o hijas de él o ella (c. 1093).
- *Parentesco legal* que nace de la familiaridad que existe entre personas que tienen relación por adopción; se da entre el adoptado y sus padres adoptivos o sus hermanos adoptivos (c. 1094). No se da entre otras formas como el tutelaje, la curatela, la guarda, el acogimiento familiar, etc. Para evitar problemas habrá que considerar la legislación civil en lo referente a la constitución civil de la adopción.

4) Los impedimentos que puede dispensar el párroco o el asistente al matrimonio

En situaciones ordinarias el párroco no puede dispensar de ningún impedimento, por lo que, como norma general, deberá recurrir al ordinario del lugar. Pero hay dos casos en los que el derecho le autoriza a dispensar (cf. Anexo 27):

a) En peligro de muerte –recordemos nuevamente que se entiende como tal el estado de la persona en el que resulta verdadera, igual y gravemente probable que muera o que sobreviva–, y no pudiéndose dirigir en persona al ordinario del lugar (aunque pudiera hacerse por teléfono, telégrafo o internet), el ministro sagrado que asiste al matrimonio, sea el párroco u otro sacerdote o diácono debidamente delegado (salvo que una parte sea oriental), goza de la facultad de dispensar de todos los impedimentos de derecho eclesiástico salvo el del orden del presbiterado (c. 1079 § 2 y 4; cf. *infra* Anexo 28).

b) En el llamado caso perplejo, es decir, cuando se descubre el impedimento estando ya todo preparado para la celebración de la boda, ésta no se puede diferir sin probable peligro de un mal grave y no se puede pedir la dispensa al ordinario del lugar por los medios ordinarios, el mismo ministro sagrado asistente puede dispensar de todos los impedimentos de derecho eclesiástico, exceptuando el impedimento nacido de las sagradas órdenes o del voto público perpetuo de castidad emitido en un Instituto religioso de derecho pontificio, con tal de que dichos impedimentos sean ocultos (c. 1080 § 1). La dispensa concedida para el fuero externo la debe comunicar cuanto antes al ordinario del lugar y anotarla en el libro parroquial de matrimonios (c. 1081).

5) Los impedimentos que puede dispensar el confesor

Al confesor se le concede la facultad de dispensar de los impedimentos en el fuero interno sacramental (durante el acto mismo de la confesión) o extra sacramental (en un diálogo espiritual) si existe una situación de peligro de muerte o de caso perplejo (cc. 1079 y 1080 § 1), sólo para los impedimentos de derecho eclesiástico ocultos (salvo el orden del presbiterado). La dispensa otorgada para el fuero interno no sacramental se inscribirá en el libro que se debe guardar en el archivo secreto de la curia diocesana y no es necesaria otra dispensa para el fuero externo si el impedimento oculto se hace público. La dispensa dada por el fuero interno sacramental no se debe anotar en ninguna parte y es necesaria una nueva dispensa para el fuero externo si se divulgase el impedimento (c. 1082).

d) *El consentimiento matrimonial*

La constitución válida del matrimonio se produce por el intercambio del consentimiento matrimonial entre un varón y una mujer, legítimamente hábiles y manifestado de forma pública. Este consentimiento es un acto de la voluntad por el que los esposos se entregan como alianza irrevocable para construir el matrimonio. Por tanto, cuando este consentimiento es válido existe el matrimonio; cuando falta, no hay matrimonio (c. 1057; GS 48 y 57).

El objeto de consentimiento es la constitución del matrimonio mismo, con sus elementos esenciales o constitutivos (c. 1055). El consentimiento es un acto humano que procede de la inteligencia y de la voluntad, por lo que precisa del debido conocimiento o uso de razón –facultad congnoscitiva o intelectiva–, de la debida voluntad –acto íntimo por el que real, positiva y libremente se actúa– y de la intención determinada de obrar (c. 124 § 1).

Aunque el matrimonio se hubiera contraído inválidamente por razón de un impedimento o defecto de forma, se presume que el consentimiento prestado persevera, mientras no conste su revocación. Se reafirma de este modo la irrevocabilidad del consentimiento matrimonial una vez prestado válidamente, ya que se trata de un hecho permanente que no necesita ser renovado o actualizado constantemente (c. 1107).

El párroco debe cuidar, pues, que las personas que van a contraer matrimonio sean capaces, en el momento del consentimiento, de instaurar los elementos sustanciales que configuran el matrimonio como consorcio de toda la vida, ordenado al bien de los cónyuges y la generación y educación de la prole, y que no estén afectadas de algún defecto o vicio del consentimiento (c. 1055). Los defectos del consentimiento son aquellos que hacen los actos inexistentes por incapacidad del sujeto o del objeto; los vicios son los que provocan actos inválidos. En ambos casos el matrimonio sería nulo. En concreto:

1. *La carencia de suficiente uso de razón* (c. 1095, 1.º), que impide comprender qué es el matrimonio; dado que puede tener diversas causas, será necesario acudir a los especialistas psicólogos o psiquiatras. Esta carencia va generalmente asociada a enfermedades tales como las demencias o a un bajo cociente intelectual, pero también puede deberse a situaciones transitorias como la embriaguez o el hecho de estar bajo el efecto de las drogas. Entre los alcohólicos habrá que distinguir si son sociales o crónicos y ver cómo influye en la persona; en los casos de drogadicción es necesario examinar el grado de repercusión en el consentimiento, aunque desgraciadamente muchas de estas situaciones son irrecuperables, incluso después de haberse sometido a tratamientos de desintoxicación. No importa si la incapacidad es permanente o transitoria, ni si se dio el consentimiento en un intervalo de lucidez, porque se considera que quien habitualmente carece del uso de razón no puede dar un consentimiento válido (cf. c. 1233).

2. *Grave defecto de discreción de juicio* (c. 1095, 2.º): no consiste sólo en entender qué es el matrimonio, sino que ha de existir la capacidad de valorar, estimar críticamente a qué lleva tal compromiso, contraído aquí y ahora y con esta persona. Versa, por tanto, sobre los derechos y obligaciones que mutuamente se deben entregar y aceptar los esposos. No es preciso que carezcan totalmente de esta capacidad, sino que haya un «grave defecto».

Existen causas o trastornos transitorios que lo pueden provocar, como la inmadurez en sentido de adolescencia –y también de senectud–, caracterizada por la irresponsabilidad de la persona, o situaciones especiales como traumas, embarazo no deseado, carácter débil, etc., que pueden arrastrar a la persona al matrimonio.

Pero también puede deberse a trastornos mentales graves que suponen una alteración permanente de la persona, una gran discapacidad y disfunción social y que fácilmente pueden ser diagnosticados por un especialista, como pueden ser los trastornos paranoides, esquizofrénicos, esquizotípicos, delirantes persistentes o inducidos, esquizoafectivos, trastorno bipolar, episodio depresivo grave con síntomas psicóticos, o trastornos depresivos graves recurrentes. Los casos más problemáticos serán los de aquellas personas que están en el límite de la normalidad («borderline»), ya que resulta difícil determinar cuándo su estado realmente les incapacita para contraer matrimonio.

3. *Incapacidad para asumir las obligaciones esenciales del matrimonio* (c. 1095, 3.º). En este caso, el contrayente goza de suficiente uso de razón y de la necesaria discreción de juicio, pero, por causas enraizadas en su persona, es incapaz de asumir el objeto del consentimiento y cumplir, por tanto, sus obligaciones. Ha de tratarse siempre de una verdadera imposibilidad, no de una mera dificultad, y existir en el momento de prestar el consentimiento, aunque se manifieste después. Las causas de esta incapacidad son psíquicas, relacionadas generalmente con los llamados «trastornos de la personalidad», los cuales repercuten gravemente en la vida matrimonial. Entre estos trastornos estarían el antisocial, el trastorno límite de la personalidad, el histriónico, el narcisista, el trastorno por evitación, el dependiente, el obsesivo compulsivo.

Si se da alguno de estos tres supuestos del canon 1029, el encargado de hacer el expediente, generalmente el párroco, tiene la obligación de explicar a los novios cuál es la legislación de la Iglesia al respecto y no debe permitir la celebración del matrimonio. Pero como se trata de un derecho fundamental de la persona, para prohibirlo deberá haber constancia clara de la enfermedad, como puede ser el hecho de haber estado internado en un centro terapéutico, o por un informe de un especialista médico, psicólogo o psiquiatra.

4. *La ignorancia de la naturaleza del matrimonio.* Para que pueda haber consentimiento matrimonial, es necesario que los contrayentes no ignoren al menos que el matrimonio es un consorcio permanente –unión estable, duradera– entre un varón y una mujer –heterosexual, no homosexual–, ordenado a la procreación de la prole mediante cierta cooperación sexual. Esta ignorancia no se presume después de la pubertad –doce años en la mujer y catorce en el hombre– (c. 1096).

5. *El error.* Es un juicio positivo, objetivo, pero falso sobre una cosa. Es un acto propio de la facultad intelectiva que siempre afecta a la volitiva, limitando la libertad de quien lo padece. El error tiene que ser antecedente, es decir, debe provocar la decisión de la voluntad, para que sea invalidante (c. 126). En el caso del consentimiento matrimonial nos encontramos con cuatro tipos de error:

- Error acerca de la persona del otro contrayente: cuando uno decide casarse con una persona determinada y, por error, lo hace con otra distinta de ella (c. 1097 § 1); se trata de un error sustancial, pues afecta al mismo objeto del consentimiento.
- El error sobre una cualidad importante de la persona –no frívola ni banal– pretendida directa y principalmente en el otro cónyuge, y que, por tanto, pasa a formar parte del objeto del consentimiento (c. 1097 § 2).
- El dolo, por el cual alguien contrae matrimonio engañado deliberadamente para obtener su consentimiento, y es engañado acerca de una cualidad del otro contrayente que por su naturaleza puede perturbar gravemente el consorcio de la vida conyugal, como serían ocultar la esterilidad, un falso embarazo o producido por otro, una enfermedad grave, trastornos psíquicos, antecedentes inmorales, religión... (c. 1098); resulta indiferente que el dolo haya sido perpetrado directamente por el interesado o a través de terceras personas.
- El error de derecho sobre las propiedades esenciales del matrimonio –la unidad, la indisolubilidad o el carácter sacramental del matrimonio (cc. 1055-1056)–, con tal de que determine a la voluntad; es decir, cuando la idea errónea sobre el matrimonio está tan arraigada en la persona que le determina a actuar en esa dirección concreta viciando el consentimiento (c. 1099).

6. *La exclusión o simulación del consentimiento*, que consiste en la discrepancia entre lo externamente manifestado y lo real e internamente querido. En principio se presume que las palabras con las que la persona manifiesta el consentimiento están conformes con el contenido de la voluntad. No invalidaría el consentimiento, por tanto, una voluntad genérica, una actitud de inercia, un vago deseo o una opinión, sino que debe haber un acto positivo de la voluntad que elimine el consentimiento. Existen dos supuestos (c. 1101):

– Se daría exclusión total si uno de los contrayentes, o ambos, excluye, con un acto positivo de la voluntad, el matrimonio mismo, como ocurriría cuando alguien no desea casarse y simplemente se deja llevar, o en el llamado «matrimonio de conveniencia».
– Habría simulación parcial cuando, teniendo intención real de contraer matrimonio, ese matrimonio está configurado al antojo y capricho del que simula, excluyendo o simulando un elemento o una propiedad esenciales del matrimonio, como sucedería si una de las partes rechazara el tener hijos para siempre, la obligación esencial de observar la fidelidad conyugal o la indisolubilidad del matrimonio.

7. *La condición*. Es la circunstancia extrínseca al acto jurídico, añadida por la voluntad de la persona, y de la que hace depender su eficacia, de tal modo que queda como en suspenso durante un tiempo futuro e incierto. No se puede contraer válidamente matrimonio bajo condición de futuro (por ejemplo, me caso contigo siempre que consigas titularte como médico). Sin embargo, el matrimonio contraído bajo condición de pasado o de presente es válido, o no, según que se verifique, o no, aquello que es objeto de la condición (por ejemplo, me caso contigo siempre que el hijo que vas a tener sea mío). Una condición de este tipo no puede ser puesta lícitamente si no es con el permiso del ordinario del lugar (c. 1102).

8. *La violencia o fuerza física y miedo grave* provenientes de una causa externa, incluso no inferidos con miras al matrimonio, para librarse de los cuales alguien se vea obligado a casarse. En el caso de la violencia es claro: el acto del matrimonio sería siempre inválido porque el consentimiento no sería de la persona que lo realiza materialmente sino del autor de la fuerza física o violencia. El miedo produce en la persona un estado de turbación tal que le impide actuar con plena libertad; si es grave y anterior al matrimonio, y causa de éste, entonces lo invalidaría. Pero no hay que mirar sólo la amenaza que produce miedo, sino la repercusión real que tiene en la persona,

ya que un mal leve puede producir miedo grave a una persona en concreto, lo que sucede en ocasiones con el llamado «miedo reverencial» –por ejemplo, a los padres–; en este caso, se debe dar una vinculación especial entre la persona que padece el miedo y la que amenaza: si no hace lo que se espera de él, va a caer en la indignidad, o perderá el cariño, la amistad, el amor de los suyos (c. 1103).

e) *La presencia de los contrayentes y el matrimonio por procurador*

Para contraer válidamente matrimonio es necesario que ambos contrayentes se hallen simultáneamente presentes en un mismo lugar, o por medio de un procurador, y expresen el consentimiento matrimonial con palabras o, en caso de que no puedan hablar, con signos equivalentes (c. 1104). Si el matrimonio se celebra entre católicos orientales, hemos de recordar que no se admite la presencia de los contrayentes por medio de un procurador, sino que se exige siempre presencia física (CCEO c. 837 § 1).

Para contraer válidamente matrimonio por procurador (llamado también «por poderes») se requiere que se haya dado mandato especial para contraer con una persona determinada, que el procurador haya sido designado por el mandante y que desempeñe personalmente esa función. El mandato ha de ser firmado por el mandante y, además, por el párroco o el ordinario del lugar donde se da el mandato, o por un sacerdote delegado por uno de ellos, o al menos por dos testigos, o que se haga mediante documento auténtico a tenor del derecho civil. Si el mandante no puede escribir, se ha de hacer constar esta circunstancia en el mandato, y se añadirá otro testigo, que debe firmar también el escrito. Si el mandante, antes de que el procurador haya contraído en su nombre, revoca el mandato o cae en amencia, el matrimonio es inválido, aunque el procurador o el otro contrayente lo ignoren (c. 1105).

Para celebrar lícitamente el matrimonio por procurador se requiere, salvo en caso de urgencia, la licencia del ordinario del lugar, quien deberá proceder con la máxima cautela en la concesión de dicha autorización (c. 1071, 7.º). No se deberá conceder la autorización en los lugares donde por el derecho civil está prohibido o es desconocido.

El matrimonio puede contraerse, además, mediante intérprete, pero el párroco no debe asistir dicho matrimonio si no le consta la fidelidad del intérprete. El único requisito es que conste la honradez y veracidad del intérprete al efectuar la traducción (c. 1106).

f) *Casos que merecen una especial orientación*

Se dan algunos casos que merecen una especial atención por parte del párroco, con el fin de prevenir que en el futuro la unión fracase o incluso que la misma celebración resulte nula. Cuando se recomiende diferir la celebración del matrimonio, el párroco deberá utilizar los medios que considere más eficaces para el seguimiento posterior de los novios:

- Si el párroco considera que los novios son demasiado jóvenes o inmaduros, deberá disuadirlos de celebrar el matrimonio, orientándolos para que se preparen mejor.
- A quienes viven en pareja de hecho o a los católicos unidos con matrimonio meramente civil, el párroco los sondeará con gran caridad para conocer su situación real y el motivo que tuvieron para no casarse en su momento por la Iglesia, así como los nuevos motivos que tienen ahora para solicitarlo, y los invitará a prepararse para recibir el sacramento.
- Tampoco hay que precipitarse cuando la mujer está embarazada, sobre todo si es muy joven, asegurándose de que no accede forzada por presiones de terceras personas. Cuando se ve que el motivo para casarse es la espera de un hijo, y no se ve real libertad ni condiciones humanas ni religiosas para realizarlo, debe diferirse el matrimonio, e invitar a la pareja a tener a su hijo y a educarlo responsablemente.
- También es importante tener en cuenta los problemas que pueden dificultar seriamente la vida matrimonial: padecimientos de índole psicológica y psiquiátrica de alguno de los cónyuges, síntomas de alcoholismo o de adicción a las drogas, inestabilidad laboral habitual... En estos casos se hace necesario que el párroco haga un discernimiento sobre si existe realmente libertad, responsabilidad y madurez suficientes para contraer matrimonio. Si faltaran, tiene la obligación de informar a los novios acerca de las consecuencias negativas que pueden acarrearles en el futuro, invitándolos a remediar una situación que puede derivar en el fracaso de la convivencia.
- Es cada vez más frecuente el caso de novios bautizados que ya no tienen fe o cuya fe es dudosa: el párroco debe asegurarse de que la petición sea sincera, que quieran contraer el matrimonio católico, con sus fines y propiedades, y se comprometan a educar a sus hijos en la fe. En caso afirmativo se los preparará para el matrimonio y se iniciará con ellos un diálogo con vistas a una posible evangelización. En caso negativo, se diferirá la celebración. Si es sólo una de las partes la que no acepta la preparación, pero sí el matrimonio, y la otra parte está dispuesta a asumir el proceso de evangelización, no se ha de negar la celebración.

g) *Matrimonios especiales que precisan licencia del ordinario*

Excepto en caso de necesidad, el párroco deberá pedir licencia al ordinario del lugar cuando se trate de matrimonios especiales, como son: el matrimonio de vagabundos (entendiendo por tales las personas sin domicilio ni cuasidomicilio alguno); el matrimonio que no puede ser reconocido o celebrado según la ley civil; el matrimonio de quien esté sujeto a obligaciones naturales nacidas de una unión precedente, hacia la otra parte o hacia los hijos de dicha unión; el matrimonio de quien esté incurso en una censura o sanción eclesiástica grave; el matrimonio de un menor de edad, si sus padres lo ignoran o se oponen razonablemente; y el matrimonio por procurador (c. 1071 § 1).

El mismo ordinario del lugar es quien puede dar licencia para celebrar un matrimonio mixto, o el de un católico que se casa con alguien que, habiendo sido católico, haya abandonado notoriamente la fe (cc. 1124; 1071 § 2). El mismo ordinario puede dispensar de la forma canónica y especificar otro lugar distinto a una iglesia para su celebración (c. 1127 § 2 y 1118). Se suele exigir también licencia cuando el contrayente tiene un veto judicial impuesto en una sentencia de nulidad matrimonial.

h) *Documentación necesaria*

Por lo que se refiere a documentos, hay que solicitar a los contrayentes lo siguiente:

- La partida de bautismo, original y no fotocopia, emitida dentro de un plazo máximo de seis meses. Si alguno de los cónyuges estuviese bautizado en otra diócesis, la partida de bautismo ha de estar legalizada, es decir, reconocida por el obispado de aquella diócesis. Si no se pudiera verificar documentalmente el bautismo de alguno de los contrayentes, se procederá a la declaración de un testigo inmune de toda sospecha, o al juramento del mismo bautizado, si recibió el sacramento siendo ya adulto (c. 876).
- Partida de nacimiento o fotocopia del libro de familia.
- Fotocopia del documento de identidad aprobado en el país.
- Eventualmente se puede necesitar también el certificado de defunción del cónyuge anterior, o declaración de muerte presunta, en cuyo caso habrá que recurrir al ordinario para que acepte la declaración civil como suficientemente probatoria (c. 1707).
- Documento sobre nulidad o disolución del matrimonio anterior.

3. *La celebración del matrimonio*

La Iglesia latina establece que se observe la forma canónica si al menos uno de los contrayentes fue bautizado o recibido en la Iglesia católica y no se ha apartado de esta por un acto formal. La forma canónica es necesaria aun en los casos en que los contrayentes no sean católicos practicantes, y por tanto no se puede dispensar, de tal manera que la dispensa de la forma canónica entre dos católicos ha quedado reservada a la Sede Apostólica –también al patriarca para los orientales– y no se concede si no es por una causa gravísima (c. 1117; AAS 77 [1985] 771; CCEO c. 835).

Salvo en caso de necesidad, en la celebración del matrimonio se deben observar los ritos prescritos en los libros litúrgicos aprobados por la Iglesia o introducidos por costumbres legítimas, quedando en pie la ley según la cual quien asiste al matrimonio, estando personalmente presente, debe pedir y recibir la manifestación del consentimiento de los contrayentes (cc. 1119-1120).

Generalmente, la celebración del matrimonio entre dos católicos se realizará dentro de la misa; pero si la práctica religiosa de los contrayentes es nula o escasa, quizás resulte más coherente y auténtico celebrarlo simplemente en una liturgia de la Palabra. Algunas diócesis han implantado esta práctica debido, en no pocos casos, a la escasez de sacerdotes y a la multiplicación de bodas en ciertos templos, de modo que la boda no se celebra con misa a no ser que los novios lo soliciten con fundamento. El párroco, atendiendo tanto a las necesidades pastorales como al modo en que los novios o los asistentes participan en la vida de la Iglesia, juzgará si es mejor proponer la celebración del matrimonio dentro o fuera de la misa (SC 78; RM 29).

a) *La preparación de la celebración*

Para que reciban fructuosamente el sacramento del matrimonio, se recomienda de manera encarecida que los contrayentes acudan previamente a los sacramentos de la penitencia y de la santísima eucaristía (c. 1065 § 2).

Quienes toman parte activa en la acción litúrgica –padres, «padrinos» y testigos– han de ser invitados también a prepararse debidamente con dichos sacramentos, ya que esas personas no sólo son garantes de un acto jurídico, sino que, en cierto modo, también representan a la comunidad cristiana.

El ministro que asistirá al matrimonio deberá preparar cuidadosamente la celebración y, en cuanto sea posible, con los novios, escogiendo junto a ellos las lecturas, la fórmula del consentimiento, la bendición de los anillos, la bendición nupcial o los cantos. A este respecto, los cantos o piezas musicales que se seleccionen para la celebración han de ser adecuados al rito del matrimonio y expresar la fe de la Iglesia. No son apropiadas las músicas folklóricas, aunque tengan letras «adaptadas», ni las canciones profanas, aunque hablen del amor (RM 29-30). Para evitar conflictos innecesarios, se podría tolerar el uso canciones o piezas musicales profanas antes de iniciar la celebración (en la entrada de los novios) o una vez terminada (durante las firmas), siempre que no disuenen con el lugar sagrado.

Asimismo, se habrá de ordenar convenientemente el adorno de la iglesia, sin extravagancias ni ostentación, así como la presencia de fotógrafos y cámaras para evitar que perturben el ambiente religioso, y exigir un clima de silencio durante la ceremonia. No estaría de más que el párroco trate estos temas con los mismos novios en la etapa de preparación, para que se hagan sensibles a las necesidades de los más desfavorecidos y no se convierta la celebración en un espectáculo o en un derroche innecesario. En no pocas diócesis ya existen directorios que regulan estos aspectos. A ellos se ha de remitir el párroco.

Si han de celebrarse comunitariamente varios matrimonios, debe informarse previamente a los novios, evitando situaciones que engendren malestar para los futuros esposos. Cuando así suceda, el interrogatorio antes del consentimiento (escrutinio), el mismo consentimiento y la aceptación del consentimiento se harán siempre en singular para cada matrimonio; lo demás, sin excluir la misma bendición nupcial, se dirá una sola vez en plural para todos (RM 62).

b) *El tiempo de la celebración*

Normalmente, se puede celebrar el matrimonio cualquier día de la semana, si bien algunas diócesis no lo autorizan en domingo. En cualquier caso, está prohibido durante el Triduo pascual. Si se celebra el matrimonio en tiempo de Cuaresma, el párroco deberá advertir a los esposos que tengan en cuenta la naturaleza peculiar penitencial de ese día; si se celebra en alguna solemnidad, se han de utilizar las lecturas del día, lo mismo que si se celebra en un domingo con participación de la comunidad parroquial (RM 32 y 34).

c) *El lugar de la celebración*

Los matrimonios se han de celebrar en la parroquia donde uno de los contrayentes tiene su domicilio o cuasidomicilio o ha residido durante un mes, o, si se trata de vagabundos, en la parroquia donde se encuentran en ese momento. Si los novios desean celebrar el matrimonio en otra parroquia, deberán contar con licencia del ordinario del lugar o del párroco propio (c. 1115).

El templo parroquial es el lugar más indicado, aunque también puede ser otra iglesia u oratorio, con autorización del párroco (por ejemplo, una ermita, la capilla de unas religiosas o de un colegio), o incluso otro lugar conveniente, en este caso con permiso del ordinario del lugar, no del párroco (por ejemplo, al aire libre, en un salón de recepciones o en una casa particular). Se han de seguir fielmente las directrices diocesanas y evitar en lo posible las excepciones que, de haberlas, tendrán que estar muy bien justificadas, no por esnobismo o boato (c. 1118).

La ornamentación de la iglesia debe expresar el carácter festivo de la celebración, pero de la forma más sencilla posible, evitando discriminaciones sociales o económicas, o una competencia absolutamente ajena al espíritu de la celebración (RM 31).

d) *La forma de la celebración*

Sólo son válidos los matrimonios que se contraen ante el ordinario del lugar o el párroco, o un sacerdote o diácono delegado por uno de ellos para que asista como testigo cualificado, y ante dos testigos ordinarios; pero solo el sacerdote asiste válidamente al matrimonio entre dos partes orientales o entre una parte latina y una parte oriental católica o no católica. Asiste al matrimonio sólo aquel que, estando presente, pide la manifestación del consentimiento de los contrayentes y la recibe en nombre de la Iglesia (c. 1108).

Si se trata de asistir lícita y válidamente un matrimonio durante un viaje marítimo, el capellán del barco deberá recibir la delegación del ordinario o del párroco de la parroquia en la que una u otra parte contrayente tengan su domicilio o cuasidomicilio o la residencia prolongada durante un mes, o bien, si se tratara de vagos y errantes, de la parroquia del puerto donde hubieran tomado el barco. El capellán tiene la obligación de dar traslado al delegante de los datos de la celebración, a efectos del libro de matrimonios y de bautismo (Juan Pablo II, const. ap. *Stela Maris* [31 de enero de 1997] n. VII § 3).

El ordinario del lugar y el párroco tienen, por lo tanto, facultad ordinaria para asistir matrimonios válidamente en su territorio –no sólo de los súbditos, sino también de los que no son súbditos con tal de que uno de ellos sea de rito latino–, mientras no estén excomulgados, en entredicho o suspendidos del oficio, o declarados tales. El ordinario y el párroco personales, sin embargo, sólo asisten válidamente al matrimonio de aquellas parejas en las que uno al menos es súbdito suyo, y de forma cumulativa con el ordinario del lugar y del párroco territorial (cc. 1109-1110). La misma norma vale para cualquiera de los sacerdotes del equipo *in solidum*, el cuasi párroco, el administrador parroquial, el vicario parroquial suplente en sede vacante o impedida (cc. 516 y 539-543).

Siempre uno de los súbditos debe ser de rito latino: si los dos fueran orientales, el sacerdote de rito latino no podría asistir al matrimonio sin antes tener licencia del patriarca o párroco oriental. Si se encuentran en territorio latino hay que tener en cuenta si existe jerarquía propia; en caso contrario la jerarquía es el ordinario latino del lugar, o el que designe la Sede Apostólica (CCEO cc. 830 y 916 § 5).

Cuando amenaza peligro de muerte o una grave dificultad impide, durante al menos un mes, acudir al ministro, el ordinario del lugar puede otorgar a cualquier sacerdote católico la facultad de bendecir el matrimonio de fieles de las Iglesias orientales que no están en plena comunión con la Iglesia católica, si espontáneamente lo piden y nada se opone a la válida y licita celebración del matrimonio. El mismo sacerdote, si prudentemente lo puede hacer, lo comunicará a la autoridad competente interesada de la Iglesia no católica (c. 1116 § 3).

Con el fin de evitar confusiones que induzcan a pensar que la Iglesia bendice cualquier unión, está prohibido que el ministro bendiga los anillos o a los esposos que han contraído matrimonio meramente civil porque no pueden casarse por la Iglesia, como sería el caso de los divorciados de un matrimonio canónico anterior, o de parejas del mismo sexo.

e) *La delegación de la facultad*

El ordinario del lugar y el párroco, mientras desempeñan válidamente su oficio, pueden delegar a sacerdotes y a diáconos la facultad, incluso general, de asistir a los matrimonios dentro de los límites de su territorio. Para que sea válida esta delegación, debe otorgarse expresamente a personas determinadas; si se trata de una delegación especial, ha de darse para un matrimonio determinado; y si se trata de una delegación general, debe concederse por escrito (c. 1111).

Donde no haya sacerdotes ni diáconos, el obispo diocesano, previo voto favorable de la conferencia episcopal y obtenida licencia de la Santa Sede, puede delegar a laicos para que asistan a los matrimonios. Se debe elegir un laico idóneo, capaz de instruir a los contrayentes y apto para celebrar debidamente la liturgia matrimonial. Esta delegación no será nunca general ni podrá subdelegarse (c. 1112; EDM 10; RM 25).

En ambos casos, cuando uno de los cónyuges sea de rito oriental, sólo podrá delegarse la facultad a un sacerdote, nunca a un diácono ni a un laico (c. 1127 § 1).

Si existiera error común o duda positiva y probable, de hecho o de derecho, sobre si el asistente tiene o no la facultad requerida, se ha de aplicar lo relativo a la suplencia de la potestad por la Iglesia (cc. 144 y 1108).

f) *Los testigos*

A los testigos, por su parte, simplemente se les pide que sean capaces de testificar sobre el matrimonio celebrado, pues no son realmente «padrinos» en el sentido canónico estricto (c. 872), aunque popularmente se les llame así, sino notarios del acto, para lo que es necesario que estén físicamente presentes en el momento de la celebración. No hay problema en que esta función la desempeñen bautizados acatólicos (DE 128). La norma común es que hayan alcanzado la mayoría de edad (18 años), aunque este aspecto puede ser regulado por el obispo diocesano de forma distinta.

g) *La forma extraordinaria*

Si no hay alguien que sea competente conforme al derecho para asistir al matrimonio, o no se puede acudir a él sin grave dificultad, quienes pretenden contraer verdadero matrimonio pueden hacerlo válida y lícitamente en peligro de muerte (de uno de ellos) estando presentes sólo los testigos; o, aunque no haya peligro de muerte, con tal de que se prevea prudentemente que esa situación va a prolongarse durante un mes. En cualquiera de los dos casos, si hay otro sacerdote o diácono que pueda estar presente, ha de ser llamado y debe presenciar el matrimonio juntamente con los testigos, sin perjuicio de la validez del matrimonio sólo ante testigos (c. 1116).

h) *El matrimonio secreto*

El matrimonio secreto es aquel que se celebra a puerta cerrada, sin amonestaciones y sin publicidad, pero siempre guardando las formalidades que se exigen para cualquier matrimonio: hacer expediente, presencia de dos testigos, ministro hábil...

El motivo más común para realizar este tipo de matrimonios es el de evitar el escándalo o la perplejidad –por ejemplo, cuando todo el mundo pensaba que ya estaban casados–.

El ordinario del lugar, el asistente, los testigos y los cónyuges han de guardar secreto del matrimonio, y su celebración se anotará en un registro especial que se guardará en el archivo secreto de la curia (cc. 1130-1133).

i) *Los matrimonios mixtos*

El matrimonio mixto es el contraído por dos cristianos válidamente bautizados, pero de los cuales uno no es católico. Este matrimonio entre dos bautizados es sacramento. Para poder celebrarlo, es necesario pedir licencia al ordinario del lugar, el cual previamente ha de asegurarse de que se han tenido en cuenta las precauciones que establece el derecho: advertir a la parte católica sobre los problemas que puede encontrarse en la práctica de su religión a lo largo de la vida matrimonial, sin exigir la conversión de la otra parte ni la educación católica de los hijos si es imposible; y advertir a la parte no católica del compromiso que ha adquirido la parte católica (cc. 1124-1125).

Con esta finalidad, la conferencia episcopal determinará tanto el modo según el cual han de hacerse estas declaraciones y promesas, que son siempre necesarias, como la manera de que quede constancia de las mismas en el fuero externo y de que se informe a la parte no católica (c. 1126; cf. *infra* el modelo del Anexo 25).

Si existen dudas acerca de la validez del bautismo de la parte no católica, es conveniente que el ordinario dé a la vez la dispensa de disparidad de culto *ad cautelam*, con el fin de no celebrar un matrimonio nulo. Si no hubiera claridad sobre la sinceridad de la parte católica con relación a las promesas, no se deberá autorizar la celebración.

El ordinario del lugar de la parte católica puede dispensar de la forma canónica mientras haya alguna forma pública de celebración. Causas que recomendarían esta dispensa serían, por ejemplo, la posición irreductible y totalmente contraria de la parte no católica; el que un número considerable de familiares de los contrayentes rehuyera la forma católica canónica; la pérdida de amistades muy arraigadas; un grave conflicto de conciencia de los contrayentes... El matrimonio celebrado sin la forma canónica deberá ser registrado en los libros parroquiales del lugar donde se hizo el expediente matrimonial, juntamente con el rescripto del ordinario del lugar (c. 1127 § 2).

Para que el ordinario del lugar conceda esta dispensa debe haber una petición previa escrita por los contrayentes, apoyada por el propio párroco de la parte católica, donde se especifiquen las causas. Si en la petición se solicita la licencia para que algún sacerdote católico asista a la celebración de la boda, este podrá participar de alguna lectura bíblica, en las peticiones de los fieles e incluso podrá impartir una bendición a la parte católica, pero habrá de ser el ministro de la otra confesión religiosa quien presida, mientras el sacerdote católico simplemente recibirá el consentimiento de ambos contrayentes.

Sin embargo, si la parte católica contrae matrimonio con otra no católica de rito oriental, la forma canónica se requiere únicamente para la licitud; pero se requiere para la validez la intervención de un sacerdote, observadas las demás prescripciones del derecho (c. 1127 § 1).

Lo que está terminantemente prohibido es hacer dos ceremonias religiosas consecutivas, una católica y otra acatólica, donde se reitere el intercambio del consentimiento, como también que actúen dos ministros –uno católico y el otro no– en la petición del consentimiento, cada uno a su fiel propio (c. 1127 § 3).

Estos matrimonios han de celebrarse, por lo general, fuera de la misa (RM 186-124); no obstante, si la parte no católica expresara su deseo de que se celebre la misa por razones personales de peso, y no sólo por dar gusto a la parte católica y a su familia, podría celebrarse con el consentimiento del ordinario del lugar, aunque la parte no católica en principio no podría comulgar, salvo que pertenezca a una Iglesia de rito oriental o equiparadas, como señalamos en la comunicación en lo sagrado, y podrá comulgar si lo pide espontáneamente y está bien dispuesta (c. 844 § 3-4; RM 36).

Cuando en la parroquia haya matrimonios mixtos, el párroco ha de cuidar que no falte al cónyuge católico y a los hijos nacidos de matrimonio mixto la asistencia espiritual para cumplir sus obligaciones, ayudando también a los cónyuges a fomentar la unidad de su vida conyugal y familiar (c. 1128).

4. *La inscripción del matrimonio*

Una vez celebrado el matrimonio, el párroco del lugar donde se celebró o quien hace sus veces, aunque no hayan asistido al enlace, deben anotar cuanto antes en el registro matrimonial los nombres de los cónyuges, del asistente y de los testigos, así como el lugar y día de la celebración (c. 1121 § 1).

Si el matrimonio se celebró en la forma extraordinaria, el sacerdote o el diácono, si estuvieron presentes en la celebración, o en caso contrario los testigos, están obligados solidariamente con los contrayentes a comunicar cuanto antes al párroco o al ordinario del lugar que se ha celebrado el matrimonio (c. 1121 § 2).

Si el matrimonio se contrajo con dispensa de la forma canónica, el ordinario del lugar que concedió la dispensa debe cuidar de que se anote dicha dispensa y la misma celebración en el registro de matrimonios, tanto de la curia como de la parroquia propia de la parte católica. El cónyuge católico está obligado a notificar cuanto antes al mismo ordinario y al párroco que se ha celebrado el matrimonio, haciendo constar también el lugar donde se ha contraído y la forma pública que se ha observado (c. 1121 § 3).

El matrimonio ha de anotarse también en los registros de bautismos en los que está inscrito el bautismo de los cónyuges. Si un cónyuge no ha contraído matrimonio en la parroquia en la que fue bautizado, el párroco del lugar en el que se celebró debe enviar cuanto antes notificación del matrimonio contraído al párroco del lugar donde se administró el bautismo (c. 1122).

Cuando se convalida un matrimonio para el fuero externo, o es declarado nulo, o se disuelve legítimamente por una causa distinta de la muerte, debe comunicarse esta circunstancia al párroco del lugar donde se celebró el enlace, para que se haga, como está mandado, la anotación en los registros de matrimonio y de bautismo (c. 1123).

Donde el matrimonio canónico tenga efectos civiles de pleno reconocimiento, deberán cumplirse los requisitos legales establecidos por el Estado que normalmente harán responsable al párroco de hacer llegar al registro civil el pertinente certificado eclesiástico de que se ha celebrado el matrimonio según derecho.

5. *La pastoral posmatrimonial*

La atención pastoral no acaba con la celebración del matrimonio. En la parroquia se debe establecer una ayuda permanente a los matrimonios ya constituidos por medio de la pastoral familiar, que los ayude a descubrir y a vivir su nueva vocación y misión. Para que la familia sea cada vez más una verdadera comunidad de amor, es necesario que sus miembros sean ayudados y formados en su responsabilidad frente a los nuevos problemas que se presentan, en el servicio recíproco y en la coparticipación activa de la vida de familia (FC 69).

De forma especial se recomienda esta atención para algunas familias que viven circunstancias peculiares, como serían las familias de los menores de edad, los matrimonios mixtos, las de los emigrantes, las de cuantos están obligados a largas ausencias –militares, navegantes, presos, prófugos y exiliados–, las de aquellos que viven marginados en las grandes ciudades, los sin techo, las familias monoparentales, con hijos discapacitados, con problemas de adicciones... Un lugar destacado ocupa la ayuda a las familias separadas, intentando la búsqueda de una posible reconciliación; si ésta no fuera posible se debe acompañar a los cónyuges para que no abandonen su vida cristiana, pues en medio de esta difícil situación es más necesario el apoyo de la fe.

Actualmente el cuidado pastoral de la Iglesia se ha de extender también hacia los fieles que simplemente conviven, quienes han contraído matrimonio sólo civil o los divorciados vueltos a casar, pues, aunque participan de la vida de la Iglesia de modo imperfecto, pueden ser conducidos hacia la gracia de la conversión, animarlos en su deseo de hacer el bien, de hacerse cargo con amor el uno del otro, de estar al servicio de la comunidad en la que viven y trabajan. Cuando la unión alcanza una estabilidad notable mediante un vínculo público y está connotada de afecto profundo, de responsabilidad por la prole, de capacidad de superar las pruebas, puede ser vista como una oportunidad para acompañar hacia el sacramento del matrimonio, allí donde sea posible (AL 78).

En el caso cada vez más frecuente de los católicos divorciados y que han vuelto a contraer matrimonio civil, conociendo los sufrimientos que esta situación lleva consigo y comprendiendo los factores que pueden atenuar su responsabilidad, deben ser acompañados con gran caridad pastoral y sin hacer juicios. Los pastores están obligados a discernir bien las situaciones, de gran complejidad en muchos casos, y estar atentos al modo en que las personas viven y sufren a causa de su condición, acogiendo y valorando especialmente el dolor de quienes han sufrido injustamente la separación, el divorcio o el abandono, o bien, se han visto obligados a romper la convivencia por los maltratos del cónyuge. El perdón por la injusticia sufrida no es fácil, pero es un camino que la gracia hace posible. De aquí la necesidad de una pastoral de la reconciliación y de la mediación, a través de centros de escucha especializados que habría que establecer en las diócesis (FC 84; AL 79 y 242).

A las personas divorciadas que viven en nueva unión, es importante hacerles sentir que forman parte de la Iglesia, que «no están excomulgadas» ni se las trata como tales, que integran la comunión eclesial y que siempre, de acuerdo con el discernimiento del párroco, puede haber alguna manera de participar en la vida de la comunidad, sea en tareas sociales, en reuniones de oración o de la manera que sugiera su propia iniciativa (AL 243 y 297).

6. *La separación de los cónyuges*

La «nulidad matrimonial» es la declaración de que un matrimonio nunca existió, porque en el momento de la celebración hubo un impedimento o un defecto o vicio de consentimiento. La separación, en cambio, se refiere al «distanciamiento físico», pero manteniéndose el vínculo del matrimonio. El divorcio es la disolución del vínculo por parte de las autoridades civiles, pero también puede darse una disolución del vínculo por parte de la autoridad eclesiástica. Como son situaciones pastorales muy frecuentes, nos parece necesario detenernos, aunque sea brevemente, en cada una de ellas, con el fin de ofrecer las claves esenciales para que el párroco pueda asesorar a los fieles.

a) *La nulidad matrimonial*

La Iglesia no tiene potestad para anular matrimonios cuando realmente existe un vínculo, sino para declarar que un matrimonio que se celebró fue nulo por un defecto de consentimiento o por la existencia de un impedimento canónico, o por defecto de la forma canónica. La boda pudo celebrarse aparentemente, pero haber sido nula por alguna de esas causas.

Cuando un fiel se acerca a la parroquia a consultar sobre la posibilidad de que su matrimonio sea declarado nulo, lo primero que tendremos que ayudarle a determinar es si lo que, a su juicio, ha producido la ruptura matrimonial tiene un antecedente previo a la celebración de la boda, porque en caso contrario no habría nulidad y se trataría de un fracaso matrimonial, doloroso y lamentable.

Si lo que produjo la ruptura matrimonial tiene antecedentes previos a la celebración de la boda, entonces habrá que distinguir si eran conocidos y hacían posible el matrimonio –y por tanto el vínculo permanecería–, o si habían sido ocultados y lo hacían imposible, o no se tuvieron en cuenta en su momento (por ejemplo, a la hora de hacer el expediente matrimonial), con lo que sí podría haber causa para iniciar el proceso de declaración de nulidad. Lo que aquí interesa es descubrir la verdad, no intentar arreglar un problema provocando otro mayor.

Una vez determinada la posible causa, es conveniente darle una primera información del proceso, indicándole después la necesidad de que acuda a un especialista –abogado habilitado para intervenir en causas matrimoniales canónicas– para que le dé su opinión como experto antes de formular la petición ante el tribunal diocesano. Este será, en último término, quien decida si ha lugar o no el inicio de la causa y le indicará el procedimiento que ha de seguirse a partir de entonces para su instrucción. Esto requiere un largo y laborioso trabajo que, por lo general, no es menor a un año, aunque depende de muchos factores, empezando por la colaboración de los mismos litigantes, las pericias que se han de realizar, los testigos…

Los costes de un procedimiento de nulidad canónica se encarecen fundamentalmente por los honorarios de los profesionales que contratan los litigantes, puesto que las tasas de los tribunales eclesiásticos son muy accesibles. Pero si alguien no puede pagar esta cantidad porque tiene un nivel bajo de ingresos puede solicitar la reducción de costas al tribunal, o en los casos en el que el nivel de ingresos sea muy bajo, el beneficio de gratuito patrocinio que le exime de pagar las costas.

Por otro lado, independientemente de cuál sea la situación económica de la persona, se puede acoger a los servicios del «patrono estable» solicitándolo en el tribunal, un abogado designado por la autoridad competente que recibe sus honorarios del mismo tribunal (como un abogado de oficio).

b) *La separación permaneciendo el vínculo*

Los cónyuges tienen el deber y el derecho de mantener la convivencia conyugal, a no ser que exista una causa legítima que reclame la separación. La separación no significa la disolución del vínculo, por lo que los cónyuges separados no pueden contraer nuevo matrimonio (c. 1151). Aunque existe este recurso canónico, la verdad es que es poco utilizado, pues la mayoría de las veces se orientan a conseguir el divorcio civil.

El primer caso que se contempla para la separación es el del adulterio. Aunque se recomienda encarecidamente que el cónyuge no niegue el perdón a la parte adúltera ni interrumpa la vida matrimonial, si aun así no pudiese perdonarla, tiene derecho a separarse, a no ser que hubiera consentido en el adulterio o hubiera sido causa del mismo, o también hubiera cometido adulterio. Si el cónyuge inocente, después de haberse cerciorado del adulterio, prosigue espontáneamente en el trato marital con el otro cónyuge durante seis meses, habría una condonación tácita. Pero si interrumpe por su propia voluntad la convivencia conyugal, debe proponer en el plazo de seis meses causa de separación ante la autoridad eclesiástica competente (c. 1152). Dicha autoridad resolverá la separación por vía administrativa o judicial (cc. 1692-1696).

En los otros casos donde se pone en grave peligro espiritual o corporal al otro o a la prole (como serían los casos de violencia doméstica), o se hace demasiado dura la vida en común, también existiría un motivo legítimo para separarse, con autorización del ordinario del lugar o, si la demora implica un peligro, también por decisión propia. Pero si cesa la causa de la separación, se ha de restablecer siempre la convivencia conyugal, a no ser que la autoridad eclesiástica determine otra cosa (c. 1153).

No se enumeran causas concretas, ya que pueden ser muy variadas, aunque las más frecuentes serían el abandono injustificado del hogar conyugal, la violación grave o reiterada de los deberes conyugales, como por ejemplo la conducta injuriosa y vejatoria (insultos, calumnias, malos tratos físicos y psicológicos, etc.), la ausencia de relaciones sexuales con el cónyuge, el incumplimiento de los deberes respecto de los hijos, una condena a una pena de privación de libertad, el alcoholismo, la toxicomanía o las perturbaciones mentales.

Realizada la separación de los cónyuges, hay que proveer siempre de modo oportuno a la debida sustentación y educación de los hijos.

En cualquier momento el cónyuge inocente puede admitir de nuevo al otro a la vida conyugal, renunciando entonces al derecho de separarse (cc. 1154-1155).

c) *La disolución del vínculo*

El matrimonio rato y consumado es indisoluble; si no ha sido consumado puede ser disuelto con justa causa por el Romano Pontífice, a través de la Rota Romana, a petición de una de las partes o de las dos, por entender que falta un elemento importante en esta indisolubilidad (cc. 1141-1142; FC 20; PE 201 § 3). La causa se ha de tramitar por medio de la diócesis, siguiendo el proceso administrativo de inconsumación (cc. 1697-1706).

También puede disolverse el vínculo de matrimonios legítimos pero no sacramentales, incluso consumados, por la vía del privilegio:

- Por el «privilegio paulino» se disuelve el vínculo en favor de la fe cuando entra en conflicto con el matrimonio natural. Se trata del caso en el que dos personas no bautizadas contraen matrimonio, posteriormente una de ellas se bautiza, la parte no bautizada impide a la parte bautizada vivir su fe en paz y acaba por separarse de ella. El matrimonio se disuelve al contraer la parte bautizada un nuevo matrimonio, tras haber interpelado a la parte no bautizada sobre si quiere bautizarse o al menos cohabitar pacíficamente con la bautizada. La interpelación ha de hacerla, si es posible, el ordinario del lugar. Por tanto, el párroco habrá de remitir estos casos a la Cancillería diocesana (cc. 1142-1147).
- Una aplicación extensiva del privilegio paulino, fundada en bulas pontificias, contempla la posibilidad de la disolución del vínculo en caso de poligamia –después del bautismo se le permite al cónyuge abandonar a todas las mujeres y elegir a una de ellas para vivir en fidelidad a ésta– y en caso de separación forzosa, por cautividad o persecución, cuando la parte convertida y bautizada no puede restablecer la cohabitación y se le autoriza a contraer nuevo matrimonio. Si hubiera duda, el privilegio goza del favor del derecho (cc. 1148-1150).
- También se da el caso, no regulado en el derecho, de disolver un matrimonio natural (de dos no bautizados) a favor de la fe de un tercero bautizado, o del matrimonio de dos no bautizados de los cuales uno se convierte y bautiza, si no ha sido consumado tras el bautismo.

En todos los casos el matrimonio sólo puede ser disuelto por el Romano Pontífice, que lo hace a través de la Dicasterio para la Doctrina de la Fe, por lo que el párroco tendrá que remitirlos a la Cancillería de la curia (PE 74).

7. *La convalidación del matrimonio*

La convalidación es un instituto jurídico por el que un matrimonio inválido es transformado en válido de dos formas: renovando el consentimiento o sin renovarlo. La primera forma se denomina convalidación simple y la segunda sanación en la raíz:

- Si el matrimonio es inválido debido a un impedimento, es posible convalidarlo, siempre que ese impedimento haya ya desaparecido o haya sido dispensado, mientras al menos la parte que haya tenido noticia del impedimento renueve el consentimiento. Esta renovación es un acto nuevo de la voluntad y no tiene efectos retroactivos. Si el impedimento es público, ambas partes deberán renovar el consentimiento según la forma canónica, aunque sea en secreto para evitar el escándalo; si no puede probarse, basta con que privadamente y en secreto lo renueve el cónyuge que tenga conocimiento de él. Si en lugar de un impedimento es un defecto de consentimiento, se ha de proceder de la misma manera. Si el matrimonio ha sido inválido por defecto de forma canónica, entonces es necesario que se vuelva a celebrar según la forma canónica establecida (cc. 1156-1160).
- La sanación en la raíz de un matrimonio nulo, por su parte, es la convalidación del mismo sin que haya de renovarse el consentimiento –que fue en su momento naturalmente suficiente pero jurídicamente ineficaz y que perdura hoy–, concedida por la autoridad competente –la Santa Sede en todos los casos y el obispo diocesano salvo en los impedimentos reservados–; lleva consigo la dispensa del impedimento, si lo hay, y de la forma canónica, si no se observó, así como la retrotracción al pasado de los efectos canónicos. Sólo debe concederse cuando sea probable que las partes quieren perseverar en la vida conyugal (c. 1161-1165).

10
OTROS MEDIOS DE SANTIFICACIÓN

Junto a los sacramentos, instituidos por Cristo como medios eficaces y visibles para llevar la gracia a los fieles, existen otros actos de culto, instituidos por la Iglesia, que son verdaderas celebraciones y que contribuyen de una forma muy importante también, aunque complementaria, a la santificación de los fieles. En una sociedad cada vez más secularizada es conveniente recuperar en las parroquias este tipo de celebraciones que en la tradición de la Iglesia han sido siempre muy estimadas. Muchas de ellas forman parte de lo que se llama «religiosidad popular» o «piedad popular», instrumento verdaderamente evangelizador si logramos armonizarlo con las celebraciones litúrgicas que sostienen la vida de la Iglesia, especialmente con la celebración de la eucaristía, fuente y culmen de su vida y misión.

1. Los sacramentales

Los sacramentales son signos sagrados, a imitación de los sacramentos, que significan y obtienen efectos espirituales por intercesión de la Iglesia. Son de institución eclesiástica y están por entero a disposición de la Iglesia. Los sacramentales no confieren la gracia del Espíritu Santo a la manera de los sacramentos, pero por la oración de la Iglesia preparan a recibirla y disponen a cooperar con ella. Su función consiste en santificar las diferentes circunstancias de la vida (c. 1166; SC 60; Cat. 1670).

Tanto el establecimiento de nuevos sacramentales como la interpretación auténtica de los ya existentes y su supresión o modificación es competencia exclusiva de la Santa Sede. El ministro, cuando los administre o confeccione, debe observar diligentemente los ritos y fórmulas aprobados por la autoridad de la Iglesia que están en los libros litúrgicos (c. 1167).

1. *Las bendiciones*

Entre los sacramentales figuran, en primer lugar, las bendiciones, que son alabanza de Dios y oración para obtener sus dones. En Cristo, los cristianos somos bendecidos por Dios Padre «con toda clase de bendiciones espirituales» (Ef 1, 3). Por eso la Iglesia da la bendición invocando el nombre de Jesús y haciendo habitualmente la señal santa de la cruz. En cuanto signos que se apoyan en la Palabra de Dios y se celebran bajo el influjo de la fe, pretenden ilustrar y deben manifestar la vida nueva en Cristo, redundar en alabanza y glorificación de Dios, y ordenarse al provecho espiritual de los fieles (Cat. 1671; RB 10-11).

El párroco y los demás ministros tienen la importante encomienda de instruir al Pueblo de Dios, a través de la predicación y de la catequesis, para que entienda el significado y la eficacia de las bendiciones, las solicite y participe activamente en ellas, y para que, conociendo el verdadero significado de los ritos y las preces que se utilizan, no los convierta en ritos mágicos ni introduzca elementos de superstición o vana credulidad (RB 19).

a) *Tipos de bendiciones*

El nuevo Ritual de Bendiciones (o Bendicional), con el fin de alejar cualquier concepción supersticiosa de las bendiciones, habla de dos tipos: las *bendiciones constitutivas*, por las que algo de uso común pasa a ser de uso sagrado, con la consecuencia de que ese objeto no debe emplearse más para usos profanos o impropios, aunque sea propiedad de particulares (un cáliz o unos ornamentos); y las *bendiciones invocativas*, que no cambian la condición de las cosas ni de las personas, sino que simplemente invocan el auxilio de Dios (bendición de catequistas o de una escuela).

Cuando el rito utiliza óleo o crisma, se llama consagración; si se trata de un templo, es dedicación; y cuando sólo hay preces y agua bendita, bendición (Cat. 1672).

b) *Quiénes pueden recibir las bendiciones*

Las bendiciones se pueden impartir en primer lugar a los católicos, pero también pueden otorgarse a los catecúmenos y aun a los no católicos cuando para éstos no exista prohibición de la Iglesia (c. 1170; RB 31).

Además de dirigirse directamente a las personas, pueden dirigirse a las obras realizadas por los fieles, o aplicarse a las cosas que están designadas para el uso litúrgico o, en general, a cualquier cosa que signifique un bien para la persona. En todo caso, siempre se tendrán presentes a las personas que utilizan aquellas cosas y que actúan en aquellos lugares (Cat. 1668; RB 12-13).

c) *Estructura de las bendiciones*

La celebración de la bendición ritual consta de dos partes: la proclamación de la Palabra de Dios –que tiende a que la bendición sea realmente un signo sagrado–, precedida de una monición introductoria y seguida de una breve exhortación; y la impetración del auxilio celestial por medio de la fórmula de bendición acompañada de un signo determinado: extensión, elevación o unión de las manos, imposición de las manos, señal de la cruz, aspersión con agua bendita e incensación. A todo esto se añaden unos breves ritos introductorios y conclusivos (RB 20-26).

Para hacer más activa la participación, normalmente no está permitido dar la bendición de cosas y lugares con el solo signo externo, sin el acompañamiento de la Palabra de Dios o de alguna plegaria. Y sólo algunas bendiciones, por su especial conexión con los sacramentos, pueden unirse a la celebración de la misa; las restantes, de ningún modo han de unirse a ella (RB 27-28).

Dentro de la misa se puede realizar la bendición de familias (RB 62), de esposos en su aniversario (RB 95), de ancianos (RB 280), de quienes son enviados a anunciar el Evangelio (RB 347), de catequistas (RB 377), de lectores (RB 394), de acólitos (RB 411), de peregrinos (RB 463), de una nueva escuela o universidad si tienen capilla (RB 621), de una sede o cátedra (RB 983), de un ambón (RB 1003), de un nuevo sagrario (RB 1023), de los objetos que se utilizan en la liturgia (RB 1184), de la corona de Adviento (RB 1241) o del belén en la misa de Navidad (RB 1264).

d) *Ministro de las bendiciones*

El obispo es el ministro de las bendiciones que abarcan a toda la comunidad diocesana y que se hacen con especial solemnidad, como las consagraciones y dedicaciones de templos y altares, o la bendición de la sede o cátedra (RB 981). Cuando las celebra, ha de usar las vestiduras que indica el Ceremonial de obispos (c. 1169 § 1; RB 18 y 35).

Algunas bendiciones, aunque pueden realizarlas los presbíteros, se recomienda que las hagan los obispos, como las que se imparten a quienes van a anunciar el Evangelio (RB 327), a un nuevo seminario (RB 556), a pilas bautismales y baptisterios (RB 940), a una nueva cruz (RB 1069), a imágenes sagradas (RB 1095), a una campana (RB 1146), a un órgano (RB 1164) o a un cementerio (RB 1299).

Para las bendiciones que se refieren a la comunidad a cuyo servicio está destinado, puede ser ministro cualquier presbítero, con excepción de las reservadas al Papa o a los obispos (como es el caso de las bendiciones del palio de los metropolitanos o la bendición *urbi et orbi*; c. 1169 § 2).

El diácono puede impartir las bendiciones más estrictamente ligadas a la vida eclesial y sacramental que le han sido concedidas expresamente por el derecho, pero sin hacer el signo de la cruz, sino simplemente imponiendo la mano; no obstante, si está presente un presbítero en la celebración, es preferible que sea éste quien la imparta. Estarían exceptuadas las bendiciones que se unen a la celebración de la misa, o aquellas que hacen referencia a objetos destinados a la celebración litúrgica o al culto, pues generalmente están reservadas a los sacerdotes (c. 1169 § 3; CEC-CC, *Directorio para el ministerio y la vida de los diáconos permanentes* [22 de febrero de 1998], n. 36; RB 18).

Cuando se trata de celebraciones comunitarias en la iglesia o con una solemnidad especial, tanto el presbítero como el diácono han de revestirse con alba y estola blanca o del color del tiempo o la fiesta, o sotana con sobrepelliz y estola. En las celebraciones más solemnes puede usarse la capa pluvial (RB 36-37).

Al párroco se le encomiendan especialmente algunas de esas bendiciones, como la «bendición anual de las familias en sus casas» (ocasión privilegiada para cumplir su función pastoral de visitar y conocer a cada una de las familias de su parroquia; RB 69), o la de las cosas destinadas a la liturgia y devoción en el templo parroquial (RB 932).

Los laicos acólitos y lectores, que por la institución que se les ha confiado desempeñan una peculiar función en la Iglesia, así como por la eficacia del sacerdocio común otros laicos, dotados de las correspondientes cualidades, bien por su cargo (como los padres respecto de los hijos), bien en virtud del ministerio extraordinario recibido o por la función peculiar que desempeñan (como catequistas o religiosos), pueden impartir algunas bendiciones, pero sin hacer el signo de la cruz sobre las personas u objetos que bendicen. Si hay un diácono o presbítero presente, serán estos quienes lo hagan (c. 1168; SC 79; RB 18).

En concreto, los laicos pueden impartir la bendición de la familia (RB 44), de los esposos (RB 120), de los niños ya bautizados o sin bautizar (RB 142 y 162), de los propios hijos (RB 178), de los prometidos en sus esponsales (RB 199), de una mujer antes y después del parto (RB 223), de los ancianos (RB 261), de los enfermos (RB 295), de los que van a viajar (RB 490), de una casa (RB 535), de todo lo relacionado con desplazamientos (RB 723), de instrumentos técnicos y de trabajo (RB 750 y 771), de animales (RB 803), de campos (RB 829), de frutos (RB 866), de la mesa (RB 885), de la corona de Adviento (RB 1240), del belén navideño (RB 1246), del árbol de Navidad (RB 1274), en la acción de gracias por los beneficios recibidos (RB 1419) o en diversas circunstancias de la vida (RB 1439).

e) *Bendiciones no rituales*

Recientemente se ha incorporado a la vida de la Iglesia un nuevo tipo de bendiciones denominadas «pastorales» o «espontáneas». Estas se confieren al margen de los ritos previstos por los libros litúrgicos, porque quienes las solicitan son fieles en situaciones que objetivamente no pueden ser bendecidas, puesto que, desde el punto de vista moral, son inaceptables (parejas en situación irregular o del mismo sexo). Sin embargo, pueden ser un medio eficaz para hacer crecer la confianza en Dios de esas personas y como gesto de cercanía de la Iglesia, que no desea excluir a nadie (DDF, Declaración *Fiducia supplicans* sobre el sentido pastoral de las bendiciones [18 de diciembre de 2023] 38).

Estas bendiciones pastorales, para que se distingan claramente de las bendiciones litúrgicas o ritualizadas, ante todo deben ser muy breves, de apenas unos segundos, pidiendo al Señor paz, salud y otros bienes para esas dos personas que la solicitan. Un ejemplo podría ser: «Señor, mira a estos hijos tuyos, concédeles salud, trabajo, paz, ayuda mutua. Libéralos de todo lo que contradice tu Evangelio y concédeles vivir según tu voluntad. Amén». Y finaliza con el signo de la cruz sobre cada una (DDF, Nota de prensa sobre la recepción de *Fiducia supplicans* [4 de enero de 2024] 5).

A fin de evitar cualquier confusión o escándalo, cuando la oración de bendición la solicite una pareja en situación irregular o del mismo sexo, nunca se realizará al mismo tiempo ni en conexión con los ritos civiles de unión, ni tampoco con las vestimentas, gestos o palabras propias de un matrimonio (DDF, Declaración *Fiducia supplicans* sobre el sentido pastoral de las bendiciones [18 de diciembre de 2023] 39).

2. *Los exorcismos*

Según la fe de la Iglesia, en el mundo, aunque fuera de las leyes de la naturaleza y del trabajo del hombre, existen potencias espirituales maléficas, contra las que ella misma lucha con exorcismos. Llamamos exorcismo a la petición pública y con autoridad, en nombre de Jesucristo, para que una persona o un objeto sea protegido contra las asechanzas del Maligno y sustraída a su dominio. Jesús lo practicó, y de él ha recibido la Iglesia el poder y el oficio de exorcizar (cf. Mc 1, 25s; 3, 15; 6, 7.13; 16, 17). Muy distinto es el caso de las enfermedades, sobre todo psíquicas, cuyo cuidado corresponde a la ciencia médica. Lo primero y más importante es asegurarse, antes de celebrar el exorcismo, de que realmente se trata de una presencia del Maligno y no de una enfermedad (Cat. 1673; RE 1-7.14).

Según la experiencia probada, los signos de la posesión del demonio son: hablar en un lenguaje desconocido con muchas palabras o entender al que lo habla, descubrir acontecimientos distantes y secretos, o mostrar unas fuerzas superiores a la naturaleza o edad del sujeto. Estos signos pueden ser un indicio, pero no deben ser considerados necesariamente como provenientes del diablo si no van acompañados de otros de carácter moral y espiritual, como una aversión vehemente hacia Dios, hacia el Nombre de Jesús, hacia María, hacia los santos, hacia la Iglesia, hacia la Palabra de Dios, hacia sus cosas y hacia ritos e imágenes (RE 16).

La forma de realizar este exorcismo, llamado mayor o solemne, se recoge en el Ritual de Exorcismos, promulgado en 1998 como parte del Ritual Romano y publicado en castellano en 2005. Se trata de una acción litúrgica por medio de la cual se intenta expulsar demonios o liberar del dominio demoníaco gracias a la autoridad espiritual que Cristo ha confiado a su Iglesia (RE 11).

Este exorcismo sólo lo puede realizar como ministro un sacerdote que tenga licencia peculiar y expresa del obispo diocesano, quien sólo la concederá a un presbítero piadoso, docto, prudente y con integridad de vida, y que esté preparado específicamente para este oficio. Por tanto, si en la parroquia se detectara un posible caso de obsesión o posesión, el párroco deberá recurrir al obispo y nunca actuar por su cuenta (c. 1172; RE 13).

En el apéndice del mismo Ritual se ofrece una serie de oraciones que pueden ser dichas privadamente por los fieles, o ser dirigidas por un presbítero o diácono, aunque no sea exorcista, cuando los fieles sospechen con fundamento que se encuentran bajo alguna forma de influjo del Maligno, pero sin caer en el abuso o la ambigüedad. Estas oraciones pueden resultar muy útiles en los casos en que los fieles se consideren objeto de un maleficio, una mala suerte o una maldición que hayan echado sobre ellos, sobre sus allegados o sobre sus bienes (RB 15; cf. *infra*, Anexo 28).

2. La Liturgia de las horas

La Iglesia, como comunidad orante y ejerciendo la función sacerdotal de Cristo, celebra desde antiguo la Liturgia de las horas, por medio de la cual, escuchando a Dios que habla a su pueblo y recordando el misterio de la salvación, lo alaba sin cesar con el canto y la oración, al mismo tiempo que ruega por la salvación del mundo entero (c. 1173; SC 83-101; PO 5; ChD 95 y 98).

La obligación de celebrar la Liturgia de las horas vincula a los clérigos diocesanos y a los miembros de los Institutos de vida consagrada y las Sociedades de vida apostólica, según sus constituciones, pero pueden participar de ella también los demás fieles, dado que es acción de la Iglesia (cc. 276 y 1174). Por eso mismo es recomendable proveer desde la parroquia de una adecuada preparación, para que los fieles capten su sentido verdadero, y usarla en encuentros de oración, retiros, tiempos litúrgicos fuertes, unida a la celebración diaria de la eucaristía, a la adoración del Santísimo...

Los sacerdotes diocesanos están obligados a celebrar o recitar íntegramente cada día la Liturgia de las horas (c. 276, § 2, n. 3). No obstante, puede haber un motivo grave de salud, de servicio pastoral del ministerio, de ejercicio de la caridad o de cansancio –no una simple incomodidad– que exima de la recitación parcial e incluso total del oficio divino. Sin embargo, para omitir el oficio de laudes y vísperas se requeriría una causa de mayor gravedad aún, pues dichas horas son «el doble gozne del oficio cotidiano» (SC 89; CCD, *Respuestas acerca de la obligatoriedad de la recitación de la Liturgia de las horas* [15 de noviembre de 2000]).

Además, en la recitación de la Liturgia de las horas se ha de guardar la verdad de las horas, es decir, debe hacerse en el momento más aproximado al tiempo natural de cada hora canónica: el «oficio de lecturas» se puede celebrar en cualquier hora del día, incluso a partir del atardecer o al anochecer del día anterior, después de las vísperas; las «laudes» deben recitarse en las horas de la mañana; la «hora intermedia», en el tiempo que media entre la mañana y la tarde; las «vísperas», en las horas del atardecer; y las «completas», antes de acostarse (SC 88-94; c. 1175; IGLH 11.40.59.77).

Se puede recuperar la salmodia de la hora que haya sido omitida uniéndola a la de la hora siguiente, después del himno correspondiente y concluyendo con una sola lectura breve y la oración.

Si un sacerdote, en un mismo día, debe celebrar más de una misa, atender confesiones durante horas o predicar varias veces (como les ocurre con no poca frecuencia a los párrocos), puede considerar, con tranquilidad de conciencia, que tiene excusa legítima para omitir alguna parte proporcionada del oficio divino.

3. Las exequias eclesiásticas

Este tema de las exequias posee un alto valor pastoral, dado que se celebran en una situación humana configurada de una manera absolutamente singular y delicada por la realidad de la muerte, realidad que, en la sociedad contemporánea, se tiende a censurar y silenciar cada vez más.

La Iglesia no puede esconderla, ya que forma parte del misterio de la vida. Desde la perspectiva de la fe en Cristo muerto y resucitado, la esperanza en la resurrección rescata al creyente de la angustia, de la desesperación, de la sensación de vacío y de la disolución. Las exequias cristianas son una celebración litúrgica de la Iglesia. El ministerio de la Iglesia también pretende aquí expresar la comunión eficaz con el difunto, hacer participar en esa comunión a la asamblea reunida para las exequias y anunciarle la vida eterna (Cat. 1684).

La primera incorporación a la muerte de Cristo se realiza en la fe por el bautismo. También la vida cotidiana, con el dolor, la enfermedad y las privaciones de todo orden, actualiza la unión con la muerte de Cristo. Finalmente, la muerte biológica, fenómeno universal y enigmático, juega también un papel en el plan divino de salvación: es participación en la misma muerte de Cristo y realiza de modo claro y palpable lo que ya se había realizado místicamente en el bautismo. Es necesario que los cristianos recuperen el sentido pascual de la celebración de la muerte y que, a través de las exequias, reafirmen su fe y esperanza en la vida eterna y en la resurrección (OE 2-11; Cat. 1682-1683).

Por eso la legislación manda que los fieles difuntos tengan exequias eclesiásticas, celebradas según las leyes litúrgicas. Con ellas la Iglesia obtiene en su favor la ayuda espiritual y honra sus cuerpos, a la vez que proporciona a los vivos el consuelo de la esperanza. Se trata de un derecho de la comunidad para que sus difuntos sean sepultados dignamente según su propia fe, y del derecho de cada uno a que se cumpla su última voluntad, siempre y cuando esté dentro de los límites de la disciplina eclesiástica (c. 1176 § 1-2).

1. *El rito de las exequias*

La forma típica de celebrar las exequias comprende tres estaciones: la primera, en la casa del difunto (o en la celda, si se trata de un monasterio); la segunda, en la Iglesia, y la tercera, en el cementerio. El rito, que se celebrará con canto siempre que sea posible, puede simplificarse comenzando en la puerta de la iglesia, con el recibimiento del cuerpo o de las cenizas; continúa con la celebración de los ritos funerarios con o sin misa exequial, y concluye con la despedida del cuerpo en la puerta de la iglesia, o con procesión hasta el cementerio para la sepultura o colocación de las cenizas en el nicho. En caso de incineración, lo más recomendable es que, si no lo impiden causas de fuerza mayor, se realice después del funeral, para que esté presente el cuerpo (OE 29; Cat. 1686).

Para casos especiales que dificultan o imposibilitan la celebración incluso simplificada del rito, el Ritual (Libro VI) propone oportunas adaptaciones, a fin de que no quede comprometida la veracidad del rito litúrgico. Serían los casos, por ejemplo, de celebración en un tanatorio, el entierro de una persona desconocida en cuyas exequias no participa nadie, o de un difunto cuyo cuerpo ya se haya llevado al cementerio. En el caso de los niños, habrá que considerar si habían llegado o no al uso de razón y si estaban o no bautizados, para elegir el rito que sea más adecuado (OE 36 y 38).

Cuando la celebración tiene lugar en la iglesia, la eucaristía es el corazón de la realidad pascual de la muerte cristiana. La Iglesia expresa entonces su comunión eficaz con el difunto: ofreciendo al Padre, en el Espíritu Santo, el sacrificio de la muerte y resurrección de Cristo, pide que su hijo sea purificado de sus pecados y de sus consecuencias, y que sea admitido a la plenitud pascual de la mesa del Reino. Así celebrada la eucaristía, la comunidad de fieles, especialmente la familia del difunto, aprende a vivir en comunión con quien «se durmió en el Señor», comulgando con el Cuerpo de Cristo, de quien es miembro vivo, y orando luego por él y con él (Cat. 1689).

No es obligatorio celebrar el funeral con misa, pero tampoco depende del solo criterio del sacerdote, sino que deberá consultar a la familia. En cualquier caso, habría que asegurar que la familia del difunto, o al menos una parte importante de la asamblea, vaya a participar activamente en la celebración, particularmente acercándose a recibir la comunión. Aunque la celebración sea sin misa, deberá haber siempre liturgia de la Palabra, que podrá ser presidida por un diácono o un laico, siguiendo las normas litúrgicas (OE 31 y 39).

Al preparar la celebración, los sacerdotes considerarán con la debida solicitud no sólo la persona del difunto y las circunstancias de su muerte, sino también el dolor de sus familiares y las necesidades de su vida cristiana. Con mucha frecuencia tendrán enfrente a personas que viven la muerte desde mentalidades muy diversas, no en pocas ocasiones alejadas de la fe. Será preciso entonces un acercamiento respetuoso que signifique, con actitudes de servicio y cercanía, el amor de Dios por sus hijos y la novedad cristiana de la esperanza. Será la homilía en particular la que se haga eco de estas situaciones, pero a ella se añadirán, desde la solicitud pastoral, otras muchas formas de significar la cercanía a los hermanos sumidos en el dolor (OE 18).

Concluido el entierro, se ha de realizar la correspondiente anotación en el libro de difuntos conforme al derecho particular (c. 1182).

2. *La cremación*

La Iglesia aconseja vivamente conservar la piadosa costumbre de sepultar el cadáver de los difuntos, pues la inhumación es una costumbre antiquísima en Occidente, como signo de esperanza en la resurrección. No prohíbe, sin embargo, la cremación, a no ser que haya sido elegida por razones contrarias a la doctrina cristiana o que contradiga el dogma de la resurrección de los muertos, como es el caso de aquellos grupos –por ejemplo, la masonería–

que adoptan una postura sectaria anticatólica. También la incineración de los cadáveres puede compaginarse con la creencia en la resurrección y ser indicio de fe en el poder de Dios, que es capaz de retornar las cenizas a la vida gloriosa (c. 1176 § 3; OE 10). Si por razones legítimas se opta por la cremación del cadáver, las cenizas del difunto, por regla general, deben mantenerse en un lugar sagrado, es decir, en el cementerio o, si es el caso, en una iglesia o en un área especialmente dedicada a tal fin por la autoridad eclesiástica competente (CDF, Instrucción *Ad resurgendum cum Christo* [15 de agosto de 2016] 5).

Poco a poco se están poniendo de moda costumbres desviadas relativas a las cenizas: en lugar de enterrarlas o colocarlas en un nicho o en un columbario, se esparcen en el campo, en un río, en el mar, en el jardín de la casa... Los pastores han de disuadir a los fieles de estas prácticas contrarias a la tradición católica de respeto al cuerpo del difunto, aplicable también a las cenizas (CDF, Instrucción *Ad resurgendum cum Christo* [15 de agosto de 2016] 7).

3. *La misa exequial y las misas de funeral*

La misa exequial, parte integrante de las exequias, pero no imprescindible, se puede celebrar todos los días, excepto en las solemnidades de precepto, el Triduo pascual y los domingos de Adviento, Cuaresma y Pascua, puesto que estas fiestas atañen al núcleo central del misterio de Cristo. En los demás domingos y días de fiesta a lo largo del año, está permitida la misa exequial, a no ser que la legislación diocesana establezca algo distinto. Lo recomendable es que se celebre a una hora diferente de las señaladas para el día, o bien que se traslade al lunes o al día siguiente de la fiesta (OGMR 336; OE 40 y 48).

En los casos en que, el mismo día y en la misma parroquia, hubieran de celebrarse dos o más misas exequiales, se ha de tender a una única celebración de la comunidad cristiana. En los días en que no está permitida la misa exequial, se hará una liturgia de la Palabra con el rito de acogida del difunto en la iglesia y el último adiós, posponiendo la misa para otro día.

Las misas de aniversario no están autorizadas en las solemnidades –sean o no de precepto–, ni tampoco en los domingos, días festivos, miércoles de ceniza, Semana santa, octava de Pascua y el día 2 de noviembre. Sólo han de celebrarse en una iglesia, no en los tanatorios ni en las capillas de los cementerios. La misa cotidiana por los difuntos sólo puede celebrarse en las ferias del Tiempo ordinario.

Cuando varios sacerdotes participan en las exequias de un familiar o amigo, es recomendable que todos concelebren la eucaristía. No obstante, la concelebración nunca puede convertirse en un modo de solemnizar el funeral o de darle importancia (OE 61-62).

La celebración de la misa en ese día, en el que suelen acudir muchas personas, es un momento privilegiado para proclamar el misterio pascual y alentar la esperanza en la resurrección, evitando la forma y el estilo del «elogio fúnebre». El rito de la despedida, el cortejo fúnebre y la sepultura se deben realizar con dignidad y sentido religioso. Por tanto, es preciso que el cuerpo del difunto, que ha sido templo del Espíritu Santo, sea tratado con gran respeto; que la ornamentación fúnebre sea decorosa, ajena a toda forma de ostentación y despilfarro; y que los signos litúrgicos, como la cruz, el cirio pascual, el agua bendita y el incienso, se usen de manera apropiada (DPP 252-253).

Si alguno de los allegados al difunto desea pronunciar unas palabras de gratitud y despedida, o relatar una breve biografía del difunto, puede hacerlo como parte integrante del rito exequial, después del último adiós y antes del rito conclusivo, no en el momento de la homilía, y ciertamente con brevedad (OE 52).

4. *El lugar de la celebración de las exequias*

Las exequias por un fiel difunto deben celebrarse generalmente en su propia iglesia parroquial. Sin embargo, se permite a todos los fieles, o a aquellos a quienes compete disponer acerca de las exequias de un fiel difunto, elegir otra iglesia para el funeral, con el consentimiento de quien la rige y habiéndolo comunicado al párroco del difunto. Si el fallecimiento tiene lugar fuera de la parroquia propia y no se traslada a ella el cadáver ni se ha elegido legítimamente una iglesia para el funeral, las exequias se celebrarán en la iglesia de la parroquia donde acaeció el fallecimiento, a no ser que el derecho particular designe otra (c. 1177).

El lugar común de la sepultura es el cementerio parroquial o del lugar, a no ser que el mismo difunto o aquellos a quienes compete cuidar de su sepultura hubieran elegido legítimamente otro cementerio. Sólo el Papa, los cardenales y los obispos diocesanos pueden ser sepultados en sus iglesias respectivas (c. 1180).

5. *Denegación de las exequias*

Todos los fieles tienen derecho a que se les celebren las exequias. También pueden celebrarse exequias por los catecúmenos (dado que ya pertenecen de algún modo a la Iglesia en virtud del bautismo de deseo), por los infantes que murieron antes de recibir el bautismo deseado por sus padres (con licencia del ordinario, que juzgará si no existe error sobre la necesidad del bautismo) y por los acatólicos (según el juicio del ordinario del lugar, siempre que no hayan manifestado su voluntad contraria o no lo haga su ministro propio; c. 1183).

Por el contrario, se han de denegar las exequias a quienes, perteneciendo a la Iglesia, se apartaron de ella y no se reconciliaron nunca antes de su muerte. Esta reconciliación se presupone cuando ha habido cualquier signo de penitencia del fiel antes de morir: si invoca a los santos, se persigna, llama a un sacerdote, besa una cruz... A quien se le excluye de las exequias debe excluírsele también de la misa exequial (c. 1185).

En concreto, se han de denegar, en principio:

- A los apóstatas, herejes y cismáticos notorios, es decir, en el caso de que su delito sea patente a la comunidad (c. 1184 § 1, 1.º; cf. c. 1330).
- A aquellos fieles que han abandonado la Iglesia formalmente para asociarse a una secta o a una denominación no cristiana, como la Masonería, la Iglesia de la Cienciología, la secta Moon, los Testigos de Jehová, los mormones, etc.
- A quienes ordenan la cremación del cadáver por razones contrarias a la fe cristiana (c. 1184 § 1, 2.º).
- A quien hubiera dispuesto la dispersión de sus cenizas en la naturaleza por razones contrarias a la fe cristiana (CDF, Instrucción *Ad resurgendum cum Christo* [15 de agosto de 2016] 8).
- A otros pecadores públicos, por el escándalo que se provocaría (c. 1184 § 1, 3.º). Estas dos causas (pecado manifiesto y escándalo) deben ser concomitantes, pues si no hay riesgo de escándalo no se les debe privar.

Algunas aplicaciones concretas:

- Los suicidas: cualquier indicio sobre una posible perturbación mental –aun transitoria– es más que suficiente para conceder la sepultura, pues no habría plena intencionalidad.
- Los divorciados vueltos a casar, parejas de hecho, parejas del mismo sexo: sería suficiente con cualquier signo de penitencia, como también que hayan colaborado con la Iglesia, participado en la misa dominical, educado cristianamente a sus hijos, algunas obras de caridad...

- Si se trata de personas que pertenecen a mafias, bandas armadas, grupos terroristas, traficantes de drogas, etc., convendrá recabar el consejo del ordinario antes de aceptar la solicitud, pues podría resultar escandaloso para los fieles. Este proceder ha de ser la norma cuando surja alguna duda, y atenerse a sus disposiciones (c. 1184 § 2).

A quienes se les negaron las exequias, sin embargo, sí podría aplicárseles la misa, «siempre que sea pedida expresamente por los familiares, amigos o súbditos del difunto con un genuino motivo religioso, que se haga a juicio del ordinario evitando el escándalo de los fieles y que no se conmemore públicamente el nombre del difunto en las preces eucarísticas» (SCDF, Decreto *Accidit in diversis* [11 de mayo de 1976] III).

6. *Las ofrendas de los fieles*

Respecto a las ofrendas o tasas que deben sufragar los fieles, el sacerdote se ceñirá a lo que se haya determinado en cada provincia eclesiástica, no pudiendo pedir más de lo estipulado y teniendo muy presente que este requisito no puede ser nunca un obstáculo para la asistencia de los más pobres. En cualquier caso, no hay razón meramente económica o social que justifique un funeral más solemne, salvo la distinción que deriva de la función litúrgica y del orden sagrado, y exceptuados los honores debidos a las autoridades civiles a tenor de las leyes litúrgicas (cc. 848; 1181; 1264; SC 32; OE 68).

Cuando se trata de una persona famosa y con gran repercusión en los medios, es recomendable contactar con los responsables diocesanos de medios de comunicación, para que se encarguen de la logística. En cualquier caso, no se deberá prestar la iglesia para celebrar otros ritos que no sean los católicos ni se incluirán ceremonias seculares.

7. *Exhumación y traslado de restos*

Para exhumar un cadáver y trasladar los restos se ha de contar con el permiso previo de las autoridades civiles. Además, cuando se trate de un fiel católico, también es conveniente recabar el permiso de la autoridad eclesiástica, para que quede asegurado que sus restos van a ser depositados en otro cementerio o columbario. Como norma general, habrá que esperar a que pasen al menos cinco años desde que se realizó la inhumación.

4. El culto de los santos, imágenes y reliquias

Con el fin de promover la santificación del pueblo de Dios, la Iglesia recomienda a la peculiar y filial veneración de los fieles la Virgen María, Madre de Dios, y promueve el culto verdadero y auténtico de los demás santos, ejemplo para los fieles, a quienes protegen con su intercesión (c. 1186; SC 103-104; LG 53 y 66). Así pues, según una antiquísima tradición de la Iglesia, sus imágenes se han de exponer en las iglesias a la veneración de los fieles, después de haberlas bendecido convenientemente (RB 1091-1141).

Las imágenes se han de disponer de tal manera que los fieles sean conducidos a los misterios de la fe que se celebra, evitando que su número aumente de manera indiscriminada –de ordinario, no tiene que haber más de una imagen del mismo santo–, colocándolas en lugares donde no distraigan la atención de la celebración, y procurando siempre que sean piezas bellas y dignas, que muevan a la piedad; lo contrario podría provocar extrañeza en el pueblo cristiano o fomentar una devoción desviada (c. 1188; SC 125; IGMR 318).

Sólo es lícito venerar con culto público a aquellos siervos de Dios que hayan sido incluidos por la autoridad de la Iglesia en el catálogo de los santos o de los beatos. En el primer caso, el culto es universal, para toda la Iglesia. En el caso de los beatos, se trata de un culto particular, para una región o una institución, aunque a efectos de la celebración litúrgica no haya diferencias (c. 1187).

Tanto a través de la catequesis como en otros momentos de transmisión de la doctrina, se debe enseñar a los fieles lo que significa la veneración de los santos y cuál ha de ser nuestra relación con ellos, entendida a la luz de la fe. El auténtico culto a los santos consiste no en la multiplicidad de los actos exteriores, sino en la intensidad de un amor práctico, que se traduce en un compromiso de vida cristiana. A esta catequesis habrá que unir luego la preparación especial de la liturgia en el día de la fiesta del santo o beato significativo para esa comunidad, donde se promueva la participación de todos los fieles (DPP 212 y 234).

Algunas tradiciones gozan de mucha popularidad, como la coronación de imágenes de la Virgen, con la que se profesa la fe en su condición de Reina, «ya que es Madre del Hijo de Dios y Rey mesiánico, colaboradora del Redentor, perfecta discípula de Cristo, miembro supereminente de la Iglesia». Le corresponde al obispo diocesano juzgar sobre la oportunidad de coronar una imagen, y será él mismo quien lo haga según el ritual establecido, o bien lo delegue en otro obispo o en un presbítero si a él no le fuera posible (CCD, *Ordo coronandi imaginem Beatae Mariae Viriginis* [25 de marzo de 1981] 5).

Cuando tengan que ser reparadas imágenes expuestas a la veneración de los fieles en iglesias u oratorios, preciosas por su antigüedad, por su valor artístico o por el culto que se les tributa, nunca se procederá a su restauración sin licencia por escrito del ordinario; y éste, antes de concederla, debe consultar a personas expertas. Evidentemente, habrá que tener en cuenta la legislación civil al respecto (c. 1189).

Está terminantemente prohibido vender reliquias sagradas. Las reliquias insignes, así como aquellas otras que gozan de gran veneración del pueblo, no pueden en modo alguno enajenarse válidamente o trasladarse a perpetuidad sin licencia de la Sede Apostólica. Esto vale también para aquellas imágenes que en una iglesia gozan de gran veneración por parte del pueblo (c. 1190).

5. La religiosidad popular

Muy unida al culto a los santos se halla la religiosidad o piedad popular. Esta constituye hoy un tema de interés pastoral, pues es motivo de convocatoria de muchos fieles, sobre todo en torno a cofradías y santuarios, aunque también en otras muchas manifestaciones populares de la fe en las cuales se venera a la Virgen y a los santos, se recorre el año litúrgico con fiestas llenas de colorido o se recuerda a los difuntos.

El sentido religioso del pueblo cristiano ha encontrado en todo tiempo su expresión a través de formas variadas de piedad en torno a la vida sacramental de la Iglesia, tales como la veneración de las reliquias, las visitas a santuarios, las peregrinaciones, las procesiones, el vía crucis, las danzas religiosas, el rosario, las medallas, etc. Para no pocos creyentes, estos son los únicos lugares de referencia y práctica eclesial, representando una oportunidad de evangelización que los pastores, especialmente los párrocos, no deben despreciar (Cat. 1674).

La religiosidad popular contiene muchos valores que pueden ser incorporados en la tarea de la evangelización en la parroquia: refleja una sed de Dios que únicamente está al alcance de los pobres y pequeños; fomenta el espíritu de generosidad, el sentido de la cruz y del sacrificio en la vida; promueve la devoción y el acercamiento a un Dios que se muestra como Padre providente; señala la conciencia de la dignidad personal y de una fraternidad solidaria; fomenta la capacidad de expresar la fe en un lenguaje distinto que supera los racionalismos, uniendo el canto, las imágenes, los gestos, la danza, etc. Es una realidad de fe cristiana que, surgida directamente del pueblo de Dios, no puede ser arrinconada, sino que ha de ser tomada en serio, aunque necesite una buena dosis de evangelización y de adecuación a la liturgia de la Iglesia (SC 10-13; EN 48).

Pero también presenta aspectos negativos muy arraigados que son difíciles de purificar, muchas veces unidos a la superstición, la magia, el fetichismo y el ritualismo, y generalmente vinculados a una deficiente formación religiosa. Por eso, está claro que se necesita un discernimiento pastoral para sostener y apoyar la religiosidad popular y, llegado el caso, para purificar y rectificar el sentido religioso que subyace en estas devociones y así hacerlas progresar en el conocimiento del Misterio de Cristo, pues, aunque estas expresiones prolongan la vida litúrgica de la Iglesia, nunca la sustituyen (Cat. 1675-1676; CT 54).

1. *El Directorio sobre la piedad popular y la liturgia*

Dada esta necesidad, la Congregación para el Culto divino, después de un profundo y largo trabajo, aprobó el «Directorio sobre la piedad popular y la liturgia» (17 de diciembre de 2001). Este documento se ofreció a la Iglesia con el fin de recordar los principios fundamentales y dar las indicaciones y orientaciones necesarias para madurar la armonización entre la liturgia y la piedad popular, que había sido pedida por los Padres en el concilio Vaticano II. El Directorio ayuda, en este sentido, a situar en su justo lugar la religiosidad popular, evitando los abusos.

Tal como afirma el Directorio, la parroquia está llamada a jugar un papel de gran trascendencia en la necesaria renovación de la religiosidad popular, asumiéndola como medio importante de evangelización, integrándola y poniéndola en relación con las otras dimensiones pastorales: la celebración litúrgica (incorporando a la liturgia expresiones de religiosidad y piedad popular), el servicio de la caridad (potenciando la dimensión solidaria y caritativa, el compromiso social que está presente en muchos de los grupos, asociaciones y cofradías), el anuncio de la Palabra (principalmente a través de la catequesis y las predicaciones especiales), y en las estructuras de gobierno (invitando a los representantes de esos grupos a participar en los consejos parroquiales).

El primer paso será identificar las manifestaciones de piedad y religiosidad populares que se dan en la comunidad parroquial, con vistas a purificarlas y dinamizarlas, profundizando en su origen histórico, su evolución y su significado actual. El segundo consistirá en formar a los agentes de pastoral: deben estar preparados para comprender la importancia de la religiosidad popular, discerniendo sus valores y riesgos, y para incorporarla a las tareas de inculturación del Evangelio. El tercer paso será armonizar la piedad popular con la liturgia, siguiendo las instrucciones dadas por la Iglesia al respecto en el Directorio.

Como fruto de esta armonización, algunas de las tradiciones populares más comunes podrían incorporarse a la celebración de la eucaristía dominical, sin olvidar la centralidad de esta, para poner de manifiesto su verdadero significado en relación con el Misterio salvador de Cristo y, a la vez, servir de catequesis a la comunidad. Sería el caso, por ejemplo, de la bendición de los hijos o la renovación de las promesas matrimoniales en la fiesta de la Sagrada Familia, la bendición de las embarazadas el día de la Presentación, la consagración personal o familiar al Corazón de Jesús o al Corazón de María el día de su fiesta, la imposición del escapulario en la fiesta de la Virgen del Carmen, el beso a las reliquias de los santos o la bendición con ellas el día de su fiesta (DPP 112.120. 171.174.205.237).

La parroquia es también el ámbito más adecuado para recuperar y potenciar los ejercicios de piedad especialmente recomendados por la Iglesia y que gozan de gran difusión entre el pueblo, situándolos en su tiempo. Entre ellos figuran el rezo del *Via crucis* o del *Via Matris* en tiempo de Cuaresma, la adoración del santísimo Sacramento que sigue a la celebración de la misa en la cena del Señor, el pésame a la Virgen de los Dolores en el viernes santo, la hora de la Madre el sábado santo, el rezo del *Via lucis* en Pascua, las procesiones eucarísticas en la fiesta del Corpus, las diferentes expresiones de la veneración de la Sangre de Cristo, los triduos, septenarios y novenas marianos, el rezo del *Angelus*, *Regina Coeli*, el santo rosario y las letanías, etc. (DPP 131-137.141.145.147.150.152.153. 162.178.189.195-209).

2. *Los santuarios y ermitas*

Junto a la parroquia, el santuario es un lugar privilegiado para el encuentro con Dios, pues de él brota una rica vida espiritual y suele producir una irradiación importante hacia la Iglesia local. Peregrinar con la comunidad parroquial a un santuario tiene una gran potencia evangelizadora, pues es dirigirse a la «tienda del encuentro» donde el peregrino se encuentra con Dios, con su Palabra, con la Iglesia, con la caridad, con la humanidad y el cosmos, consigo mismo y con María, la Madre del Señor (PCEI, *El Santuario, memoria, presencia y profecía del Dios vivo* [8 de abril de 1999]).

No debe olvidarse que otros muchos lugares de culto, a menudo humildes –como ermitas o capillas en pueblos y ciudades–, desarrollan en su entorno, aunque sin reconocimiento canónico, una función similar a la de los santuarios, de ahí que, en cierto modo, se les pueda aplicar lo que se refiere a ellos (DPP 264).

3. *Las hermandades y cofradías*

Las hermandades y cofradías, presentes en no pocas parroquias, figuran entre las realidades más destacadas de la religiosidad popular. Son asociaciones peculiares que pueden servir como medio para integrar distintos fenómenos de religiosidad popular, para atraer a los alejados y para evangelizar a no pocos jóvenes que acuden a ellas. Por eso se debe propiciar un clima de colaboración con tales asociaciones, evitando enfrentamientos estériles. Si en la parroquia hubiera conflictos con ellas, lo más recomendable es recurrir al obispo para que resuelva, porque dependen directamente de él.

Las hermandades y cofradías actúan por sí mismas, pero representan a la Iglesia al llevar su imagen y la impronta de su autoridad. Por tanto, no pueden funcionar si no es bajo la alta dirección del obispo diocesano que aprueba sus estatutos como asociaciones públicas de fieles. El prelado tiene además la facultad de nombrar al moderador y al capellán o consiliario, que nunca podrá ser el presidente, aunque nada impide que sea el propio párroco (cc. 312-320; 318-319 y 394 § 1). En el Anexo 29 se ofrece un modelo de estatuto-marco.

La vida de los cofrades ha de ser cristianamente ejemplar, tanto en la cofradía como en todos los ambientes: eclesiales, de trabajo, familiares. «No pocas [cofradías] han quedado reducidas a una existencia casi formal, en la que sus ritos, usos y costumbres han perdido vitalidad cristiana. Además, el secularismo actual amenaza con convertirlas en meras manifestaciones costumbristas y de folclore, sin otro interés que el cultural o benéfico, o la exaltación de la propia identidad local o regional» (Juan Pablo II, *Mensaje con ocasión del I Congreso internacional de hermandades*, Actas I, 293).

Hay además otro aspecto que urge solucionar: la falta de formación de quienes piden ingresar o de quienes ya están en ellas, puesto que, en no pocos casos, especialmente entre la juventud, desconocen hasta los rudimentos de la fe cristiana. El Derecho canónico establece, como responsabilidad específica de los presidentes de las asociaciones, promover la formación de sus miembros (c. 329), tarea para la que pueden solicitar el auxilio del párroco, quien debería mostrarse dispuesto a colaborar.

Epílogo
PASTORAL Y DERECHO

Existe en la Iglesia una íntima relación entre pastoral y derecho. Más aún, conviene recordar la «subordinación instrumental», y al mismo tiempo necesaria, del derecho canónico a la pastoral. Esta subordinación no es sólo el principal punto de apoyo de la eclesialidad del derecho canónico, sino un supremo y perenne criterio de interpretación y de aplicación de las leyes, pues, como se insiste a menudo, «la salvación de las almas es la ley suprema» (c. 1752).

Si entendemos por pastoral un conjunto de técnicas de evangelización, entonces hay que decir que el derecho canónico propiamente no es pastoral; de hecho, su principal misión no es abrir nuevos cauces para la evangelización, sino ordenar la vida de la Iglesia según los principios de la justicia y de la equidad, que son dos modos de concreción social de la caridad cristiana.

El papa Juan Pablo II, haciendo suyas unas definitivas afirmaciones de Pablo VI, recuerda que el derecho de la Iglesia «no es impedimento, sino apoyo pastoral; no mata, sino vivifica». Y añade: «Su función peculiar no es oponerse, sino estimular, promover, proteger y defender el espacio de la verdadera libertad»[1].

Según esta lógica, el derecho canónico ha de tener siempre clara conciencia de su función complementaria respecto a los medios y técnicas que se siguen en la pastoral, así como respetar y defenderlos mediante un sistema articulado de presunciones que salvaguarden su eclesialidad mientras no se demuestre lo contrario. Desde la otra vertiente, los medios y las técnicas pastorales han de evaluar y confirmar precisamente en el derecho su eclesialidad, a fin de no caer en anarquías autodestructivas, ni perder el valioso horizonte de la catolicidad. No otra es la razón del subtítulo de nuestro *Manual para párrocos*: «Derecho canónico y acción pastoral».

1. Juan Pablo II, *Discurso a la Comisión codificadora*, 29 de octubre de 1981.

Sea como fuere, a cada disciplina debe exigírsele aquello que es. Y el derecho no puede ser una excepción. Las leyes, por tanto, no han de ser vistas como proclamaciones de buenas intenciones ni exhortaciones a obrar bien, sino que su promulgación busca el cumplimiento. En este sentido, ni la ley imposible es ley, ni la ley innecesaria debe existir. Por otra parte, la ley no es un instrumento de apoyo o beneficio del poder de donde dimanan, sino un medio para ordenar y proteger la convivencia dentro de una comunidad; para hacer más fácil la consecución de los fines personales sin perder de vista el respeto y la salvaguarda de los fines sociales o comunitarios.

Y esto se aplica también a la ley en la Iglesia. Cierto que la potestad en la Iglesia ni nace ni reside en el pueblo, pero –quizás como en ninguna otra comunidad– quienes han recibido de Dios la potestad de legislar tienen la ineludible obligación de hacerlo en favor de ese pueblo al que sirven y en el que reside la razón de su potestad.

Además, aquellos que tiene la obligación de explicar y aplicar las leyes, han de facilitar en la medida de lo posible su recepción por parte del Pueblo de Dios, sin por ello entender que es preciso conservar un cierto relativismo sano: el Código no puede serlo evidentemente todo, ni puede ser el referente central de la Iglesia, ya que junto a la ley escrita, está el Espíritu y la vida, que se encargan de ir moldeando la norma para que no mate, sino que vivifique. Y aquí se entiende bien el papel tan relevante que el párroco cobra como pastor propio de la comunidad a la que debe gobernar.

Resulta obvio recordar, no obstante, que gobernar es un arte. El buen gobierno presupone conocer y cumplir fielmente la ley. Este principio de legalidad implica, en primer lugar, la supremacía de la ley universal de la Iglesia y de las leyes particulares, procedan estas de la conferencia episcopal o del obispo diocesano, ya que son expresión de la comunión eclesial sobre los criterios personales. La sujeción a la ley supone que todas las actuaciones del párroco deben estar legitimadas y previstas por la ley, de modo que sólo podrá actuar allí donde la ley le concede potestad. Al mismo tiempo, la ley le obligará a actuar en determinados casos que dependan directamente de su oficio y no podrá inhibirse en el ejercicio de sus funciones. El conocimiento de la ley y el sometimiento a su imperio es una necesaria garantía de que no van a ser lesionados los derechos de los fieles.

Este imperio de la ley no está reñido con la actitud y práctica evangelizadora, puesto que lleva aparejada la «flexibilidad pastoral». Debido a la diversidad de las condiciones de los fieles, puede resultar difícil aplicar una normativa al conjunto y sin excepciones. En consecuencia, un buen párroco habrá de proteger los derechos de los fieles que están encomendados a su cuidado y considerará las excepciones en casos particulares, siempre que no vayan en detrimento del bien común o provoque escándalo en la comunidad. No se olvide que, como decía Cicerón, «summum ius, summa iniura».

En cuanto ministro de la Iglesia, el párroco está llamado a aplicar la normativa con un sentido exacto para que sean la justicia, la equidad y la caridad las que den sentido a la vivencia de las leyes, y para que los fieles puedan tener, tanto en la interpretación como en la aplicación de las leyes, una genuina jerarquía de valores que oriente la vida pastoral.

El buen gobierno conlleva, por otra parte, una revisión del concepto mismo de autoridad, enmarcada en el proceso de toma de decisiones. En una Iglesia constitutivamente sinodal, el párroco está llamado como pastor del Pueblo de Dios a contar con todas las personas e instituciones que participan en la dinámica pastoral, coordinando y conduciendo todas las iniciativas, y entendiendo siempre la autoridad de gobierno que la Iglesia le ha confiado como un servicio a la comunidad.

Es momento de aceptar que el sacerdote ha dejado de tener el monopolio sobre los conocimientos y los recursos necesarios para gobernar; en el presente, las comunidades cristianas están integradas por fieles que han adquirido una buena preparación básica y que están capacitados para desempeñar muy adecuadamente diversos oficios y ministerios. Prescindir de ellos es empobrecer la parroquia y desvirtuar su naturaleza: ser signo concreto de la comunión eclesial.

Con todo, esto no implica el fin o el declive de la autoridad el párroco, puesto que su oficio sigue siendo crucial como colaborador del obispo en la conducción del Pueblo de Dios que le ha sido encomendado para garantizar la eclesialidad de la acción pastoral y, en cuanto vínculo de comunión, discernir las iniciativas comunes.

Sí significa, por el contrario, cambiar la estructura de trabajo actual –de marcado individualismo y personalismo clerical– por una nueva forma de trabajar «en red», involucrando a la mayor cantidad posible de agentes y delegando responsabilidades. Este nuevo estilo es, sin duda, un medio seguro para fomentar la eficacia en la tarea evangelizadora a través del diálogo y la mediación entre los diferentes intereses con vistas a alcanzar un amplio consenso en lo que concierne a los mayores intereses del conjunto de la comunidad. Este nuevo estilo reforzará, además, el liderazgo propio del párroco, que no puede renunciar a su responsabilidad de decidir en aquellos aspectos que se le han confiado y de los que se le pedirán cuentas.

Se trata, en fin, de asegurar la sostenibilidad futura de la parroquia, liderando proyectos «de» y «para» la comunidad, que no dependan solamente de la voluntad del párroco ni pongan a los fieles en el riesgo del cambio permanente. Construir siempre, hacer crecer a partir de la base que ya existe, evitando las nefastas prácticas de acabar con lo que estaba para empezar siempre algo nuevo. No en vano, el párroco cambia, la comunidad permanece.

ANEXOS

Anexo 1
ESTATUTOS DEL ARCIPRESTAZGO

La institución de los Arciprestazgos tiene la finalidad de que los párrocos y otros presbíteros encargados de la pastoral de un mismo territorio, con la ayuda del arcipreste, formen una célula del presbiterio diocesano desde la que se coordine e incremente toda la actividad pastoral de ese territorio. El oficio del arcipreste así entendido tiene un carácter fundamentalmente pastoral, no sólo jurídico y administrativo, como animador del presbiterio local y coordinador de la pastoral orgánica y de conjunto.

Identidad del arciprestazgo

Art. 1. El arciprestazgo es el conjunto de varias parroquias vecinas, más o menos afines en su situación socio-eclesial, que tiene como fin promover la pastoral orgánica y de conjunto, con el fin de realizar mejor el ministerio en beneficio de los fieles y facilitar así la cura pastoral mediante una actividad común; es signo y realización de la íntima unidad y colegialidad sacerdotal y un instrumento indispensable para la aplicación en la diócesis de los principios de subsidiaridad y de la justa distribución de los ministerios (c. 374 §2; PO 8).

Art. 2. Las finalidades del Arciprestazgo son:

1.ª Promover el Plan Diocesano de Pastoral y la ejecución de los acuerdos diocesanos y de las directrices episcopales.

2.ª Investigar la realidad social y eclesial, interpretarla y discernirla, y buscar respuestas de conjunto para las situaciones y los problemas más significativos.

3.ª Impulsar la unificación de criterios de los agentes de pastoral, especialmente de los sacerdotes, en asuntos importantes del anuncio de la Palabra, la celebración litúrgica y la conducción de la comunidad.

4.ª Impulsar la espiritualidad pastoral de los agentes, especialmente de los sacerdotes, su formación permanente y la fraternidad y ayuda mutua entre ellos.

5.ª Ayudar y apoyar a las parroquias en su proceso de renovación pastoral.

6.ª Aplicar los principios de complementariedad y subsidiaridad en actividades tales como la catequesis, la formación de agentes, la elaboración de subsidios pastorales y la colaboración en «tiempos fuertes», como Adviento, Cuaresma, Pascua, Fiestas Patronales, etc.

Oficio del arcipreste

Art. 3. El Arcipreste ejerce un oficio pastoral de índole supraparroquial, como colaborador inmediato del Obispo en la coordinación de toda la acción pastoral en ese territorio y en comunión con los otros arciprestazgos y con la pastoral diocesana; está investido por el Obispo diocesano de las facultades que él le otorgue pero no tiene jurisdicción sobre los feligreses de las parroquias de sus compañeros (ES 29, 1; c. 553 §1).

Art. 4. Podrá ser Arcipreste cualquier sacerdote residente en el Arciprestazgo que goce de la estima del clero y de los fieles por su doctrina y prudencia, por su piedad y celo apostólico, que conozca la realidad del arciprestazgo, que sea capaz de trabajar en equipo y que tenga al menos tres años como presbítero.

Art. 5. El Arcipreste es nombrado por el Obispo diocesano después de oír a los sacerdotes que ejercen el ministerio en el arciprestazgo, por un periodo de tres años, renovable sólo para un segundo período consecutivo (o confirmado por el Obispo diocesano cuando haya sido elegido por sus compañeros presbíteros) (c. 553 §2).

Art. 6. El oficio de Arcipreste no estará ligado con el de párroco de una determinada parroquia (c. 554 §1).

Art. 7. El Obispo diocesano, según su prudente arbitrio, puede con justa causa removerle libremente de su oficio (c. 554 §3).

Art. 8. Las funciones que se le asignan al Arcipreste son las siguientes (ES 19; cc. 553-555):

1.ª Fomentar y coordinar la actividad pastoral común en el arciprestazgo, en consonancia con el Plan Diocesano de Pastoral.

2.ª Promover la integración, estimular y coordinar los diversos equipos pastorales (catequesis, liturgia, pastoral social, juvenil, familiar…).

3.ª Impulsar acciones conjuntas entre las parroquias del arciprestazgo, especialmente en los tiempos fuertes: Adviento-Navidad, Cuaresma-Pascua, Fiestas Patronales, etc.

4.ª Preparar y conducir las reuniones periódicas del arciprestazgo, organizando la agenda de cada reunión, animando la participación de todos, haciendo llegar a todos los acuerdos asumidos y revisando su cumplimiento.

5.ª Visitar las parroquias de su arciprestazgo para los fines que el Obispo determine.

6.ª Informar anualmente al Obispo sobre la marcha del arciprestazgo.

7.ª Fomentar la espiritualidad de los sacerdotes de su Arciprestazgo, cuidando de que no les falten los medios necesarios

8.ª Mostrarse especialmente solícito con aquellos sacerdotes que se hallen en circunstancias difíciles o se vean agobiados por problemas.

9.ª Cuidar que los clérigos de su arciprestazgo vivan de modo conforme a su estado y cumplan diligentemente sus deberes.

10.ª Procurar que las funciones religiosas se celebren según las prescripciones de la sagrada liturgia; se cuide diligentemente el decoro y esplendor de las iglesias y de los objetos y ornamentos sagrados, sobre todo en la celebración eucarística y en la custodia del santísimo Sacramento; se cumplimenten y guarden convenientemente los libros parroquiales; se administren con diligencia los bienes eclesiásticos; y se conserve la casa parroquial con la debida diligencia.

11.ª Estar atento a las condiciones de salud y económicas de los sacerdotes de su arciprestazgo.

12.ª Atender especialmente a los enfermos y ancianos, para que no carezcan de lo necesario en el orden espiritual y material.

13.ª Fomentar un ambiente de amistad y fraternidad sacerdotal por medio de las relaciones humanas, el servicio y la ayuda mutua, la hospitalidad, el diálogo y la caridad.

14.ª Fomentar la unidad con el Obispo, de quien el arcipreste es colaborador cercano y representante en el arciprestazgo.

Art. 9. El arcipreste cesa en su oficio por renuncia aceptada por el Obispo, por traslado a otro arciprestazgo, por transcurso del tiempo prefijado, por fallecimiento o por remoción, pero no cesa al quedar vacante la Sede. Cuando un arcipreste cesa en su oficio sin haber terminado su período, el nuevo arcipreste será interino, y terminará el período de su antecesor.

Facultades del arcipreste

Art. 10. Para una más eficaz atención a las necesidades pastorales, los Arciprestes tendrán, además de las establecidas por el derecho común, las siguientes facultades:

1.ª Conceder licencia de celebrar en donde no hay iglesia, siempre que sea de utilidad común, y conforme a las normas litúrgicas.

2.ª Conceder el permiso para la tramitación de matrimonios de extranjeros o extradiocesanos cuando haya urgencia o exista verdadera y justa causa en las parroquias del Arciprestazgo, con la condición de que se tomen las precauciones suficientes para la celebración válida del Matrimonio.

3.ª Absolver de la censura a que se refiere el canon 1398 «procurantes abortum», imponiendo al penitente una congrua penitencia.

4.ª Conceder o delegar para casos particulares a los sacerdotes del Arciprestazgo o a los que ocasionalmente se encuentran en él, para poder absolver de esta misma censura de que habla el párrafo anterior, imponiendo una congrua penitencia.

5.ª Asistir válidamente adentro del territorio de su Arciprestazgo a los matrimonios con la facultad de subdelegar, a tenor de los cánones 1110 y 1111.

El colegio de arciprestes

Art. 11. El Colegio de Arciprestes, constituido por el Obispo diocesano, es una instancia establecida en la Diócesis con el fin primordial de coordinar las actividades pastorales de los diferentes arciprestazgos de la diócesis.

Art. 12. Son miembros del Colegio, además de los arciprestes, los Vicarios generales y episcopales.

Art. 13. El Colegio de Arciprestes tiene como finalidades:

1.ª Intensificar la colaboración de los arciprestes con el Obispo y la Curia.

2.ª Fomentar la comunión y la participación corresponsable en la pastoral diocesana.

3.ª Poner en común las programaciones de cada uno de los Arciprestazgos, intercambiar experiencias y revisar la acción pastoral.

4.ª Asesorar en la creación de nuevas parroquias o circunscripciones eclesiásticas en la diócesis.

Art. 14. El Colegio de arciprestes, convocado por el Obispo, se reúne al menos cada tres meses. Al quedar vacante la Sede, cesa en sus funciones.

Anexo 2
ESTATUTOS DE LAS UNIDADES PASTORALES

Introducción

Las Unidades pastorales, basadas en la unión estable de parroquias cercanas, con una mejor distribución de los recursos personales y materiales disponibles, una mayor participación y cooperación de todos y una mejor coordinación de la acción misionera y pastoral, se ofrecen como una oportunidad para crear en nuestra Iglesia Diocesana auténticas comunidades cristianas vivas y evangelizadoras, imagen del Pueblo de Dios, Cuerpo de Cristo y Templo del Espíritu que nuestra sociedad necesita para que la Iglesia sea fermento del Reino, sal de la tierra y luz de las gentes también para nuestro tiempo.

Ahora bien, puesto que distintas realidades reclaman distinto tratamiento, se propone un doble modelo de Unidad pastoral, dos maneras diferentes de asumir este proyecto común para todos:

a) El primer modelo de Unidad pastoral es el que tiene como objetivo la creación de una comunidad única distribuida en varios núcleos de población, con varios centros de culto. El trabajo, por tanto, de esas Unidades no es la atención de varias parroquias, sino ir caminando poco a poco para hacer de todas ellas una única comunidad.

b) El segundo modelo de Unidad pastoral es el que tiene como objetivo la creación de una fraternidad de comunidades que se apoyen y ayuden mutuamente a crecer en comunión, corresponsabilidad, formación y misión. Comunidades que salten los límites de las parroquias que la forman para ir más allá en el camino de las coordenadas que diseñan este proyecto.

La modalidad propia de cada Unidad pastoral se definirá en el decreto por el que cada una sea erigida.

I. Naturaleza de las Unidades pastorales

1. La Unidad pastoral en la diócesis de _______________ es la unión estable de varias parroquias cercanas, dentro del mismo arciprestazgo, encomendada por el Obispo a uno o varios presbíteros, que trabajarán en ella junto con el equipo correspondiente, como una unidad de evangelización. Su finalidad es formar comunidades cristianas vivas, fraternas y orgánicas que permitan realizar las actividades apostólicas propias de una pastoral misionera en comunión de carismas y en corresponsabilidad de todos los miembros del Pueblo de Dios. Cada una se configurará según los criterios y normas aquí expuestos.

2. La Unidad pastoral no goza de personalidad jurídica propia, y la formación de la misma no modificará el estatuto jurídico ni la titularidad de los bienes de las parroquias actualmente existentes.

3. En el Decreto de erección de cada Unidad pastoral deberá constar expresamente la relación de todas las parroquias que la integran y las circunstancias peculiares que en cada caso deben ser tenidas en cuenta.

II. Criterios para la acción pastoral

4. Las Unidades pastorales tendrán en cuenta para realizar su actividad apostólica los siguientes criterios pastorales:

1) Comunión: La comunión con Dios, que se realiza en la Iglesia mediante la escucha de la Palabra, la profesión de la misma fe, la celebración de los sacramentos y la vida de la caridad, ha de ser fuente de una profunda comunión entre todos los miembros de la Unidad pastoral. Se promoverá una viva fraternidad entre todos, así como la acogida respetuosa a las diferentes vocaciones, ministerios y peculiaridades, integrándolas en la unidad y comunión efectiva y afectiva de la Iglesia en la vida, disciplina y misión eclesial, generando una pastoral de conjunto abierta al arciprestazgo, a la Iglesia diocesana y a la Iglesia universal.

2) Misión: La comunión es para la misión. La Unidad pastoral impulsará una tarea evangelizadora atenta a la pastoral propia de la comunidad y también a la misión. Una tarea que lleve a cada cristiano y a la comunidad en su conjunto a vivir la fe y a dar testimonio de ella en sus respectivos ambientes, transformando la realidad en la que están insertos conforme a los valores del Reino, dando razón de su esperanza, ofreciendo cauces de encuentro con los que se han alejado o con los que ya no están.

3) Corresponsabilidad: La comunión y la misión son tarea de todos, cada cual según su vocación, ministerio y carisma. La Unidad pastoral establecerá los organismos adecuados para que esa corresponsabilidad de todo el Pueblo de Dios con la ayuda de la dirección de los pastores pueda realizarse orgánicamente, para un mejor servicio al evangelio y una presencia significativa en nuestra sociedad. A ello ayudará especialmente la incorporación a los equipos pastorales de los consagrados presentes en la Unidad y de fieles laicos, para crear un estilo de trabajo en equipo en un clima de fraternidad.

4) Integralidad: La vida de la Iglesia se estructura según la triple misión de Cristo, Sacerdote, Profeta y Rey. Toda comunidad viva es llamada a continuar esa misión de Cristo; por ello, desde una profunda conciencia vocacional, la Unidad pastoral cuidará el anuncio de la Palabra de Dios, con procesos catequéticos adecuados, con la predicación, con grupos de referencia, de matrimonios, de jóvenes, de movimientos según las circunstancias concretas de los que la forman; celebrará y alimentará la fe potenciando una relación intensa con Dios en diversas expresiones de oración y devoción, sobre todo en la celebración de los sacramentos, especialmente de la Eucaristía y la Reconciliación; y vivirá la fraternidad y la caridad, manifestando el amor fraterno, especialmente con los más necesitados.

5) Formación: Todo lo anterior requiere una adecuada formación integral para que los cristianos vivan con una fe sólida y madura, acorde con sus necesidades y las del tiempo presente. La Unidad pastoral, por sí misma o en comunión con otras Unidades del arciprestazgo, ofrecerá cauces adecuados de formación

para que la comunidad pueda disponer de agentes idóneos para las diferentes tareas y de testigos creíbles en el mundo.

6) Programación: Estos criterios reclaman una programación adecuada en la que se contemplen las posibilidades y las necesidades que tiene la Unidad pastoral. A la luz de las directrices del Plan Diocesano de Pastoral, de la programación diocesana anual y de la programación arciprestal, el Consejo o Equipo Pastoral de la Unidad programará objetivos y acciones adecuados para que la pastoral de la Unidad pueda responder de la mejor forma posible a sus necesidades desde las posibilidades concretas que tiene. Una adecuada evaluación periódica de las programaciones ayudará a que se construya siempre sobre lo que ya se ha trabajado, evitando estancamientos y bloqueos pastorales.

III. Encargados de las Unidades pastorales

5. Cada una de las Unidades pastorales del primer modelo estará confiada a uno o varios presbíteros, mediante nombramiento del Obispo diocesano. Si fuera confiada a varios presbíteros *in solidum*, uno de ellos será nombrado moderador (cf. c. 517 §1). Al párroco moderador le corresponde, bajo la autoridad del Obispo, la dirección de la actividad pastoral y misionera de la Unidad de acuerdo con los presentes criterios y normas.

6. Las Unidades pastorales del segundo modelo serán encomendadas *in solidum* a los sacerdotes con nombramiento pastoral en las parroquias que la formen, designando el Obispo de entre ellos un moderador que coordinará las tareas de la Unidad según se indica en el número 9.

7. El presbítero o presbíteros a los que se confía una Unidad pastoral, salvo autorización del Obispo, residirán dentro del territorio de la misma. No obstante, se favorecerá la creación de fraternidades presbiterales de trabajo y vida, pues son por sí mismas un signo de comunión en la misión. Por ello se alentarán cuando sea posible; aunque esto no puede suponer, en ningún caso, una merma en la disponibilidad ministerial.

IV. Organismos y actividad pastoral

8. Cada Unidad pastoral del primer modelo tendrá un único Consejo Pastoral, presidido por el párroco o moderador, e integrado por aquellos sacerdotes a los que está confiada, en su caso, una representación de los fieles laicos de las distintas parroquias y una representación de los consagrados que hubiere en la Unidad. Dicho consejo será el órgano de comunión y participación para programar y evaluar, fomentar y dinamizar la vida cristiana según los criterios expuestos en el apartado II.

9. Cada Unidad pastoral del segundo modelo formará un Equipo Pastoral con los sacerdotes con nombramiento en ella y una representación de todos los Consejos Pastorales de las parroquias que la componen. Ese Equipo, presidido por el moderador de la Unidad, será el encargado de elaborar la programación común por la que la actividad pastoral y misionera de las distintas parroquias crezca en unidad y se establezcan las acciones comunes que sean oportunas para una mejor realización de los criterios expuestos en el apartado II.

10. Cada Consejo o Equipo de las Unidades pastorales abordará, necesariamente, las distintas dimensiones de la vida de la Iglesia: la liturgia, la catequesis, la acción caritativa y social y la dimensión específicamente misionera, para promover y alentar la vida de la comunidad en cada uno de esos campos.

11. Para vivir el domingo como el día del Señor, el día de la Comunidad y el día de la Eucaristía, se potenciarán los distintos ministerios laicales que hagan de la liturgia dominical una verdadera celebración de toda la comunidad. Teniendo en cuenta que el sacerdote sólo puede celebrar dos Misas como máximo los días laborables y tres los domingos y fiestas de precepto (cf. c. 905), el párroco o moderador, con el Consejo o Equipo Pastoral de la Unidad, establecerá los lugares y horarios de culto y la periodicidad con que se celebrará la Eucaristía en las distintas iglesias de la Unidad pastoral, dándolos a conocer públicamente a los fieles de todas las parroquias. En las parroquias en las que no se pueda celebrar el domingo la Eucaristía se recomienda preparar, para las personas que no puedan desplazarse, celebraciones dominicales en espera de presbítero. En la medida de lo posible se harán de forma rotatoria dentro de la Unidad, alternando con la celebración de la Eucaristía, y nunca se tendrán si ésta se ha celebrado la tarde precedente. Para las personas que puedan desplazarse, se potenciará igualmente la participación en la Eucaristía que se celebre más cercana a su lugar de residencia, teniendo presente en esa Eucaristía la participación de los fieles de diferentes lugares de procedencia. Se establecerá también un calendario de celebraciones de la Eucaristía en los días laborables en las distintas parroquias.

12. De igual manera, el párroco o moderador, junto con el Consejo o Equipo Pastoral, programará las demás actividades pastorales de la Unidad pastoral de la forma más conveniente: las catequesis, las ofertas formativas, la celebración de la Penitencia, la visita a los enfermos, el funcionamiento del equipo de liturgia, las acciones caritativas y sociales de la Unidad, la preparación adecuada para el matrimonio y para el bautismo de los hijos, la atención organizada a la tercera edad, la pastoral vocacional, etc.

13. Así mismo, en la medida de lo posible, cada Unidad buscará actividades específicamente misioneras con las que acercarse a las personas alejadas y a los ambiente necesitados de un primer anuncio evangélico: familias, adolescentes, jóvenes, etc.

14. En las Unidades pastorales del primer modelo se garantizará, en cuanto sea posible, la celebración de las fiestas patronales de las distintas parroquias, así como las exequias de los fieles. De igual manera, es conveniente ir introduciendo la celebración de la fiesta de la Unidad para ayudar a tomar conciencia de comunidad. Se recomienda vivamente que la Vigilia Pascual, el sacramento de la Confirmación y otras solemnidades importantes las celebren unidas todas las parroquias de la Unidad pastoral en una única iglesia.

15. Se procurará que en cada parroquia haya alguna persona o personas de reconocida honestidad y formación cristiana a las que se pueda encomendar la dirección de algunos actos de piedad, la distribución de la comunión a los enfermos, la atención y el cuidado del templo y los bienes parroquiales. Son ministerios laicales que enriquecen la vida de la comunidad.

16. Se tendrá especialmente en cuenta en la programación de cada Unidad pastoral la tarea que estén realizando los consagrados presentes en esa Unidad, ya sea la atención al mundo de la salud, de la tercera edad o los centros de enseñanza, con una atención particular al profesorado de religión.

V. Sede, despacho, libros parroquiales y centro parroquial

17. La Unidad pastoral del primer modelo contará con una sede. En ella estará, normalmente, la residencia habitual del presbítero, el despacho parroquial, el archivo de las parroquias que la integran y el centro pastoral con las instalaciones necesarias para las distintas actividades pastorales y caritativas de la Unidad pastoral. Se procurará, además, que en cada parroquia haya un lugar adecuado para la atención personal y las reuniones. Cada parroquia mantendrá en uso sus propios libros parroquiales y el sello parroquial. En el archivo de la Unidad pastoral se custodiará debidamente, además de los libros parroquiales, toda la documentación propia de las distintas parroquias.

VI. Economía

18. Cada parroquia que forma la Unidad pastoral será titular de los bienes propios, presentes y futuros, respetando en todo caso los derechos adquiridos. No obstante, en su administración se ha de tener siempre presente el principio de la comunicación de bienes.

19. Cada parroquia integrante de una Unidad pastoral del primer modelo puede tener su propio Consejo de asuntos económicos; con todo, se creará un Consejo de asuntos económicos para toda la Unidad con las características siguientes:

1) Estará presidido por el párroco o el moderador.

2) En él estarán representadas todas las parroquias que integran la Unidad.

3) Sus tareas serán, entre otras, asesorar al párroco o moderador sobre la marcha de la economía de la Unidad pastoral y de las parroquias que la integran así como de la distribución de las cargas comunes con criterios de equidad y proporcionalidad, teniendo en cuenta los ingresos de cada una de las parroquias, favoreciendo la comunicación de bienes entre ellas y, en todo caso, la voluntad de los donantes.

4) Así mismo asesorará a los Consejos de asuntos económicos de las parroquias de la Unidad.

20. Se realizará un inventario del patrimonio estable de cada parroquia, que se conservará, debidamente actualizado, en el archivo de la Unidad pastoral, según decreto de erección. Así mismo, cada parroquia llevará su propia contabilidad. La administración de este patrimonio en el primer modelo de Unidad pastoral puede ser común, conservando cada parroquia la titularidad de sus bienes. Se podrá, también, presentar globalmente lo recaudado en la Unidad pastoral para las colectas imperadas y las aportaciones fijadas a los fondos diocesanos.

Anexo 3
PROFESIÓN DE FE Y JURAMENTO DE FIDELIDAD DEL PÁRROCO

Profesión de fe

Yo, N., creo con fe firme y profeso todas y cada una de las cosas contenidas en el Símbolo de la fe, a saber:

Creo en un solo Dios, Padre todopoderoso, Creador del cielo y de la tierra, de todo lo visible y lo invisible.

Creo en un solo Señor, Jesucristo, Hijo único de Dios, nacido del Padre antes de todos los siglos: Dios de Dios, Luz de Luz, Dios verdadero de Dios verdadero, engendrado, no creado, de la misma naturaleza del Padre, por quien todo fue hecho; que por nosotros, los hombres, y por nuestra salvación bajó del cielo, y por obra del Espíritu Santo se encarnó de María, la Virgen, y se hizo hombre; y por nuestra causa fue crucificado en tiempos de Poncio Pilato; padeció y fue sepultado, y resucitó al tercer día según las Escrituras, y subió al cielo y está sentado a la derecha del Padre; y de nuevo vendrá con gloria para Juzgar a vivos y muertos, y su reino no tendrá fin.

Creo en el Espíritu Santo, Señor y dador de vida, que procede del Padre y del Hijo, que con el Padre y el Hijo recibe una misma adoración y gloria, y que habló por los profetas. Creo en la Iglesia, que es una, santa, católica y apostólica. Confieso que hay un solo Bautismo para el perdón de los pecados. Espero la resurrección de los muertos y la vida del mundo futuro. Amén.

Creo, también, con fe firme, todo aquello que se contiene en la palabra de Dios escrita o transmitida por la Tradición, y que la Iglesia propone para ser creído, como divinamente revelado, mediante un juicio solemne o mediante el Magisterio ordinario y universal.

Acepto y retengo firmemente, asimismo, todas y cada una de las cosas sobre la doctrina de la fe y las costumbres, propuestas por la Iglesia de modo definitivo.

Me adhiero, además, con religioso obsequio de voluntad y entendimiento, a las doctrinas enunciadas por el Romano Pontífice o por el Colegio de los obispos cuando ejercen el Magisterio auténtico, aunque no tengan la intención de proclamarlas con un acto definitivo.

Juramento de fidelidad

Yo, N., al asumir el oficio , prometo mantenerme siempre en comunión con la Iglesia católica, tanto en lo que exprese de palabra como en mi manera de obrar.

Cumpliré con gran diligencia y fidelidad las obligaciones a las que estoy comprometido con la Iglesia tanto universal como particular, en la que he sido llamado a ejercer mi servicio, según lo establecido por el derecho.

En el ejercicio del ministerio que me ha sido confiado en nombre de la Iglesia, conservaré íntegro el depósito de la fe y lo transmitiré y explicaré fielmente; evitando, por tanto, cualquier doctrina que le sea contraria.

Seguiré y promoveré la disciplina común a toda la Iglesia, y observaré todas las leyes eclesiásticas, ante todo aquellas contenidas en el Código de derecho canónico.

Con obediencia cristiana acataré lo que enseñen los sagrados pastores, como doctores y maestros auténticos de la fe, y lo que establezcan como guías de la Iglesia, y ayudaré fielmente a los obispos diocesanos para que la acción apostólica que he de ejercer en nombre y por mandato de la Iglesia, se realice siempre en comunión con ella.

Que así Dios me ayude y estos santos evangelios que toco con mis manos.

Anexo 4

ENTRADA DEL NUEVO PÁRROCO E INAUGURACIÓN DE SU MINISTERIO. CELEBRACIÓN DE LA EUCARISTÍA. RECIBIMIENTO Y PROCESIÓN A LA IGLESIA

Donde las circunstancias lo permitan, el Obispo (o un presbítero delegado por él) y el nuevo párroco pueden ser recibidos en el límite de la parroquia y conducidos procesionalmente hasta la puerta de la iglesia, donde el Obispo presenta brevemente al nuevo párroco y le entrega la llave de la iglesia.

Otra forma de recibimiento consiste en que el clero, los ministros y una representación de la comunidad se dirijan a la casa parroquial para acompañar al Obispo y al nuevo párroco hasta la iglesia, efectuándose a la puerta de ésta la presentación y la entrega de la llave.

Al entrar en la iglesia, se ofrecerá agua bendita al Obispo, el cual la ofrecerá al nuevo párroco y rociará con ella al pueblo, como signo memorial del Bautismo. No obstante, el recibimiento y la presentación del nuevo párroco pueden hacerse también al comienzo de la Misa, después del saludo del Obispo. Esta forma de recibimiento es aconsejable, sobre todo, cuando después del saludo del Obispo se lee el documento de nombramiento y el párroco presta juramento según la norma del derecho.

Convendría que el nuevo párroco, al ser presentado todo por el Obispo o al recibir el documento de nombramiento, responda con unas breves palabras para expresar el deseo de corresponder a la misión que le ha sido confiada.

Si el recibimiento y la presentación del nuevo párroco tienen lugar al comienzo de la Misa, se suprime el acto penitencial, entonándose, según las circunstancias, el *Señor, ten piedad* o el *Gloria*.

El Obispo recita la oración colecta.

Liturgia de la Palabra

Las lecturas son leídas por los lectores, y el salmo responsorial es cantado por el salmista o proclamado por el lector, alternando con el pueblo. El evangelio debe ser anunciado por el nuevo párroco, el cual se sitúa delante del Obispo para recibir, de pie, el Evangeliario y pedir la bendición.

El Obispo entrega al nuevo párroco el libro de los evangelios con estas o parecidas palabras: «Recibe el Evangelio de Cristo, del cual fuiste constituido mensajero; anuncia su mensaje de salvación con deseo de enseñar y con toda paciencia, por medio de la catequesis y de la homilía, ayudando a tus hermanos a conformar su vida con la Palabra de Dios. En el nombre del Padre, y del Hijo, y del Espíritu Santo».

El nuevo párroco responde: Amén.

En la homilía, el Obispo explica a los fieles las funciones del párroco e ilustra el significado de los ritos que van a tener lugar.

Renovación de las promesas de la ordenación

Terminada la homilía, puede tener lugar la renovación de las promesas que el nuevo párroco hizo en su ordenación. Éste se sitúa de pie, delante del Obispo, que le interroga con estas palabras:

Obispo: Querido hijo: Delante del pueblo de quien se te ha confiado la cura pastoral, renueva las promesas que hiciste en tu ordenación. ¿Estás dispuesto a desempeñar siempre el ministerio sacerdotal como buen colaborador del orden episcopal, apacentando el rebaño del Señor y dejándote guiar por el Espíritu Santo?

Párroco: Sí, estoy dispuesto.

Obispo: ¿Estás dispuesto a presidir fielmente la celebración, de los misterios de Cristo, para alabanza de Dios y santificación del pueblo cristiano, según la tradición de la Iglesia?

Párroco: Sí, estoy dispuesto.

Obispo: ¿Realizarás el ministerio de la palabra preparando la predicación del Evangelio y la exposición de la fe católica con dedicación y sabiduría?

Párroco: Sí, lo haré.

Obispo: ¿Quieres unirte cada día más a Cristo, sumo Sacerdote, que por nosotros se ofreció al Padre como víctima santa, y con él consagrarte para la salvación de los hombres?

Párroco: Sí, quiero, con la gracia de Dios.

Obispo: ¿Prometes obediencia y respeto a mí y a mis sucesores?

Párroco: Prometo.

Obispo: Dios, que comenzó en ti la obra buena, él mismo la lleve a término.

Entrega de los lugares de la celebración

Según las circunstancias, se puede organizar una procesión precedida del turiferario, con la cruz, las candelas y los ministros, en la que el Obispo, recorriendo la iglesia, hace entrega al nuevo párroco de los lugares en los que ha de desempeñar su ministerio: la sede presidencial, la capilla del Santísimo sacramento, el baptisterio, la sede penitencial, por el orden en que se encuentran en la iglesia.

El Obispo puede invitar al párroco a que abra la puerta del sagrario e inciense el Santísimo sacramento. También puede ser incensada la fuente bautismal. Y, si puede hacerse cómodamente, el párroco hará sonar las campanas. Mientras tanto, el comentador puede referirse a cada uno de los lugares con breves moniciones, o se ejecuta un canto oportuno.

Después se hace la Oración de los fieles.

Obispo: Elevemos a Dios nuestras plegarias, para darle gracias por el bien que hace a su Iglesia por el ministerio de los presbíteros, y para pedirle que este servicio no falte nunca a su pueblo santo.

–Por la Iglesia santa de Dios: para que sea testimonio vivo de verdad y de justicia, y en un mundo dividido y lacerado por las discordias aparezca como signo de unidad y de paz, roguemos al Señor.

–Por nuestro Obispo N.: para que en su ministerio pastoral se encuentre asistido por la fuerza del Espíritu Santo y confortado por la constante adhesión de todos los fieles, roguemos al Señor.

–Por don N., que inaugura el ministerio pastoral en esta parroquia: para que sea incansable en el anuncio de la Palabra y en el servicio de esta porción del pueblo santo de Dios, roguemos al Señor.

–Por los sacerdotes difuntos que han regido esta parroquia: para que el Señor les dé el premio merecido por su servicio generoso y fiel, roguemos al Señor.

–Por las vocaciones al ministerio sacerdotal: para que nunca falten en la Iglesia ministros de Cristo, y dispensadores de los misterios de Dios, roguemos al Señor.

–Por todos los presentes: para que el Señor nos dé la gracia de formar una comunidad viva y misionera, que haga presente el Reino de Dios en este lugar, bajo la guía de nuestros pastores, roguemos al Señor.

OBISPO: Padre santo, que has querido servirte del ministerio de los presbíteros para hacer a tu pueblo partícipe de la salvación, acoge nuestras súplicas y oraciones y haz que aumente el número de los que responden a tu llamada con disponibilidad generosa y fiel. Por Jesucristo, nuestro Señor.

TODOS: Amén.

LITURGIA EUCARÍSTICA

En la presentación de los dones, el Obispo y el nuevo párroco reciben las ofrendas de los fieles.

Al llegar el rito de la paz, el nuevo párroco da la paz a algunos fieles, en representación de toda la comunidad parroquial.

Terminada la distribución de la comunión y guardado el Sacramento en el sagrario, el Obispo puede entregar al párroco la llave de éste, diciendo:

> Recibe la llave del sagrario. Conserva con todo cuidado el Pan eucarístico, para llevarlo a los enfermos y moribundos, a los ancianos y a cuantos no pueden tomar parte en la Eucaristía. Procura también que tus fieles se dediquen a la adoración eucarística, y cuida de que esta luz permanezca siempre ardiendo para señalar la presencia del Señor.

A continuación el Obispo dice la oración después de la comunión.

RITO DE DESPEDIDA

Terminada la oración después de la comunión, el nuevo párroco puede dirigir unas palabras al pueblo. Sigue la despedida con las fórmulas acostumbradas. Sería muy laudable que el párroco, acompañado del Obispo y del pueblo, se dirija cementerio, y allí oren por los difuntos en la forma prescrita por el Ritual de exequias»

[Tomado del *Caeremoniale Episcoporum*, núms. 1185-1198].

Anexo 5
ACTA DE TOMA DE POSESIÓN DEL PÁRROCO DE LA PARROQUIA

Diócesis de ....

Parroquia ....
Población ....
Provincia ....

En la ciudad de .... , a .... del mes de .... de ...., a las .... horas, el Rvdo. Padre D. ...., nombrado párroco de esta Parroquia por el Obispo de la Diócesis, Mons. ...., ha tomado posesión de la misma ante el Rvdo. Sr. D. ...., en calidad de ....

En el Despacho Parroquial, el nuevo párroco recibió colación canónica en presencia de los dos testigos que al final se consignan.

A continuación el nuevo párroco se hizo cargo de los siguientes libros parroquiales:

1. Libro de Bautismos.
2. Libro de Confirmaciones.
3. Libro de Matrimonios.
4. Libro de Defunciones.
5. Libro de cuentas, con un saldo de .... a la fecha de hoy.
6. Libro de Misas.
7. Otros libros (consignar cuáles) ....

En la Parroquia, a .... de ...., de ....

El párroco — Quien da la colación

El testigo 1 — El testigo 2

(Nombre y firma)

Anexo 6
DECRETO Y ESTATUTOS DEL CONSEJO PASTORAL PARROQUIAL

____________ (nombre del obispo), POR LA GRACIA DE DIOS Y DE LA SANTA SEDE APOSTÓLICA OBISPO DE LA DIÓCESIS DE __________

HACEMOS SABER:

Todos los cristianos (sacerdotes, religiosos, laicos), consagrados por el Espíritu Santo con los sacramentos de la iniciación, están llamados, cada uno según su condición, a colaborar activamente en la misión de edificar el Cuerpo Místico de Cristo, ejerciendo sus propias responsabilidades en la comunión orgánica de la Iglesia.

Los Pastores, pues, no pueden limitarse a reconocer los carismas, ministerios y asociaciones en su comunidad, sino que, en su función pastoral propia de santificar, enseñar y conducir al Pueblo de Dios, no pueden actuar solos (LG 39): necesitan de la ayuda de laicos y religiosos; sin ella, «el mismo apostolado de los Pastores no podría alcanzar, la mayor parte de las veces, su plena eficacia» (AA 30). Así pues, todos los fieles «tienen el derecho y a veces la obligación de manifestar su parecer en lo que conviene al bien de la Iglesia» (LG 37) tanto individualmente como en instituciones establecidas por el derecho para ese fin: una de ellas es el Consejo Pastoral, tanto diocesano como parroquial.

A este organismo le corresponde específicamente estudiar todo lo referente a las actividades pastorales, sopesarlo y sugerir conclusiones prácticas de ello (CD .27; ES 1, 16, 1; c. 511), teniendo como fin último el conformar la vida de la comunidad y sus acciones pastorales al Evangelio (ES 1, 16, 1; AS 210). No es, pues, un organismo para tomar decisiones (lo cual corresponde al párroco), ni para llevar a cabo unas acciones (que es competencia de las comisiones parroquiales), sino que en él se estudia y se dialoga sobre la marcha pastoral de la comunidad.

La posibilidad de constitución del Consejo Pastoral Parroquial ya se preveía en el concilio Vaticano II como una ayuda para el apostolado de la parroquia (AA 26). Y así lo confirmaba la circular de la Congregación para el Clero del 25-1-1973 (n. 12) y el directorio *Apostolorum Successores* (n. 210-211). El Código de Derecho canónico, por su parte, en su can. 536 §1, faculta al Obispo diocesano para que constituya el Consejo Pastoral Parroquial con el fin de que colabore con el párroco en el fomento de la acción pastoral.

Últimamente, el Santo Padre, en su Exhortación apostólica *Christifideles laici* nos anima a su constitución con estas palabras: «La indicación conciliar respecto al examen y solución de los problemas pastorales con la colaboración de todos (AA 10) debe encontrar un desarrollo adecuado y estructurado en la valoración más convencida, amplia y decidida de los Consejos Pastorales Parroquiales, en los que han insistido, con justa razón, los Padres Sinodales» (ChL 27 c).

En este espíritu, encargamos al Consejo Pastoral Diocesano que nos sugiriera unas directrices para el funcionamiento de los parroquiales, teniendo en cuenta el parecer y la experiencia de los distintos Consejos Pastorales existentes en la diócesis.

Y ahora, después de haber oído nuestro Consejo Presbiteral, en conformidad con el can. 536 del Código de Derecho canónico,

DECRETAMOS:

Que en todas las parroquias de la Archidiócesis se constituya el Consejo Pastoral, que deberá regirse por los siguientes

ESTATUTOS

Art. 1. Créese en todas las parroquias el Consejo Pastoral Parroquial, a no ser que circunstancias concretas lo impidan.

I. Naturaleza

Art. 2. El Consejo Pastoral Parroquial es un organismo asesor del párroco en el que los fieles, junto con quienes participan en la cura pastoral de la parroquia, y presididos por el párroco, prestan su colaboración para el fomento de la actividad pastoral parroquial, expresando y realizando de este modo la unidad y corresponsabilidad de toda la comunidad (c. 536 §1).

Art. 3. Se rige de acuerdo con la legislación canónica vigente, así como por estos estatutos.

II. Funciones

Art. 4. Toda la actividad del Consejo está presidida por el fin último de buscar la conformidad de la vida y las actividades parroquiales con el Evangelio. Y así debe:

1.º Analizar en todos sus aspectos la realidad de la comunidad parroquial y del pueblo que ésta ha de evangelizar y buscar las respuestas pastorales más adecuadas.

2.º Sugerir y analizar propuestas para una mayor colaboración de los fieles en las tareas parroquiales, recoger sus iniciativas y discernir sobre la conveniencia de realizarlas.

3.º Dar al inicio de cada curso las sugerencias al programa general de actividades pastorales de la parroquia; para ello tendrá en cuenta los objetivos pastorales de la diócesis y la programación del arciprestazgo.

4.º Estudiar, sopesar y sacar conclusiones prácticas respecto a las actividades pastorales parroquiales en orden a la conjunción y desarrollo de las tres tareas específicas de la comunidad: palabra, liturgia y caridad.

5.º Revisar, al final del curso, las actividades pastorales realizadas, sacando consecuencias y sugerencias para el curso siguiente.

6.º Preparar las asambleas parroquiales (art. 91).

7.º El Consejo puede ser oído para la programación religiosa de las fiestas patronales (art. 644).

8.º El Consejo debe ser oído a la hora de designar el párroco a los miembros del Consejo Parroquial de Asuntos Económicos y cuando el párroco tenga que convocar de modo extraordinario la asamblea parroquial (art. 90, 6).

9.º En caso de celebrarse, en las ciudades y pueblos donde haya más de una parroquia, actos litúrgicos o actividades pastorales de ámbito municipal, los Consejos Pastorales parroquiales, deberán aconsejar el modo de celebrarlos (art. 668).

10.º Elegir a los representantes de la parroquia en el Consejo para la Coordinación Pastoral del Arciprestazgo de acuerdo con las normas dadas para el mismo. Son elegibles los laicos y los miembros de institutos de vida consagrada y sociedades de vida apostólica.

III. Estructura y miembros

Art. 5. El número de los miembros del Consejo Pastoral Parroquial no puede ser inferior a cinco.

Art. 6. Las reuniones del Consejo Pastoral Parroquial las preside el párroco.

Art. 7. Son miembros natos del Consejo:

1.º Todos los sacerdotes y diáconos con oficio pastoral en la parroquia.

2.º Los coordinadores de las tres áreas especificas de la pastoral (catequesis, liturgia, caridad).

Art. 8. Son miembros electos:

1.º Un representante de los grupos de trabajo de las tres áreas especificas de la pastoral (catequesis, liturgia, caridad), así como de todos y cada uno de los movimientos, comunidades y asociaciones.

2.º Un representante de las comunidades de vida consagrada activa existentes en la parroquia.

3.º Un representante del Consejo Parroquial para Asuntos Económicos, un representante de las hermandades o cofradías que organizan las fiestas populares, otro de cada uno de los centros de enseñanza católicos existentes en la parroquia y otro de los profesores católicos de centros de enseñanza pública y no confesionales.

Art. 9. Miembros designados: el párroco podrá designar libremente hasta un tercio del total del Consejo entre los fieles no pertenecientes a grupos parroquiales organizados, de forma que en el Consejo Pastoral Parroquial quede reflejada toda la comunidad parroquial. En todo caso, la mayoría del Consejo estará formada por laicos (c. 512).

Art. 10. De entre los miembros del Consejo se elige a un secretario con todas las atribuciones y funciones propias de este cargo. Si es oportuno, pueden crearse comisiones de trabajo para el estudio de temas determinados.

Art. 11. En el caso de parroquias grandes, se creará una Comisión o Consejo permanente para la preparación y seguimiento de lo tratado en las reuniones generales, integrada por el presidente, el secretario y un número de vocales no superior a tres, elegidos por el Consejo Pastoral Parroquial. El secretario del Consejo lo será también de la Comisión permanente.

IV. Funcionamiento

Art. 12. De las reuniones:

1.º El párroco es quien fijará el orden del día, convocará al Consejo y hará público lo tratado en el mismo.

2.º Para conocer la opinión mayoritaria se puede acudir a las votaciones, cuyo valor será meramente consultivo (cf. can. 536, § 2). La votación será secreta si un consejero lo solicita. Al someter a consulta una cuestión, el párroco se ha de abstener de votar.

3.º El párroco puede nombrar a un delegado para presidir una reunión del Consejo Pastoral Parroquial, en caso de ausencia o enfermedad.

4.º Al secretario corresponde convocar, por orden del presidente, las reuniones del consejo y de la comisión permanente, y redactar las actas de las reuniones.

5.º El párroco no debe apartarse del parecer del Consejo, sobre todo si es unánime, sin que exista una razón que, a su juicio, sea más poderosa (c. 127 § 2, 2.º).

Art. 13. El Consejo se reúne al menos una vez al trimestre de forma ordinaria. El párroco puede convocarlo, de forma extraordinaria, cuando lo juzgue conveniente o se lo solicite, al menos, la mayoría de los consejeros.

Art. 14. Las elecciones se realizarán de acuerdo con el canon 119 del Código de Derecho canónico.

Art. 15. En casos determinados, el párroco urgirá a los consejeros la obligación de guardar secreto, si lo requiere la gravedad de los asuntos (c. 127 § 3).

Art. 16. Pueden ser invitados a participar expertos para que informen o aclaren un determinado tema.

V. Duración y cese de los miembros

Art. 17. Los miembros electos y designados pertenecerán al Consejo Pastoral Parroquial durante un período de tres años, pudiendo ser reelegidos una sola vez consecutiva. Los miembros natos cesan al cesar en el cargo para el que fueron nombrados. Los miembros electos cesan en el caso de dejar de trabajar en actividades pastorales de la parroquia.

Art 18. En caso de cese de algún miembro se nombrará a un sustituto con carácter interino, quien durará en el cargo hasta completar los cuatro años para los que fue nombrado su antecesor.

Art. 19. Todos los miembros cesan al expirar el tiempo para el que fueron nombrados en el cargo, y también al cesar el párroco. El nuevo párroco podrá confirmar a los miembros cesados hasta completar los tres años de mandato, o bien procederá a nombrar nuevos miembros.

VI. Extinción del consejo

Art. 20. El Consejo puede ser disuelto por el párroco, habiendo oído el parecer de los otros sacerdotes de la parroquia, cuando graves razones pastorales lo aconsejen. Cuando cesen las mismas debe constituirse de nuevo.

ANEXO 7

DECRETO Y ESTATUTOS DEL CONSEJO PARROQUIAL DE ASUNTOS ECONÓMICOS

____________ (nombre del obispo), POR LA GRACIA DE DIOS Y DE LA SANTA SEDE APOSTÓLICA OBISPO DE LA DIÓCESIS DE __________

HACEMOS SABER:

Uno de los objetivos importantes que se ha propuesto nuestro diócesis ha sido promover y revitalizar la vida comunitaria y evangelizadora de la parroquia, unidad fundamental dentro de la Iglesia diocesana, y desarrollar el sentido de comunión y participación eclesial de los fieles cristianos. Este impulso renovador de comunión y participación alcanza al tema de los bienes eclesiásticos propiamente dichos, siguiendo las orientaciones del Concilio: «como lo pide la naturaleza de la cosa, los administrarán los sacerdotes, observando lo que disponen las leyes eclesiásticas, con la ayuda, en cuanto fuere posible, de laicos peritos, y los destinarán siempre a aquellos fines para cuya consecución le es lícito a la Iglesia poseer bienes temporales, a saber: para la ordenación del culto divino, para procurar la honesta sustentación del clero y para ejercer las obras del sagrado apostolado o de la caridad, señaladamente con los menesterosos» (PO 17). El Concilio, en esta materia, recoge una tradición eclesial que manifiesta la gran prudencia con la que la Iglesia se ha conducido en la administración de los bienes materiales. Guiada por este espíritu, ha querido que la comunidad parroquial participe en esta tarea, ayudando al párroco que la preside.

El Código de Derecho canónico recoge esta tradición eclesial y, coherente con la norma establecida en el can. 1280, ordena que «en toda parroquia debe haber un Consejo de asuntos económicos, que se rija por el derecho universal y por las normas que establezca el Obispo diocesano, en el cual los fieles, elegidos según esas mismas normas, presten su ayuda al párroco en la administración de los bienes de la parroquia» (c. 537).

Las normas que a continuación se transcriben deben ser leídas y entendidas a la luz del sentido pastoral que tienen los bienes eclesiásticos, porque la misión de la Iglesia no es de orden económico, sino espiritual, aunque para cumplir adecuadamente su misión necesite de bienes materiales. Por ello los Párrocos y los Consejos parroquiales de asuntos económicos han de procurar tener presentes en su trabajo la exigencia de compartir la vida y los bienes como expresión de la comunión eclesial, la solidaridad de todos los fieles y grupos parroquiales en una tarea común, y la subordinación de los bienes económicos a los fines pastorales.

Por consiguiente, en conformidad con lo dispuesto por el canon 537 del Código de Derecho canónico,

DECRETAMOS:

Que se establezcan en todas las parroquias los Consejos parroquiales de asuntos económicos regidos por los siguientes

ESTATUTOS

Art. 1. La constitución del Consejo parroquial de asuntos económicos es obligatoria en todas las parroquias (cc. 537 y 1280).

I. Naturaleza

Art. 2. Es un órgano de carácter consultivo, a través del cual un grupo de fieles ayuda al párroco en la administración de los bienes de la parroquia, expresando y realizando de este modo su corresponsabilidad en esta tarea. Se rige de acuerdo con la legislación canónica vigente, así como por estas normas.

II. Funciones

Art. 3. El Consejo ayuda al párroco en sus funciones de administrador parroquial, enmarcadas en los cánones 1281-1288. Sobre todo en:

1.º La elaboración del presupuesto.
2.º La ejecución del presupuesto.
3.º La preparación del balance anual de las cuentas de ingresos y gastos.
4.º La custodia de los bienes del inventario parroquial y la obtención de su mayor rentabilidad.
5.º La sensibilización de los fieles sobre el deber de contribuir al sostenimiento de la Iglesia.
6.º La preparación de los expedientes de enajenación, arrendamiento y similares de los bienes parroquiales, de acuerdo con los criterios del Consejo diocesano de asuntos económicos.

III. Estructura

Art. 4. Es un órgano formalmente distinto del Consejo Pastoral, aunque conviene que exista entre ambos la debida conexión.

Art. 5. Con el fin de que pueda trabajar con agilidad y eficacia, el Consejo estará formado por un número de miembros no menor de tres ni superior a ocho, aun en el caso de parroquias grandes.

Art. 6. El Consejo lo preside el párroco quien, como representante legal de la parroquia, es el administrador de sus bienes. El párroco fija el orden del día, y convoca y modera las reuniones (cc. 532 y 1279).

Art. 7. El párroco, al someter a consulta un asunto, se abstiene de votar.

IV. Miembros

Art. 8. Los miembros son designados directamente por el párroco, oído el Consejo Pastoral.

Art. 9. La designación recae sobre fieles de la parroquia, que:
1.º Estén en comunión plena con la Iglesia.
2.º Se distingan por su integridad moral y gocen de buena fama.
3.º Tengan sensibilidad hacia la parroquia y capacidad de valorar los acuerdos económicos con espíritu eclesial y pastoral.
4.º Sean expertos, en la medida de lo posible, en economía, derecho, construcción, arte y agricultura.
5.º No sean parientes del párroco.

Art. 10. Una vez designados los miembros del Consejo, el párroco extenderá el nombramiento respectivo por escrito. El nombramiento será por cinco años, renovables indefinidamente.

Art. 11. Uno de los miembros del Consejo será designado como Secretario. Al Secretario le corresponde:
1.º Tomar nota de lo que se habla y acuerda en las reuniones y redactar las actas que se someterán a aprobación definitiva en la siguiente reunión.
2.º Llevar al día el libro de actas y lo custodia.
3.º Hacer las certificaciones pertinentes de las actas a requerimiento de interesados.
4.º Redactar la convocatoria de las reuniones con el orden del día fijado por el párroco, procurando que esta convocatoria llegue con la antelación suficiente a los miembros del Consejo.

V. Funcionamiento

Art. 12. El Consejo se reunirá, al menos, una vez al trimestre, y de forma extraordinaria siempre que lo juzgue necesario el párroco.

Art. 13. Los acuerdos del consejo serán válidos cuando, asistiendo la mayoría de sus miembros, se adoptan por mayoría absoluta de los presentes.

Art. 14. Los consejeros están obligados a manifestar sinceramente su opinión y, si lo pide la gravedad de la materia, a guardar secreto, obligación que el párroco debe urgir (c. 127).

Art. 15. Puede invitarse a las reuniones a expertos cuando el tema a tratar así lo requiera. Estos expertos no tendrán derecho a voto.

VI. Cese de los miembros

Art. 16. Un miembro cesa al expirar el tiempo para el que fue nombrado, por renuncia aceptada por el párroco cuando haya una causa justa y también al cesar el párroco. El nuevo párroco podrá confirmar a los miembros cesados hasta completar los cinco años de mandato, o bien procederá a nombrar nuevos miembros.

Art. 17. El párroco puede cesar a un miembro por causa grave y justa, considerando como tal el incumplimiento voluntario y reincidente de estas normas.

ANEXO 8
SOLICITUD DE ADMINISTRACIÓN DE LOS SACRAMENTOS DE LA INICIACIÓN CRISTIANA A UN ADULTO

SOLICITUD DEL PÁRROCO

Excmo. y Rvdmo. Sr. Obispo / Arzobispo:

D. ______________________________, Párroco de __________________ de ________________________, con el debido respeto tiene a bien informarle:

Que D/Dª. ______________, nacido/a el ___ de _______ de _____, en la localidad de __________, con D.N.I. __________, de estado civil ____________, y con domicilio en C/ __________________, de ______________.

Ha solicitado que se le administren los sacramentos de la iniciación cristiana el día ___ de _____________ de _____.

Por ello, considerando que ha recibido una preparación adecuada en esta parroquia por parte de quien suscribe y del/los catequista/s ____________ [nombre y apellidos]: que posee muy buena disposición, libre y voluntaria, para recibir estos sacramentos; y tras entrevista personal con el catecúmeno; en cumplimiento de lo establecido por el c. 863 CIC, le ofrezco la posibilidad de celebrar los referidos sacramentos, si lo estima conveniente, solicitándole, en caso contrario, poder proceder yo mismo a su celebración.

Adjunto fotocopia de la certificación literal de nacimiento del Registro Civil, con los datos de filiación y otros requeridos para su registro sacramental, así como petición escrita del interesado.

En _____________, a ____ de ____________ de _______.

[Firma del párroco y sello parroquial]

Excmo. y Rvdmo. Sr. D. ____________
Arzobispo / Obispo de ____________

Solicitud del Catecúmeno

Excmo. y Rvdmo. Sr. Obispo / Arzobispo:

D/Dª. ________________________________, nacido/a el ____ de __________________ de __________, en la localidad de ________________ ________________, con D.N.I. ______________, de estado civil _________, y con domicilio en C/ __________________________, de ________________.

EXPONE:

1º.- Que no estando bautizado y habiendo asistido a las catequesis de iniciación cristiana, he decidido solicitar el ingreso en la Iglesia Católica por haber descubierto los valores del Evangelio y la figura de Cristo.

2º.- Que he recibido la preparación necesaria impartida por [nombre de los catequistas] ______________, durante ________ [especificar el tiempo].

3º.- Que deseo mi ingreso en la Iglesia Católica de manera libre y voluntaria sin ningún tipo de coacción por parte alguna, comprometiéndome a vivir según la norma de la Iglesia y del Evangelio.

Por todo ello, es por lo que con el debido respeto

SOLICITO

Recibir los sacramentos de la iniciación cristiana que, de ser posible, deseo se me confieran en la Parroquia de ________________________________, de __________________, el día ____ de ________________ de _____.

En _______________, a ____ de __________ de ________

[Firma del solicitante]

Excmo. y Rvdmo. Sr. D. _____________
Arzobispo / Obispo de _____________

Anexo 9

RECEPCIÓN EN LA PLENA COMUNIÓN DE UN NO CATÓLICO. READMISIÓN DE UN APÓSTATA

Yo, N., creo con fe firme y profeso todas y cada una de las cosas contenidas en el Símbolo de la fe, a saber:

Creo en un sólo Dios, Padre todopoderoso, Creador de cielo y de la tierra, de todo lo visible y lo invisible.

Creo en un solo Señor, Jesucristo, Hijo único de Dios, nacido del Padre antes de todos los siglos: Dios de Dios, Luz de Luz, Dios verdadero de Dios verdadero, engendrado, no creado, de la misma naturaleza del Padre, por quien todo fue hecho; que por nosotros los hombres y por nuestra salvación bajó del cielo, y por obra del Espíritu Santo se encarnó de María, la Virgen, y se hizo hombre; y por nuestra causa fue crucificado en tiempos de Poncio Pilato; padeció y fue sepultado, y resucitó al tercer día, según las Escrituras, y subió al cielo, y está sentado a la derecha del Padre; y de nuevo vendrá con gloria para juzgar a vivos y muertos, y su reino no tendrá fin.

Creo en el Espíritu Santo, Señor y dador de vida, que procede del Padre y del Hijo, que con el Padre y el Hijo recibe una misma adoración y gloria, y que habló por los profetas. Creo en la Iglesia, que es una, santa, católica y apostólica. Confieso que hay un solo Bautismo para el perdón de los pecados. Espero la resurrección de los muertos y la vida del mundo futuro.

Creo, también, con fe firme, todo aquello que se contiene en la Palabra de Dios escrita y transmitida por la Tradición, y que la Iglesia propone para ser creído, o como divinamente revelado, mediante un juicio solemne o mediante el Magisterio ordinario y universal.

Acepto y retengo firmemente, asimismo, todas y cada una de las cosas sobre la doctrina de la fe y las costumbres, propuestas por la Iglesia de modo definitivo.

Me adhiero, además, con religioso obsequio de voluntad y entendimiento, a las doctrinas enunciadas por el Romano Pontífice o por el Colegio de los Obispos cuando ejercen el Magisterio auténtico, aunque no tengan la intención de proclamarlas con un acto definitivo.

Por esta profesión de fe (y con el permiso de mis padres, si es menor en edad escolar) solicito mi admisión (readmisión, si es un apóstata) en la plena comunión de la Iglesia Católica. Que Dios me ayude y estos sus Santos Evangelios que toco con mi mano.

En ...., a ...... de .... de ....

Solicitante Testigo 1 Testigo 2

(Padre / Tutor) (Madre / Tutora)

Sacerdote

(Nombre completo y firma)

Anexo 10

ACTA DE LA RECEPCIÓN EN LA PLENA COMUNIÓN DE UN NO CATÓLICO

(Para incluir en las páginas en blanco del libro de Bautismos)

El día . . . . . del mes de . . . . del año 200 . . , el sacerdote abajo firmante, debidamente autorizado, ha recibido en la comunión plena de la Iglesia católica a (Nombre y apellidos) . . . . , hijo/a de (Nombre y apellidos del padre) . . . . y de (Nombre y apellidos de la madre) . . . . , nacido el día . . . . . del mes de . . . . del año . . . . y bautizado válidamente el día . . . . . . del mes de . . . . del año . . . . en (iglesia o comunidad cristiana a la que pertenecía) . . . .

Hizo la profesión de fe en presencia de los testigos:

Firma del converso	Nombre y firma del testigo 1
Firma del sacerdote	Nombre y firma del testigo 2

Si la persona es un niño en edad escolar

El día . . . . del mes de . . . . del año . . . , el sacerdote abajo firmante, debidamente autorizado, a petición del padre / madre / tutor, ha recibido en la comunión plena de la Iglesia católica a (Nombre y apellidos) . . . . , hijo/a de (Nombre y apellidos del padre) . . . . y de (Nombre y apellidos de la madre) . . . . , nacido el día . . . . . del mes de . . . . del año . . . . y bautizado válidamente el día . . . . . del mes de . . . . del año . . . . en (iglesia o comunidad cristiana a la que pertenecía)

Hizo la profesión de fe en presencia de los testigos que firman junto a sus padres:

Firma del converso	Firma del padre /tutor
Nombre y firma del testigo 1	Firma de la madre / tutora
Nombre y firma del testigo 2	Firma del sacerdote

Anexo 11
CUESTIONARIO PARA ELEGIR PADRINOS

(Entregar a los padres en la primera entrevista con ellos, antes de que propongan nombre alguno para padrinos. Se les pedirá, además, que traigan la partida de bautismo actualizada de los padrinos que proponen).

La Iglesia considera muy importante el oficio de padrino de bautismo, pues quien acepta se hacer responsable con los padres del crecimiento en la fe del niño. Por eso te pedimos que respondas con sinceridad *sí* o *no* (tachando lo que no proceda) a las siguientes cuestiones porque esto te ayudará a conocer si tienes las aptitudes necesarias para asumir este compromiso.

sí	no	¿Soy un parroquiano habitual y activo de la parroquia donde resido? ¿Tengo por lo menos 16 años de edad?
sí	no	¿He recibido los sacramentos del Bautismo y la Confirmación en la Iglesia católica?
sí	no	(Si está casado) ¿Estoy casado por la Iglesia católica?
sí	no	¿Asisto regularmente a misa los domingos y fiestas de precepto?
sí	no	¿Recibo regularmente los sacramentos de la Iglesia, la eucaristía y la confesión?
sí	no	¿Entiendo y acepto la responsabilidad que asumo como padrino, y prometo prestarle atención especial a mi ahijado/a esforzándome en vivir una vida que refleje el espíritu y enseñanzas de la Iglesia católica?
sí	no	¿Me preparo para ayudar a los padres en su deber cristiano de educar a su hijo/a con mi ejemplo, apoyo, estímulo y oración?
sí	no	¿Estoy dispuesto a participar en las reuniones de preparación al bautismo que se organicen en la parroquia a tal efecto?

Nombre y apellidos ____

DNI ____________________________

Fecha ___________________________

Firma

[Entregar este formulario debidamente rellenado
y adjuntar una fe de bautismo actualizada].

Anexo 12

NOTAS MARGINALES EN LOS LIBROS DE BAUTISMOS

Adopción (c. 535 § 2): Ha sido adoptado por __________ (y __________), en virtud de Resolución administrativa / Resolución judicial, de fecha ___ de ___ de ___.

Reconocimiento de maternidad/paternidad: ha certificado su condición de padre/madre biológica por documento público/declaración ante dos testigos, de fecha ___ de ___ de ___.

Cambio de nombre (cf. 877 § 1): Ha cambiado de nombre, pasando a llamarse ______________, en virtud de Resolución administrativa, de fecha ___ de ___ de ___.

Cambio de sexo: Ha cambiado de sexo pasando a ser varón/hembra y cambiando de nombre como consta por documento público/declaración ante dos testigos, pasando a llamarse ______________.

Confirmación (cc. 535 § 2 y 895): Recibió la Confirmación el día ___ de ___ de ____ en la ________________ de esta Parroquia / de la Parroquia / Catedral ___________ de ____ (___) ___.

Matrimonio (cc. 535 § 2, 1122 y 1133): Contrajo matrimonio con ________ ____________ el día ___ de ___ de ___ en la _______ de esta Parroquia / de la Parroquia ___ / Catedral de ___ (___) - ___.

Disolución del matrimonio rato no consumado (c. 1123): Ha sido disuelto como rato y no consumado su matrimonio con __________ por Rescripto de la Sede Apostólica, de fecha___________. No podrá acceder a nuevas nupcias sin permiso del ordinario del lugar.

Disolución del matrimonio en favor de la fe (cc. 1081 y 1706): Ha sido disuelto en favor de la fe su matrimonio con __________ por Rescripto de la Sede Apostólica, de fecha ___ de ___ de ___.

Convalidación del matrimonio (c. 1123): Ha sido convalidado su matrimonio con __________, una vez dispensado del impedimento / del defecto de forma que lo viciaba, al renovar el consentimiento ante el Ordinario / Ministro ___ el día ___ de ___ de ___.

Sanación en raíz del matrimonio (c. 1123): Ha sido sanado en raíz su matrimonio con __________, por Rescripto de la Sede Apostólica / del Arzobispo / del Obispo de __, de fecha ___ de ___ de ___.

NULIDAD DEL MATRIMONIO (cc. 1123 y 1685): Ha sido declarado nulo su matrimonio con ______________, por Sentencia del Tribunal Eclesiástico de ___, de fecha ___ de ___ de ___. No podrá acceder a nuevas nupcias sin permiso del ordinario del lugar / de dicho Tribunal.

PROFESIÓN PERPETUA EN UN INSTITUTO RELIGIOSO (c. 535 § 2): Profesó los votos perpetuos en el Instituto ___________ el día ___ de ___ de ___.

INDULTO DE VOTOS PERPETUOS (cf. c. 535 § 2): Ha sido dispensado/a de los votos perpetuos, quedando separado/a definitivamente del Instituto __________, por Rescripto de la Sede Apostólica, de fecha ___ de ___ de ___.

ORDEN SAGRADO (c. 535 § 2): Recibió el Sagrado Orden del Diaconado / Presbiterado / Episcopado el día ___ de ___ de___, quedando / encontrándose incardinado en la Archidiócesis / la Diócesis / el Instituto __________.

INVALIDEZ DE LA SAGRADA ORDEN (cf. c. 535 § 2): Ha sido declarada nula su Sagrada Ordenación de Diácono / Presbítero por Sentencia judicial / Decreto administrativo de la Sede Apostólica, de fecha ___ de ___ de ___. No se expedirá copia de esta partida sin licencia del Ordinario.

PÉRDIDA DE ESTADO CLERICAL (Y DISPENSA DE CELIBATO SACERDOTAL Y VOTOS RELIGIOSOS) (cf. c. 535 § 2): Ha perdido el estado clerical por pena de dimisión por Decreto de la Sede Apostólica / por pena de dimisión por Sentencia del Tribunal Eclesiástico de ______________ / por Rescripto de la Sede Apostólica, con dispensa de (la obligación del celibato y) las obligaciones inherentes al mismo estado, (y de los votos religiosos), de fecha ______ de ____ de ____. No se expedirá copia de esta partida sin licencia del Ordinario.

ADMISIÓN EN LA PLENA COMUNIÓN CON LA IGLESIA CATÓLICA (cf. c. 205): Ha sido admitido en la plena comunión con la Iglesia católica, mediante la Profesión de fe, el día ___ de ___ de ___.

CAMBIO DE RITO (cc. 112 y 535 § 2): Ha pasado del rito de la Iglesia __________ al rito de la Iglesia __________ por Rescripto de la Sede Apostólica / por Declaración por razón del matrimonio / por disolución del matrimonio / al ser hijo menor de catorce años, cuyos padres han pasado a dicha Iglesia / al ser mayor de catorce años, de fecha ___ de ___ de ___.

ABANDONO DE LA FE CATÓLICA (c. 205 y PCLT, Acto formal de defección de la Iglesia católica, 13 marzo 2006, n. 6): Hizo declaración de abandono de la Iglesia católica en Acto formal, de fecha ___ de ___ de ___, en la Archidiócesis / Diócesis de __________.

READMISIÓN EN LA FE CATÓLICA (cf. c. 205 y PCLT, Acto formal de defección de la Iglesia católica, 13 marzo 2006, n. 6): Ha sido readmitido a la plena comunión con la Iglesia católica por Decreto del Ordinario de la Archidiócesis / Diócesis de __________, de fecha ___ de ___ de ___.

Anexo 13
JURAMENTO SUPLETORIO DE BAUTISMO

Juramento de terceros

Yo, N. .... con DNI .... declaro bajo juramento que N. .... fue bautizado/a en la iglesia de ...., siendo hijo/a de .... y de ...., y fueron sus padrinos ....

Así mismo declaro bajo juramento que N. .... es soltero / viudo de ....

Lugar y fecha
FIRMA

Ante mí que doy fe
FIRMA y SELLO del canciller o del párroco

Juramento del mismo solicitante

Yo, N. .... con DNI .... declaro bajo juramento que fui bautizado/a en la iglesia de ...., cuando tenía ...... años de edad y fueron mis padrinos ....

Nací en ...., el ...., y soy hijo/a de .... y de ....

Así mismo declaro bajo juramento que soy soltero / viudo de ....

Lugar y fecha
FIRMA

Ante mí que doy fe
FIRMA y SELLO del canciller o del párroco

Anexo 14
REPOSICIÓN DEL ACTA DE BAUTISMO

Lugar y fecha

Yo, N. .... con DNI .... declaro bajo juramento que me consta que N. .... fue bautizado/a en la iglesia de ...., el día ...... de .... de ...., por el presbítero .... y fueron sus padrinos.............................

Muestro como testimonio: fotografía de la ceremonia del bautismo / vídeo de la celebración / recordatorio del bautismo / otros.

Lugar y fecha
FIRMA

Datos del bautizado

Apellidos y nombre ....
DNI ....
Lugar y fecha de nacimiento ....
Apellidos y nombre del padre .... Lugar y fecha de nacimiento ....
Apellidos y nombre de la madre .... Lugar y fecha de nacimiento ....

Constancia de la inexistencia del acta

Dejo constancia de que, después de una diligente búsqueda, no se ha encontrado el acta de bautismo respectiva.

Lugar y fecha
FIRMA DEL CANCILLER

Reposición de la partida

VISTA la petición que antecede, y las diligencias practicadas, inscríbase en el Libro de Bautismos actualmente en uso de la parroquia de .... el acta bautismal solicitada con los datos arriba consignados y agréguese el apellido y nombre en el respectivo índice del año de nacimiento del solicitante.

Lugar y fecha

FIRMA DEL ORDINARIO

FIRMA DEL CANCILLER

SELLO

Anexo 15
SOLICITUD DE BAJA DE LA IGLESIA CATÓLICA

A don ______________________ Arzobispo / Obispo de la diócesis de ______________________.

Yo, don/doña ______________________, con Documento de identidad n.º __________, mayor de edad, con domicilio en la calle ______________ C.P. ______ de __________, provincia de __________ que, según le consta, fui bautizado el día ___ de ____de _____ en la parroquia de ______________, perteneciente a la diócesis de ______________, actuando en nombre e interés propio, y hallándome en pleno uso de mi libre y espontánea voluntad,

MANIFIESTO:

Que, en su día, fui bautizado en la fe católica como consecuencia de una decisión tomada por otras personas sin que en ese momento, a causa de mi edad, mediara en modo alguno la participación de mi propia voluntad, y sin que dispusiera de libertad ni conciencia suficientes para emitir un juicio sobre mis convicciones personales.

Que, tras haber meditado durante el tiempo suficiente sobre el significado de mi pertenencia a la fe católica,

Que, habiendo sido informado detalladamente de las consecuencias canónicas de mi decisión de abandonar mediante acto formal la Iglesia católica,

No hallo ningún motivo para continuar siendo considerado miembro de la Iglesia Católica, entrando mi voluntad en contradicción con la consideración de adscrito a esa institución.

Por todo ello SOLICITO:

Que me sea reconocida la baja como miembro de la Iglesia católica, dejando de contarme entre sus fieles y de considerarme católico a todos los efectos –incluso estadísticos–, incluyendo la oportuna eliminación de todos los registros y listados eclesiásticos existentes, de acuerdo con la vigente legislación sobre protección de datos.

Así mismo, que me sea comunicada por escrito la resolución que se tome con respecto a mi petición.

En __________ , a ___, de _______ de _____

Firmado (el solicitante)

[Firmado ante (vicario, secretario canciller, párroco)].

ANEXO 16
ACTA DE READMISIÓN DE UN APÓSTATA

(Para incluir en las páginas en blanco del libro de Bautismos)

El día . . . . del mes de . . . . del año . . . . . , el sacerdote abajo firmante, debidamente autorizado, ha readmitido en la Iglesia católica a (Nombre y apellidos) . . . . , hijo/a de (Nombre y apellidos del padre) . . . . y de (Nombre y apellidos de la madre) . . . . , nacido el día . . . . . del mes de . . . . del año . . . . y bautizado el día . . . . . del mes de . . . . del año . . . . en la parroquia de . . . . de la diócesis de . . . . , a quien se le ha remitido la pena de . . . .

Hizo la profesión de fe en presencia de los testigos (que firman junto a los padres, si son menores en edad escolar):

Firma del converso	. . . .
Nombre y firma del testigo 1	. . . .
Nombre y firma del testigo 2	. . . .
Firma del sacerdote	. . . .

NOTA MARGINAL PARA EL LIBRO DE BAUTISMOS

«Ha abandonado la fe católica por medio de un acto formal con fecha . . . .»

«Ha sido readmitido en la Iglesia Católica con fecha . . . .»

ANEXO 17

ENTABLE DE PARTIDA DE CONFIRMACIÓN

EXPEDIENTE

Expediente de entable de PARTIDA DE CONFIRMACIÓN
de D./Dña. ____
CONFIRMADO/A en la Parroquia de _____________________________.

En la Parroquia de ____________________, de ____________ a____
de ______ de ________ , ante mí, el infrascrito Párroco, comparece:
D./Dña. ______________________________con DNI ______________,
quien solicita el ENTABLE DE PARTIDA DE CONFIRMACIÓN al objeto de ______
______________________________ , e interrogado bajo juramento

MANIFIESTA:

Que es hijo/a de D. ________________ y de Dña. ________________,
naturales de ________________________.

Que nació en ____________, en la fecha ____________ .

Que fue bautizado/a en la Parroquia de ____________________, según consta en el libro ___ , folio ______ y número _______ de la misma.

Que fue CONFIRMADO/A en la Parroquia de en la fecha ________, siendo Ministro de la Confirmación ____________________________ y padrino D./ Dña. ____________________.

TESTIGO(S)

Seguidamente comparece(n) el/ los testigo(s) (c.876 y 894):

D./ Dña. __________________________________ de ____ años de edad, con DNI __________, natural de ____________ , y vecino/a de ____________, y sabe que fue confirmado/a en la Parroquia de ____________________, porque ____________________________________.

D./ Dña. __________________________________ de ____ años de edad, con DNI __________, natural de ____________ , y vecino/a de ____________, y sabe que fue confirmado/a en la Parroquia de ____________________, porque ____________________________________.

Leída su declaración se ratifican en ella
y la firman conmigo, de que certifico.

El interesado — Testigos — El Párroco (sello)

INFORME

El Párroco informa: que conoce a los declarantes y sobre la certeza moral de la CONFIRMACIÓN le consta que ___________________________________

____

____.

El Párroco
(sello)

En la parroquia de ____________________, a ___ de _________ de _____

[Remítase todo lo actuado al Ilmo. Sr. Vicario General del Obispado,
para su resolución].

DECRETO

Diócesis de _______________ a ___ de _________ de ______

Aprobadas las procedentes diligencias, cuanto ha lugar en Derecho,
MANDAMOS al Sr. Cura Párroco de ____________________________ ,
que proceda a hacer la inscripción.

El Vicario General
(sello)

[NOTA: adjuntar PARTIDA DE BAUTISMO, modelo oficial].

ANEXO 18

MINISTRO EXTRAORDINARIO DE LA COMUNIÓN

Formulario de entrevista

(Lugar y fecha)

INFORMACIÓN GENERAL

Nombre: ....

Dirección: ....

Fecha de nacimiento ...... / .... / ....

Teléfono: ....

E-mail: ....

INFORMACIÓN SACRAMENTAL

Bautismo	sí	no
Primera comunión	sí	no
Confirmación	sí	no
Participación habitual en la Misa dominical	sí	no
Participación habitual en la Penitencia	sí	no

ESTADO DE VIDA

Soltero(a)	□
Comprometido(a)	□
Casado(a) canónicamente	□
Casado(a) civilmente	□
Pareja de hecho	□
Separado(a)	□
Viudo(a)	□
Divorciado(a)	□

Razones por las que solicita ser ministro extraordinario de la comunión:

Observaciones del párroco:

Anexo 19

MINISTROS EXTRAORDINARIOS DE LA COMUNIÓN

Carta para la certificación

(Papel membretado de la Parroquia)
(Fecha)

Excelentísimo Sr. D. . . . .
(nombre del Obispo)
Arzobispo/Obispo de la archidiócesis/diócesis de . . . .
. . . .
Certificación de Ministros Extraordinarios de la Comunión

Muy estimado Sr. Arzobispo/Obispo:

Las personas que se listan en el anexo a esta carta han completado los requisitos de idoneidad y formación que la legislación diocesana establece para ser Ministros Extraordinarios de la Comunión el día . . . . . de . . . . de . . . . . .

Le suplicamos se sirva expedir los certificados pertinentes para que cada uno pueda servir en ese ministerio por el período de (tres años).

Atentamente,

(Firma)

Párroco de la parroquia de . . . .

(Sello de la parroquia)

Anexo:
Lista de personas seleccionadas
1.- . . . .
2.- . . . .
3.- . . . .
4.- . . . .
5.- . . . .
6.- . . . .
7.- . . . .
8.- . . . .

Anexo 20

CELEBRACIÓN DOMINICAL DE LA PALABRA EN ESPERA DE PRESBÍTERO

1. ACLARACIONES PREVIAS

No
–se realiza la presentación de los dones de Pan y Vino;
–se reza la Plegaria eucarística;
–se hacen saludos como «El Señor esté con vosotros»;
–se extienden los brazos para las oraciones;
–se hace la bendición de despedida;
–se usa la sede ni el altar como presidencia.

Sí
–se toman las oraciones y las lecturas del domingo correspondiente;
–se realiza una explicación de las lecturas;
–se coloca el santísimo en el altar antes del Padre Nuestro;
–se realiza el saludo de la Paz.

A continuación, se presenta el desarrollo de la celebración, marcando con letra cursiva las indicaciones correspondientes (rúbricas). La letra M representa al ministro y la A representa a la asamblea.

2. DESARROLLO DE LA CELEBRACIÓN

Ritos iniciales

Todo esto se realiza desde el ambón, nunca desde el altar.

A.: Canto de entrada
M.: En el nombre del Padre, del Hijo y del Espíritu Santo.
A.: Amén
M.: Bendigamos al Señor porque nos ha reunido nuevamente a celebrarlo en su Palabra y en su Cuerpo y nos permite crecer cada día en amor a Él y a los hermanos.

Se hace un breve momento de silencio.

M.: Antes de recibir la Palabra de Dios y comulgar con el Cuerpo de Cristo, pedimos perdón por nuestras faltas.

Breve silencio.

M.: Por nuestras faltas de Fe. Señor ten piedad de nosotros.
A.: Señor, ten piedad de nosotros.
M.: Por nuestras faltas de Esperanza. Cristo, ten piedad de nosotros.
A.: Cristo, ten piedad de nosotros.
M.: Por nuestras faltas de Amor. Señor, ten piedad de nosotros.
A.: Señor, ten piedad de nosotros

Se pueden utilizar otras fórmulas del Misal.

M.: El Señor Todopoderoso, tenga misericordia de nosotros, perdone nuestros pecados y nos lleve a la vida eterna.
A.: Amén.
M.: Oremos.

Se hace la oración colecta del domingo correspondiente desde el ambón.

A.: Amén.

Toda la asamblea se sienta y se introducen las lecturas.

Liturgia de la Palabra

Primera Lectura. Salmo.
Segunda Lectura. Aleluya.
Evangelio.

M.: Escuchemos, hermanos, el Evangelio según san…

Luego de leer el Evangelio:

M.: Palabra del Señor.

El ministro NO besa el Evangelio.

A.: Gloria a Ti, Señor Jesús.

El ministro puede hacer su propia reflexión, leerla de algún lugar adecuado o simplemente hacer un momento de silencio para la reflexión personal.

M.: Confesemos todos nuestra fe rezando juntos el Credo.
A.: Creo en Dios…
M.: Presentemos todos juntos, por medio de Jesucristo, nuestro camino hacia el Padre, todas nuestras intenciones.

Siguen las preces. Una vez terminadas las preces dice:

M.: Te damos gracias, Señor, porque escuchas las oraciones que te presentamos y todas las que quedan en lo profundo de nuestro corazón; te pedimos que las recibas de manos de María y por Jesucristo Nuestro Señor.
A.: Amén.

Rito de la Comunión

El ministro extiende el corporal sobre el altar, retira del Sagrario el copón con la Eucaristía, lo deposita en el centro del altar y hace una genuflexión. Se puede hacer un momento de Adoración.

M.: Como hijos que somos del mismo Padre y fieles a las enseñanzas de Jesús, nos atrevemos a decir todos juntos: Padre Nuestro…
M.: Dios nos libra de todos los males si hacemos el esfuerzo de vivir en paz con Él y con nuestros hermanos. Con este pensamiento, nos damos fraternalmente la Paz (o: Intercambiemos un saludo de la Paz).

El ministro abre el copón, hace una genuflexión y muestra el Pan eucarístico a todos.

M.: Este es el Cordero de Dios, que quita el pecado del mundo, felices nosotros, los invitados a la mesa del Señor.

A.: Señor no soy digno...

Antes de comulgar el ministro dice:

M.: El cuerpo de Cristo me guarde para la vida eterna.

El ministro distribuye la Eucaristía.

M.: El cuerpo de Cristo.

A.: Amén.

Terminada la distribución de la Eucaristía, el ministro guarda la reserva en el Sagrario, hace una genuflexión y vuelve a su lugar.

Rito de despedida

M.: Oremos:

Se hace la oración poscomunión del domingo correspondiente.

A.: Amén.

M.: Pidamos todos juntos la bendición del Señor: El Señor nos bendiga nos guarde de todo mal y nos lleve a la vida eterna.

A.: Amén.

M.: Nos despedimos cantando a María.

Anexo 21
TIPIFICACIÓN DE DELITOS Y PENAS

I. Delitos contra la fe y la unidad de la Iglesia

- Apostasía, herejía y cisma (c. 1364): excomunión *latae sententiae* y pérdida *ipso iure* del oficio eclesiástico.
- La enseñanza de una doctrina condenada (c. 1365): una censura impuesta y la privación del oficio eclesiástico.
- El rechazo pertinaz de una doctrina enseñada por el Magisterio como definitiva (c. 1365): una censura impuesta y la privación del oficio eclesiástico.
- La apelación al Colegio de los obispos contra actos pontificios (c. 1366): una censura impuesta.
- El bautismo o la educación de los hijos según una religión acatólica (c. 1367): una censura impuesta o una pena expiatoria.
- La blasfemia, la inmoralidad, las injurias o la inducción al odio o al desprecio contra la religión o la Iglesia (c. 1368): pena expiatoria preceptiva indeterminada.
- La profanación de cosas sagradas (c. 1369): pena expiatoria preceptiva indeterminada.

II. Delitos contra las autoridades eclesiásticas y el ejercicio de los cargos

- El atentado contra el Romano Pontífice (c. 1370, §1): excomunión *latae sententiae* reservada a la Santa Sede, sin excluir la expulsión del estado clerical.
- El atentado contra un obispo (c. 1370, §2): entredicho *latae sententiae;* si el autor es un clérigo, además suspensión.
- El atentado contra alguno de los otros fieles (c. 1370, §3): pena expiatoria preceptiva indeterminada.
- La desobediencia a la autoridad eclesiástica (c. 1371, §1): censura o pena expiatoria impuesta, considerando en particular la privación del oficio.
- La violación o la inobservancia de la condena impuesta (c. 1371, §2): pena expiatoria preceptiva indeterminada.
- El perjurio ante la autoridad (c. 1371, §3): pena expiatoria preceptiva indeterminada.
- La violación del secreto pontificio (c. 1371, §4): pena expiatoria preceptiva indeterminada.
- La omisión de la obligación de ejecutar una sanción (c. 1371, § 5): pena expiatoria o censura impuesta.
- La omisión del cumplimiento del deber de comunicar noticias de delitos (c. 1371, § 6): pena expiatoria impuesta de entre las indicadas en el can. 1336, § 2-4, a la que pueden añadirse otras según la gravedad del delito.

- Los delitos contra el libre ejercicio del ministerio o de la potestad (c. 1372, 1.º): pena expiatoria preceptiva indeterminada.
- Los delitos contra el uso legítimo de cosas sagradas o de bienes eclesiásticos (c. 1372, 1.º): pena expiatoria preceptiva indeterminada.
- Los delitos contra el libre desarrollo de las elecciones canónicas (c. 1372, 2.º): pena expiatoria preceptiva indeterminada.
- La incitación a la aversión o a la desobediencia contra la Sede Apostólica o el ordinario (c. 1373): determinar el grado de la sanción que haya de imponerse, pudiendo ser entredicho, otra censura, o bien una pena expiatoria.
- La adhesión a asociaciones anticatólicas (c. 1374): pena preceptiva indeterminada a los miembros; en el caso de los dirigentes o de los promotores, entredicho.
- La usurpación o la conservación ilegítima de un oficio eclesiástico (c. 1375): pena expiatoria preceptiva indeterminada.
- Robo, malversación y enajenación ilícita de bienes eclesiásticos (c. 1376 §1): pena expiatoria preceptiva indeterminada y reparación del daño, cuando ello sea posible.
- La negligencia grave en la administración de los bienes eclesiásticos (c. 1376 §2): pena expiatoria preceptiva indeterminada.
- Corromper a quien ejerce un oficio o un ministerio, es decir, soborno activo o pasivo (c. 1377 § 1): en el caso del soborno activo, pena expiatoria preceptiva indeterminada; en el caso de soborno pasivo, la autoridad tendrá que individuar la pena más adecuada –una censura o una pena expiatoria–, sin excluir la privación penal del oficio; en todo caso, reparar los daños causados.
- La corrupción en los actos de oficio (c. 1377 § 2): pena expiatoria preceptiva indeterminada y la oportunidad de imponer una adecuada pena pecuniaria; pueden ser impuestas también otras sanciones, sin excluir la privación del oficio, obligando siempre a reparar el daño causado.
- El abuso de poder o de oficio por arbitrariedades o excesos (c. 1378 § 1): pena expiatoria preceptiva indeterminada, con posibilidad de imponer la privación del oficio y con la obligación de reparar los daños.
- Negligencia culpable en actos de potestad o de oficio (c. 1378 § 2): pena expiatoria preceptiva indeterminada y la obligación de reparar el daño.

III. Delitos contra los sacramentos

- El atentado de celebración de la eucaristía por alguien que no es sacerdote (c. 1379 § 1, 1.º): entredicho *latae sententiae* reservado al DDF, si se trata de un fiel laico, o suspensión en caso de tratarse de un diácono. Según la gravedad del delito, se pueden añadir otras penas expiatorias o también la censura de excomunión.
- El atentado de absolver sacramentalmente (c. 1379 § 1, 2º): entredicho *latae sententiae* reservado al DDF, si se trata de un fiel laico, o suspensión en caso de tratarse de un clérigo. Según la gravedad del delito, se pueden añadir otras penas expiatorias o también la censura de excomunión.

- Oír fraudulentamente la confesión sacramental (c. 1379 § 1, 2º): entredicho *latae sententiae* no reservado, si se trata de un fiel laico, o suspensión en caso de tratarse de un clérigo. Según la gravedad del delito, se pueden añadir otras penas expiatorias o también la censura de excomunión.
- El atentado de ordenación de mujeres (c. 1379 § 3): excomunión *latae sententiae* reservada al DDF, tanto para quien haya intentado realizar la ordenación como para la mujer que sea el sujeto pasivo. El clérigo que intenta puede también ser castigado con la dimisión del estado clerical.
- La administración deliberada de los sacramentos a quien tiene prohibido recibirlos (c. 1379 § 4): suspensión impuesta , a la que pueden añadirse, si lo requiere la gravedad del delito, otras penas expiatorias.
- La simulación de la administración de los sacramentos (c. 1379 § 5): pena expiatoria preceptiva indeterminada.
- La simonía en la administración de los sacramentos tanto por el ministro que «vende» por un cierto precio un sacramento, como por quien lo recibe habiéndolo «comprado» (c. 1380): puede optar entre la censura de entredicho o de suspensión y las penas expiatorias.
- La *communicatio in sacris* prohibida (c. 1381): pena expiatoria preceptiva indeterminada. En el caso de concelebración eucarística con ministro de comunidades eclesiales no en comunión, el delito está reservado al DDF.
- La profanación de las especies consagradas con cualquier acción de desprecio voluntario y grave (c. 1382 § 1): excomunión *latae sententiae* reservada al DDF. Si el delito ha sido cometido por un clérigo, se le podrá imponer además otra pena expiatoria *ferendae sententiae*, sin excluir la expulsión del estado clerical.
- La consagración eucarística con finalidad sacrílega (c. 1382 § 2): pena preceptiva impuesta reservada al DDF, que impondrá una censura o una pena expiatoria, sin excluir la pena perpetua de la expulsión del estado clerical.
- El lucro ilegítimo con los estipendios de las misas (c. 1383): pena preceptiva impuesta no reservada, a elegir entre una censura o una pena expiatoria.
- La absolución del cómplice en pecado contra el sexto mandamiento (c. 1384): excomunión *latae sententiae* reservada al DDF.
- La solicitación en confesión de actos torpes (c. 1385): pena preceptiva reservada al DDF, bien la suspensión, penas expiatorias de prohibición o de privación, sin excluir, en los casos más graves, la pena perpetua de la expulsión del estado clerical.
- La violación del «sigilo» sacramental (c. 1386 § 1): la violación directa, pena de excomunión *latae sententiae* reservada al DDF; la indirecta, pena preceptiva indeterminada impuesta poir el DDF.
- La violación del «secreto» de la confesión (c. 1386 § 2): una pena expiatoria preceptiva impuesta no reservada, o una censura (dependiendo de la gravedad) sin excluir la excomunión.
- La grabación o la publicación de confesiones dichas por el confesor o por el penitente en la confesión sacramental verdadera o fingida (c. 1386 § 3): pena pre-

ceptiva reservada al DDF según la gravedad de las circunstancias, sin excluir la pena perpetua de la expulsión del estado clerical, si se trata de un clérigo.

- La consagración episcopal sin mandato apostólico (c. 1387): excomunión *latae sententiae* reservada.
- La ordenación presbiteral o diaconal sin dimisorias (c.1388 § 1): pena *latae sententiae* con sanciones diversas: para el obispo la prohibición, durante un año, de conferir el sacramento del orden: el sujeto ordenado, la censura de suspensión.
- El ocultamiento de censuras o de irregularidades para recibir las órdenes (c. 1388 § 2): suspensión *latae sententiae* no reservada.
- El ejercicio ilegítimo del sagrado ministerio (c. 1389): pena expiatoria preceptiva impuesta, o según la gravedad, incluso una censura.

IV. Delitos contra la buena fama y el delito de falsedad

- La falsa denuncia de solicitación (c. 1390 § 1): entredicho *latae sententiae*, si el denunciante es un laico, y suspensión si se trata de un clérigo. En ambos casos existe el deber de restituir la fama.
- La falsa denuncia de delito canónico o difamación (c. 1390 § 2): pena expiatoria preceptiva indeterminada a la que puede añadirse según sea el caso una censura canónica. Existe el deber de restituir la fama.
- La falsificación o manipulación de un documento eclesiástico (c. 1391 1.º): pena expiatoria preceptiva indeterminada.
- El uso eclesiástico de otros documentos falsos (c. 1391 2.º): pena expiatoria preceptiva indeterminada.
- La falsedad en un documento público eclesiástico (c. 1391 3.º): pena expiatoria preceptiva indeterminada.

V. Delitos contra obligaciones especiales asumidas por clérigos y religiosos

- El abandono ilegítimo del propio ministerio por un tiempo de seis meses continuados (c. 1392): pena preceptiva dependiendo de la gravedad del delito, bien la suspensión, o también con una pena expiatoria, sin excluir, en los casos más graves, la expulsión del estado clerical.
- El ejercicio ilegal de actividades de negocios o comerciales realizadas de modo habitual por interés propio o de otros (c. 1393 § 1): pena expiatoria preceptiva indeterminada.
- La violación grave de los deberes en materia económica (c. 1393 § 2): pena expiatoria preceptiva indeterminada, quedando firme la obligación de reparar el daño.
- El atentado de matrimonio por un clérigo o religioso (c. 1394): para los clérigos, pena de suspensión *latae sententiae* y la remoción *ipso iure* del oficio eclesiástico. Si no se enmienda, deberá ser castigado con sucesivas privaciones, sin excluir la pena perpetua de la expulsión del estado clerical. Si no es

un clérigo, sino un religioso o una religiosa de votos perpetuos, entredicho *latae sententiae*, además de la expulsión *ipso iure* del instituto.

- El concubinato (cohabitación a modo de esposos) de un clérigo obligado al celibato (c. 1395 § 1): pena de suspensión impuesta, a la que, si el sujeto persiste en el delito, se le pueden añadir gradualmente otras penas expiatorias, precedidas siempre de la necesaria amonestación, hasta llegar a la pena de la expulsión del estado clerical.
- La permanencia escandalosa en un pecado contra el sexto mandamiento (c. 1395 § 1): pena de suspensión impuesta, a la que, si el sujeto persiste en el delito, se le pueden añadir gradualmente otras penas expiatorias, precedidas siempre de la necesaria amonestación, hasta llegar a la pena de la expulsión del estado clerical.
- El pecado público y escandaloso contra el sexto mandamiento (c. 1395 § 2): pena preceptiva expiatoria, sin descartar la expulsión del estado clerical.
- La violencia o el abuso de autoridad para obligar a alguien a realizar o a sufrir actos sexuales (c. 1395 § 3): pena preceptiva expiatoria, sin descartar la expulsión del estado clerical.
- La violación de la obligación de residencia a la que se esté vinculado en razón de un oficio eclesiástico (c. 1396): pena expiatoria preceptiva, sin descartar la expulsión del estado clerical.

VI. Delitos contra la vida, la dignidad y la libertad del hombre

- El homicidio, las lesiones, el rapto o la retención (c. 1397 § 1): pena preceptiva expiatoria, sin excluir, si es clérigo, la expulsión del estado clerical.
- El aborto (c. 1397 § 2): excomunión *latae sententiae* no reservada.
- El abuso de menores o de personas vulnerables (c. 1398 § 1, 1.º): pena preceptiva expiatoria, privación del oficio y, si el caso lo requiere, la expulsión del estado clerical. Reservado al DDF.
- La inducción de menores a actos de pornografía (c. 1398 § 1, 2.º): pena preceptiva expiatoria, privación del oficio y, si el caso lo requiere, la expulsión del estado clerical. Reservado al DDF.
- La conservación y el tráfico de material pornográfico de menores de edad (c. 1398 § 1, 3.º): pena preceptiva expiatoria, privación del oficio y, si el caso lo requiere, la expulsión del estado clerical. Reservado al DDF.
- El abuso sexual cometido por quienes no son clérigos (c. 1398 § 2): pena preceptiva expiatoria,sin excluir la privación del oficio. Reservado al DDF.

Anexo 22
EXPEDIENTE MATRIMONIAL

Diócesis de ....

Parroquia ....
Población ....
Provincia ....

Datos personales de los contrayentes

	El contrayente	La contrayente
Apellidos		
Nombre		
Nombre del padre		
Nombre de la madre		
DNI / Pasaporte		
Fecha de nacimiento		
Lugar de nacimiento		
Estado civil		
Profesión		
Religión		
Domicilio actual		
Domicilio anterior		
Fecha de Bautismo		

Parroquia de Bautismo		
Diócesis		
Ciudad		

Han realizado los cursillos prematrimoniales □ Sí □ No
Están suficientemente preparados por otros medios □ Sí □ No

Datos de la celebración

Lugar: .... Día: .... Hora: ....
Sacerdote asistente: ....
Padrino o testigo: ....
natural de: .... vecino de: ....
....
Madrina o testigo: ....
natural de: .... vecina de: ....
....
Domicilio de casados: ....

Declaración de los contrayentes

	El contrayente	La contrayente
IMPEDIMENTOS		
–Vínculo matrimonial anterior (c. 1085) –Órdenes sagradas (c. 1087) –Voto público de castidad (c. 1088) –Rapto (c. 1089) –Crimen (c. 1090) –Consanguinidad (c. 1091) –Afinidad (c. 1092) –Pública honestidad (c. 1093)		

	El contrayente	La contrayente
–Parentesco legal (c. 1094) –Menor de 16 / 14 años (c. 1083) –Impotencia (c. 1084) –Disparidad de cultos (c. 1086)		
CONSENTIMIENTO MATRIMONIAL		
¿Se casa libre y espontáneamente?		
¿Acepta el Matrimonio católico, uno e indisoluble?		
¿Está dispuesto a aceptar y educar a los hijos que Dios les conceda?		
¿Ha puesto alguna condición a su consentimiento?		
¿Ha ocultado algo que pueda perturbar la vida conyugal?		

En ...., a .... de .... de ....

El contrayente La contrayente

(sello) El párroco

DECLARACIONES DE LOS TESTIGOS

DATOS PERSONALES	Testigo 1	Testigo 2
Nombre y apellidos		
DNI / Pasaporte		
Domicilio		

	Testigo 1	Testigo 2
¿Conoce a los contrayentes? ¿Desde cuándo?		
¿Cree que son suficientemente maduros para casarse?		
¿Cree que serán capaces de cumplir las obligaciones inherentes al matrimonio católico?		
¿Sabe si han ocultado algo que pudiera perturbar el Matrimonio?		
¿Sabe si contraen matrimonio libre y espontáneamente?		
¿Son personas creyentes o totalmente alejadas de la Iglesia?		
¿Han manifestado públicamente su reserva con respecto a la unidad o indisolubilidad del Matrimonio o a la procreación?		
¿Sabe si están afectados de algún impedimento?		

En ...., a .... de .... de ....

Testigo 1 Testigo 2

(sello) El párroco

AMONESTACIONES

Las amonestaciones fueron publicadas desde el ....
.... al .... con el siguiente resultado ....
....
En ...., a .... de .... de ....

Delegación para el Matrimonio

Concedo delegación a D. ....
.... para que asista válida y lícitamente a este matrimonio (c. 1111).
En ...., a .... de .... de ....

Anotaciones del Matrimonio

1. Después de inscribir la partida en el libro ...., folio .... de Matrimonios, se hizo la anotación marginal en el libro de Bautismos, libro ...., folio ....
2. Se dio aviso al Párroco de ....
y de .... para anotar el Matrimonio en la partida de Bautismo.
En ...., a .... de .... de ....

Dispensa y licencia de la curia diocesana

El impedimento de ....
ha sido dispensado por .... el día .... de .... de ....
El Ordinario ha concedido dispensa de la forma canónica el día .... de .... de 20...
El Ordinario ha concedido la licencia exigida por el canon 1071 §1, nº ... el día ...... de .... de 20...
El Ordinario ha concedido licencia exigida por el canon 1124, el día ... de .... de ....

Anexo 23

LOS IMPEDIMENTOS QUE PUEDE DISPENSAR EL ORDINARIO DEL LUGAR

Impedimentos	Caso ordinario	Peligro de muerte	Caso perplejo
Edad	sí	sí	sí
Disparidad de culto	sí	sí	sí
Orden del presbiterado	no	no	no
Orden del diaconado	no	sí	no
Votos perpetuos en un IRR de derecho diocesano	sí	sí	sí
Votos perpetuos en un IRR de derecho pontificio	no	sí	no
Rapto	sí	sí	sí
Crimen	no	sí	sí
Consanguinidad (desde el 3er grado colateral)	sí	sí	sí
Afinidad	sí	sí	sí
Pública honestidad	sí	sí	sí
Parentesco legal	sí	sí	sí
Dispensa de la forma canónica	sí	sí	sí

ANEXO 24

DECLARACIONES DE LOS CONTRAYENTES PARA MATRIMONIOS MIXTOS Y DE DISPARIDAD DE CULTOS

DIÓCESIS DE ....

Parroquia ....

Población ....

Provincia ....

DECLARACIONES DEL CONTRAYENTE NO CATÓLICO

NOMBRE Y APELLIDOS ....

Declaro que he sido informado(a) sobre las promesas que debe hacer la parte católica y hago constar que soy verdaderamente consciente de la promesa y de la obligación que adquiere la parte católica.

Declaro también que he sido instruido(a) sobre los fines y propiedades esenciales del Matrimonio y que no los excluyo, sino que los acepto y asumo tal como enseña la Iglesia Católica Romana.

PROMESAS DEL CONTRAYENTE CATÓLICO

NOMBRE Y APELLIDOS ....

Declaro que estoy dispuesto(a) a evitar cualquier peligro de apartarme de la fe, y prometo sinceramente que haré cuanto me sea posible para que mis hijos se bauticen y se eduquen en la Iglesia Católica.

Declaro también que he sido instruido(a) sobre los fines y propiedades esenciales del Matrimonio y que no los excluyo, sino que los acepto y asumo tal como lo enseña la Iglesia Católica.

En ...., a .... de .... de ....

Firma del contrayente católico   Firma del contrayente no católico

El párroco
(firma y sello)

Anexo 25

DECLARACIONES DE LOS CONTRAYENTES PARA MATRIMONIOS ENTRE CATÓLICO Y MUSULMÁN

Diócesis de ....

Parroquia ....

Población ....

Provincia ....

Declaración de intención de un cónyuge musulmán creyente

NOMBRE Y APELLIDOS ....

¡En el nombre de Dios, Clemente y Misericordioso!

En el momento en que yo, ante Dios, me comprometo con los lazos del Matrimonio, declaro que soy musulmán/a.

El día de mi matrimonio, ante todos, quiero –en plena libertad– crear con .... una verdadera comunidad de vida y amor.

Quiero, por este compromiso, establecer entre nosotros un vínculo sagrado que nada, durante nuestra vida, pueda destruir.

Sé que mi futura esposa (esposo) se compromete, según su fe cristiana y la demanda de la Iglesia, a un matrimonio monógamo e indisoluble. En reciprocidad, yo le prometo, a lo largo de toda nuestra vida, una fidelidad total, así como un verdadero apoyo, y ella (él) será mi única esposa (esposo).

Acogeré a los hijos que nazcan de nuestra unión. Soy consciente de los deberes que tiene mi esposa (esposo) respecto a la educación cristiana de los hijos. Les educaremos en el respeto a Dios y a todos los seres humanos con lo mejor de nosotros mismos.

Aunque no me adhiera a la fe cristiana, reconozco como míos algunos principios de vida que también son de los cristianos, como la fidelidad a Dios, la bondad, la generosidad, el respeto a la palabra dada y el compartir con los más necesitados.

Me comprometo a respetar la fe y la práctica religiosa de mi futura esposa (esposo). En esta perspectiva me esforzaré también por conocer mejor el espíritu del Cristianismo que ella (él) profesa, y animaré a mis hijos a hacer lo mismo.

Pienso, en fin, que nuestro amor nos llama a trabajar con los demás para que haya más amor, más justicia y más paz.

DECLARACIÓN DE INTENCIÓN DEL CÓNYUGE CATÓLICO

NOMBRE Y APELLIDOS ....

En el nombre del Padre, del Hijo y del Espíritu Santo.

En el momento en que, ante Dios, me comprometo con los lazos del Matrimonio, yo profeso la fe cristiana. El día de mi matrimonio, ante todos, quiero con plena libertad crear con ....
.... una verdadera comunidad de vida y de amor.

Quiero, por este compromiso, establecer entre nosotros un vínculo sagrado que nada, durante nuestra vida, pueda destruir.

Estando mi futuro esposo musulmán (mi futura esposa musulmana) debidamente informado (informada) de la meta –fines y propiedades– esenciales del Matrimonio cristiano monógamo y perdurable, hago por tanto las declaraciones y promesas aquí requeridas según mi fe cristiana y la demanda de la Iglesia.

Declaro estar dispuesta (dispuesto) a desechar los peligros de abandono de mi fe, y prometo sinceramente hacer todo lo posible por mi parte para que todos los hijos sean bautizados y educados en la Iglesia Católica.

Con él (ella) comparto algunos valores de la fe que nos son comunes, como la fidelidad a Dios, la oración, la bondad, la generosidad, el respeto a la palabra dada y el compartir con los más necesitados.

Me comprometo a respetar la fe y la práctica religiosa de mi futuro esposo (esposa). En esta perspectiva, me esforzaré también por conocer mejor el espíritu del Islam que él (ella) profesa, y animaré a mis hijos a hacer lo mismo. Pienso que nuestro amor nos llama a trabajar con los demás para que haya más amor, más justicia y más paz.

FIRMAN LA DECLARACIÓN:

El contrayente	La contrayente
Testigo 1	Testigo 2
Ilmo. Sr. Vicario general	El Notario

TEXTOS PARA LA LITURGIA DEL MATRIMONIO

1) La Fatiha

En el nombre de Dios, Clemente y Misericordioso. Alabanza a Dios, Señor del Universo. El Clemente, el Misericordioso. Soberano del día de la Retribución. Es a Ti a quien adoramos. Es a Ti de quien imploramos el auxilio. Condúcenos por el camino recto, por el camino de los que Tú has colmado de beneficios. De los que no se han hecho acreedores a tu cólera y que jamás se desvían. Amén.

2) Lecturas Coránicas y Sunníes

a) Dios os ha creado de una sola alma, y de ésta creó a la pareja. Les esparció por el Universo como hombres y mujeres en abundancia.

b) Dios creó a la esposa de vuestra misma especie para el sosiego espiritual del hombre y entre ellos originó el amor y bondad.

c) La esposa es la vestimenta para el hombre, así como el hombre es la vestimenta para la esposa.

d) Os son lícitas como esposas las mujeres honradas de quienes tuvieron el Libro antes que vosotros, los judíos y los cristianos.

e) El hombre perfecto es el más virtuoso y el más cariñoso con su mujer.

f) La vida es un conjunto de valores. El valor más loable es la esposa adecuada.

g) Temed el llanto de la mujer; pues Dios cuenta sus lágrimas.

3) Textos bíblicos

a) Primera lectura: Gn 1, 26-28.31a; Rom 12, 1-10.14-18; 1 Cor 12, 31-13.8a.

b) Evangelio: Mt 19, 3-6; 22, 35-40; Mc 10, 6-9; Jn 2, 1-11.

[Comisión episcopal de Relaciones interconfesionales, *Orientaciones para la celebración de los matrimonios entre católicos y musulmanes en España* (1-III-1988), Apéndices.]

Anexo 26

LOS IMPEDIMENTOS QUE PUEDE DISPENSAR EL PÁRROCO O EL ASISTENTE AL MATRIMONIO

Impedimentos	Caso ordinario	Peligro de muerte	Caso perplejo
Edad	no	sí	oculto
Disparidad de culto	no	sí	oculto
Orden del presbiterado	no	no	no
Orden del diaconado	no	sí	no
Votos perpetuos en un IRR de derecho diocesano	no	sí	oculto
Votos perpetuos en un IRR de derecho pontificio	no	sí	no
Rapto	no	sí	oculto
Crimen	no	sí	oculto
Consanguinidad (desde el 3er grado colateral)	no	sí	oculto
Afinidad	no	sí	oculto
Pública honestidad	no	sí	oculto
Parentesco legal	no	sí	oculto
Dispensa de la forma canónica	no	sí	no

ANEXO 27

ACTA DE CELEBRACIÓN DEL MATRIMONIO EN PELIGRO DE MUERTE

Lugar y fecha

En el día de hoy, reunidos de una parte (contrayente 1), con DNI ______, nacido ______, hijo de D. ____________, y Dña. ____________, y por otra (contrayente 2), con DNI ________, nacida ________, hija de ____________ y de Dña. ____________.

Ambos juran estar bautizados, solteros y libres de impedimentos (c. 1068) (*o declaran un impedimento conocido y dispensable*).

Desean contraer matrimonio católico, libre y voluntariamente.

Los hechos son los siguientes: (*Relatar brevemente los hechos por los que se solicita celebrar el matrimonio «in articulo mortis»*).

D. ____________ [Médico responsable Coleg. n.º ______]

CERTIFICA QUE

D. / Dña. ____________ se encuentra en una situación de enfermedad terminal pero que mantiene plenamente la conciencia y la capacidad de obrar y decidir libremente, necesarias para emitir un consentimiento válido (c. 1095).

Firma del médico

(En caso de que haya tiempo para solicitar alguna dispensa al ordinario) En cumplimiento de la normativa canónica, el obispo diocesano de ____________, Mons. ________________, informado detalladamente de la situación, ha dado su licencia para que se celebre el matrimonio observando la forma canónica (c. 1127) / otorgando la dispensa del impedimento de ____________________ como consta en el documento adjunto.

(En caso de que haya tiempo para solicitar alguna dispensa al ordinario) En cumplimiento de la normativa canónica (c. 1079 §§ 2 y 4), no habiendo podido acudir al ordinario por la urgencia del caso, he otorgado la dispensa del impedimento de ____________________ para que se celebre el matrimonio observando la forma canónica (c. 1127).

Dada, por tanto, la presente situación:

Han contraído matrimonio canónico, en ______(lugar) _____ , el día de hoy ____ (fecha) _________.

D. __________ con DNI __________ (párroco/capellán/asistente).

firma

D. __________ con DNI __________ (contrayente 1).

firma

DÑA. _________ con DNI ________ (contrayente 2).

firma

TESTIGO 1: Nombre y apellidos y DNI.

firma

TESTIGO 2: Nombre y apellidos y DNI.

firma

Anexo 28

SÚPLICAS QUE PUEDEN SER UTILIZADAS PRIVADAMENTE POR LOS FIELES EN LA LUCHA CONTRA EL PODER DE LAS TINIEBLAS

Oraciones

1. Señor Dios, apiádate de mí, siervo tuyo,
que, a causa de muchas insidias,
me he vuelto como un objeto perdido;
sálvame de la mano de mis enemigos
y ven a buscarme si estoy perdido,
acógeme cuando me encuentres,
y no me abandones;
así podré agradarte por siempre,
porque sé que me has redimido con tu fuerza.
Por Jesucristo Nuestro Señor. Amén.

2. Dios todopoderoso,
que das cobijo a los afligidos en tu casa
y conduces a los cautivos a la prosperidad,
mira mi aflicción y ven en mi auxilio;
derrota al enemigo malvado,
para que, una vez vencida la acción del adversario,
la libertad me conduzca a la paz,
de modo que restablecido en la piedad serena,
proclame que eres admirable
Tú que diste la fuerza a tu pueblo.
Por Jesucristo Nuestro Señor. Amén.

3. Oh Dios, creador y defensor del género humano,
que formaste al hombre a tu imagen
y lo recreaste más admirablemente
con la gracia del Bautismo,
dirige tu mirada sobre mí, siervo tuyo,
y sé propicio a mis súplicas.
Te pido que nazca en mi corazón
el esplendor de tu gloria

para que, eliminado plenamente todo temor,
pueda alabarte con ánimo y espíritu sereno,
junto a mis hermanos en tu Iglesia.
Por Jesucristo Nuestro Señor. Amén.

4. Oh Dios, que por la gracia de la adopción,
quisiste que yo fuera hijo de la luz,
te pido que me concedas no verme
envuelto en las tinieblas de los demonios
sino que pueda por siempre
permanecer plenamente
en el esplendor de la libertad recibida de ti.
Por Jesucristo Nuestro Señor. Amén.

Invocaciones a la Trinidad

Gloria al Padre y al Hijo y al Espíritu Santo.

Sólo a Dios honor y gloria.

Bendigamos al Padre y al Hijo y al Espíritu Santo;
sea alabado y ensalzado por los siglos de los siglos.

Te invocamos, te alabamos, te adoramos,
oh santa Trinidad.
Esperanza nuestra, salvación nuestra, honor nuestro.
Oh santa Trinidad.
Líbrame, sálvame, vivifícame,
oh santa Trinidad.

Santo, santo, santo es el Señor, Dios todopoderoso,
el que era, el que es y el que vendrá.

A ti el honor y la fuerza, oh santa Trinidad,
a ti la gloria y el poder por los siglos de los siglos.

Santo Dios, Santo fuerte, Santo inmortal,
ten piedad de mí.

INVOCACIONES AL SEÑOR

Sálvame, Cristo Salvador, por la fuerza de la Cruz ✠:
tú que salvaste a Pedro en el mar, ten piedad de mí.

Por la señal de la santa cruz ✠
de nuestros enemigos líbranos, Señor, Dios nuestro.

Por tu Cruz ✠ sálvanos, oh Cristo Redentor,
tú que muriendo destruiste nuestra muerte
y resucitando restauraste la vida.

Tu Cruz ✠ adoramos, Señor,
tu gloriosa pasión contemplamos:
ten misericordia de nosotros,
Tú que padeciste por nosotros.

Te adoramos, oh Cristo, y te bendecimos,
porque con tu Cruz ✠ has redimido al mundo

(Cuando se nombra la Cruz, puede el fiel hacer oportunamente la señal de la cruz.)

[Oraciones tomadas del Ritual Romano de Exorcismos, 1998.]

Anexo 29

ESTATUTO MARCO PARA LAS COFRADÍAS

Introducción

[En este apartado cada Cofradía elaborará la que corresponda a su situación, historia, etc.]

I. Naturaleza y fines

Artículo 1.º Naturaleza

La Cofradía de ____________ es una asociación pública de fieles, con personalidad jurídica (propia), erigida en la diócesis de ____________, al amparo de lo determinado en el Código de Derecho canónico. Se regirá por los presentes Estatutos, las normas diocesanas y las disposiciones del Derecho canónico vigente que le sean aplicables. También se regirá en aquello que le es propio y, completando estos Estatutos, por un Reglamento de Régimen Interior, que regulará todos los aspectos que son susceptibles de modificaciones coyunturales.

Artículo 2.º Domicilio social

La cofradía tiene su sede canónica en la Iglesia de . y su domicilio social en [Determinar el lugar en el que la Cofradía tenga su sede jurídica: lugar en que celebra sus reuniones, recibe la correspondencia, guarda su archivo, etc. Conviene indicar si es o no propiedad de la asociación].

Artículo 3º. Fines de la Cofradía

La Cofradía se establece con las siguientes finalidades: ____________
____.

[Deben indicarse explícitamente los objetivos que se buscan con la asociación. Nunca deben faltar los indicados en el c. 298 §1: «fomentar una vida más perfecta, promover el culto público». Además de éstos, indíquense los restantes que se pretendan y que tienen que ser coherentes con la misión propia de la Iglesia. Deben cuidarse cuatro dimensiones: formativa, espiritual, cultural y caritativo-social].

II. Miembros

Artículo 4.º Condiciones requeridas y procedimiento de admisión

Podrán ser miembros de la Cofradía aquellas personas que reúnan las condiciones exigidas por la legislación de la Iglesia y sus estatutos. Estas condiciones son:

–Ser católico (lo que deberá justificarse mediante certificado de bautismo en el momento de la admisión).

–No haber rechazado públicamente la fe católica.

–No haberse apartado públicamente de la comunión eclesiástica y no encontrarse en curso de una excomunión impuesta o declarada.

–Los menores de edad necesitan autorización de aquella o aquellas personas que ejerzan la patria potestad, hasta que ellos por sí mismos puedan renovar el compromiso de cofrade.

–[Añadir otras propias de la asociación: la edad, diferentes clases de miembros, etc.].

–Para ser admitido como miembro se deberá solicitar a la Junta Directiva [indicar el modo, si por escrito o no, si se requiere el aval de dos cofrades, etc.]. Dicha Junta Directiva [o bien la Asamblea General] deberá pronunciarse sobre la aceptación del candidato.

Artículo 5.º Derechos y obligaciones.

Los miembros de la Cofradía tienen los mismos derechos y obligaciones, a no ser que los estatutos determinen algo en contrario. Estos derechos son:

–Participar con voz y voto en las Asambleas Generales (para ello es necesario haber cumplido la mayoría de edad).

–Tener voto activo y pasivo (elegir y ser elegidos) para los cargos directivos (únicamente aquellos que gocen de mayoría de edad).

–Disfrutar de los beneficios que obtenga la Cofradía.

Y las obligaciones son:

–Aceptar las disposiciones de los estatutos y las decisiones válidas de las Asambleas Generales y de la Junta Directiva.

–Participar activamente en las actividades que la Cofradía organice en orden a conseguir los fines de la misma.

–Asistir a las Asambleas Generales, especialmente aquellas en las que se tomen decisiones importantes para la vida de la cofradía (acuerdos, elección de cargos directivos, etc.).

–Contribuir con la cuota que establezca la Asamblea General.

–No hacer uso indebido o impropio del hábito, signos o símbolos representativos de la Cofradía.

[En el caso de que alguna Cofradía esté formada por diversas clases de miembros, deberá especificarse, junto con los derechos y obligaciones que correspondan a cada una de ellas].

Artículo 6.º Bajas

§ 1. Los miembros de la Cofradía podrán causar baja por iniciativa propia o por decisión de la Cofradía, con causa justa y de acuerdo con la norma del derecho y los estatutos. Entre las causas estarán, además de lo establecido en el propio Código de Derecho canónico, el incumplimiento reiterado e injustificado de sus obligaciones, la comisión de una falta grave a juicio de la Junta Directiva.

[Cada estatuto deberá determinar qué faltas son consideradas graves, así como el procedimiento de expulsión].

§2. La expulsión sólo podrá hacerla la Junta Directiva después de haber amonestado y oído previamente al interesado.

[Deberá ser confirmada por la Asamblea General, en el caso de que fuera ésta quien ratificara la admisión].

§3. La Junta Directiva podrá además imponer sanciones relativas a la privación de algún derecho por tiempo determinado o con carácter definitivo. [Estas sanciones deben estar especificadas en el propio reglamento de la Cofradía].

III. Gobierno de la Cofradía

[Cada asociación puede utilizar denominaciones propias para designar los órganos y miembros directivos. En este Estatuto marco se usan las más comunes].

Artículo 7.º Asamblea General

Es el órgano supremo de gobierno de la Cofradía. Está formada por todos sus miembros de pleno derecho, y tiene las siguientes competencias:

–Conocer y aprobar la memoria anual de las actividades y la programación para el año siguiente.

–Examinar y aprobar el estado de cuentas del ejercicio económico anual y el presupuesto ordinario y extraordinario a presentar al Ordinario del lugar para su aprobación.

–Elegir al Presidente y, en su caso [si así lo determinaran los estatutos], al resto de los miembros de la Junta Directiva. El Presidente elegido deberá ser confirmado por el Obispo.

–Fijar la cantidad que en concepto de cuota, ordinaria o extraordinaria, deban abonar los cofrades.

–Conocer y aprobar el Reglamento de Régimen Interno de la Cofradía para presentarlo al Obispo.

–Proponer la modificación de Estatutos y acordar, en su caso, la propuesta de extinción de la Cofradía.

–Interpretar auténticamente las disposiciones de los Estatutos y del Reglamento de Régimen Interno de la Cofradía.

–[Si alguna Cofradía así lo establece] Admitir a los nuevos miembros y decidir o confirmar su baja.

–Acordar el cambio de domicilio social.

–Decidir sobre cualquier otra cuestión importante referente al gobierno y dirección de la Cofradía.

Artículo 8.º Convocatoria de asambleas

§1. La Asamblea General se reunirá de manera ordinaria al menos una vez al año. Será convocada por el Presidente con quince días de antelación, mediante comunicación por escrito que el Secretario dirigirá a todos los miembros. En la convocatoria constará la fecha de la reunión, la hora, el lugar y el orden del día de la misma.

§2. La Asamblea General podrá reunirse de forma extraordinaria cuando lo considere conveniente el Presidente, lo acuerde la Junta Directiva o lo solicite una quinta parte de los cofrades con voz y voto. Deberá igualmente hacerse la convocatoria con orden del día y demás aspectos indicados en el párrafo anterior.

§ 3. Tienen derecho a voz y a voto todos los hermanos mayores de 18 años y que no estuviesen suspendidos de su condición de hermanos por sanción firme. Podrán ser oídos, también, aquellos hermanos o personas sin derecho a voz ni a voto, si a juicio del que preside lo estimase conveniente. Se cuidará con especial atención las secciones de niños y adolescentes.

§ 4. La Asamblea General quedará constituida, tanto en materia de acuerdos como para las elecciones, en primera convocatoria, con la mayoría absoluta de sus integrantes, y en segunda convocatoria el número de asistentes no deberá ser inferior al 10% de sus miembros, siempre que la asamblea haya sido convocada con la debida antelación y sus miembros hayan recibido la convocatoria, a tenor de lo dicho anteriormente [Si alguna Cofradía considerase problemático este porcentaje, podrían fijarse otros en sus Estatutos, con el visto bueno del Ordinario diocesano].

§ 5. La Asamblea tomará sus decisiones, en materia de acuerdos, con el voto de la mayoría absoluta de los presentes. Si después de dos votaciones no se llegase a la mayoría absoluta, sería suficiente, en la tercera, la mayoría relativa. Si después de dos escrutinios persistiese la igualdad de votos, el Presidente puede resolver el empate con su voto.

§ 6. En materia de elecciones, serán válidas cuando sean refrendadas por mayoría absoluta de los presentes. Después de dos escrutinios ineficaces, se ha de hacer la votación sobre los dos candidatos que hubieran obtenido el mayor número de votos, o si son más, sobre los de más edad. Si persiste el empate después del tercer escrutinio, queda elegido el de más edad.

§ 7. A no ser que los estatutos digan lo contrario, queda excluida la facultad de votar por carta o por procurador.

Artículo 9.º Junta Directiva

§ 1. La Junta Directiva es el órgano ejecutivo de la Cofradía, y estará integrada por el Presidente, Vicepresidente, Secretario, Tesorero y un número determinado de vocales para atender las diversas tareas de la Cofradía [v.gr. formación, espiritualidad, cultura y acción caritativo-social]. Todos ellos tienen voz y voto. El capellán será convocado a las reuniones de la Junta Directiva donde tendrá voz, pero no voto (cf. art. 14).

§ 2. Como responsables de una organización eclesial y estímulo para los demás cofrades, los miembros de la Junta Directiva deberán mostrar una vida cristiana coherente. No podrán ser elegidos para cargos directivos aquellos cofrades cuya vida esté pública y notoriamente en contradicción con la fe y moral cristianas en lo personal, familiar y social. [La Cofradía puede añadir otras condiciones].

§ 3. Los miembros de la Junta Directiva serán elegidos para un período determinado de años [debe concretarse el número de años, es deseable que sea de cinco como máximo] y sólo podrán ser reelegidos [al menos algunos de ellos, especialmente el presidente] para un número determinado de mandatos consecutivos [dos o tres, aunque cabría una renovación por mitades para asegurar la continuidad en el trabajo realizado].

§ 4. Las competencias de la Junta Directiva son especialmente las siguientes:

–Ejecutar los acuerdos válidos de las Asambleas Generales, que no se hayan encomendado a una comisión especial.

–Preparar la memoria y el proyecto de actividades para cada año.

–Aprobar el estado de cuentas y el presupuesto que se han de presentar a la Asamblea General.

–Aprobar el Reglamento de Régimen Interno y la constitución de comisiones de trabajo para la ejecución de acuerdos tomados.

–Preparar el orden del día de las Asambleas Generales.

–Admitir los nuevos miembros y decidir su expulsión [en el caso de que estas tareas no hayan sido encomendadas en los estatutos a la Asamblea General].

–Gobernar el funcionamiento ordinario de la Cofradía y estar atenta a cuanto se refiera al cumplimiento de los estatutos y acuerdos que se tomen.

–Organizar aquellos actos que se consideren convenientes en orden a cuidar la formación y espiritualidad de sus miembros.

§5. La Junta Directiva se reunirá de forma ordinaria con una periodicidad determinada, y extraordinariamente siempre que sea convocada por el Presidente o lo pida un tercio de los miembros de la misma. La misma Junta Directiva determinará la forma de celebrar sus reuniones.

Artículo 10.º Presidente

§1. El Presidente de la Cofradía ostenta la representación legal de la misma. Es elegido por la Asamblea General, debiendo ser confirmado por el Obispo diocesano. El elegido pedirá esta confirmación personalmente o por medio de otro en el plazo de ocho días hábiles a partir del día de la aceptación de la elección. Hasta que el elegido no sea confirmado por el Obispo, la elección no surte efecto.

[Además de los requisitos exigidos por el derecho y los indicados en el artículo anterior, la Cofradía establecerá los que crea convenientes].

§2. Al Presidente corresponden las siguientes funciones, además de la representación legal anteriormente indicada y otras que la Cofradía quiera asignarle:

–Procurar que se mantengan el espíritu, los fines y el carácter eclesial de la Cofradía.

–Presidir y dirigir las Asambleas Generales y las reuniones de la Junta Directiva.

–Ordenar la convocatoria y señalar el orden del día de las reuniones.

–Visar las actas.

–Dirigir las votaciones y levantar las sesiones.

–Comunicar al Obispo diocesano los miembros elegidos para formar la Junta Directiva, así como el estado anual de cuentas y el cambio de domicilio social si lo hubiere.

–Presentar al Obispo diocesano las modificaciones de los estatutos y, si llegase el caso, la propuesta de extinción de la Cofradía para su aprobación.

§3. La convocatoria de elección a Presidente debe hacerse con la debida antelación para que puedan presentarse candidatos diferentes que reúnan las condiciones requeridas, siempre que su candidatura esté avalada por un número suficiente de hermanos, número que cada Cofradía debe determinar en función de la cantidad de miembros que la compongan.

Artículo 11.º Vicepresidente

El Vicepresidente sustituye al Presidente en todas sus funciones cuando éste no pueda actuar, o en aquellas que le sean delegadas en su caso.

Artículo 12.º Secretario

El Secretario de la Cofradía, que lo es también de la Junta Directiva, tiene los siguientes cometidos:

–Dar curso por encargo del Presidente a las convocatorias de las reuniones de la Asamblea General o la Junta Directiva.

–Levantar acta de las reuniones de los órganos de gobierno de la Cofradía, en la que figuren los temas tratados y los acuerdos tomados.

–Llevar el registro de altas y bajas de los cofrades con expresión de nombre, apellidos y domicilio de los inscritos.

–Expedir certificaciones de los documentos de la Cofradía con el visto bueno del Presidente.

–Seguir la correspondencia oficial de la Cofradía y conservar los oficios que reciba, anotando al margen las fechas de las contestaciones.

–Organizar, custodiar y conservar el archivo vivo de la Cofradía.

–Depositar en el Archivo Histórico Diocesano la documentación histórica.

Artículo 13.º Tesorero

Las tareas del Tesorero son las siguientes:

–Administrar los bienes de la Cofradía de acuerdo con la legislación canónica, lo que determinen los estatutos y lo decidido por la Asamblea General. Siempre con el visto bueno del Presidente.

–Preparar el estado de cuentas del ejercicio económico y los presupuestos ordinario y extraordinario anuales.

–Reclamar a los cofrades las cuotas establecidas.

–Mantener actualizado el inventario de cuantos bienes muebles e inmuebles posea la Cofradía.

Artículo 14.º Capellán

El capellán será nombrado por el Ordinario del lugar, previa consulta, si lo estima conveniente, a la Junta Directiva, para un período de tiempo determinado. Podrá ser removido por quien lo nombró, de acuerdo con lo establecido en el Derecho canónico vigente. Sus tareas fundamentales son:

–Ejercer el ministerio pastoral en favor de la Cofradía.

–La animación y formación espiritual de los cofrades.

–Contribuir a que la Cofradía mantenga siempre su carácter eclesial y su finalidad religiosa.

–Fomentar la sintonía y participación de la Cofradía en los planes pastorales diocesanos, de acuerdo con sus objetivos.

–Presidir los actos de culto que organice la Cofradía y los desfiles procesionales correspondientes.

–Asistir a las Asambleas Generales y a las reuniones de la Junta Directiva con voz pero sin voto.

IV. Actividades de la Cofradía

Artículo 15.º

[Deberán hacerse constar las actividades establecidas de forma ordinaria, tales como los desfiles procesionales, las actividades formativas y celebraciones litúrgicas o devocionales establecidas, los actos culturales, actividades de tipo social que cada Cofradía deberá asumir, etc..

Los aspectos particulares o concretos, tales como el tipo de hábito, forma de desfilar, concreción de las actividades del punto anterior de este artículo, etc., que son susceptibles de modificaciones coyunturales... no deben figurar en los estatutos, que deben durar varios años. Para esto es necesario que cada Cofradía tenga su reglamento particular en el que se concretan estos extremos.

Las actividades extraordinarias que se programen deberán contar con la conveniente autorización eclesiástica y/o civil que necesite].

V. Administración de los bienes

Artículo 16.º Administración de los bienes

§ 1. La Cofradía, por ser una asociación pública de fieles, goza de personalidad jurídica propia, por lo que puede adquirir, retener, administrar y enajenar bienes temporales. Es igualmente susceptible de herencias y legados.

§ 2. La Cofradía es una institución eclesiástica sin ánimo de lucro, equiparada civilmente a las fundaciones de interés general. Los medios económicos con los que cuenta para la consecución de sus fines son las cuotas de los hermanos y los donativos recibidos por actividades propias de la Cofradía.

§ 3. En todos estos actos de administración deberá ajustarse a lo establecido en el Derecho canónico. Para la validez y la licitud de los actos de administración extraordinaria se requiere la aprobación de los mismos por parte de la Asamblea General y la autorización del organismo correspondiente del Obispado. [Los estatutos deberán determinar cuáles son los actos de administración extraordinaria y/o los criterios para determinarlos, de acuerdo con la normativa diocesana].

§ 4. Deberá presentar anualmente el balance de sus cuentas y sus presupuestos al Obispo diocesano, al igual que el resto de instituciones eclesiales no exentas.

§ 5. Igualmente, y de acuerdo con el plan diocesano de economía, hará de una manera ordinaria una contribución económica, adaptada a su situación, a la Iglesia diocesana.

§ 6. Cada cofradía tiene la obligación de velar por la conservación de su patrimonio histórico, artístico y documental. Para las intervenciones en bienes muebles o inmuebles, propiedad de la Cofradía, con valor histórico o artístico, se deberá contar con la aprobación de la Delegación Diocesana para el Patrimonio y la Cultura, de acuerdo con la normativa diocesana.

VI. Modificación de los estatutos y disolución de la Cofradía

Artículo 17.º

La propuesta de modificación de los estatutos deberá ser acordada por la Asamblea General en una única votación válida, con la mayoría de dos tercios de los votos. Para entrar en vigor estas modificaciones necesitan ser aprobadas por el Obispo diocesano.

Artículo 18.º

§ 1. La Cofradía podrá extinguirse por decisión de la Asamblea General extraordinaria, tomada en una única votación con mayoría de dos tercios de votos, aprobada por el Obispo diocesano. Podrá ser suprimida por decisión del Obispo diocesano, como establece el derecho, si la actividad de la Cofradía ocasiona daño grave a la doctrina o disciplina de la Iglesia, o causa escándalo a los fieles.

§ 2. En el caso de extinción o disolución de la Cofradía, los bienes de la misma serán entregados por la Junta Directiva a instituciones eclesiales situadas dentro de la misma diócesis, que se propongan fines similares a los que figuran en los presentes estatutos y de acuerdo con lo que determine la Asamblea General.

ANEXO 30

LA ORACIÓN DEL PÁRROCO
A MARÍA SANTÍSIMA

Oh María, Madre de Jesucristo, Crucificado y Resucitado,
Madre de la Iglesia, pueblo sacerdotal (1 Pe 2, 9),
Madre de los sacerdotes, ministros de tu Hijo:
acoge el humilde ofrecimiento de mí mismo,
para que en mi misión pastoral pueda anunciar
la infinita misericordia del Sumo y Eterno Sacerdote.

Oh «Madre de misericordia»,
tú que has compartido con tu Hijo,
su «obediencia sacerdotal» (Heb 10, 5-7; Lc 1, 38),
y has preparado para él un cuerpo (Heb 10, 7)
en la unción del Espíritu Santo,
introduce mi vida sacerdotal
en el misterio inefable de tu divina maternidad,
oh «Santa Madre de Dios».

Dame fuerza en las horas oscuras de la vida,
confórtame en la fatiga de mi ministerio
que tu Jesús me ha confiado,
para que, en comunión contigo,
pueda llevarlo a cabo con fidelidad y amor,
oh Madre del Eterno Sacerdote,
«Reina de los Apóstoles, Auxilio de los presbíteros».

Tú que has acompañado silenciosamente a Jesús
en su misión de anunciar el Evangelio de paz a los pobres,
hazme fiel a la grey que el Buen Pastor me ha confiado.
Haz que yo pueda guiarla siempre
con sentimientos de paciencia, de dulzura, de firmeza y amor,
en la predilección por los enfermos,
por los pequeños, por los pobres, por los pecadores,
oh «Madre Auxiliadora del Pueblo cristiano».

A Ti me consagro y confío, oh María,
que, junto a la Cruz de tu Hijo,
has sido hecha partícipe de su obra redentora,
«unida con lazo indisoluble a la obra de la salvación».

Haz que, en el ejercicio de mi ministerio,
pueda sentir siempre más
«la dimensión espléndida y penetrante de tu cercanía»
en todo momento de mi vida, en la oración y en la acción,
en la alegría y en el dolor, en el cansancio y en el descanso,
oh «Madre de la Confianza».

Concédeme, oh Madre,
que en la celebración de la Eucaristía,
centro y fuente del ministerio sacerdotal,
pueda vivir mi cercanía a Jesús en tu cercanía materna,
porque «cuando celebramos la Santa Misa
tú estás junto a nosotros»
y nos introduces en el misterio de la ofrenda redentora
de tu divino Hijo,
oh «Mediadora de las gracias que brotan de esta ofrenda
para la Iglesia y para todos los fieles»,
oh «Madre del Salvador».

Oh María: deseo poner mi persona,
mi voluntad de ser santo,
bajo tu protección e inspiración materna,
para que Tú me guíes
hacia aquella «conformación con Cristo, Cabeza y Pastor»
que requiere el ministerio de párroco.

Haz que yo tome conciencia
de que «Tú estás siempre junto a todo sacerdote»,
en su misión de ministro del Único Mediador Jesucristo:
Oh «Madre de los Sacerdotes»,
«Socorro y Mediadora» de todas las gracias. Amén.

[Oración del documento de la Congregación para el Clero, *El Presbítero, Pastor y Guía de la Comunidad Parroquial*, del 18 de octubre de 2002.]

BIBLIOGRAFÍA

COMENTARIOS GENERALES AL CÓDIGO

AA.VV., *Codice di Diritto canonico commentato*, Milano [6]2022.

Arroba, M. J. - Riondino M., *Introducción al Derecho canónico*, Murcia 2020.

Bueno Salinas, S., *Tratado general de derecho canónico*, Valencia 2018.

Cenalmor, D. - Miras, J. M., *El Derecho de la Iglesia. Curso básico de Derecho canónico*, Navarra [4]2021.

Cortés Diéguez, M. - San José Prisco, J. (eds.), *Derecho canónico* I: *El Derecho del Pueblo de Dios*; II: *El Derecho en la misión de la Iglesia*, Madrid 2024.

Instituto Martín de Azpilcueta, *Código de Derecho canónico. Edición bilingüe y anotada*, Pamplona [10]2021.

Otaduy, J. - Viana, A. - Sedano, J. (eds.), *Diccionario general de Derecho canónico*, Pamplona 2020.

Profesores de Salamanca, *Código de Derecho canónico, edición bilingüe comentada*, Madrid [11]2023.

SOBRE LA PARROQUIA

AA.VV., *La parrocchia dopo la pandemia*, Livorno 2021.

Bagnus, G., *La parrocchia fra attualità e riforma*, Torino 2020.

Bianchi, Enzo - Corti R., *La parroquia,* Salamanca 2005.

Bosso, A. P., *Munus et potestas del parroco*, Città del Vaticano 2022.

Coccopalmerio, F., *La parroquia*, Madrid 2015.

Sabbarese, L., *Manuale di diritto canonico. Analisi del complesso delle leggi canoniche, della struttura, ecc.*, Molfetta (Bari) 2022.

Zaccaria, F., *Parrocchie: memoria e cambiamento, Parrocchie sinodali e missionarie*, Trapani (Sicilia) 2023.

SOBRE EL EJERCICIO MINISTERIAL DEL PÁRROCO

Arocena Solano, F. M., *Penitencia y unción de los enfermos*, Pamplona 2014.

Aste, A. (ed.), *La trasparenza nella gestione dei beni ecclesiastici*, Venezia 2019.

Barbati, C. (et al.), *Diritto del patrimonio culturale*, Bologna 2017.

Callejo de Paz, R., *La función de enseñar en el Derecho y en la vida de la Iglesia*, Madrid 2013.

Clementi, P. - Simonelli, L. (eds.), *La gestione e l'amministrazione della parrocchia*, Bologna 2020.

Ekpo, A. O., *Temporal goods of the Church: a canonical examination of administrative acts concerning their ownership and management*, Chambly 2021.

Fornés, J., *Derecho matrimonial canónico*, Pamplona 2018.

Frank, E., *I sacramenti dell'iniziazione, della penitenza e dell'unzione degli infermi. Commento ai canoni 834-1007 del CDC*, Città del Vaticano 2018.

Fuentes, J. A., *La función de enseñar en el Derecho de la Iglesia*, Pamplona 2017.

Gandía Barber, J. D., *Los sacramentales, bendiciones, exorcismos, liturgia de las horas y exequias en la legislación de la Iglesia (cc. 1166 al 1185)*, Murcia 2018.

Ghirlanda, G., *Il sacramento dell'Ordine e la vita dei chierici (cann. 1008-1054; 232-297), Diritto canonico*, Roma 2019.

Giraudo, C., *El sacramento del perdón*, Salamanca 2014.

Giraudo, C., *La liturgia de la Palabra*, Salamanca 2014.

González Fernández, V., *La iniciación cristiana en la Iglesia latina. El orden tradicional y los fundamentos teológicos y canónicos*, Madrid 2022.

Grillo, A. - Conti, D., *Fare penitenza: ragione sistematica e pratica pastorale del quarto sacramento*, Assisi 2019.

Miñambres, J. - Schouppe, J. P., *Diritto patrimoniale canonico*, Roma 2022.

Nykiel, K., *Il sacramento della misericordia. Accogliere con l'amore di Dio*, Città del Vaticano 2019.

Peña García, C., *Matrimonio y causas de nulidad en el derecho de la Iglesia adaptada a «Mitis Iudex»*, Madrid 2018.

Peri, V., *La homilía*, Salamanca 2013.

Pighin, B. F., *I sacramenti. Dottrina e disciplina canonica*, Venezia 2020.

Rincón-Pérez, T., *La liturgia e i sacramenti nel diritto della Chiesa*, Roma 2018.

Rossino, M., *Il sacramento del perdono e della riconciliazione. Appunti morali, giuridici, pastorali per i confessori*, Roma 2020.

Sabbarese, L., *Il matrimonio canonico nell'ordine della natura e della grazia. Commento al Codice di Diritto Canonico - Libro IV, Parte I, Titolo VII, Manuali. Strumenti di studio e ricerca*, Città del Vaticano 2019.

Sánchez-Gil, A. S. (ed.), *Sacramenti e diritto*, Roma 2022.

Sastre Santos, E., *Manual de archivos. El sistema archivístico diocesano: Archivos de la curia y archivos parroquiales*, Madrid 1999.

Urru, A. G., *La funzione di insegnare della Chiesa*, Roma 2018.

Vitali, E. G. - Berlingò, S., *Il matrimonio canonico*, Milano 2017.

ÍNDICE GENERAL

III
LA CELEBRACIÓN DE LOS SACRAMENTOS